제 3 판

케 이 렙 (K C L E P) 에 의 한

전산회계

1급

임 규 찬

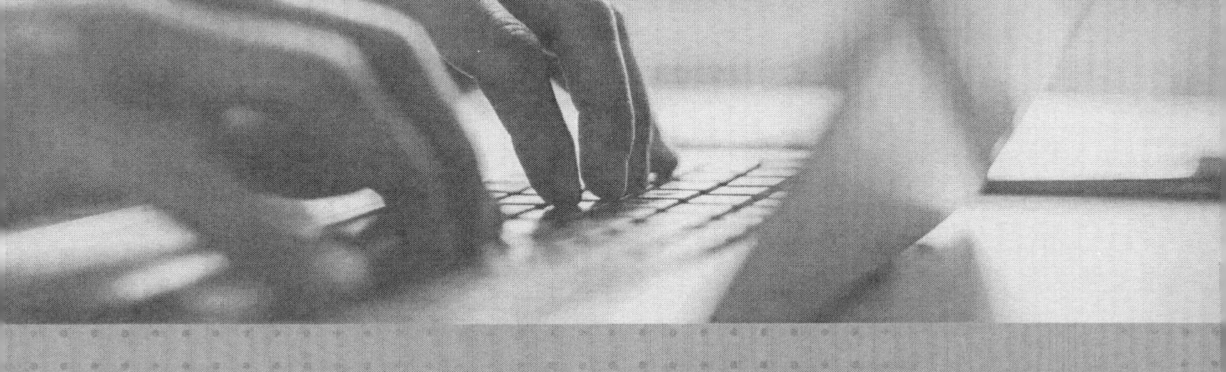

法 文 社

머리말

일반적으로 회계는 정보이용자가 합리적인 판단이나 경제적 의사결정을 하는데 필요한 정보를 기록, 요약, 전달하는 것으로 이해된다. 이러한 정보의 산출과정을 과거에는 모두 수작업에 의하여 이루어 졌다. 그러나 산업발달과 더불어 경제구조가 고도화됨에 따라 정보화 시대가 전개되고 있다. 경제기반이 기능노동에서 지식노동으로 전이되어 정보의 가치와 중요성이 점점 증가하고 있다. 수작업에 의해 이루어지던 회계가 이제는 컴퓨터에 의해 보다 정확하고 신속하게 이루어지고 있다. 이러한 현상은 컴퓨터의 보급이 대중화되면서 회계프로그램의 개발과 발달로 인하여 회계의 전산화는 필수적이라 할 수 있다.

필자는 일선 대학에서 회계학을 강의하면서 이론과 실무교육의 연계성을 강조하여 왔다. 이에 따라 실무에서 많이 이용하고 있는 회계프로그램을 이용하여 회계의 전산처리과정을 보다 쉽게 설명하고, 또한 일선 산업체에서 전산회계처리의 자습서로 이용하고자 전산회계라는 교재를 출간하게 되었다.

본 교재는 총 7개의 장과 2개의 부록으로 구성되어 있다. 물론 각 장과 부록의 구성은 전산회계프로그램의 구성을 토대로 저자가 나름대로 구성한 것이다.

본 교재의 특징은 다음과 같다.

첫째, 교재를 이용하는 이용자에게 회계프로그램에 익숙하도록 프로그램의 화면과 기능들을 상세히 설명하였다.

둘째, 전산회계 1, 2급의 자격증 취득을 준비하는 수험생을 대비하여 10회분의 기출문제를 수록하여 수험생들이 시험유형에 쉽게 적응하도록 하였다.

셋째, 전산회계 1, 2급 자격시험과 실무에서 자주 발생하는 계정과목 위주로 예문과 연습문제를 충분히 수록하였다.

넷째, 회계학을 처음 접하는 이용자도 쉽게 이해할 수 있도록 기본적인 이론을 단원별로 수록하였다.

그 동안의 강의경험을 충분히 교재에 수록하도록 나름대로 최선을 다하였지만 아직도 부족한 점이 많이 있는 것으로 사료된다. 이는 강의하시는 동료 선생님들과 교재를 이용하시는 이용자에게 충고와 제언을 부탁드리는 바이다.

끝으로 어려운 환경에서도 교재출간을 흔쾌히 수락하여주신 법문사 사장님과 임직원분들께 깊은 감사를 드린다.

2023. 1.

임규찬 씀

차례

제 7 장

장부의 조회 311

부록 1

기출문제 349

부록 2

연습 및 기출문제 해답 449

| 제 1 장 |

화면의 구성

제 1 절　프로그램의 작업 순서
제 2 절　실행초기화면
제 3 절　메인화면

| 제 1 장 |

화면의 구성

제1절 프로그램의 작업순서

전산회계프로그램의 작업순서

회사등록	회사의 기본사항 입력(사업자등록증)
거래처 등록	매입처, 매출처, 거래은행 등의 등록
계정과목 및 적요 등록	계정과목의 신규등록, 수정
전기이월자료등록	전기분 재무제표와 원가명세서 입력 거래처별 초기이월 등록, 마감 후 이월 등록
일반전표입력 매입매출전표입력	기중 거래의 일반전표와 매입 · 매출세금계산서 입력
고정자산 및 감가상각등록	고정자산 등록, 미상각감가상각비 계산 등
부가가치세	부가가치세 신고서 작성 부가가치세 합계표 작성 등
결산자료입력	기말정리사항 입력–수동결산, 자동결산
제장부의 조회 및 출력 재무제표의 조회 및 출력	총계정원장 및 보조부의 조회와 출력 재무제표의 조회와 출력
데이터 관리	파일백업, 회사코드 변환 등

제2절 초기화면

프로그램 초기화면의 내용

대 화 상 자	내용 및 기능
사 용 급 수	전산세무회계(1급, 2급), 전산회계(1급, 2급) 중에서 선택
드 라 이 브 명	프로그램이 설치되고 데이터가 저장되는 Drive 선택
회 사 코 드	처음으로 작업하는 회사는 회사등록 후 코드를 입력하고, 등록된 회사는 코드를 선택
회 사 명	회사코드를 입력하면 자동으로 나타난다.
로 그 인	'드라이브' 및 '회사코드'를 입력한 후 메인 화면으로 이동시 사용하는 버튼
회 사 등 록 버 튼	본 프로그램으로 처음 작업하는 회사의 코드, 회사명 및 회사기본사항을 등록하는 버튼

제3절 메인화면

화면의 기능

화면의 구성	내용 및 기능
회 사 명	회사코드와 회사명이 표시
회계기간	현재의 기수와 회계연도 표시
상 단 부	회계관리, 부가가치
메인메뉴	메인메뉴명[전표입력, 기초정보관리, 결산/재무제표, 장부관리, 고정자산/감가상각, 자금관리, 데이터관리]
우측메뉴	회사변경, 기수(작업년도)변경 등

| 제 2 장 |

기초정보관리

| 제 2 장 |

기초정보관리

제1절 회사등록

회사등록은 회계처리의 주체가 되는 회사의 기본사항을 입력하는 절차이며, 가장 먼저 해야 하는 과정이다. 이곳에 등록된 사항은 프로그램의 운용에 영향을 미치므로 정확하게 입력을 해야 한다.

사업자가 관할 세무서에 사업자등록 신청을 하면 사업자 등록증을 교부받게 되는데 이 사업자 등록증을 기초로 하여 회사등록을 하면 된다.

회사등록을 하기 위해서는 다음과 같이 하면 된다. 기초정보관리에서 회사등록을 클릭하면 다음과 같은 회사등록 메인화면이 나타난다.

회사등록 화면

회사등록 화면의 내용

화면의 구성	내용 및 기능
코 드	• 임의로 101~9999번 중 4자리를 선택하여 입력
회 사 명	• 사업자등록증상의 상호명을 입력 • 상호명은 한글 10자 이내, 영문 20자 이내로 입력
구 분	• 법인의 경우는 "0", 개인의 경우는 "1"을 선택한다. • "법인"과 "개인"의 구분선택은 자본의 회계처리에 영향을 미치기 때문에 정확히 입력해야 한다. • 전산회계 1급 수준은 법인회사의 회계처리를 다루기 때문에 "법인"을 선택한다.
회 계 연 도	• 작업할 회사의 기수와 회계연도를 입력한다. • 기수는 사업개시 후 몇 번째 회계연도인지를 말하며, 보통 회사설립의 해수(나이)를 나타낸다. • 회계연도는 회계처리의 기간을 입력하며, 보통 1년이 된다.
사업자등록번호	• 사업자등록증상의 사업자등록번호를 입력한다. • 오류번호를 입력하면 빨간색으로 표시되어 확인을 요한다.
대 표 자 명	• 사업자등록증상의 대표자 성명을 기입한다. 대표자가 2인 이상일 경우는 "이수일 외 1"등으로 입력한다.
사 업 장 주 소	• 사업장 주소란에 위치하면 보조화면이 나오는데 여기에 사업장 소재지를 입력한다. • 주소입력은 도로명 주소와 지번주소를 선택하여 입력하면 된다.
업 태	• 사업자등록증상의 업태를 입력한다. 즉, 제조업, 도소매업, 숙박업, 보건업, 서비스업, 임대업, 농업, 수산업, 광업 등으로 분류된다.
종 목	• 사업자등록증상의 종목을 입력한다. 종목이란 업태에 따라서 취급하는 주된 품목을 말한다.
사업장전화번호	• 지역번호부터 전화번호까지 순서대로 입력한다.
개 업 년 월 일	• 사업자등록증상의 개업년월일을 입력한다.
사업장관할세무서	• 도움단추(?)를 클릭하여 해당 세무서를 선택한다.

자료 입력 2-1

(주)대한은 휴대폰을 제조 및 판매하는 법인기업이며 당기(제5기) 회계년도는 2023년 1월 1일부터 12월 31까지이다. 다음 사업자등록증을 보고 회사코드 3500으로 회사등록을 하여 보자.

(주)대한의 사업자등록증

사 업 자 등 록 증

(법인사업자)

등록번호 : 113-81-34668

① 상 호 : (주) 대 한
② 대 표 자 : 임 대 한
③ 개 업 년 월 일 : 2019년 1월 10일
④ 법인 등록 번호 : 110112 - 3058121
⑤ 사업장소재지 : 충청북도 청주시 청원구 대성로 298
⑥ 사업자 주소 : 충청북도 청주시 청원구 대성로 298
⑦ 사업의 종류 : 업태 제조 종목 휴대폰
⑧ 교 부 사 유 : 신규신청
⑨ 주류판매신고번호 :

2019년 1월 10일

동청주세무서장 인

사업장 전화번호: 043-229-8123, 설립연월일: 2019년 01월 05일

(주)대한의 회사등록 화면

회사등록
종료 코드 삭제 인쇄 조회
[3500] (주)대한 113-81-34668 법인 5기 2023-01-01~2023-12-31 부가세 2023
F3 검색 CF3 조건검색 F4 회사코드재생성 F6 회사명되돌리기 CF8 세무서코드자동변경 CF9 엑셀간편저장
코드 회사명 구분 미사용
3500 (주)대한 법인 사용
기본사항 추가사항
1. 회계연도 제 5 기 2023 년 01 월 01 일 ~ 2023 년 12 월 31 일
2. 사업자등록번호 113-81-34668
3. 법인등록번호 110112-3058121
4. 대표자명 임대한
5. 대표자주민번호
대표자외국인여부 부
6. 사업장주소 28503 충청북도 청주시 청원구 대성로 298
(내덕동, 청주대학교) 신주소 여
7. 본점주소 28503 충청북도 청주시 청원구 대성로 298
(내덕동, 청주대학교) 신주소 여
8. 업태 제조
9. 종목 휴대폰
10. 주업종코드 321001 제조업 / 그 외 기타 전자 부품 제조업
11. 사업장전화번호 043) 229 - 8123
12. 팩스
13. 법인구분 내국법인
14. 법인종류별구분
15. 중소기업여부 여
16. 설립연월일 2019-01-05
17. 개업연월일 2019-01-10
18. 폐업연월일
19. 사업장동코드 4311410200 충청북도 청주시청원구 내덕동
20. 본점동코드 4311410200 충청북도 청주시청원구 내덕동
21. 사업장관할세무서 317 동청주
22. 본점관할세무서 317 동청주
23. 지방소득세납세지 청주시청원구
24. 지방세법인구분
툴바 메인 검색 최근 캡처 계산 정보
코드를 입력하세요

연습문제 2-1

다음의 주어진 사업자등록증을 보고 회사등록을 연습하시오.

사 업 자 등 록 증

(법인사업자) (코드 : 103)

128-18-75653

1. 상　　　호 : (주) 세　광 (코드번호 : 103)
2. 대　표　자 : 김　세　광
3. 법인등록번호 : 210110 - 1010111
4. 개업 년 월일 : 2012년 01월 06일
5. 사업장소재지 : 서울특별시 송파구 중대로 150(백암빌딩)
6. 사업자의주소 : 서울특별시 송파구 중대로 150(백암빌딩)
7. 업　　　태 : 제 조
8. 종　　　목 : 향 수
9. 주업종코드 :
10. 교 부 사 유 : 신 규

2012년 01월 10일

송파세무서장 인

사 업 자 등 록 증

(법인사업자용)

등록번호 : 111-81-55463

1. 상　호　명 : (주) 우 송 (코드번호 : 104)
2. 대 표 자 명 : 임 우 송
3. 개 업 연 월 일 : 2011년 4월 1일
4. 법인등록 번호 : 110111 - 0921513
5. 사업장 소재지 : 서울 강남구 신사동 25-16
6. 사업자의 주소 : 서울 강남구 신사동 25-16
7. 사업의　종류 : (업태) 제조 (종목) 화장지
8. 교 부 사 유 : 신　규

2011년 4월 7일

강남세무서장 (인)

제2절 거래처 등록

거래처 등록은 상품, 제품, 원재료 등 기업의 핵심적인 영업활동과 관련하여 발생하는 채권, 채무와 기업의 핵심적인 영업활동 이외의 거래에서 발생하는 채권, 채무에 대한 거래처를 명확하게 파악하기 위하여 거래처를 등록한다. 거래처등록을 하게 되면 거래처원장을 만들 수 있다.

거래처등록은 거래처의 사업자등록증 사본과 세금계산서를 이용하여 등록하면 된다. 등록방법은 기초정보관리에서 거래처등록을 클릭하면 다음과 같은 거래처 등록 화면이 나타난다.

거래처 등록화면(일반거래처)

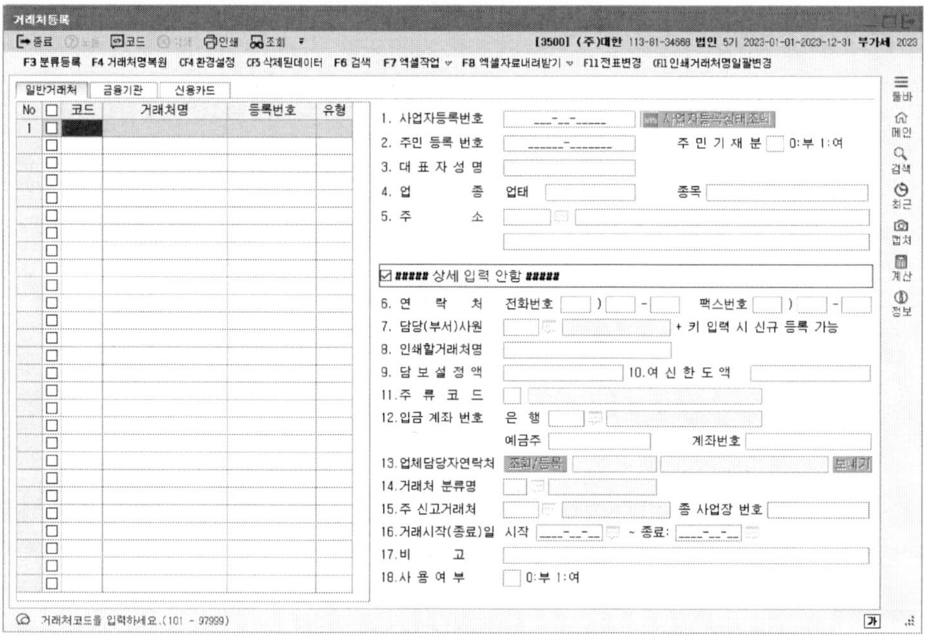

거래처등록 화면의 내용(일반거래처)

화면의 구성	내용 및 기능
코 드	• 00101~97999까지의 거래처코드 번호를 이용
거 래 처 명	• 한글 13자, 영문 26자 이내로 입력한다.
사업자등록번호	• 거래처의 사업자등록번호를 입력
주 민 등 록 번 호	• 해당 거래처 대표자의 주민등록번호를 기입한다. 단, 거래처가 기업이 아닌 일반인인 경우는 주민등록번호를 입력한 후 우측의 주민등록기재분 여 · 부 입력란에 숫자 "1"을 입력한다.
대 표 자 성 명	• 대표자 성명을 입력한다.
업 태	• 거래처의 업태를 입력한다.
종 목	• 거래처의 종목을 입력한다.
사 업 장 주 소	• 회사등록 때와 동일한 방법으로 입력한다.
전 화 번 호	• 거래처의 전화번호를 입력한다.

거래처 등록화면(금융기관)

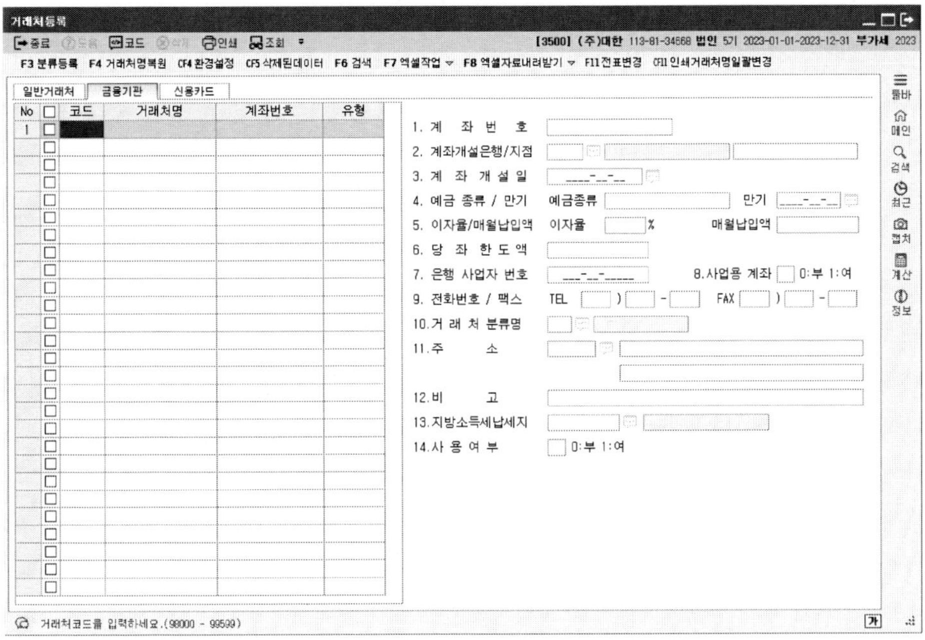

거래처등록 화면의 내용(금융기관)

화면의 구성	내용 및 기능
코 드	• 금융기관 거래처 코드번호는 98000~99599의 범위내에서 코드번호를 입력할 수 있다.
거 래 처 명	• 금융기관의 상호명을 입력한다.
계 좌 번 호	• 해당 은행에 개설된 통장의 계좌번호를 입력한다.
예 금 종 류	• 예금종류에 따라 1. 보통예금, 2. 당좌예금, 3. 정기적금 4. 정기예금, 5. 기타 중에서 선택하여 입력한다.

일반거래처 등록화면에서 상단에 있는 신용카드를 클릭하면 위와 같은 신용카드 거래처 등록화면이 나타난다.

거래처 등록화면(신용카드)

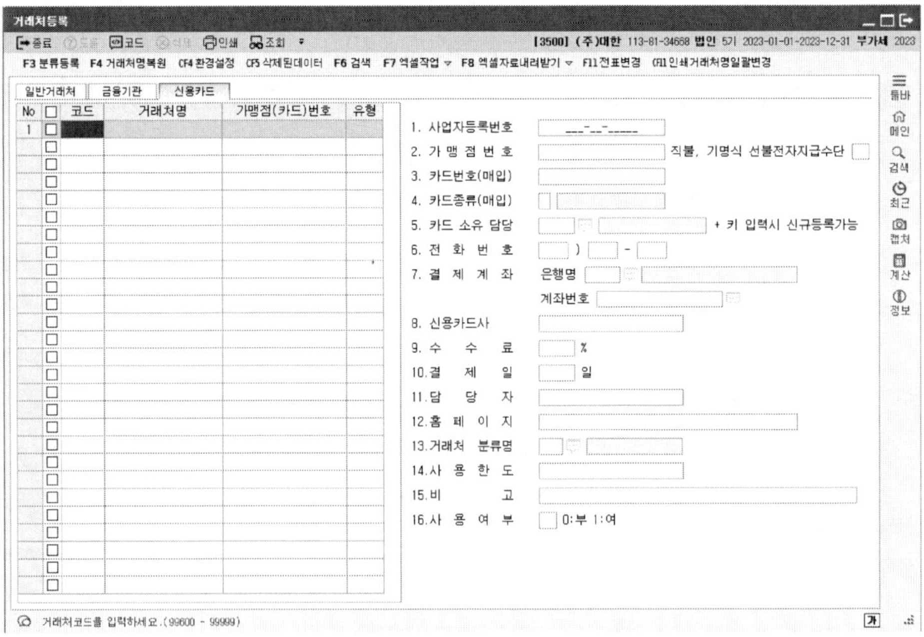

거래처등록 화면의 내용(신용카드)

화면의 구성	내용 및 기능
코 드	• 신용카드 사용 거래처 코드번호는 99600~99999의 범위내에서 코드번호를 입력할 수 있다.
거 래 처 명	• 신용카드사의 상호명을 입력한다.
가 맹 점 번 호	• 신용카드 가맹점 번호를 입력한다.
결 제 일	• 신용카드의 결제일을 입력한다.
입 금 구 좌 명	• 신용카드 결제금액이 입금되는 은행코드를 입력한다.
수 수 료	• 신용카드 결제시 지급되는 수수료율을 입력한다.
카드 회사 코드	• 해당 카드회사 코드를 입력한다.

자료 입력 2-2

01. 다음은 (주)대한(회사코드: 3500)의 거래처에 대한 일반 자료이다. 자료를 보고 (주)대한(회사코드: 3500)의 일반 거래처로 등록하여 보자.

(주)대한의 거래처

구분 \ 거래처	(주)충북	(주)주성	청주상사	대전상사
코드	101	102	103	104
사업자등록번호	123-81-21345	215-10-78259	209-26-69232	211-05-09547
대표자명	이 충 북	김 주 성	박 청 주	임 대 전
사업장 소재지	서울특별시 종로구 송월길 10	청주시 청원구 오창읍 괴정길 15-13	충청북도 청주시 흥덕구 월명로 11	대전광역시 서구 갈마로 10(갈마동)
업태	제 조	제 조	제 조	제 조
종목	자동차부품	전자제품	화공약품	전자제품

구분 \ 거래처	우림상사	(주)대원	푸르지오	하나은행
코드	105	106	107	98000
사업자등록번호	125-19-12258	125-22-21456	114-46-79013	113-81-34668(계좌)
대표자명	김 우 림	박 대 원	강 경 수	보통예금
사업장 소재지	서울특별시 서대문구 간호대로 10	서울특별시 마포구 마포대로 12	경기도 김포시 금파로 117(북변동)	대전광역시 서구 도마10길 10(도마동)
업태	도소매업	제 조	제 조	국민은행
종목	전자제품	기계	소비자용품	갈마지점

02. 다음은 (주)대한(회사코드: 3500)에 대한 신용카드 거래처이다. 자료를 보고 신용카드 거래처로 등록하여 보자.

(1) 국민카드사(코드: 99611)

카드번호	9412 - 1243 - 0017 - 7894	종류	종 류
입금구좌명	081 하나은행	일반카드	매 입

(2) 비씨카드사(코드: 99612)

가맹점 번호	4896 – 5844	결제일	종 류
입금구좌명	081 하나은행	15일	매 출

[1] 일반 거래처 입력화면

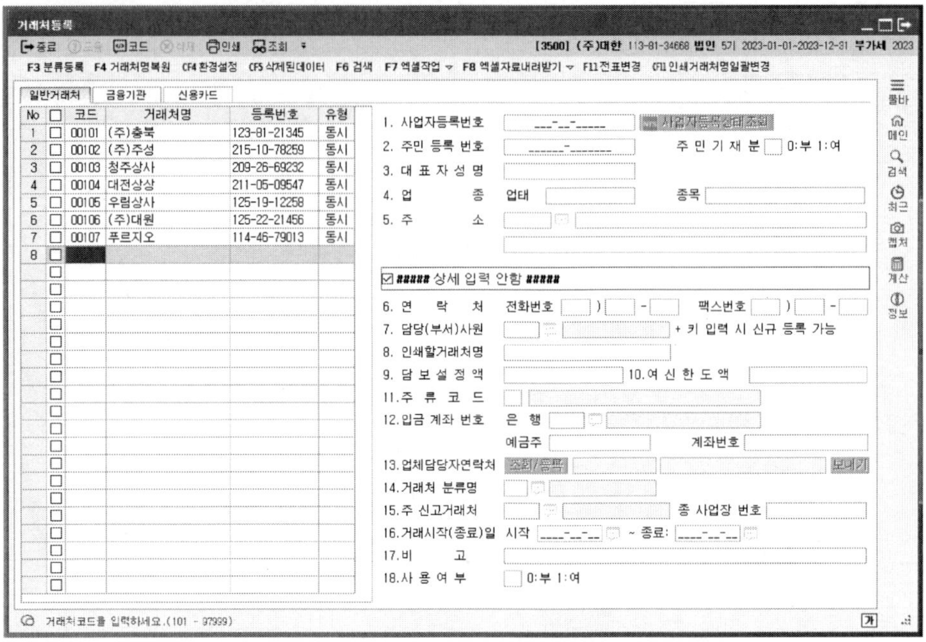

[2] 금융 거래처 입력화면

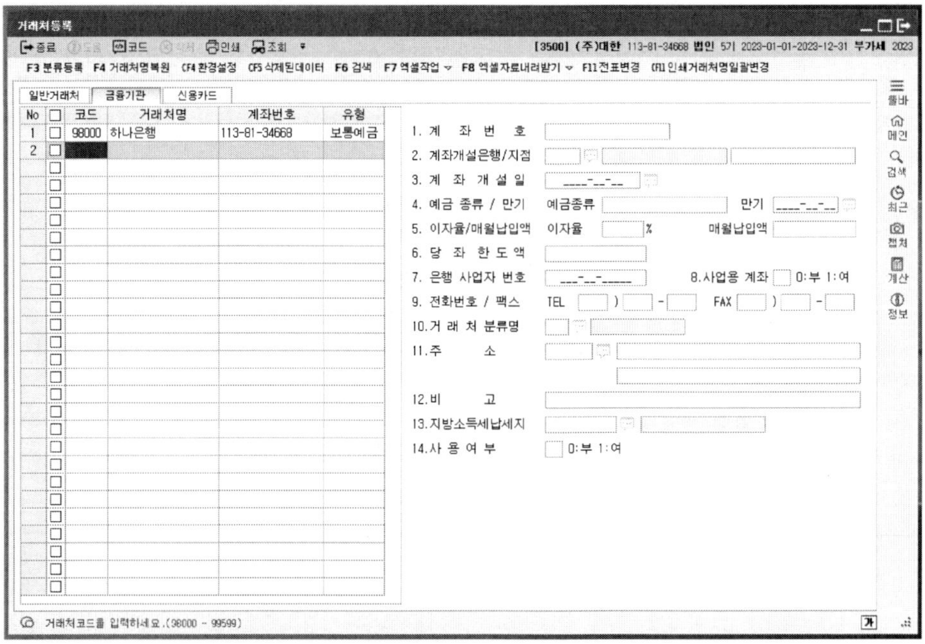

[3] 신용카드 거래처 입력화면

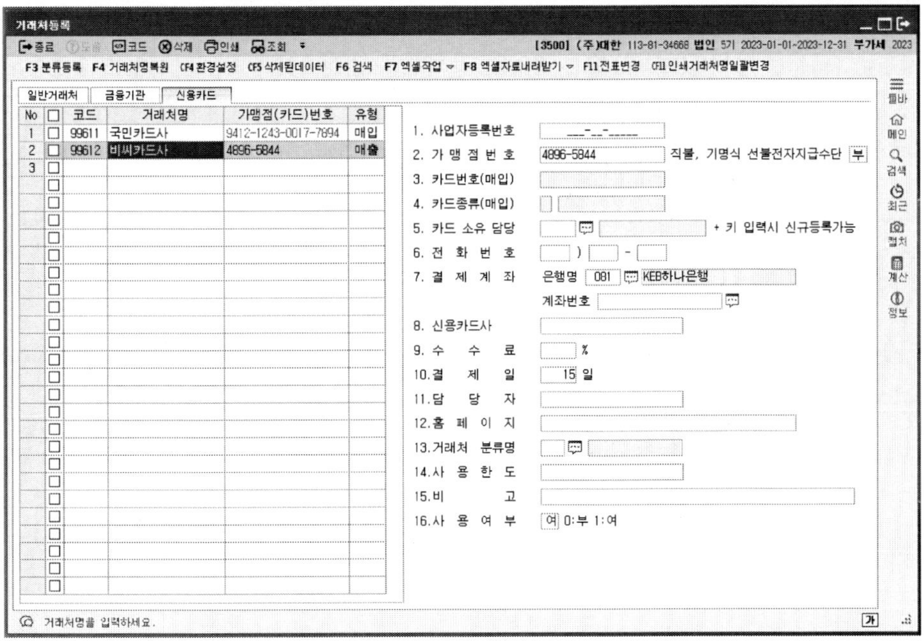

연습문제 2-2

01. 다음은 (주)세광(회사코드: 103)의 거래처에 대한 자료이다. 자료를 보고 (주)세광(회사코드: 103)의 거래처로 등록하여 보자.

(1) 일반거래처

코 드	상 호 / 사업자등록번호	대 표 자	업 태 / 종 목	사업장 소재지	전 화
00222	(주)민주 123-81-21345	이 민 주	제 조 화장품	경기도 안양시 만안구 석수동 250	031-232-5541
00223	공주상사 215-10-78259	김 공 주	도소매 화장품	서울시 송파구 오금동 65	02-923-2210
00224	청원가구 209-26-69232	강 청 원	제 조 가 구	서울시 성북구 길음동 532	02-366-2154
00225	원주상사 135-01-81222	이 원 주		기타 항목 생략	
98001	씨티은행 214-12-78279	임 민 경	금 융 은 행	서울시 영등포구 여의도동 39-7	02-217-1400

(2) 신용카드 거래처

① 삼성카드사(코드: 99846)

가맹점 번호	2569-6598(매출)	결제일	20일
입금구좌명	씨티은행	수수료	2.0%

② 엘지카드사(코드: 99724)

카드번호	100-3298-5488(매입)	결제일	11일
입금구좌명	씨티은행	수수료	2.3%

02. 다음은 (주)우송(회사코드: 104)의 거래처에 대한 자료이다. 자료를 보고 (주)우송(회사코드: 104)의 거래처로 등록하여 보자.

구분 \ 거래처	(주)우암	(주)오창	문화상사	개신상사
코 드	301	302	303	304
사업자등록번호	408-74-98752	408-46-87572	410-14-87462	410-67-84516
대 표 자 명	이 우 암	김 오 창	박 문 화	임 개 신
사업장 소재지	인천광역시 중구 송월로 1-2	청주시 청원구 오창읍 오창중앙로 12	청주시 서원구 직지대로 718	대전광역시 동구 대전로 591
업 태	제 조	제 조	소 매	소 매
종 목	컴퓨터	컴퓨터	전자제품	전자제품

제3절 계정과목 및 적요등록

거래가 발생하면 자산, 부채, 자본, 비용, 수익에 증감변화가 발생한다. 이를 다시 구체적인 현금, 상품 등과 같이 각 종류별로 거래요소로 구성하고 있는 것들의 항목을 세워서 기록·계산하게 되는데 이를 위하여 설정되는 단위를 계정이라고 하며 구체적인 항목을 붙여서 계정과목이라 한다.

적요는 거래의 내용을 간단히 축약하여 기록하는 것을 의미한다. 전산회계에서는 일반적으로 널리 사용되는 계정과목과 적요는 등록되어 있으며 회사 자체적으로 사용되는 계정과목과 적요를 등록할 수 있도록 "회사설정계정과목"과 "신규 적요등록"란을 두어 회사에서 자체적으로 수정 또는 등록하여 사용할 수 있도록 설계되었다.

계정과목은 101~999번까지의 코드체계로 구성되어 있으며 코드체계의 분류는 다음과 같다.

계정과목 코드체계

코드	계정구분	코드	계정구분
101 - 145	당좌자산	401 - 430	매출
146 - 175	재고자산	451 - 470	매출원가
176 - 194	투자자산	**501 - 600**	**제조원가**
195 - 217	유형자산	601 - 650	도급원가
218 - 230	무형자산	651 - 700	보관원가
231 - 250	기타의유동자산	701 - 750	분양원가
251 - 290	유동부채	751 - 800	운송원가
291 - 330	비유동부채	**801 - 900**	**판매비와 관리비**
331 - 340	자본금	901 - 950	영업외수익
341 - 350	자본잉여금	951 - 997	영업외비용
381 - 391	자본조정	998 - 999	법인(소득)
392 - 399	기타포괄손익	1000-1010	특수계정과목
351 - 380	이익잉여금		

☞ **계정과목 코드 사용에 대한 주의 사항**

대손충당금과 감가상가누계액 등의 계정과목은 코드가 여러 개로 구성되어 있어 사용에 주의를 기울여야 한다. 코드를 잘못 지정하면 전체적인 재무제표에 막대한 영향을 미치기 때문에 반드시 지정된 계정과목 코드를 사용해야 한다.

예를 들어 외상매출금에 대한 대손충당금을 입력하고자 할 때에는 외상매출금의 계정과목 코드가 108번이기 때문에 108번에 1을 가산한 109번의 대손충당금을 선택하여 입력하면 된다. 즉 해당 계정과목 코드에 1을 가산한 코드를 이용하면 된다. 이는 감가상각누계액의 이용에도 적용된다.

「기초정보관리」에서 하위메뉴인 「계정과목 및 적요등록」을 선택하면 다음과 같은 계정과목 및 적요등록 화면이 나타난다.

계정과목 및 적요등록 화면

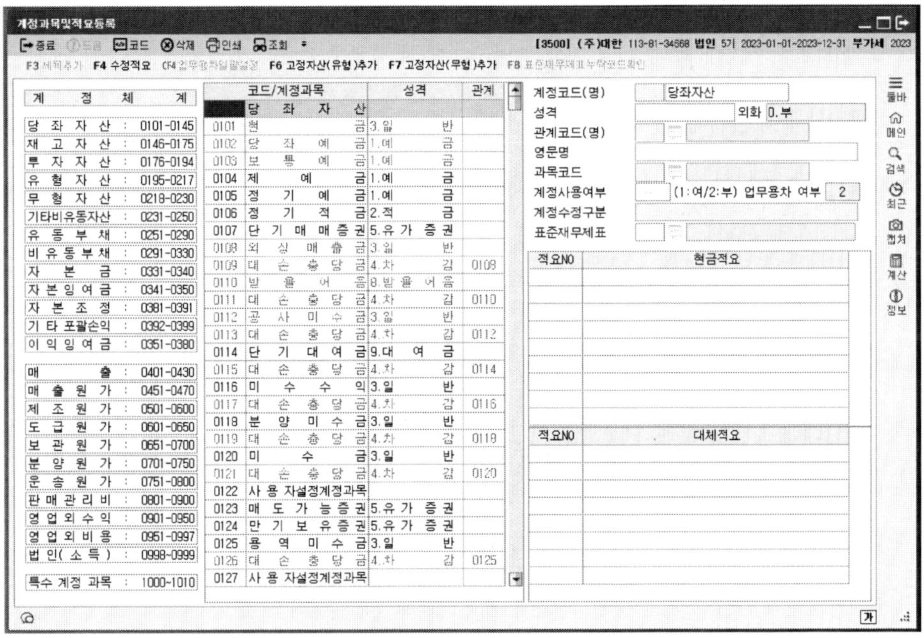

(1) 계정과목 신규등록

- 계정과목을 신규등록을 하고자 할 경우에는 "회사설정계정과목"란에 커서를 두고 오른쪽에 등록하고자 하는 계정과목을 덧 씌워 입력하면 된다.
- "회사설정계정과목"을 사용하여 신규로 계정과목을 등록하기 위해서는 계정과목 코드 체계를 반드시 준수해야 한다.

(2) 계정과목 및 적요 수정

- 계정과목 및 적요등록화면을 보면 계정과목이 빨간색과 검정색으로 표시되어 있는데 일반적으로 빨간색으로 표시되어 있는 계정과목은 수정이 불가능하고, 검정색으로 표시되어 있는 계정과목 및 적요는 수정이 가능하다.
- 적색계정과목 수정: 적색으로 표시되어 있는 계정과목을 수정하고자 할 때는 [Ctrl] + [F2]를 누르면 수정이 가능하다. 또한 빨간색으로 표시된 적요는 수정이 불가능하다.

자료 입력 2-3

다음 사항을 (주)대한(회사코드: 3500)의 계정과목 및 적요 등록 메뉴에 신규 및 수정하여 등록하여 보자.

(1) 계정과목 코드 829번에 "하역비"를 등록

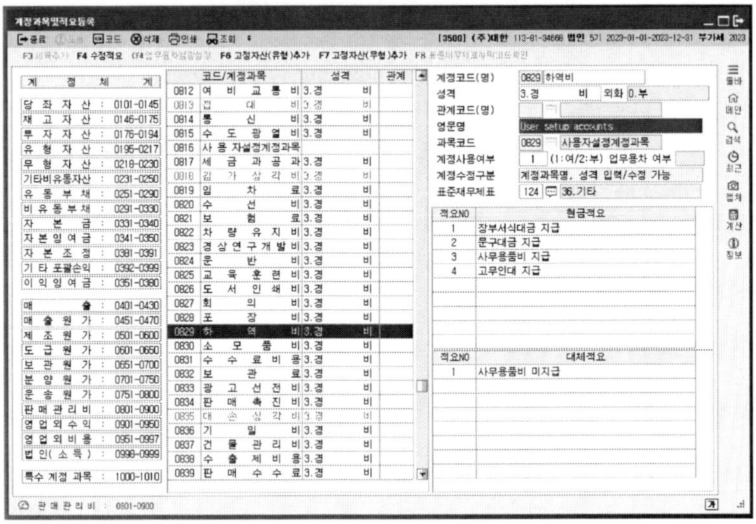

(2) 계정과목 코드 195번의 설비장치를 "설비자산"으로 수정

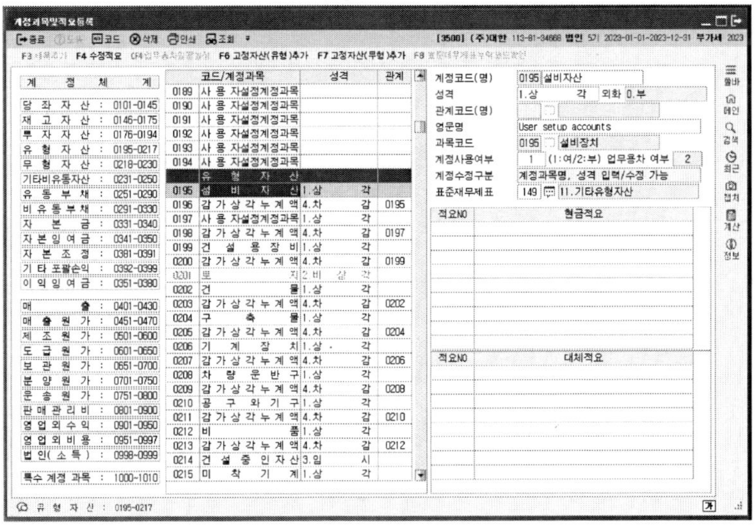

(3) 현금계정에서 현금적요 9번에 "상품 매입시 운반비 지급"이란 적요를 등록

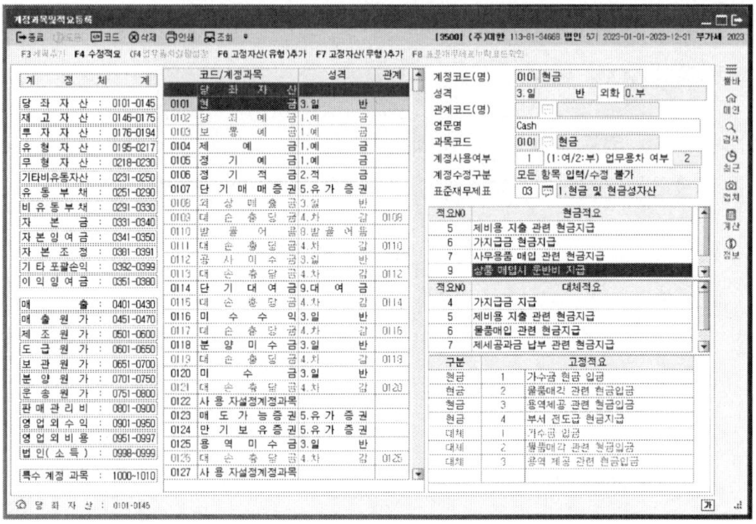

연습문제 2-3

다음의 주어진 사항을 (주)세광(회사코드: 103)에 계정과목 및 적요등록 하여 보자.

01. 코드 853에 "연구비" 계정을 등록하시오.

02. 미수금계정과목의 대체적요란에 "7. 고정자산 매각대금 미수"를 등록하시오.

03. 코드 249에 "시설장치"를 등록하시오.

04. 코드 234에 기타보증금을 "보증금"으로 수정하고, 현금적요 1번에 "일반보증금 현금지급"을 등록하시오.

05. 현금계정에서 현금적요 9번에 "미지급금 지급"을 등록하시오.

06. 미수금계정과목의 대체적요 8번에 "매각대금 어음회수"를 추가 입력하시오.

07. "반제품" 계정을 새로 등록하여 사용하고자 한다. "회사설정계정과목"(코드 174)을 "반제품 계정과목"으로 수정하여 등록하시오.

08. 미수수익계정과목의 대체적요 6번에 "대여금에 대한 이자미수"를 추가 입력하시오.

09. 소모품계정과목의 대체적요 3번에 "수표 발행"을 추가 입력하시오.

10. 소모품계정과목의 대체적요 4번에 "어음의 발행"을 추가 입력하시오.

제4절 전기분 재무상태표

처음으로 전산회계프로그램을 이용하여 회계처리를 한 경우에는 비교식 재무제표의 작성과 재고자산들을 재무상태표, 손익계산서 및 제조원가명세서 등에 대체하여 관련 자료들을 산출하기 위하여 전기분 재무상태표를 입력해야 한다.

「기초정보관리」의 하위메뉴인 「전기분 재무상태표」를 선택하면 다음과 같은 전기분 재무상태표 화면이 나타난다.

화면의 왼쪽은 코드, 계정과목, 금액의 입력란으로 구성되어 있고, 화면의 오른쪽은 왼쪽의 입력을 자동으로 집계하여 표시하는 항목별 합계액 란이다.

전기분 재무상태표 화면

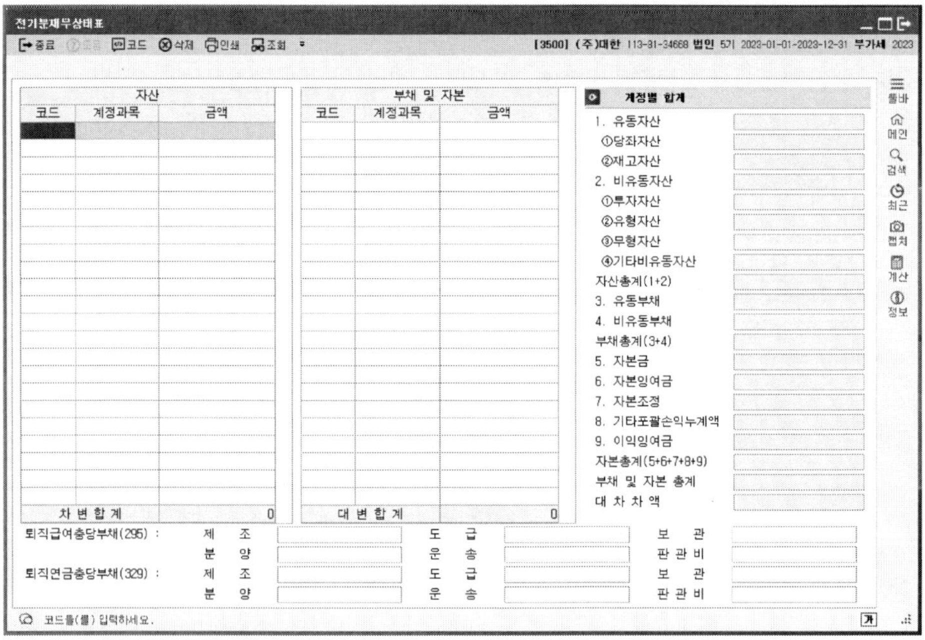

(1) 코드 및 계정과목

• 코드란에 계정과목 코드번호 3자리를 입력하면 자동으로 계정과목란에 계정과목이 입력된다.

- 코드란에 커서를 위치시키고 입력하고자 하는 계정과목의 앞 2글자를 입력하고 Enter를 누르면 입력한 앞의 2글자가 들어간 계정과목이 모두 조회되고 이때 필요한 계정과목을 선택한다.(외상매출금을 입력한다고 가정하면)

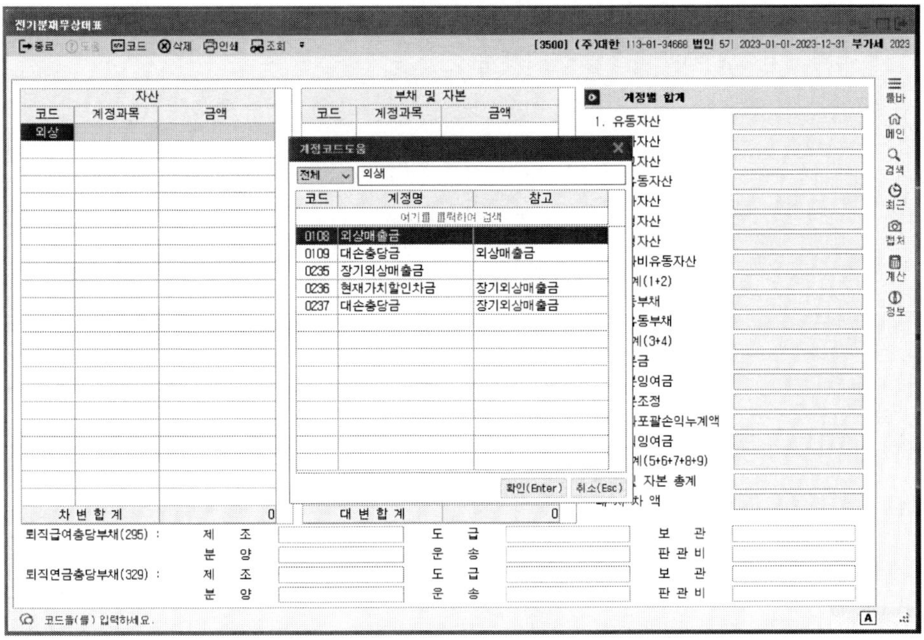

- 코드 아이콘 또는 F2-코드도움키를 누르면 계정코드도움 메뉴가 나타나는데 필요한 계정과목을 방향키(▲ ▼ ↑ ↓)를 이용하여 이동한 후 계정과목을 선택한다.

(2) 금액

계정과목과 관련된 금액을 정확하게 입력한다. 천 단위의 금액인 “000”을 한 번에 입력하고자 할 때는 키보드의 “+”키를 누르면 천단위인 “000”이 입력된다.

☞ 입력한 계정과목과 금액을 삭제할 경우

입력한 내용을 삭제하고자 할 경우에는 삭제하고자 하는 계정과목 코드에 커서를 두고  아이콘 또는 F5－삭제키를 누르면 다음과 같은 “삭제하시겠습니까?” 메시지가 나타난다. 이 때 “예”를 선택하면 된다.

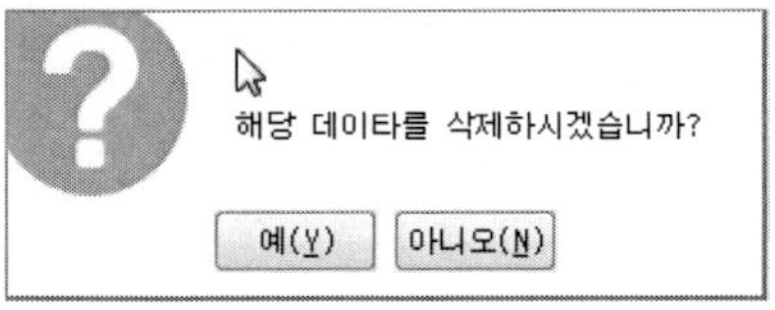

자료 입력 2-4

다음의 자료를 (주)대한(회사코드: 3500)의 전기분 재무상태표에 입력하여 보자.

재 무 상 태 표

제4기 2022. 12. 31

회사명: (주)대한 (단위: 원)

과 목	금 액		과 목	금 액	
현 금		15,240,000	외 상 매 입 금		43,000,000
보 통 예 금		6,500,000	지 급 어 음		50,000,000
정 기 예 금		15,000,000	미 지 급 금		53,200,000
단기 매매 증권		2,300,000	예 수 금		6,190,480
외 상 매 출 금	70,000,000		퇴직급여충당부채		21,000,000
대 손 충 당 금	2,300,000	67,700,000	장 기 차 입 금		11,040,000
받 을 어 음		50,000,000	자 본 금		100,000,000
원 재 료		5,200,000	이 익 준 비 금		16,150,000
재 공 품		4,200,000	기업합리화적립금		22,300,000
제 품		50,000,000	이월 이익 잉여금		29,009,520
토 지		50,150,000			
건 물	67,300,000				
감가상각누계액	40,000,000	27,300,000			
기 계 장 치	41,120,000				
감가상각누계액	21,360,000	19,760,000			
차 량 운 반 구	33,000,000				
감가상각누계액	15,000,000	18,000,000			
비 품	12,500,000				
감가상각누계액	3,000,000	9,500,000			
영 업 권		5,640,000			
특 허 권		5,400,000			
자 산 총 계		351,890,000	부채와 자본총계		351,890,000

* 퇴직급여충당부채: 제조(12,000,000원), 판관비(9,000,000)

☞ 전기분 재무상태표 입력시 주의 사항

- 법인사업자의 이월이익잉여금은 코드번호 "375", 이월결손금은 코드번호 "376"으로 입력한다.
- 재무상태표에서 당기순이익(손실)은 입력하지 않는다. 재무상태표에서는 이익잉여금(결손금)은 차기이월이익잉여금(차기이월결손금)으로 표시된다.

전기분 재무상태표 입력 화면

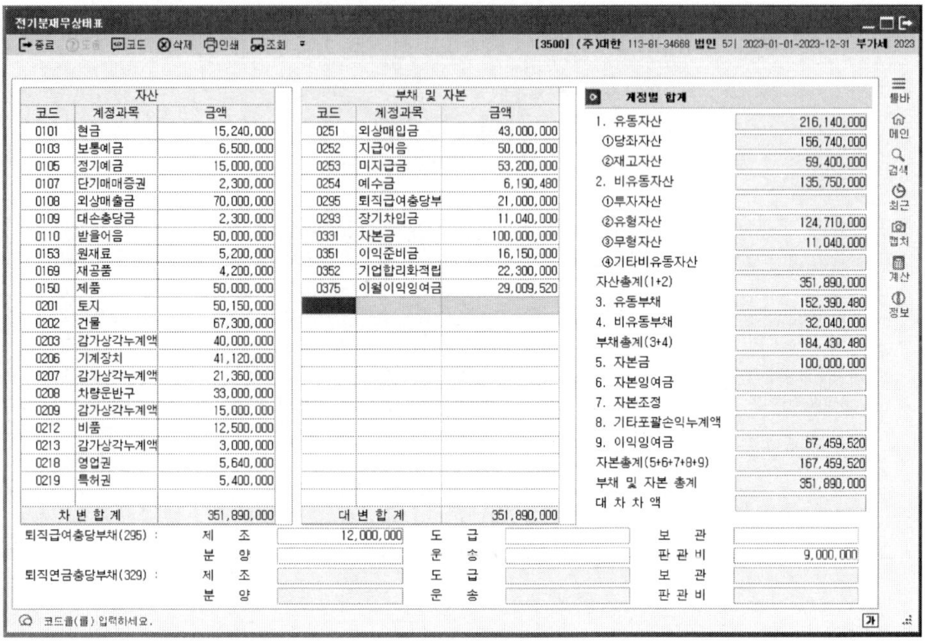

전기분재무상태표

종료 | 도움 | 코드 | 삭제 | 인쇄 | 조회

[3500] (주)대한 113-81-34668 법인 5기 2023-01-01~2023-12-31 부가세 2023

자산			부채 및 자본		
코드	계정과목	금액	코드	계정과목	금액
0101	현금	15,240,000	0251	외상매입금	43,000,000
0103	보통예금	6,500,000	0252	지급어음	50,000,000
0105	정기예금	15,000,000	0253	미지급금	53,200,000
0107	단기매매증권	2,300,000	0254	예수금	6,190,480
0108	외상매출금	70,000,000	0295	퇴직급여충당부	21,000,000
0109	대손충당금	2,300,000	0293	장기차입금	11,040,000
0110	받을어음	50,000,000	0331	자본금	100,000,000
0153	원재료	5,200,000	0351	이익준비금	16,150,000
0169	재공품	4,200,000	0352	기업합리화적립	22,300,000
0150	제품	50,000,000	0375	이월이익잉여금	29,009,520
0201	토지	50,150,000			
0202	건물	67,300,000			
0203	감가상각누계액	40,000,000			
0206	기계장치	41,120,000			
0207	감가상각누계액	21,360,000			
0208	차량운반구	33,000,000			
0209	감가상각누계액	15,000,000			
0212	비품	12,500,000			
0213	감가상각누계액	3,000,000			
0218	영업권	5,640,000			
0219	특허권	5,400,000			
차 변 합 계		351,890,000	대 변 합 계		351,890,000

계정별 합계	
1. 유동자산	216,140,000
①당좌자산	156,740,000
②재고자산	59,400,000
2. 비유동자산	135,750,000
①투자자산	
②유형자산	124,710,000
③무형자산	11,040,000
④기타비유동자산	
자산총계(1+2)	351,890,000
3. 유동부채	152,390,480
4. 비유동부채	32,040,000
부채총계(3+4)	184,430,480
5. 자본금	100,000,000
6. 자본잉여금	
7. 자본조정	
8. 기타포괄손익누계액	
9. 이익잉여금	67,459,520
자본총계(5+6+7+8+9)	167,459,520
부채 및 자본 총계	351,890,000
대 차 차 액	

퇴직급여충당부채(295) :	제 조	12,000,000	도 급		보 관	
	분 양		운 송		판 관 비	9,000,000
퇴직연금충당부채(329) :	제 조		도 급		보 관	
	분 양		운 송		판 관 비	

코드을(를) 입력하세요.

연습문제 2-4

다음은 (주)세광(코드: 103)의 전기분 재무상태표이다. 자료를 보고 입력해 보자.

재 무 상 태 표

제11기 2022. 12. 31

회사명: (주)세광 (단위: 원)

과 목	금 액		과 목	금 액	
현 금		46,380,000	외 상 매 입 금		28,420,000
당 좌 예 금		81,000,000	지 급 어 음		2,860,000
보 통 예 금		38,520,000	미 지 급 금		20,000,000
단기 매매 증권		4,640,000	예 수 금		170,000
외 상 매 출 금		21,550,000	부 가 세 예 수금		1,588,000
받 을 어 음	30,000,000		장 기 차 입 금		55,000,000
대 손 충 당금	300,000	29,700,000	자 본 금		302,540,000
원 재 료		3,000,000	이 익 준 비 금		33,000,000
재 공 품		5,420,000	기업합리화적립금		3,300,000
제 품		28,000,000	이월 이익 잉여금		89,824,000
건 물	250,000,000				
감가상각누계액	39,000,000	211,000,000			
기 계 장 치	54,250,000				
감가상각누계액	18,258,000	35,992,000			
차 량 운 반 구	42,000,000				
감가상각누계액	21,000,000	21,000,000			
비 품	15,500,000				
감가상각누계액	5,000,000	10,500,000			
자 산 총 계		536,702,000	부채와 자본 총계		536,702,000

제5절 전기분 손익계산서

처음으로 전산회계프로그램을 이용하여 회계처리를 한 경우에는 전기분 손익계산서를 입력해야 한다.

「기초정보관리」의 하위메뉴인 「전기분 손익계산서」를 선택하면 다음과 같은 전기분 손익계산서 화면이 나타난다.

화면의 왼쪽은 코드, 계정과목, 금액의 입력란으로 구성되어 있고, 화면의 오른쪽은 왼쪽의 입력을 자동으로 집계하여 표시하는 항목별 합계액 란이다.

전기분 손익계산서 화면

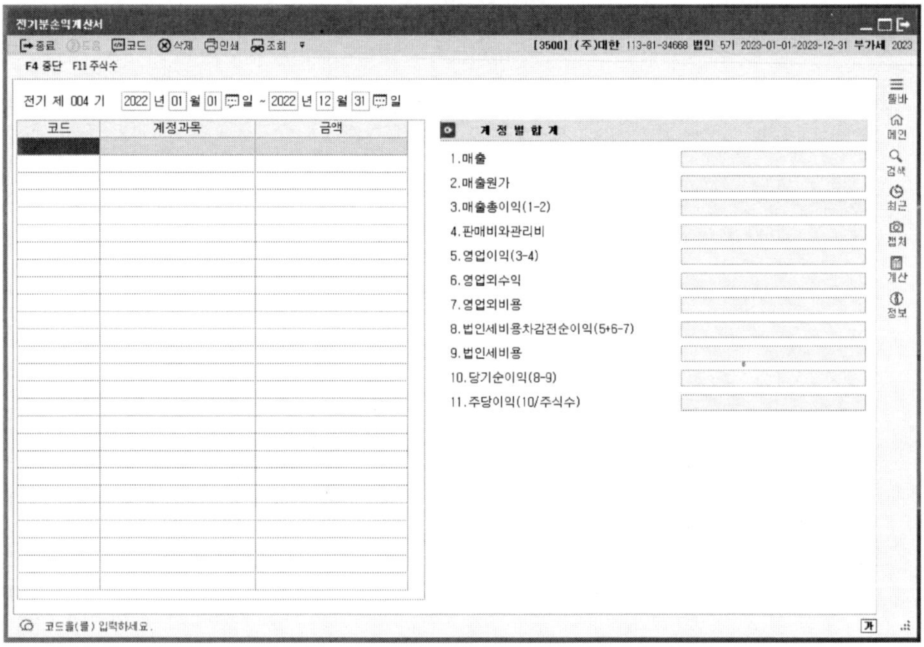

(1) 코드 및 계정과목

코드와 계정과목 및 금액의 입력은 전기분 재무상태표의 입력과 동일한 방법에 의하여 입력하면 된다.

(2) 매출원가의 입력

매출원가 코드입력은 도소매업(코드: 451, 상품매출원가), 제조업(코드: 455, 제품매출원가)을 선택하여 입력한다. 전산회계 1급은 제조업을 주 대상으로 하기 때문에 일반적으로 코드: 455(제품매출원가)를 선택하면 된다. 기말제품재고액은 전기분 재무상태표에 입력된 재고자산 금액이 자동으로 반영된다. 매출원가의 산정은 다음과 같은 원리에 의하여 산정된다.

> 상품매출원가 = 기초상품재고액 + 당기매입액 − 기말상품재고액
> 제품매출원가 = 기초제품재고액 + 당기제품제조원가 − 기말제품재고액

매출원가 입력 화면

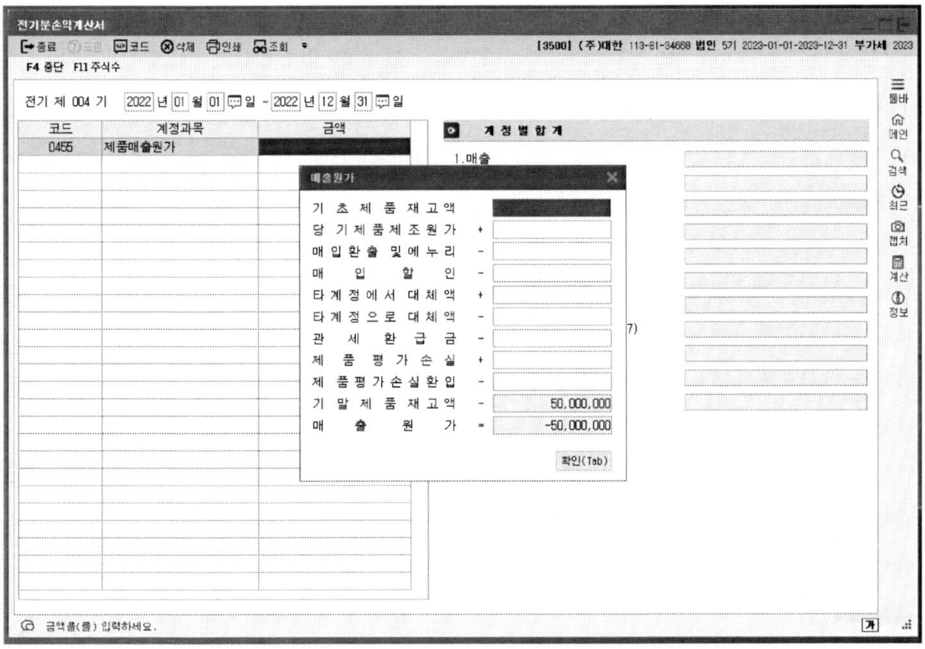

☞ 타 계정 대체액 입력시 주의 사항

(1) 타 계정액에서 대체액

원가를 구성하는 재고자산이 매입과정이 아닌 다른 계정과목에서 대체되는 것으로 원가명세서 또는 손익계산서 작성시 해당 원가항목에 가산하여 표시하는 금액을 말한다. 예를 들면 본사에서 사용하기 위하여 구입한 난방용 유류를 공장 생산부에서 사용하는 경우를 말한다. 따라서 이때에는 적요 번호 7번 "타 계정액에서 대체액"을 반드시 선택해야 한다.

(2) 타 계정으로 대체액

원가를 구성하는 재고자산이 해당 원가와 무관한 계정과목으로 대체되는 것으로, 원가명세서 또는 손익계산서 작성시 해당 원가를 차감하는 형식으로 표시되는 금액을 말한다. 예를 들면 공장 생산부에서 사용하기 위하여 구입한 원재료를 본사에서 사용하는 경우를 말한다. 따라서 이때에는 적요 번호 8번 "타 계정으로 대체액"을 반드시 선택해야 한다.

자료 입력 2-5

다음의 자료를 (주)대한(회사코드: 3500)의 전기분 손익계산서에 입력하여 보자.

손 익 계 산 서

2022. 1. 1. – 2022. 12. 31

회사명: (주)대한 (단위: 원)

매 출 원 가		118,074,000	제품 매출액	347,874,000
기초제품재고액	15,000,000		이 자 수 익	3,500,000
당기제품제조원가	153,074,000			
기말제품재고액	50,000,000			
급 여		50,000,000		
복 리 후 생 비		44,200,000		
여 비 교 통 비		20,000,000		
접 대 비		45,000,000		
통 신 비		1,500,000		
수 도 광 열 비		3,200,000		
세금과공과금		7,000,000		
보 험 료		300,000		
차 량 유 지 비		30,000,000		
소 모 품 비		7,000,000		
수 수 료 비 용		500,000		
대 손 상 각 비		5,000,000		
기 부 금		3,000,000		
이 자 비 용		1,300,000		
당 기 순 이 익		15,300,000		
		351,374,00		351,374,000

전기분 손익계산서 입력 화면

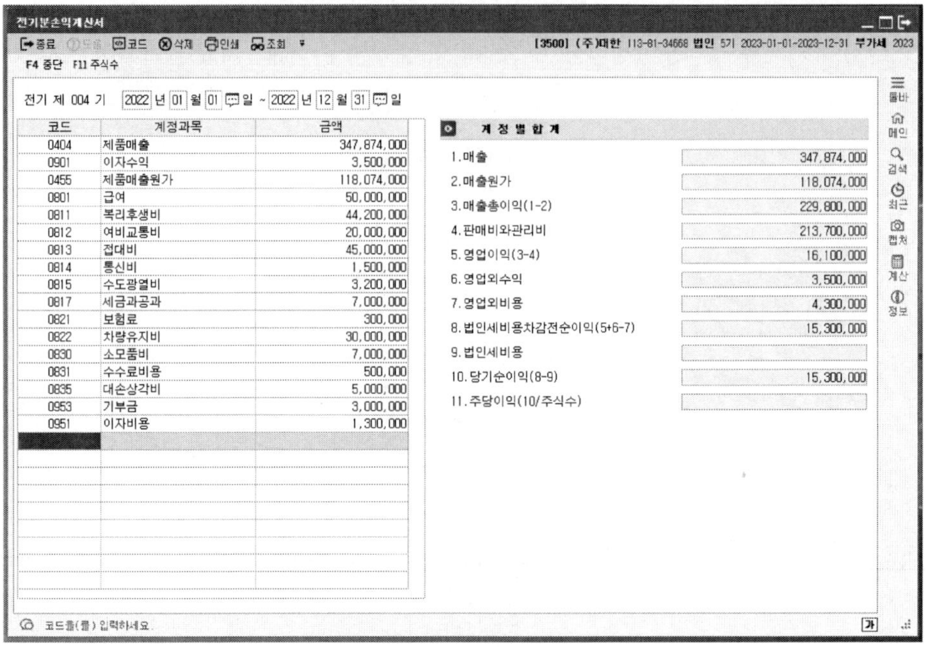

연습문제 2-5

다음은 (주)세광(코드: 103)의 전기분 손익계산서이다. 자료를 보고 입력해 보자.

손 익 계 산 서

제11기 2022년 1일 1일부터 2022년 12월 31일까지

회사명: (주)세광 (단위: 원)

매출원가		224,930,800	제품 매출액	354,500,000
기초제품재고액	8,005,000			
당기제품제조원가	244,925,800			
기말제품재고액	28,000,000			
급여		67,438,400		
복리후생비		12,000,000		
여비교통비		2,658,000		
접대비		5,855,000		
통신비		3,130,000		
수도광열비		2,251,300		
세금과공과금		1,653,000		
감가상각비		2,858,500		
지급임차료		4,000,000		
수선비		650,000		
보험료		2,645,800		
차량유지비		6,580,000		
운반비		950,000		
도서인쇄비		770,000		
소모품비		3,854,200		
수수료비용		1,200,000		
잡비		525,000		
당기순이익		10,550,000		
		354,500,000		354,500,000

제6절 전기분 원가명세서

처음으로 전산회계프로그램을 이용하여 회계처리를 한 경우에는 전기분 원가명세서를 입력해야 한다.

「기초정보관리」의 하위메뉴인 「전기분 원가명세서」를 선택하면 다음과 같은 전기분 원가명세서 화면이 나타난다.

화면의 왼쪽은 코드, 계정과목, 금액의 입력란으로 구성되어 있고, 화면의 오른쪽은 왼쪽의 입력을 자동으로 집계하여 표시하는 항목별 합계액 란이다.

전기분 원가명세서 화면

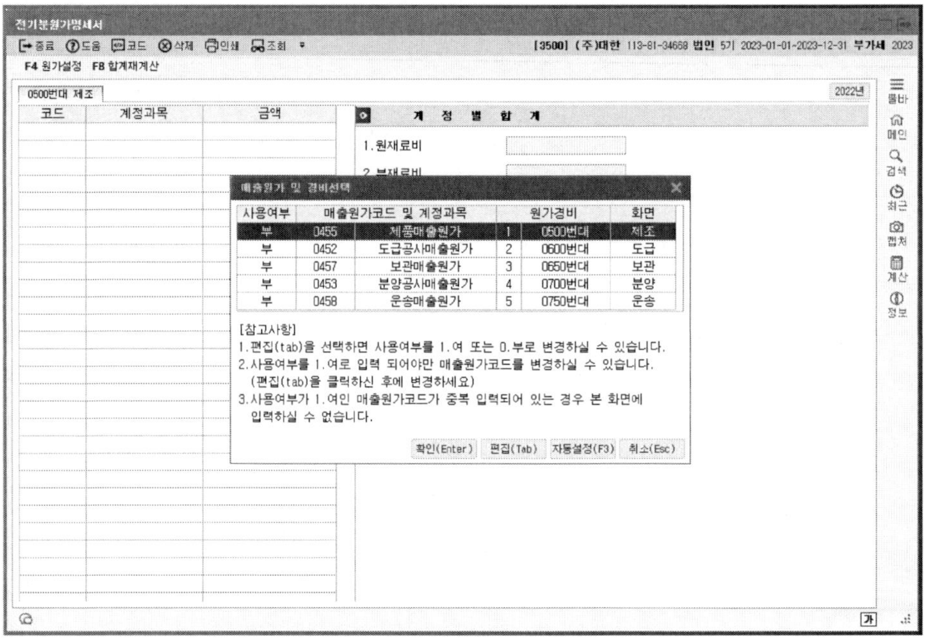

(1) 매출원가의 종류 및 원가경비 선택

전산회계 1급에서는 제조기업을 대상으로 하기 때문에 455번 코드의 제품매출원가를 선택하고, 원가경비는 500번대 코드의 제조경비를 선택한다. 사용여부에서

1.여를 선택한다.

구 분	매출원가 코드 및 계정과목	원가경비선택
제 조 업 체	455 제품매출원가	1번 500번대 경비선택
건설(도급)업체	452 도급공사원가	2번 600번대 경비선택
건설(분양)업체	453 분양공사매출원가	3번 700번대 경비선택

(2) 선택모드

매출원가 및 원가경비 선택 창에서 455번의 제품매출원가와 500번대 경비를 입력한 후 하단의 "선택모드"를 누르면 다음과 같이 범위가 지정된다. 그리고 입력된 내용을 확인한 후 오류가 있으면 "편집"을 선택하여 수정하면 된다.

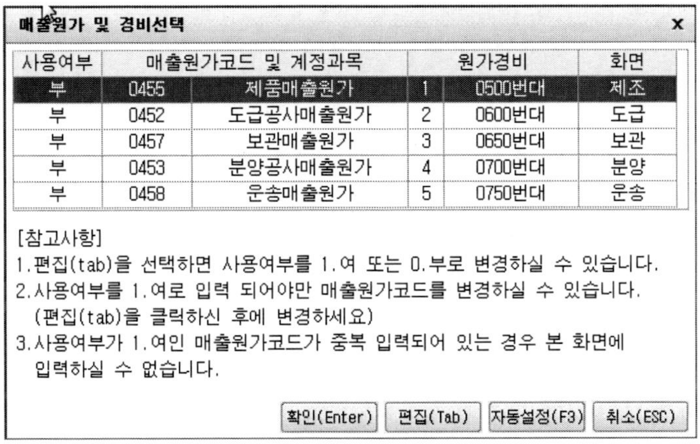

(3) 원재료비의 입력

원재료비의 계정과목 코드를 선택하면 다음과 같은 보조화면이 나타난다. 여기에서 기말 원재료 재고액은 전기분 재무상태표에 입력된 원재료가 자동으로 표시되고, 기초 원재료 재고액, 당기 원재료 입고액, 매입 환출 및 에누리, 매입 할인, 타계정대체액 등을 입력하면 된다.

원재료 x

기초원재료재고액		
당기원재료매입액	+	
매입환출및에누리	-	
매입할인	-	
타계정에서대체액	+	
타계정으로대체액	-	
원재료평가손실	+	
원재료평가환입	-	
기말원재료재고액	-	5,200,000
원재료비	=	-5,200,000

확인(Tab)

(4) 기초재공품재고액과 타계정대체액의 입력

기초재공품재고액 및 타계정으로 대체액을 입력하고자 할 경우에는 탭키(Tab·⇆)로 커서를 우측으로 이동한 후 해당하는 금액을 입력하면 된다.

⇨ 계정별합계	
1.원재료비	-5,200,000
2.부재료비	
3.노무비	
4.경비	
5.당기총제조비용	-5,200,000
6.기초재공품재고액	
7.타계정에서대체액	
8.합 계	-5,200,000
9.기말재공품재고액	4,200,000
10.타계정으로대체액	
11.당기제품제조원가	-9,400,000

자료 입력 2-6

다음의 자료를 (주)대한(회사코드: 3500)의 전기분 원가명세서에 입력하여 보자.

제 조 원 가 명 세 서

2022년 1월 1일부터 2022년 12월 31일

회사명: (주)대한 (단위: 원)

과 목	금 액	
Ⅰ. 원 재 료 비		79,800,000
기초원재료재고액	2,000,000	
당기원재료매입액	83,000,000	
기말원재료재고액	5,200,000	
Ⅱ. 노 무 비		39,900,000
임 금	39,900,000	
Ⅲ. 경 비		32,574,000
복 리 후 생 비	1,250,000	
여 비 교 통 비	152,000	
접 대 비	231,000	
가 스 수 도 료	108,000	
전 력 비	1,540,000	
세 금 과 공 과금	473,000	
감 가 상 각 비	8,590,000	
수 선 비	550,000	
보 험 료	694,000	
차 량 유 지 비	936,000	
도 서 인 쇄 비	50,000	
소 모 품 비	8,230,000	
외 주 가 공 비	9,770,000	
Ⅳ. 당기 총 제조비용		152,274,000
Ⅴ. 기초재공품재고액		5,000,000
Ⅵ. 합 계		157,274,000
Ⅶ. 기말재공품재고액		4,200,000
Ⅷ. 당기제품제조원가		153,074,000

전기분 원가명세서 입력 화면

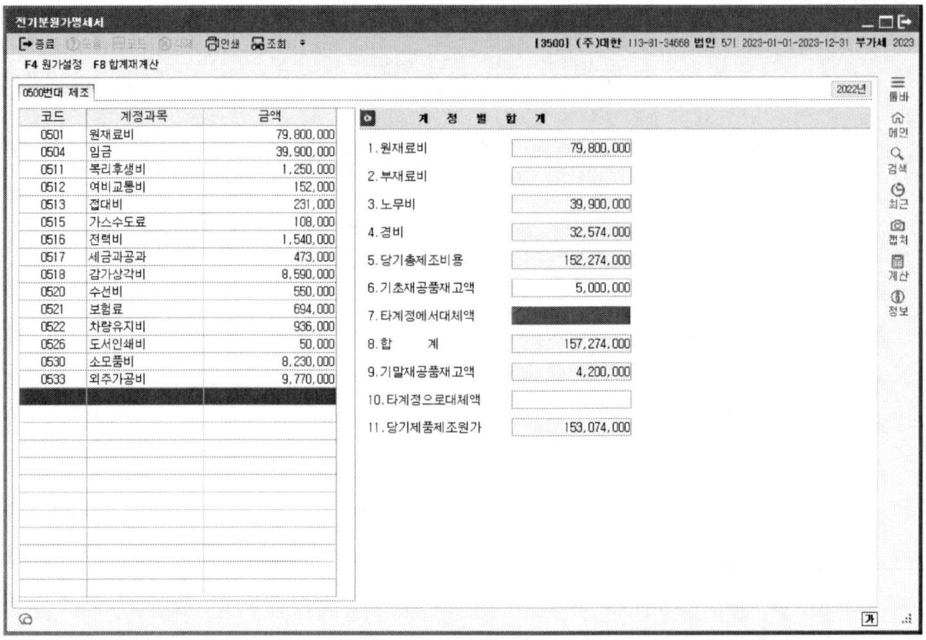

코드	계정과목	금액
0501	원재료비	79,800,000
0504	임금	39,900,000
0511	복리후생비	1,250,000
0512	여비교통비	152,000
0513	접대비	231,000
0515	가스수도료	108,000
0516	전력비	1,540,000
0517	세금과공과	473,000
0518	감가상각비	8,590,000
0520	수선비	550,000
0521	보험료	694,000
0522	차량유지비	936,000
0526	도서인쇄비	50,000
0530	소모품비	8,230,000
0533	외주가공비	9,770,000

계정별 합계	
1. 원재료비	79,800,000
2. 부재료비	
3. 노무비	39,900,000
4. 경비	32,574,000
5. 당기총제조비용	152,274,000
6. 기초재공품재고액	5,000,000
7. 타계정에서대체액	
8. 합 계	157,274,000
9. 기말재공품재고액	4,200,000
10. 타계정으로대체액	
11. 당기제품제조원가	153,074,000

연습문제 2-6

다음은 (주)세광(코드: 103)의 전기분 원가명세서이다. 자료를 보고 입력해 보자.

제 조 원 가 명 세 서

제11기 2022년 1일 1일부터 2022년 12월 31일까지

회사명: (주)세광 (단위: 원)

과 목	금 액	
Ⅰ. 원 재 료 비		105,265,000
기초원재료재고액	9,580,000	
당기원재료매입액	98,685,000	
기말원재료재고액	3,000,000	
Ⅱ. 노 무 비		33,500,000
임 금	33,500,000	
Ⅲ. 경 비		111,080,800
복 리 후 생 비	5,655,800	
여 비 교 통 비	0	
접 대 비	15,852,500	
통 신 비	0	
가 스 수 도 료	1,882,000	
전 력 비	18,074,000	
세 금 과 공 과 금	1,085,000	
감 가 상 각 비	2,660,000	
지 급 임 차 료	0	
수 선 비	1,250,000	
보 험 료	968,500	
차 량 유 지 비	18,953,000	
도 서 인 쇄 비	0	
소 모 품 비	5,750,000	
외 주 가 공 비	38,950,000	
잡 비	0	
Ⅳ. 당기총제조비용		249,845,800
Ⅴ. 기초제공품재고액		500,000
Ⅵ. 합 계		250,345,800
Ⅶ. 기말재공품재고액		5,420,000
Ⅷ. 당기제품제조원가		244,925,800

제7절 전기분 잉여금처분계산서

처음으로 전산회계프로그램을 이용하여 회계처리를 한 경우에는 전기분 잉여금처분계산서를 입력해야 한다.

「기초정보관리」의 하위메뉴인 「전기분 잉여금처분계산서」를 선택하면 다음과 같은 전기분 잉여금처분계산서 화면이 나타난다.

전기분 잉여금처분계산서 화면

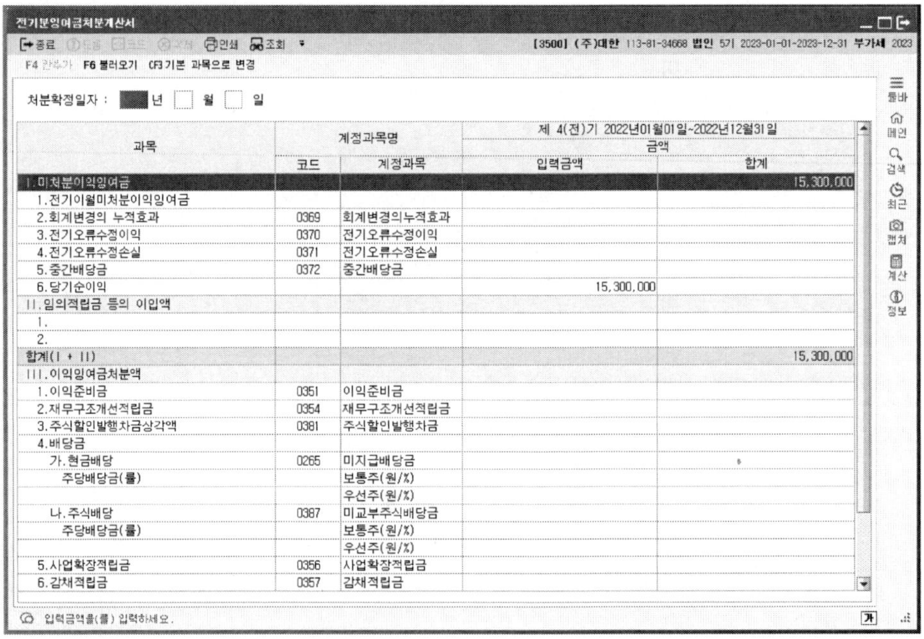

(1) 자료의 입력

전기분 이익잉여금처분계산서에 자료를 입력하려면 화살표를 이용하여 해당 자료의 금액을 입력하면 된다. 또는 이월결손금계산서를 그대로 입력을 하면 된다.

(2) 라인의 삽입과 삭제

 키 또는 F4: 새로운 라인을 생성, F5: 현재 라인을 삭제

(3) 입력시 유의 사항

전산회계 1급에서는 법인기업을 대상으로 하기 때문에 전기에 잉여금을 처분한 내역이 없는 경우라도 전기이월이익잉여금 또는 전기이월결손금과 전기분 당기순이익 및 당기순손실을 입력해야 한다. 이 때 이월결손금의 경우에는 음수(-)로 입력을 해야 한다.

자료 입력 2-7

다음의 자료를 (주)대한(회사코드: 3500)의 전기분 잉여금처분계산서에 입력하여 보자.(처분확정일: 당기 2023. 01. 10, 전기 2022. 01. 10)

전기분이익잉여금처분계산서

과 목	금 액	
Ⅰ. 처분전이익잉여금		29,009,520
1. 전기이월이익잉여금	13,709,520	
2. 당 기 순 이 익	15,300,000	
Ⅱ. 임의적립금등이입액		
Ⅲ. 이익잉여금처분액		
Ⅳ. 차기이월이익잉여금		29,009,520

전기분 잉여금처분계산서 입력 화면

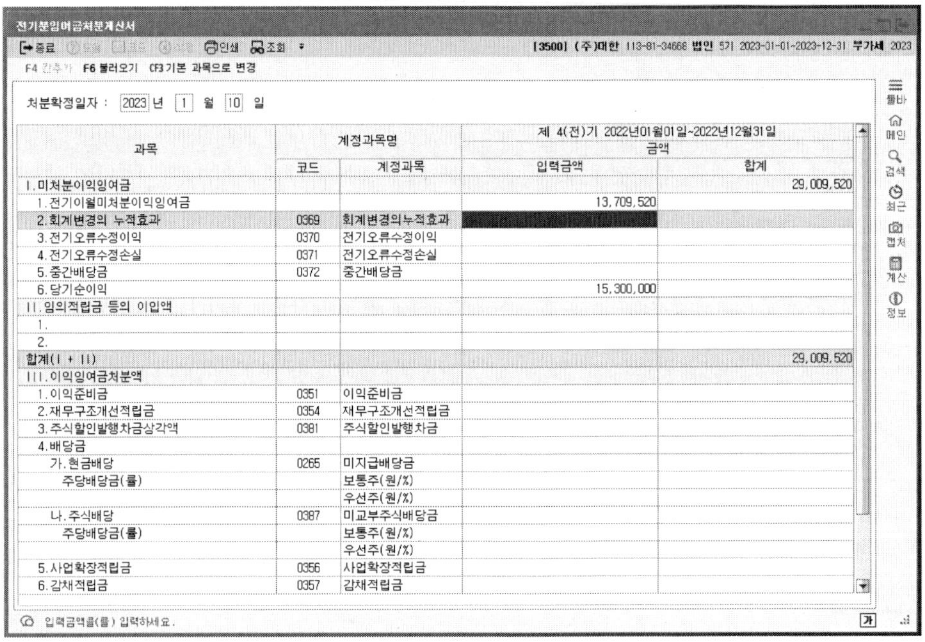

전기분잉여금처분계산서

종료 인쇄 조회 [3500] (주)대한 113-81-34668 법인 5기 2023-01-01~2023-12-31 부가세 2023

F4 칸추가 F6 불러오기 CF3 기본 과목으로 변경

처분확정일자 : 2023 년 1 월 10 일

과목	계정과목명		제 4(전)기 2022년01월01일~2022년12월31일 금액	
	코드	계정과목	입력금액	합계
Ⅰ.미처분이익잉여금				29,009,520
1.전기이월미처분이익잉여금			13,709,520	
2.회계변경의 누적효과	0369	회계변경의누적효과		
3.전기오류수정이익	0370	전기오류수정이익		
4.전기오류수정손실	0371	전기오류수정손실		
5.중간배당금	0372	중간배당금		
6.당기순이익			15,300,000	
Ⅱ.임의적립금 등의 이입액				
1.				
2.				
합계(Ⅰ + Ⅱ)				29,009,520
Ⅲ.이익잉여금처분액				
1.이익준비금	0351	이익준비금		
2.재무구조개선적립금	0354	재무구조개선적립금		
3.주식할인발행차금상각액	0381	주식할인발행차금		
4.배당금				
가.현금배당	0265	미지급배당금		
주당배당금(률)		보통주(원/%)		
		우선주(원/%)		
나.주식배당	0387	미교부주식배당금		
주당배당금(률)		보통주(원/%)		
		우선주(원/%)		
5.사업확장적립금	0356	사업확장적립금		
6.감채적립금	0357	감채적립금		

입력금액을(를) 입력하세요.

연습문제 2-7

다음은 (주)세광(코드: 103)의 전기분 잉여금처분계산서이다. 자료를 보고 입력해 보자.

전기분이익잉여금처분계산서

과 목	금 액	
Ⅰ. 처분전이익잉여금		93,124,000
1. 전기이월이익잉여금	82,574,000	
2. 당 기 순 이 익	10,550,000	
Ⅱ. 임의적립금 등의 이입액		
Ⅲ. 이익잉여금처분액		3,300,000
1. 기업합리화적립금	3,300,000	
Ⅳ. 차기이월이익잉여금		89,824,000

제8절 거래처별 초기이월

상품이나 제품 등의 계정과목에 대하여 특히 외상매출금, 받을 어음, 외상매입금, 지급어음, 미지급금, 차입금 등의 계정과목에 대하여 거래처별 장부를 만들고자 할 때 거래처를 등록하고 전기말 잔액을 입력한다.

[전기분재무제표]의 하위메뉴인 [거래처별 초기이월]을 클릭하면 다음과 같은 거래처별 초기이월 화면이 나타난다.

거래처별 초기이월 화면

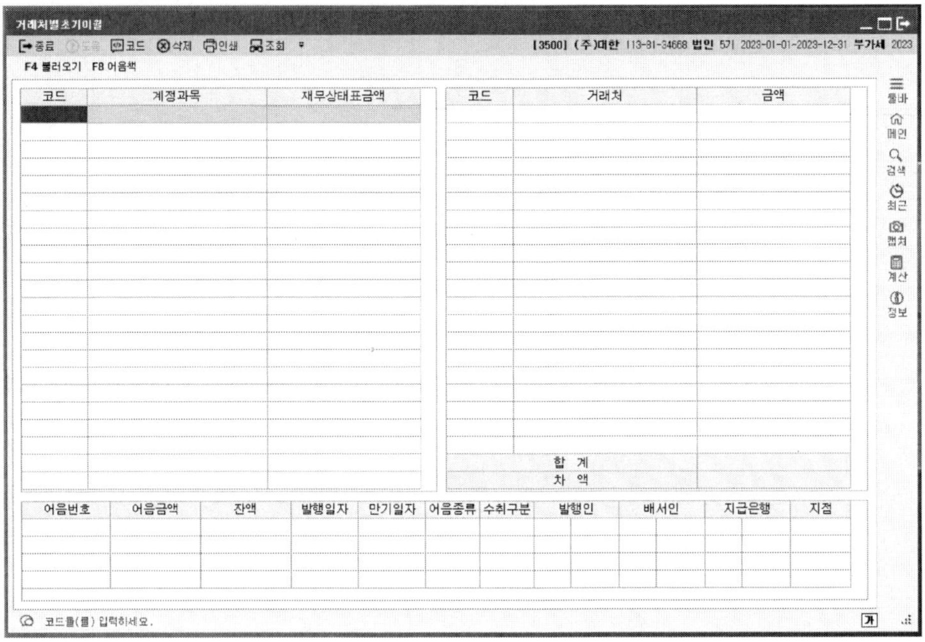

(1) 전기분재무상태표 생성

메인화면에서 거래처별 초기이월을 클릭하면 전기분 재무상태표의 보조화면이 나타난다. 이때 상단 툴바에서 [불러오기] 메뉴를 클릭하면 전기분 재무상태표가 생성된다.

(2) 거래처 코드 및 금액입력

거래처 코드 및 금액입력은 코드 아이콘 또는 F2-거래처코드도움키를 누르면 거래처코드도움 메뉴가 다음과 같이 나타나면 필요한 거래처를 방향키(▲ ▼ ↑ ↓)를 이용하여 이동한 후 거래처를 선택하면 된다. 그리고 거래처 코드는 거래처 코드등록 메뉴에 등록한 거래처만 나타난다.

또한 금액은 거래처별로 발생한 금액을 입력하면 되고, 거래처별로 금액을 입력하면 화면 우측하단에 거래처별로 입력한 금액의 합계가 표시된다.

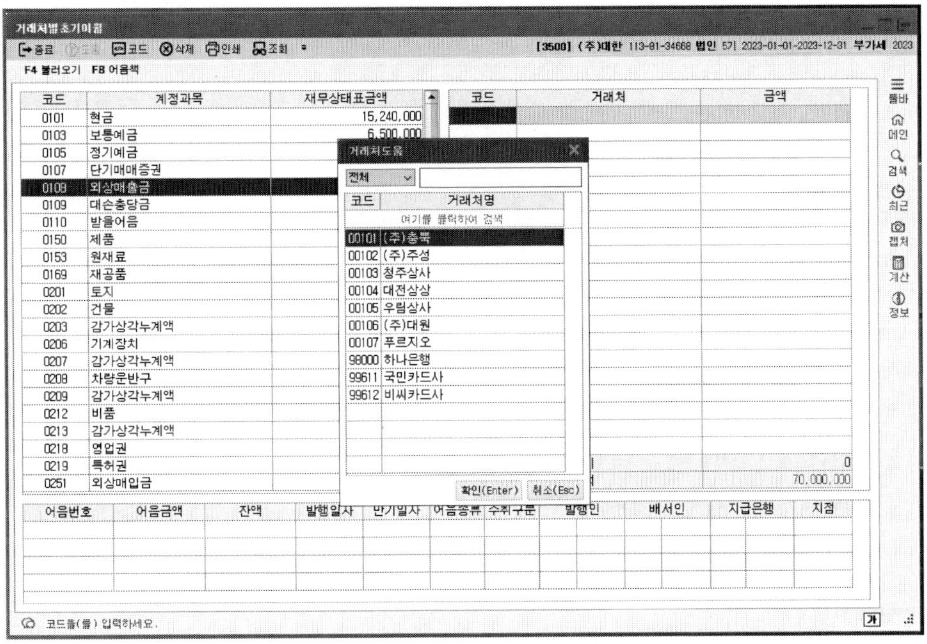

자료 입력 2-8

다음 (주)대한(회사코드: 3500)의 거래처별 초기이월 자료이다. 자료를 보고 입력하여 보자.

계 정 과 목	금액 및 거래처별 잔액
외 상 매 출 금	₩70,000,000 (청주상사: 43,000,000 대전상사: 27,000,000)
받 을 어 음	₩50,000,000 (청주상사: 20,000,000 대전상사: 30,000,000)
외 상 매 입 금	₩43,000,000 ((주)충북: 23,000,000 (주)주성: 20,000,000)
지 급 어 음	₩50,000,000 ((주)충북: 30,000,000 (주)주성: 20,000,000)

외상매출금 거래처입력화면

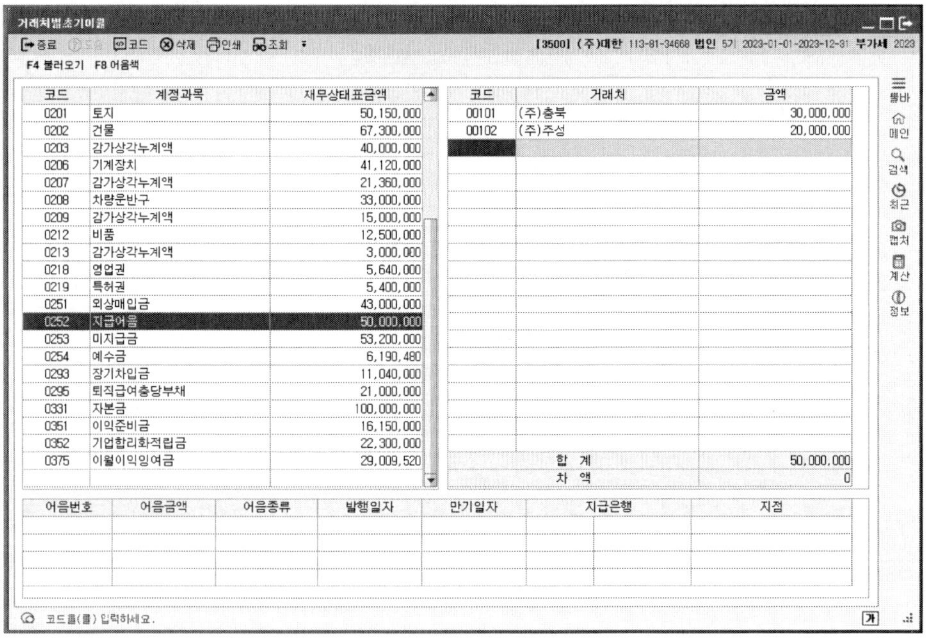

연습문제 2-8

다음은 (주)세광(103)의 거래처별 초기이월 자료이다. 자료를 보고 입력해 보자.

계 정 과 목	금액 및 거래처별 잔액
외 상 매 출 금	₩21,550,000 ((주)민주: 9,550,000 공주상사: 12,000,000)
받 을 어 음	₩30,000,000 ((주)민주: 20,000,000 공주상사: 10,000,000)
외 상 매 입 금	₩28,420,000 (청원가구: 11,920,000 원주상사: 16,500,000)

제9절 마감 후 이월

마감이란 원장의 각 계정을 마감하여 다음 회계기간의 경영활동을 기록하기 위한 준비를 마친 상태라고 알 수 있다. 그러므로 마감후이월이란 당기분 회계작업을 완료한 후 다음해의 초기이월로 재무상태표, 손익계산서 등 재무제표를 이월시킬 때 사용한다. [기초정보관리]의 하위메뉴인 [마감후이월]을 클릭하면 마감후이월 화면이 나타난다.

마감후이월 화면

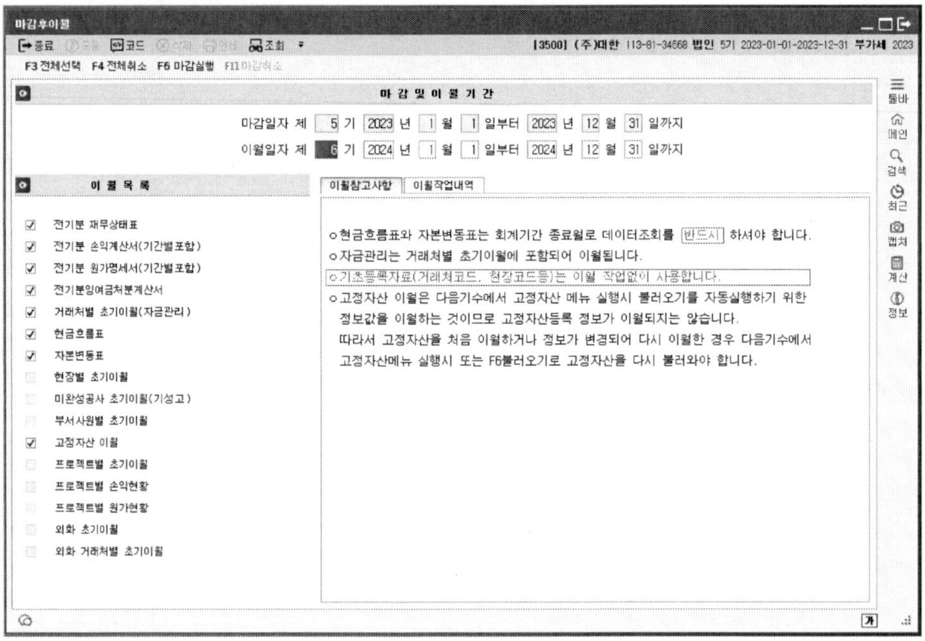

(1) 마감순서

마감일자와 이월일자를 확인하고 선택사항에서 마감하고자 하는 장부를 선택하고 마감(F6)키를 클릭하면 선택한 제 장부가 마감되며, 마감 후 마감취소를 하기 위해서는 마감취소(F4)키를 누르면 된다.

(2) 선택사항만 이월

만약에 선택적으로 차기로 이월을 하고자 할 경우에는 이월하고자 하는 항목에 “∨”하여 마감(F6)을 누르면 선택된 항목만 이월된다.

(3) 마감완료

마감을 완료한 후에는 전표의 추가입력, 수정, 삭제가 불가능하기 때문에 결산을 완료한 후에 마감을 해야 한다.

| 제 3 장 |

전표의 입력

제 1 절　입력화면의 구성
제 2 절　판매관리비와 제조경비의 구분
제 3 절　일반전표의 입력
제 4 절　매입매출전표의 입력

| 제 3 장 |

전표의 입력

제 1 절 입력화면의 구성

거래자료의 입력메뉴에는 일반전표입력, 매입매출전표입력 메뉴가 있다. 일반전표입력은 부가가치세 신고와 관련된 거래 즉, 매입매출전표와 관련된 자료를 제외한 모든 거래자료를 입력하는 곳이다.

(1) 전표입력의 종류

일반전표입력: 부가가치세(VAT)신고와 관련이 없는 거래 입력
　　　　　　　– 전산회계 2급 범위
매입 · 매출전표입력: 부가가치세(VAT)신고와 관련된 거래 입력
　　　　　　　– 전산회계 1급 범위

「전표입력」의 하위메뉴인 「일반전표입력」을 선택하면 다음과 같은 일반전표입력 화면이 나타난다.

일반전표 입력 화면

(2) 년, 월, 일

년, 월, 일은 거래가 발생한 년, 월, 일을 입력한다. 년은 자동으로 입력되며, 월, 일은 거래 발생 월과 일을 입력한다.

(3) 번 호

전표번호를 말하며, 전표번호는 00001부터 일자별로 자동으로 부여되며 일자가 바뀌면 다시 00001부터 전표번호가 부여된다. 대체전표(대체분개)의 경우에는 1개의 전표로 보아 동일한 전표번호가 부여되며, 차변과 대변의 합계가 일치되면 다음 전표를 입력할 수 있도록 다음 전표번호가 자동으로 부여된다.

(4) 구분

전표의 유형(TYPE)을 입력하는 란이다. 여기에는 1: 출금, 2: 입금, 3: 대체차변, 4: 대체대변, 5: 결산차변, 6: 결산대변으로 구분된다. 이때 전표의 유형에 따라 1~6번 중에서 하나를 선택하면 된다.

〔출금전표〕

출금전표는 반드시 거래발생시 현금의 지출을 수반한 경우에 작성되는 전표이다. 따라서 출금전표를 입력하기 위해서는 "1: 출금"을 선택하면 "구분"에 "출"이라고 표시되고 화면 중간부분의 분개란에 대변에 현금계정이 자동으로 표시되기 때문에 차변의 계정과목을 선택하여 입력하면 된다.

〔입금전표〕

입금전표는 반드시 거래발생시 현금의 수입을 수반한 경우에 작성되는 전표이다. 따라서 입금전표를 입력하기 위해서는 "2: 입금"을 선택하면 "구분"에 "입"이라고 표시되고 화면 중간부분의 분개란에 차변에 현금계정이 자동으로 표시되기 때문에 대변의 계정과목을 선택하여 입력하면 된다.

〔대체전표〕

대체전표는 거래발생시 일부 현금의 수입 및 지출을 수반(예를 들면 일부 현금 일부 외상)하거나, 전혀 현금거래를 수반하지 않은 경우(예를 들면 전액외상)에 작성되는 전표로서 대체전표를 입력하기 위해서는 차변과 대변을 각각 입력해야 한다. 따라서 차변을 입력하기 위해서는 "3: 대체차변"을 선택하고 대변을 입력하기 위해서는 "4: 대체대변"을 선택해야 하며, 하나의 거래이기 때문에 전표번호는 동일한 번호로 부여되며 하나의 전표로 인식을 하게 되는 것이다.

* 다음의 경우에 따라서 전표의 유형을 구분하여 보자.

1월 1일	(차) 상 품	200,000	(대) 현 금	200,000	**[출금전표]**
2일	(차) 현 금	150,000	(대) 외상매출금	150,000	**[입금전표]**
3일	(차) 당좌예금	300,000	(대) 외상매출금	300,000	**[대체전표]**
4일	(차) 외상매출금	150,000	(대) 상품매출	300,000	**[대체전표]**
	현 금	150,000			
5일	(차) 당좌예금	300,000	(대) 외상매출금	300,000	**[대체전표]**
6일	(차) 현 금	3,000,000	(대) 자 본 금	3,000,000	**[입금전표]**
7일	(차) 비 품	500,000	(대) 현 금	500,000	**[출금전표]**
8일	(차) 상 품	1,000,000	(대) 외상매입금	1,000,000	**[대체전표]**

(4) 계정과목

계정과목에 대한 코드를 알고 있을 경우에는 계정과목 코드번호를 직접입력 한다. 계정과목 코드를 모를 때는 코드란에서 입력하고자 하는 계정과목의 앞부분 2글자를 입력한 후 Enter↵를 치면 해당 글자가 포함된 계정과목이 조회된다. 커서를 이동하여 원하는 계정과목을 선택한 후 Enter↵를 치면 입력이 된다.

(5) 거래처 코드

① 거래처 코드를 알고 있는 경우

해당 거래처의 코드를 직접입력 한다.

② 거래처 코드를 모를 경우

도구모음줄의 [코드]를 마우스로 클릭하면 이미 등록해 놓은 거래처 코드와 회사명이 있는 보조화면이 나타날 때 커서를 이동하여 해당 거래처를 선택한다.

③ 추가로 거래처를 등록하고자 할 때

"+" 또는 "00000"을 치고 신규 거래처명을 입력 한 후 Enter↵를 누르면 "등록 하시겠습니까?"라는 메시지가 나타나는데 이때 [등록]을 선택하면 거래처가 추가로 등록된다.

㉮ 등록(Enter↵): 거래처 코드번호가 자동으로 부여되며, 거래처가 자동으로 등록되어 코드가 입력된다.

㉯ 수정(⇆ TAB): 거래처 코드번호 및 거래처와 관련된 내용을 수정 및 신규거래처를 등록하기 위해서는 수정(TAB)키를 누르면 다음과 같은 보조화면이 나타나며, 여기에서 필요한 사항을 입력하고 확인(TAB)키를 누르면 된다.

㉰ 선택(S): 다른 코드번호로 거래처 코드번호를 등록하고자 할 경우에는 선택(S)을 누른 후 원하는 코드를 입력하면 된다.

㉱ 취소(Esc): 거래처 코드번호 등록을 원하지 않을 경우에는 취소(Esc)를 누르면 된다.

(6) 거래처 명

거래처 코드를 입력하면 거래처명은 자동으로 입력이 된다.

(7) 적 요

적요는 거래 내역을 간단히 요약하여 전표에 기록하는 것을 의미한다. 입력방법은 다음의 3가지 방법이 있다.

① 저장된 적요 코드를 이용

본 프로그램에서는 빈번히 발생되는 거래에 대해서 그 적요를 저장해 놓고 있다. 따라서 커서가 현재 적요에 위치할 때 화면하단의 1~8번까지의 저장된 적요 중에서 알맞은 적요 번호를 입력하면 현재 적요란에 선택한 적요가 입력된다.

② 저장된 적요를 수정하여 이용

내장된 적요를 수정하여 등록하고자 할 때는 도구모음 줄의 [적요수정]을 마우스로 클릭하면 화면하단의 적요 1~8번으로 커서가 이동된다. 이때 등록된 내용을 수정하고 Enter↵를 치면 자동 저장된다.

③ 직접 적요를 입력

커서가 현재 적요에 위치할 때 숫자 "0"을 입력하면 커서가 오른쪽으로 이동하여 직접 적요를 입력할 수 있다. 회계처리가 능숙한 사람은 직접 적요를 입력하는 것이 편리하다.

(8) 금 액

발생된 거래금액을 입력한다.

"+"키를 누르면 "000"이 자동으로 입력된다.

제2절 판매관리비와 제조경비의 구분

전산회계 1급에서는 제조기업을 대상으로 하기 때문에 경비가 발생하면 이를 제조경비와 일반경비로 구분하여 입력해야 된다.

제조경비는 생산공장에서 제품생산에 필요한 경비를 의미한다. 여기에는 생산직 근로자의 급여, 생산공장의 감가상각비, 보험료 등이 된다. 이에 반하여 일반경비는 제품생산에 직접적인 관계가 없이 발생한 경비를 의미한다. 여기에는 사무실에 대한 감가상각비, 판매원의 출장비, 사무실의 임차료 등이 된다.

전산세무회계 프로그램에서는 판매관리비는 계정코드 번호가 800번대, 제조경비는 계정코드 번호가 500번대로 지정되어 있다.

자료 입력 3-1

다음 자료를 보고 판매관리비와 제조경비를 구분하고 ㈜대한의 일반전표에 입력해 보자.

1월 3일 청주상사로부터 원재료를 한달 뒤에 공급받기로 계약하고 계약금 ₩200,000을 현금으로 지급하다.

1월 3일

(차) 선급금(청주상사)	200,000	(대) 현　금	200,000

1월 12일 영업부 사원에 대한 출장비에 대하여 ₩250,000을 현금으로 지급하다.(가지급금으로 처리할 것)

1월 12일

(차) 가지급금	250,000	(대) 현　금	250,000

1월 13일 1월 12일 출장간 사원이 귀사하여 다음과 같이 출장비 사용명세서를 보고 받고 초과지출금은 현금으로 지급하였다.(전액 여비교통비로 계정으로 처리할 것)

사용내역	금 액
숙 박 비	₩150,000
교 통 비	₩25,000
식 대	₩114,000
계	₩289,000

1월 13일

(차) 여비교통비(판)	289,000	(대) 가지급금	250,000
		현 금	39,000

1월 14일 영업부에서 사용하던 업무용승용차를 다음과 같이 ㈜대원에 매각하고 대금은 15일 후에 받기로 하였다.(부가가치세는 무시함)

- 처분가액: ₩2,500,000
- 취득가액: ₩8,500,000
- 감가상각누계액: ₩6,800,000

1월 14일

(차) 미수금(㈜대원)	2,500,000	(대) 차 량 운 반 구	8,500,000
감가상각누계액	6,800,000	유형자산처분이익	800,000

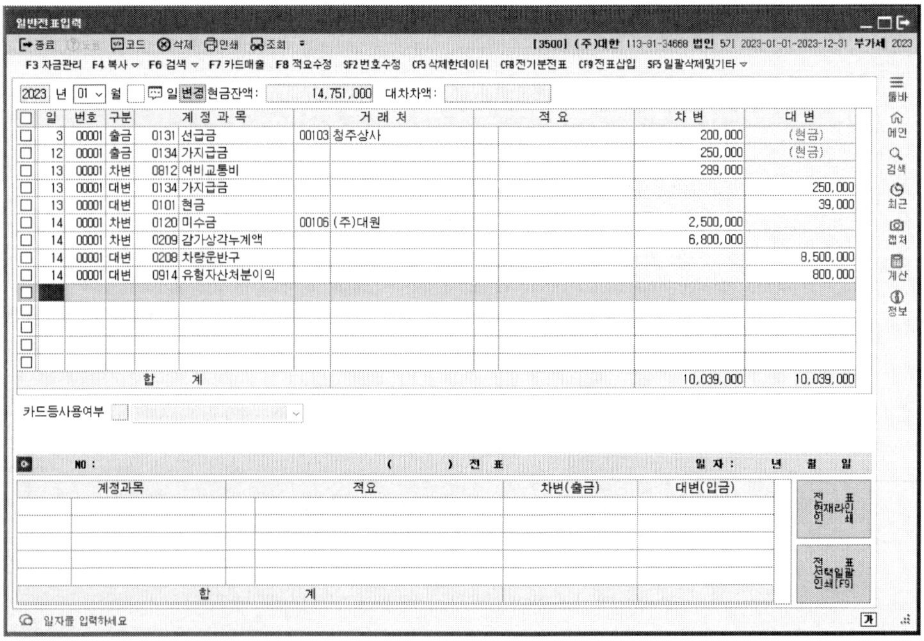

1월 17일 공장에서 사용하기 위한 건물 1동을 월 ₩3,000,000에 임차하기로 계약을 하고, 1월분 임차료를 현금으로 지급하였다.(비용으로 회계처리할 것)

1월 17일

(차) 임 차 료(제) 3,000,000 (대) 현 금 3,000,000

1월 18일 영업부직원의 출장비 ₩550,000을 현금으로 지급하였다. 출장비의 내용은 교통비 ₩150,000, 식대 ₩270,000 숙박비 ₩130,000이다.

1월 18일

(차) 여비교통비(판) 550,000 (대) 현 금 550,000

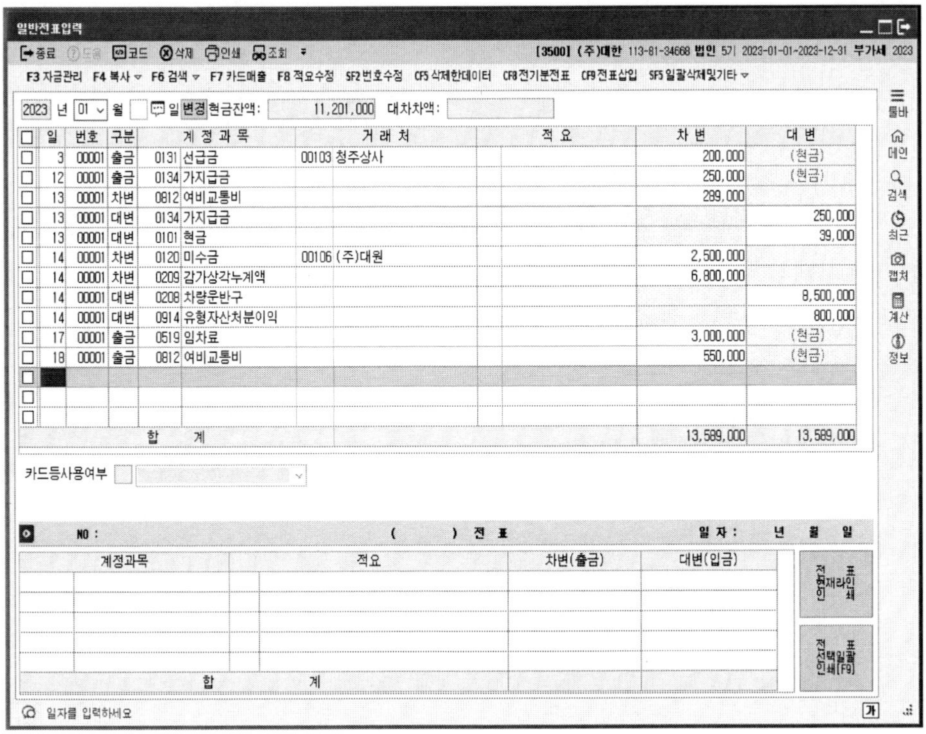

1월 20일 1월분 직원의 급료가 당사 보통예금 계좌에서 종업원의 보통예금 계좌로 자동이체되었다.

(단위: 원)

성 명	소 속	급 여	소득세	주민세	건강보험료	공제계	차감지급액
이상준	관리부	1,000,000	30,000	3,000	15,000	48,000	952,000
임현정	생산부	1,500,000	45,000	4,500	22,500	72,000	1,428,000
합 계		2,500,000	75,000	7,500	37,500	120,000	2,380,000

1월 20일

(차) 급 여(판)	1,000,000	(대) 보통예금	2,380,000
임 금(제)	1,500,000	예 수 금	120,000

1월 21일 서울문구로부터 총무과 사무용품 ₩270,000을 구입하고 대금은 외상으로 하다. (전액비용처리하고, 서울문구를 거래처코드 253으로 등록할 것)

1월 21일

(차) 소모품비(판)	270,000	(대) 미지급금(서울문구)	270,000

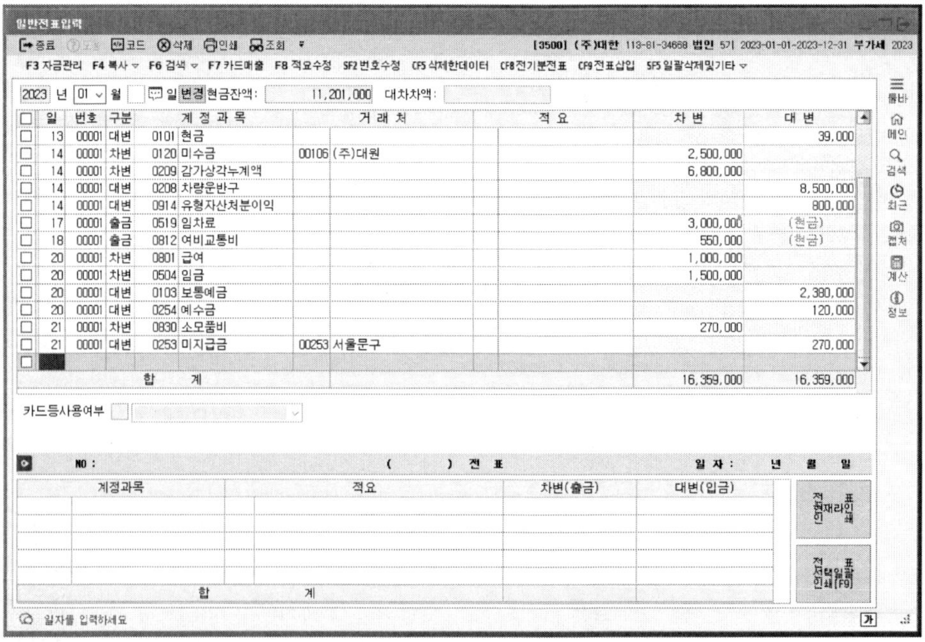

1월 22일 생산직 근로자의 야근 식대 ₩360,000과 판매부직원의 야근 식대 ₩250,000을 현금으로 지급하다.

1월 22일

(차) 복리후생비(제)	360,000	(대) 현 금		610,000
복리후생비(판)	250,000			

1월 25일 1월 20일 급여 지급 시 공제한 소득세 및 주민세 등을 현금으로 납부하였다.

1월 25일

(차) 예 수 금	120,000	(대) 현 금	120,000

1월 26일 원재료 구입처의 담당직원과 식사를 하고 식대 ₩265,000을 현금으로 지급하다.

1월 26일

(차) 접 대 비(제)	265,000	(대) 현 금	265,000

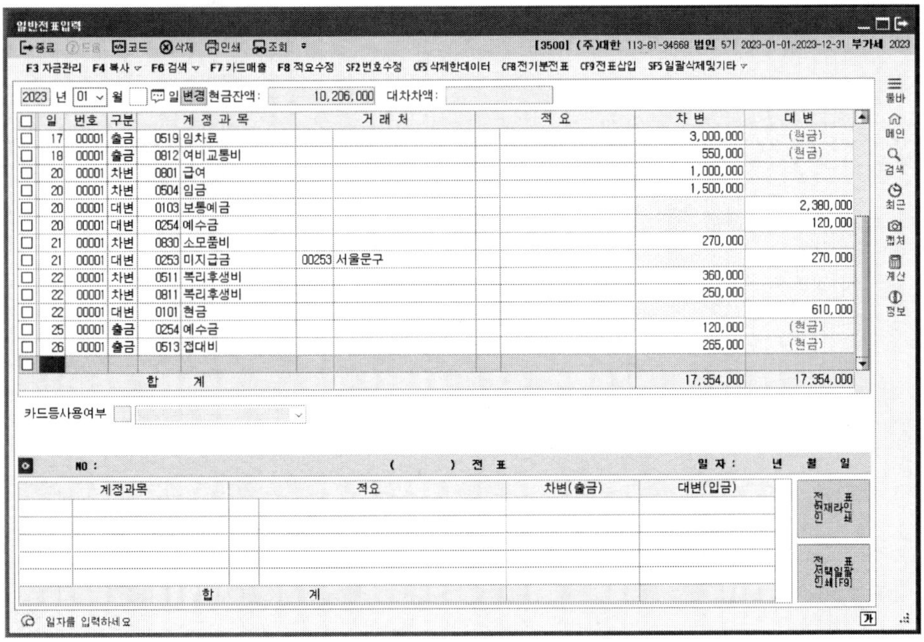

1월 29일 업무용 승용차 매각대금이 ㈜대원으로부터 당사 당좌예금계좌에 입금되었다.

1월 29일
(차) 당좌예금 2,500,000 (대) 미수금(㈜대원) 2,500,000

1월 30일 이달분 보험료 및 임차료를 다음과 같이 현금으로 지급하다.(전액 비용처리할 것)

구 분	보험료	임차료	계
사무실	270,000	260,000	530,000
공 장	330,000	290,000	620,000
합 계	600,000	550,000	1,150,000

1월 30일
(차) 보 험 료(판) 270,000 (대) 현 금 1,150,000
보 험 료(제) 330,000
임 차 료(판) 260,000
임 차 료(제) 290,000

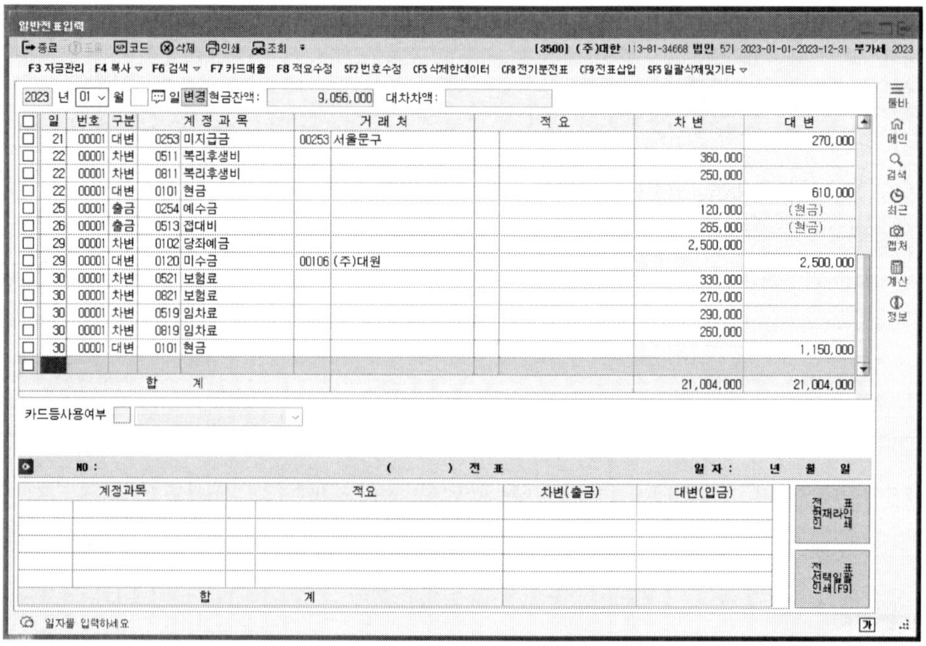

연습문제 3-1

다음 자료는 ㈜세광(코드: 103)의 1월의 거래 내역이다. 판매관리비와 제조경비를 구분하여 일반전표에 입력해 보자

1월 3일 생산직 종업원 식대 ₩500,000을 현금으로 지급하다.

1월 4일 사무실 직원 이아람의 식대 ₩30,000을 현금으로 지급하다.

1월 6일 공장의 소모자재대 ₩12,000을 현금으로 구입하다.

1월 11일 공장용 트럭에 대하여 서울주유소에서 휘발유를 ₩20,000 주유하고 현금으로 지급하다.

1월 14일 우암공업사에서 공장용 트럭을 수리하고 수리비 ₩180,000을 현금으로 지급하다.

1월 15일 청일용역에서 생산용 기계를 수리하고 현금 ₩56,000을 지급하였다.

1월 16일 사무실 직원의 운동복을 대경상사에서 구입하고 현금 ₩220,000을 지급하다.

1월 16일 영업부 사원 김일융의 시내출장을 위하여 현금 ₩12,000을 지급하다.(전액 여비교통비로 처리)

1월 17일 영업용 자동차의 고속도로 통행료 ₩2,100을 현금으로 지급하다.

1월 17일 대신용달에 소모품 구입시 운반비 ₩30,000을 현금으로 지급하다.

1월 20일 공장의 난방용 난로에 필요한 유류를 구입하고 현금 ₩200,000을 지급하다.

1월 20일 공장에 대한 전기요금 ₩1,250,000을 현금으로 지급하다.

1월 25일 거래처 영업사원과 식사하고 식대 ₩550,000을 현금으로 지급하다.

1월 28일 종업원의 1월분 급여를 다음과 같이 당사 보통예금계좌에서 종업원의 예금계좌로 이체하여 지급하였다.

(단위: 원)

구분	급여총액	소득세 등	의료보험	공제 계	차감지급액
관리직	3,800,000	57,000	35,000	92,000	3,708,000
생산직	4,200,000	95,000	40,000	135,000	4,065,000
합계	8,000,000	152,000	75,000	227,000	7,773,000

1월 29일 이달분 사무실 신문구독료 ₩10,000을 현금으로 지급하다.

1월 29일 사무실 전화요금 ₩85,500을 현금으로 납부하다.

1월 30일 이달분 사무실 임차료 ₩250,000을 현금으로 지급하다.

1월 30일 영업사원 김군의 핸드폰 요금 ₩60,000을 현금으로 납부하다.

1월 31일 이달분 사무실 전기요금 ₩56,300을 현금으로 납부하다.

1월 31일 영업용 자동차에 대한 세금 ₩138,000을 현금으로 납부하다.

1월 31일 대리점에 우편물 발송을 위한 우편료 ₩1,800을 현금으로 지급하다.

자료 입력 3-3

다음 자료는 ㈜대한(코드: 3500)의 2월의 거래 내역이다. 판매관리비와 제조경비를 구분하여 일반전표에 입력해 보자.

2월 2일 원재료 구매 거래처 직원과 식사를 하고 식사대금 ₩187,000을 비씨카드로 결제하였다.

2월 2일
(차) 접 대 비(제) 187,000 (대) 미지급금(비씨카드) 187,000

2월 6일 보통예금계좌에서 300,000원의 이자수익이 발생하였으며, 원천징수법인세를 제외한 나머지 금액이 보통예금계좌로 입금되었다.(원천징수법인세율은 14%로 가정한다)

2월 6일
(차) 선납세금 42,000 (대) 이자수익 300,000
보통예금 258,000

2월 9일 천안문구로부터 사무용품 ₩189,000원을 구입하고 대금은 현금 ₩89,000을 지급하고 잔액은 외상으로 하다.(전액비용 처리하고, 천안문구(코드번호: 0115)를 거래처로 등록할 것)

2월 9일

(차) 소모품비(판)	189,000	(대) 현 금	89,000
		미지급금(천안문구)	100,000

2월 13일 공장부지로 사용할 토지를 다음과 같이 매입하였다. 그 중 토지취득 관련세액은 현금으로 납부하고, 토지매입대금은 보통예금에서 이체하였다.

* 토지 10,000,000원 * 취득세 200,000원 * 등록세 및 교육세 360,000원

2월 13일

(차) 토 지	10,560,000	(대) 보통예금	10,000,000
		현 금	560,000

2월 15일 자본금을 증자하기 위해 액면금액 5,000원인 보통주 신주 1,500주를 액면금액으로 발행하고 보통예금으로 납입받다.

2월 15일

(차) 보통예금	7,500,000	(대) 자 본 금	7,500,000

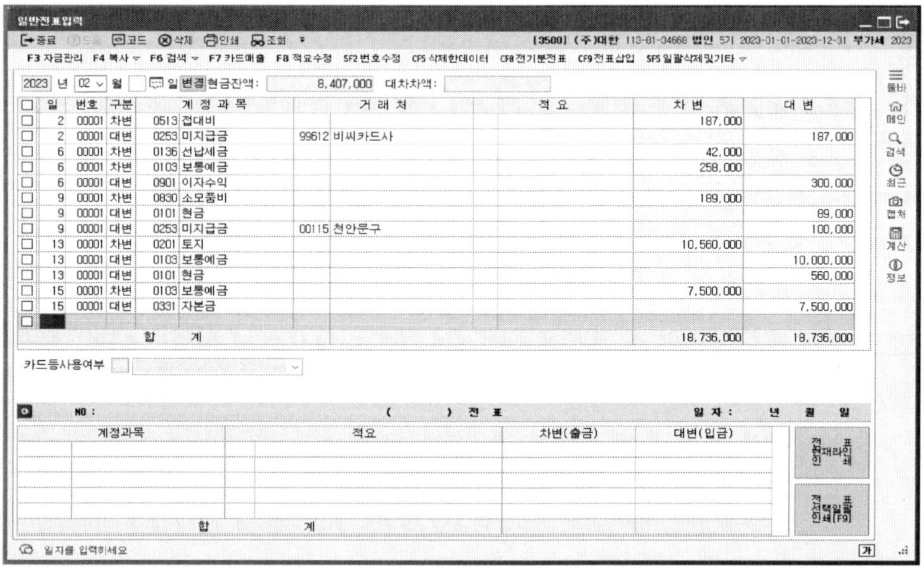
일반전표입력
[3500] (주)대한 113-81-34668 법인 5기 2023-01-01~2023-12-31 부가세 2023
2023 년 02 월 일 변경 현금잔액: 8,407,000 대차차액:

일	번호	구분	계 정 과 목		거 래 처		적 요	차 변	대 변
2	00001	차변	0513	접대비				187,000	
2	00001	대변	0253	미지급금	99612	비씨카드사			187,000
6	00001	차변	0136	선납세금				42,000	
6	00001	차변	0103	보통예금				258,000	
6	00001	대변	0901	이자수익					300,000
9	00001	차변	0830	소모품비				189,000	
9	00001	대변	0101	현금					89,000
9	00001	대변	0253	미지급금	00115	천안문구			100,000
13	00001	차변	0201	토지				10,560,000	
13	00001	대변	0103	보통예금					10,000,000
13	00001	대변	0101	현금					560,000
15	00001	차변	0103	보통예금				7,500,000	
15	00001	대변	0331	자본금					7,500,000
			합	계				18,736,000	18,736,000

2월 18일 영업부 직원 최성주의 출장비 ₩350,000을 현금으로 지급하다.(전액 가지급으로 처리하고, 적요란 7번에 "영업사원 출장비 가지급"을 등록할 것)

2월 18일

(차) 가지급금(최성주)	350,000	(대) 현　　금	350,000

2월 20일 출장간 영업부 직원 최성주로부터 원인불명의 금액 ₩3,000,000이 본사 당좌예금계좌에 송금되었다.

2월 20일

(차) 당 좌 예 금	3,000,000	(대) 가수금(최성주)	3,000,000

2월 22일 출장간 영업부 직원 최성주가 귀사하여 송금액과 출장비를 다음과 같이 보고하였다.

송금액: 청주상사의 외상매출금 회수액
출장비: 교통비 ₩50,000, 식대 ₩150,000, 숙박비 ₩100,000

2월 22일

(차) 가수금(최성주)	3,000,000	(대) 외상매출금(청주상사)	3,000,000
(차) 여비교통비(판)	300,000	(대) 가지급금(최성주)	350,000
현　　금	50,000		

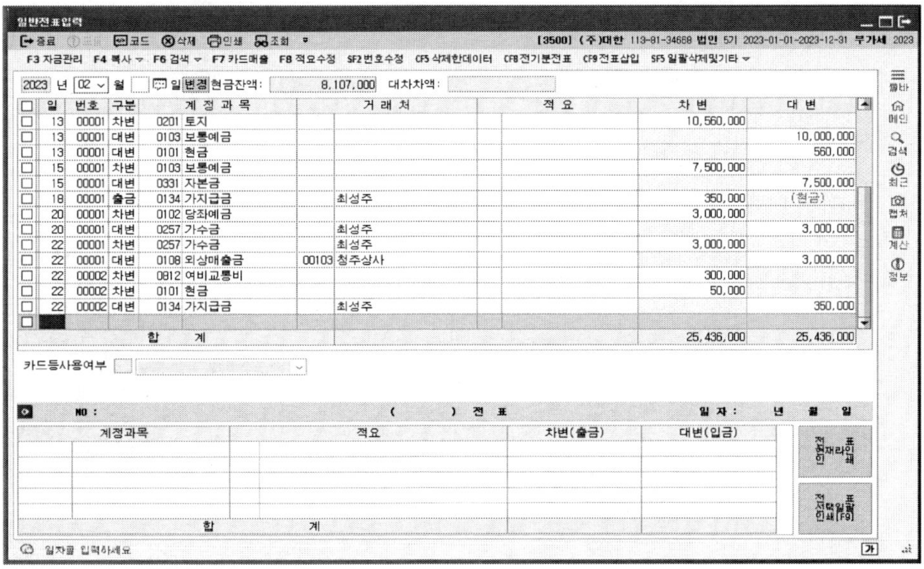
일반전표입력

2023 년 02 월 일 현금잔액: 8,107,000 대차차액:

일	번호	구분	계 정 과 목		거 래 처	적 요	차 변	대 변
13	00001	차변	0201 토지				10,560,000	
13	00001	대변	0103 보통예금					10,000,000
13	00001	대변	0101 현금					560,000
15	00001	차변	0103 보통예금				7,500,000	
15	00001	대변	0331 자본금					7,500,000
18	00001	출금	0134 가지급금		최성주		350,000	(현금)
20	00001	차변	0102 당좌예금				3,000,000	
20	00001	대변	0257 가수금		최성주			3,000,000
22	00001	차변	0257 가수금		최성주		3,000,000	
22	00001	대변	0108 외상매출금	00103	청주상사			3,000,000
22	00002	차변	0812 여비교통비				300,000	
22	00002	차변	0101 현금				50,000	
22	00002	대변	0134 가지급금		최성주			350,000
			합 계				25,436,000	25,436,000

2월 23일 액면총액 ₩50,000,000(5,000주, @₩10,000)의 사채를 액면가액으로 발행하고 ₩30,000,000 하나은행에 당좌예입하고 나머지는 현금으로 수취하다.

2월 23일
(차) 당좌예금(하나은행) 30,000,000 (대) 사 채 50,000,000
현 금 20,000,000

2월 25일 공장에서 사용한 전기요금을 다음과 같이 현금으로 납부하였다.
(공장: ₩200,000, 사무실: ₩170,000)

2월 25일
(차) 수도광열비(판) 170,000 (대) 현 금 370,000
전 력 비(제) 200,000

2월 26일 2월 2일 사용한 카드대금을 현금으로 납부하다.

2월 26일
(차) 미지급금(비씨카드) 187,000 (대) 현 금 187,000

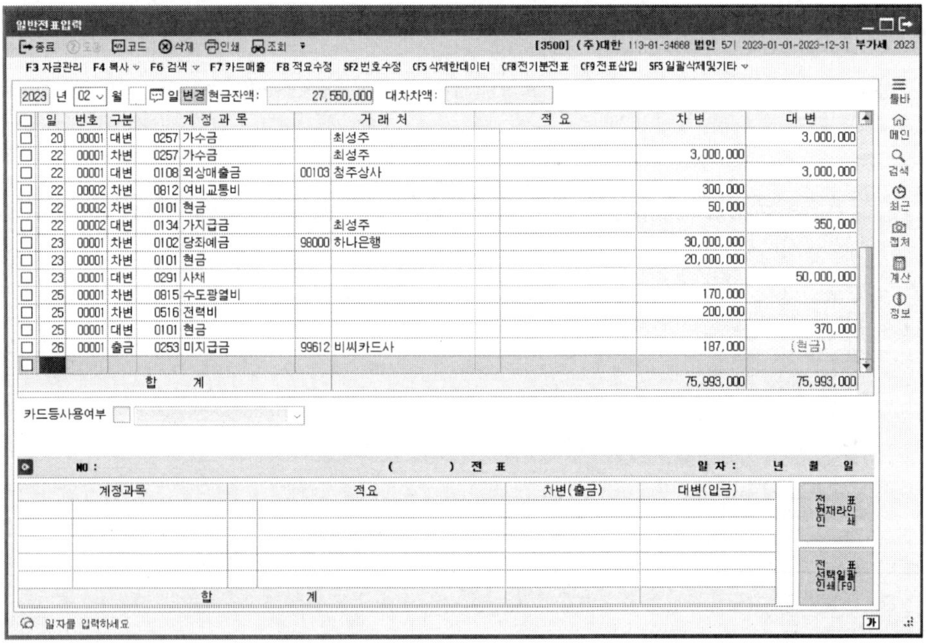

일	번호	구분	계정과목		거래처		적요	차변	대변
20	00001	대변	0257	가수금		최성주			3,000,000
22	00001	차변	0257	가수금		최성주		3,000,000	
22	00001	대변	0108	외상매출금	00103	청주상사			3,000,000
22	00002	차변	0812	여비교통비				300,000	
22	00002	차변	0101	현금				50,000	
22	00002	대변	0134	가지급금		최성주			350,000
23	00001	차변	0102	당좌예금	98000	하나은행		30,000,000	
23	00001	차변	0101	현금				20,000,000	
23	00001	대변	0291	사채					50,000,000
25	00001	차변	0815	수도광열비				170,000	
25	00001	차변	0516	전력비				200,000	
25	00001	대변	0101	현금					370,000
26	00001	출금	0253	미지급금	99612	비씨카드사		187,000	(현금)
			합 계					75,993,000	75,993,000

연습문제 3-2

다음 자료는 ㈜세광(코드: 103)의 2월의 거래 내역이다. 판매관리비와 제조경비를 구분하여 일반전표에 입력해 보자.

2월 3일 오메가문구에서 사무용품 ₩57,000을 구입하고 대금은 외상으로하다.(오메가문구를 거래처로 등록할 것)

2월 5일 1월 28일 발생한 소득세에 대한 예수금을 씨티은행에 현금으로 납부하다.

2월 12일 전월분 의료보험료 회사부담액 ₩75,000(관리부 ₩35,000, 생산부 ₩40,000)과 급여지급시 자기부담액 예수액 ₩75,000의 합계액 ₩150,000을 현금으로 납부하다.

2월 22일 공장의 신문구독료 ₩40,000을 현금 납부하다.

2월 24일 공장의 비품을 수선하고 현금 ₩62,000을 지급하다.

2월 25일 보험료 ₩2,500,000을 현금으로 납부하다.
(공장: ₩1,500,000, 사무실: 1,000,000)

2월 26일 종업원의 급여를 다음과 같이 수표를 발행하여 지급하다.

(단위: 원)

부 서	급 여	소득세	의료보험료	차감지급액
관리부	13,000,000	112,000	97,000	12,791,000
영업부	5,000,000	53,000	25,000	4,922,000
생산부	18,000,000	132,000	89,000	17,779,000
합 계	36,000,000	297,000	211,000	35,492,000

2월 27일 청원가구로부터 원재료를 한달 뒤에 공급받기로 계약하고 계약금 ₩200,000을 현금으로 지급하다.

2월 28일 2월의 공장사용분 통신비 ₩45,000과 사무실사용분 통신비 ₩55,000을 현금으로 납부하다.

제3절 일반전표의 입력

자료 입력 3-3

다음의 (주)대한(코드: 3500)의 2023년 기중 거래내역을 보고 전산세무회계 프로그램에 입력해 보자.

3월 3일 일시보유목적으로 취득한 시장성 있는 ㈜세정 주식 100주(장부금액 1,600,000원)를 주당 15,000원에 전부 처분하고 대금은 보통예금계좌로 이체 받다. 단, 주식 처분과 관련하여 발생한 수수료 50,000원은 현금으로 지급하였다.

3월 3일

(차)보 통 예 금	1,500,000	(대) 단기매매증권	1,600,000
단기투자자산처분손실	150,000	현 금	50,000

3월 7일 차입금에 대한 이자 ₩390,000을 현금으로 지급하다.

3월 7일

(차) 이 자 비 용	390,000	(대) 현 금	390,000

3월 13일 청주상사의 외상매출금 ₩10,000,000이 당점 보통예금계좌에 입금되다.

3월 13일

(차) 보 통 예 금	10,000,000	(대) 외상매출금(청주상사)	10,000,000

3월 20일 당사에서 제조한 제품(원가 1,500,000원, 시가 2,000,000원)을 충청북도에 기부하였다.

3월 20일

(차) 기 부 금	1,500,000	(대) 제품(타계정 대체 8))	1,500,000

3월 25일 사옥신축을 위한 신한은행 차입금의 이자비용 3,000,000원을 우리은행 보통예금에서 이체하였으며, 이자비용은 자본화하기로 하였다. 완공일은 2027년 9월 30일이다.

3월 25일

(차) 건설중인자산 3,000,000 (대) 보 통 예 금 3,000,000

일	번호	구분	계정과목		거래처		적요		차변	대변
3	00001	차변	0103	보통예금					1,500,000	
3	00001	차변	0958	단기투자자산처분손실					150,000	
3	00001	대변	0107	단기매매증권						1,600,000
3	00001	대변	0101	현금						50,000
7	00001	출금	0951	이자비용					390,000	(현금)
13	00001	차변	0103	보통예금					10,000,000	
13	00001	대변	0108	외상매출금	00103	청주상사				10,000,000
20	00001	차변	0953	기부금					1,500,000	
20	00001	대변	0150	제품			8	타계정으로 대체액 손익		1,500,000
25	00001	차변	0214	건설중인자산					3,000,000	
25	00001	대변	0103	보통예금						3,000,000
		합 계							16,540,000	16,540,000

3월 26일 대전상사에서 교부받은 어음(₩20,000,000)이 만기가 되어 당사 보통예금계좌에 입금되었음을 확인하다.

3월 26일

(차) 보 통 예 금 20,000,000 (대) 받을어음(대전상사) 20,000,000

3월 27일 대전상사의 외상대금 중 ₩4,500,000이 거래처 은행의 보통예금 계좌에 입금되고 이자수익 ₩47,000이 발생하였다.

3월 27일

(차) 보 통 예 금 4,547,000 (대) 외상매출금(대전상사) 4,500,000

이자 수익 47,000

3월 28일 거래처 ㈜주성에 교부한 어음이 만기가 되어 ₩7,000,000을 보통예금 계좌에서 인출하여 지급하다.

3월 28일

(차) 지급어음(㈜주성))	7,000,000	(대) 보 통 예 금	7,000,000

3월 28일 종업원 급료를 다음과 같이 보통예금 계좌에서 자동이체하였다.

(단위: 원)

구 분	급 여	소득세	주민세	건강보험료	공제계	차감지급액
관리부	4,000,000	120,000	12,000	15,000	147,000	3,853,000
생산부	5,000,000	150,000	15,000	20,000	185,000	4,815,000
합 계	9,000,000	270,000	27,000	35,000	332,000	8,668,000

3월 28일

(차) 급 여(판)	4,000,000	(대) 보 통 예 금	8,668,000
임 금(제)	5,000,000	예 수 금	332,000

3월 30일 업무용 자동차에 대한 자동차세 ₩312,500을 현금으로 지급하다.

3월 30일

(차) 세금과 공과(판)	312,500	(대) 현 금	312,500

4월 5일 지난 해 대손이 확정되어 대손충당금과 상계 처리한 외상매출금 450,000을 현금으로 회수하였다.(부가가치세법상 대손세액은 고려하지 말 것)

4월 5일

(차) 현 금	450,000	(대) 대손충당금	450,000

4월 9일 주주총회에서 결의된 바에 따라 유상증자를 실시하여 신주 10,000주(액면가액 1,000원)를 주당 2,500원에 발행하고, 증자와 관련하여 수수료 120,000원을 제외한 나머지 증자대금이 보통예금계좌에 입금되다.

4월 9일

(차) 보통예금	24,880,000	(대) 자 본 금	10,000,000
		주식발행초과금	14,880,000

4월 11일 청주상사에서 받아 두었던 약속어음 ₩2,000,000을 은행에서 할인하고 할인료 ₩220,000을 차감한 금액을 당좌예금계좌에 입금하다.

4월 11일

(차) 당좌예금	1,780,000	(대) 받을 어음 (청주상사)	2,000,000
매출채권처분손실	220,000		

4월 21일 한국방송공사에 수재의연금 ₩5,000,000을 현금으로 기부하다.

4월 21일

(차) 기 부 금	5,000,000	(대) 현 금	5,000,000

4월 27일 사무실 건물의 임차료 ₩1,800,000을 현금으로 지급하다.

4월 27일

(차) 임 차 료(판)	1,800,000	(대) 현 금	1,800,000

4월 29일 이 달분 급여를 다음과 같이 보통예금에서 이체하다.

부 서	급 여	소득세	의료보험료	차감지급액
관리부	15,000,000	120,000	100,000	14,780,000
생산부	10,000,000	80,000	60,000	9,860,000
합 계	25,000,000	200,000	160,000	24,640,000

4월 29일

(차) 급 여(판)	15,000,000	(대) 보통예금	24,640,000
임 금(제)	10,000,000	예 수 금	360,000

일반전표입력

[3500] (주)대한 113-81-34668 법인 5기 2023-01-01~2023-12-31 부가세 2023

2023 년 04 월 일 변경 현금잔액: 20,447,500 대차차액:

일	번호	구분	계 정 과 목		거 래 처		적 요	차 변	대 변
5	00001	입금	0109	대손충당금				(현금)	450,000
9	00001	차변	0103	보통예금				24,880,000	
9	00001	대변	0331	자본금					10,000,000
9	00001	대변	0341	주식발행초과금					14,880,000
11	00001	차변	0102	당좌예금				1,780,000	
11	00001	차변	0956	매출채권처분손실				220,000	
11	00001	대변	0110	받을어음	00103	청주상사			2,000,000
21	00001	출금	0953	기부금				5,000,000	(현금)
27	00001	출금	0819	임차료				1,800,000	(현금)
29	00001	차변	0801	급여				15,000,000	
29	00001	차변	0504	임금				10,000,000	
29	00001	대변	0103	보통예금					24,640,000
29	00001	대변	0254	예수금					360,000
			합 계					59,130,000	59,130,000

카드등사용여부

NO : ( ) 전 표 일 자 : 년 월 일

계정과목	적요	차변(출금)	대변(입금)
합 계			

일자를 입력하세요

5월 7일 사채 액면 1,000,000원을 발행하면서 발행금액 1,200,000원은 보통예금에 입금되다. 사채발행 관련 수수료 300,000원이 현금으로 지급되다.

5월 7일

(차) 보통예금	1,200,000	(대) 사 채	1,000,000
사채할일발행차금	100,000	현 금	300,000

5월 10일 자본을 감소하기 위하여 주식 1,000주(액면 5,000원)를 1주당 4,000원에 매입소각하였다. 대금은 보통예금에서 이체하였다.

5월 10일

(차) 자 본 금	5,000,000	(대) 보통예금	4,000,000
		감자차익	1,000,000

5월 19일 4월 29일 발생한 소득세에 대한 예수금을 하나은행에 현금으로 납부하다.

5월 19일

(차) 예 수 금	200,000	(대) 현 금	200,000

5월 25일 ㈜충북에 발행한 어음이 만기가 되어 수표를 발행하여 ₩13,000,000을 지급하다.

5월 25일

(차) 지급어음(㈜충북)	13,000,000	(대) 당좌예금	13,000,000

5월 28일 청주상사에서 받아 두었던 약속어음 ₩5,000,000과 대전상사의 외상매출금 ₩20,000,000이 당사 당좌예금계좌에 입금되다.

5월 28일

(차) 당좌예금	25,000,000	(대) 외상매출금(대전상사)	20,000,000
		받을 어음(청주상사)	5,000,000

5월 29일 전월분 의료보험료 회사부담액 ₩160,000(관리부 ₩100,000, 생산부 ₩60,000)과 급여지급시 자기부담액 예수금 ₩160,000의 합계 ₩320,000을 현금으로 납부하다.

5월 29일

(차) 복리후생비(판)	100,000	(대) 현 금	320,000
복리후생비(제)	60,000		
예 수 금	160,000		

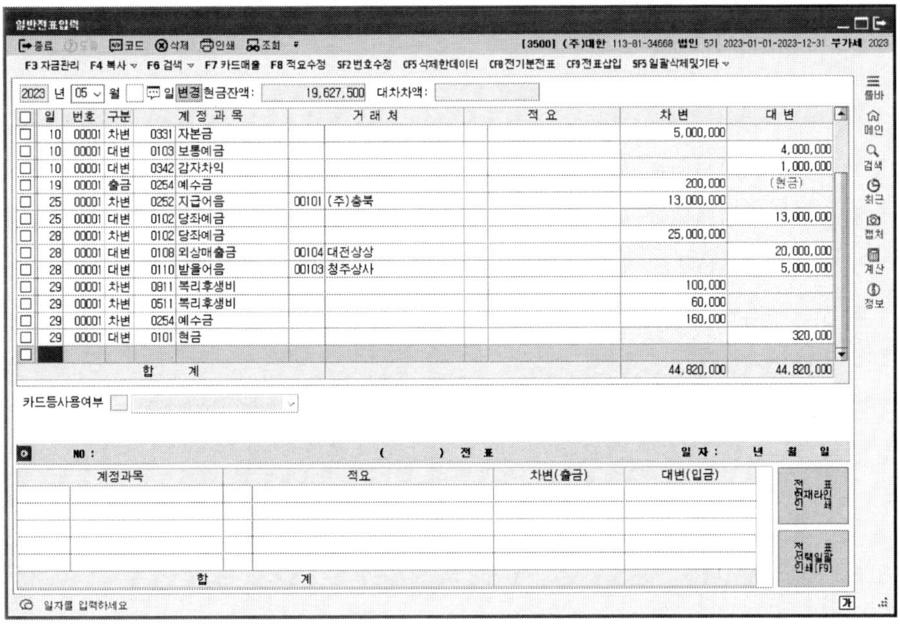

일	번호	구분	계정과목		거래처		적요	차변	대변
10	00001	차변	0331	자본금				5,000,000	
10	00001	대변	0103	보통예금					4,000,000
10	00001	대변	0342	감자차익					1,000,000
19	00001	출금	0254	예수금				200,000	(현금)
25	00001	차변	0252	지급어음	00101	(주)충북		13,000,000	
25	00001	대변	0102	당좌예금					13,000,000
28	00001	차변	0102	당좌예금				25,000,000	
28	00001	대변	0108	외상매출금	00104	대전상상			20,000,000
28	00001	대변	0110	받을어음	00103	청주상사			5,000,000
29	00001	차변	0811	복리후생비				100,000	
29	00001	차변	0511	복리후생비				60,000	
29	00001	차변	0254	예수금				160,000	
29	00001	대변	0101	현금					320,000
			합 계					44,820,000	44,820,000

6월 3일 사채발행 액면금액 5,000,000원 중 액면금액 3,000,000에 대하여 조기 상환하기로 하고 3,200,000원을 수표를 발행하여 지급하였다.

6월 3일

(차) 사 채 3,000,000 (대) 당좌예금 3,200,000

사채상환손실 200,000

6월 5일 광고선전을 위해 광고회사에 ₩1,900,000을 현금으로 지급하다.

6월 5일

(차) 광고선전비(판) 1,900,000 (대) 현 금 1,900,000

6월 11일 ㈜대전의 외상매출금 ₩1,680,000을 회수하여 당좌예입하다.

6월 11일

(차) 당 좌 예 금 1,680,000 (대) 외상매출금(대전상사) 1,680,000

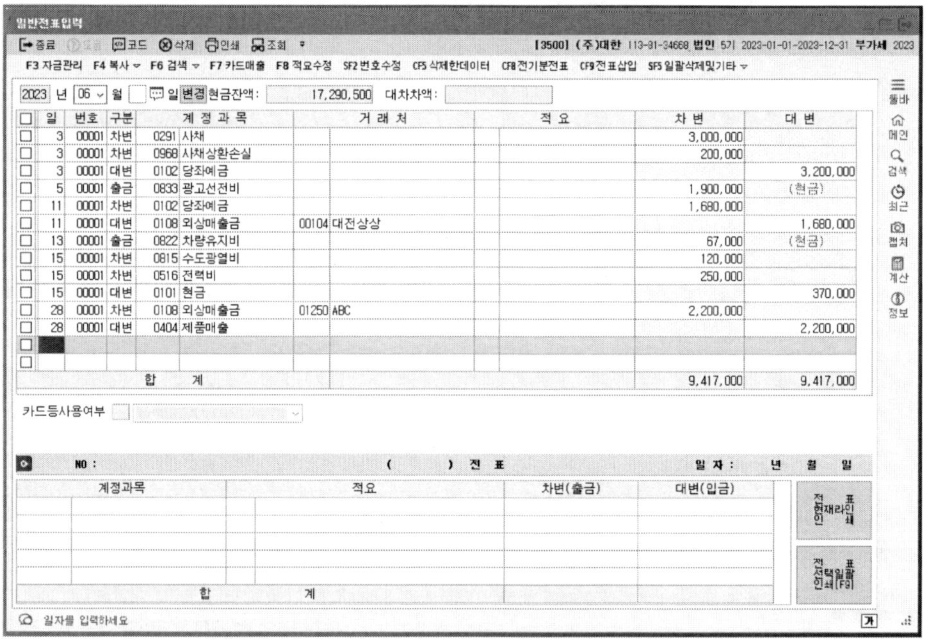

일	번호	구분	계 정 과 목	거 래 처	적 요	차 변	대 변
3	00001	차변	0291 사채			3,000,000	
3	00001	차변	0968 사채상환손실			200,000	
3	00001	대변	0102 당좌예금				3,200,000
5	00001	출금	0833 광고선전비			1,900,000	(현금)
11	00001	차변	0102 당좌예금			1,680,000	
11	00001	대변	0108 외상매출금	00104 대전상상			1,680,000
13	00001	출금	0822 차량유지비			67,000	(현금)
15	00001	차변	0815 수도광열비			120,000	
15	00001	차변	0516 전력비			250,000	
15	00001	대변	0101 현금				370,000
28	00001	차변	0108 외상매출금	01250 ABC		2,200,000	
28	00001	대변	0404 제품매출				2,200,000
합 계						9,417,000	9,417,000

6월 13일 업무용 차량유류대 ₩67,000을 현금으로 지급하다.

6월 13일

(차) 차량유지비(판) 67,000 (대) 현 금 67,000

6월 15일 본사 영업팀에서 사용한 수도요금 120,000원과 공장의 전기요금 250,000원을 현금으로 은행에 납부하였다.

6월 15일

(차) 수도광열비(판)	120,000	(대) 현 금	370,000
전 력 비	250,000		

6월 28일 ABC에 제품 2,000달러를 수출하고 대금은 외상으로 하다.(ABC 거래처 코드 1250에 등록, 기준환율: 1,100원/달러)−부가세는 고려하지 말 것.

6월 28일

(차) 외상매출금(ABC)	2,200,000	(대) 제품매출	2,200,000

7월 8일 공장에 대한 전기요금 ₩820,000을 현금으로 납부하다.

7월 8일

(차) 전 력 비(제)	820,000	(대) 현 금	820,000

7월 10일 사무실 종업원 핸드폰 요금 ₩170,000을 현금으로 납부하다.

7월 10일

(차) 통 신 비(판)	170,000	(대) 현 금	170,000

7월 20일 공장에 대한 수도요금 ₩45,000을 현금으로 납부하다.

7월 20일

(차) 가스수도료(제)	45,000	(대) 현 금	45,000

8월 8일 6월 28일 ABC에 외상매출한 금액 2,000달러를 현금으로 회수하다.

- 외상매출금: 2,000달러
- 8월 8일 환율: 1,200원/달러
- 6월 28일 환율: 1,100원/달러

8월 8일

(차) 현 금	2,400,000	(대) 외상매출금(ABC)	2,220,000
		외환차익	200,000

8월 12일 영업부 종업원 회식비 ₩260,000을 현금으로 지급하다.

8월 12일

(차) 복리후생비(판) 260,000 (대) 현 금 260,000

8월 28일 사무실 신문구독료 ₩30,000을 현금으로 납부하다.

8월 28일

(차) 도서인쇄비(판) 30,000 (대) 현 금 30,000

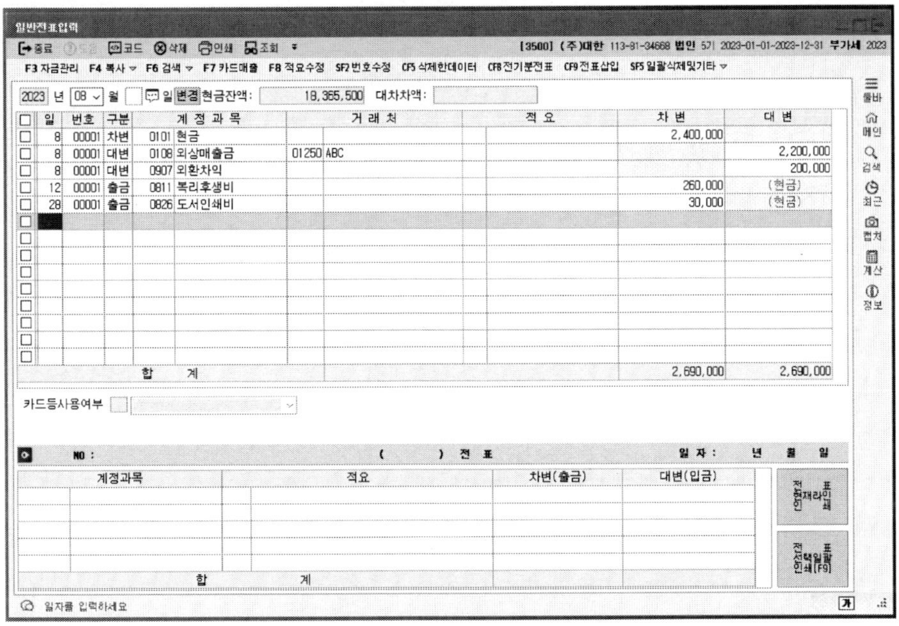

9월 10일 본사 창고에서 화재가 발생하여 창고에 보관하고 있던 제품 ₩1,500,000(장부가액)이 소실되었다. 당사는 이와 관련한 보험에 가입되어 있지 않다.

9월 10일

(차) 재해손실 1,500,000 (대) 제품(타8) 1,500,000

9월 20일 당사는 경영부진으로 누적된 결손금의 보전을 위하여 대주주로부터 자기앞수표 ₩30,000,000을 증여받았다.

9월 20일

(차) 현 금 30,000,000 (대) 자산수증이익 30,000,000

9월 29일 공장에 대한 기계장치의 수선비 ₩800,000을 현금으로 지급하다.(모두 비용처리할 것)

9월 29일

(차) 수 선 비(제) 800,000 (대) 현 금 800,000

10월 4일 공장에서 사용하는 기계장치의 수리비 ₩510,000을 광림기계에 어음을 발행하여 지급하였다.(수익적지출로 처리하며, 등록되어 있는 계정과목 중에서 가장 적절한 계정과목으로 회계처리할 것. 또한 광림기계를 거래처(코드: 1350)로 등록할 것)

10월 4일

(차) 수 선 비(제) 510,000 (대) 미지급금(광림기계) 510,000

10월 12일 매출처 ㈜충북에 대한 외상매출금(제품판매분임) ₩1,000,000이 약정기일 보다 30일 빠르게 회수되어 2%의 할인을 하여주고, 잔액은 현금으로 받았다.

10월 12일

(차) 매 출 할 인 20,000 (대) 외상매출금(㈜충북) 1,000,000

현 금 980,000

10월 13일 매입처 ㈜주성의 9월 30일 현재 외상매입금 잔액 중 ₩20,000,000을 약속어음(2024.5.28 만기)을 발행하여 지급하였다.

10월 13일

(차) 외상매입금(㈜주성)	20,000,000	(대) 지급어음(㈜주성)	20,000,000

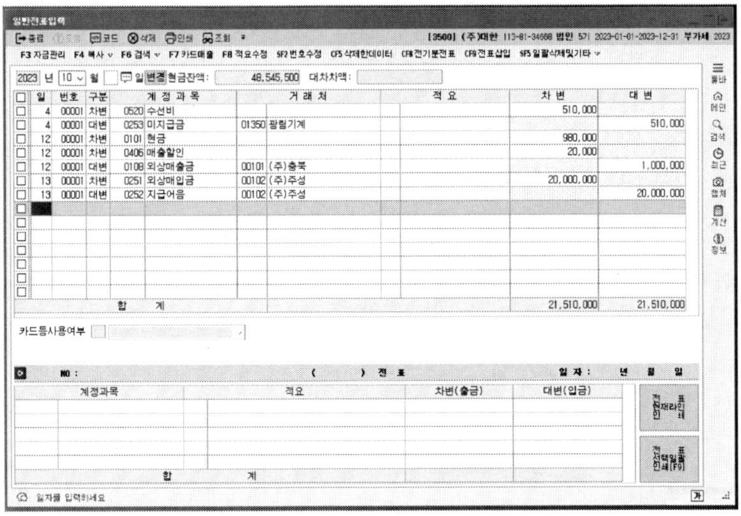

10월 26일 대전상사에서 사무실용 에어콘 1대를 ₩1,470,000에 구입하고, 대금 중 ₩470,000은 현금으로 지급하고 잔액은 5개월 할부로 하였다.

10월 26일

(차) 비 품	1,470,000	(대) 현 금	470,000
		미지급금(대전상사)	1,000,000

10월 27일 보유중인 토지 일부를 극동건설에 ₩6,000,000(장부가액 ₩4,000,000)에 매각하고 대금 중 ₩5,000,000은 당사 보통예금계좌로 입금되었고, 잔액은 2024년 3월 10일에 받기로 하였다.(극동건설 거래처코드 820 등록)

10월 27일

(차) 보통예금	5,000,000	(대) 토 지	4,000,000
미수금(극동건설)	1,000,000	유형자산처분이익	2,000,000

10월 30일 청주상사의 외상매출금 2,000,000원이 법인세법상 대손금처리 요건이 충족되어서 당사는 이를 대손처리 하기로 하였다. 지금까지 설정되어 있는 대손충당금을 조회하고 이에 대하여 적절한 회계처리를 하시오.

10월 30일

(차) 대손충당금 2,000,000 (대) 외상매출금(청주상사) 2,000,000

11월 4일 사용중인 기계장치(취득원가: 20,000,000원, 감가상각누계액: 10,000,000원)를 동일업종인 거래처의 유사한 용도로 사용하던 기계장치(장부가액: 15,000,000원, 공정가액: 18,000,000원)와 교환하였다. 교환되는 기계장치 상호간의 공정가액은 동일하다.

11월 4일

(차) 기계장치(신) 10,000,000 (대) 기계장치(구) 20,000,000

감가상각누계액 10,000,000

11월 6일 극동건설로부터 공장부지용 토지를 30,000,000원에 구입하고, 현금으로 10,000,000원, 나머지는 약속어음을 발행하여 교부하였다. 또한 당일 취득 세와 등록세 1,000,000원은 현금 납부하였다.

11월 6일

(차) 토 지	31,000,000	(대) 현 금	11,000,000
		미지급금(극동건설)	20,000,000

11월 13일 소유하고 있는 주식에 대하여 ₩280,000의 배당금이 하나은행의 당좌예금계좌에 입금되었다.

11월 13일

(차) 당좌예금(하나은행)	280,000	(대) 배당금수익	280,000

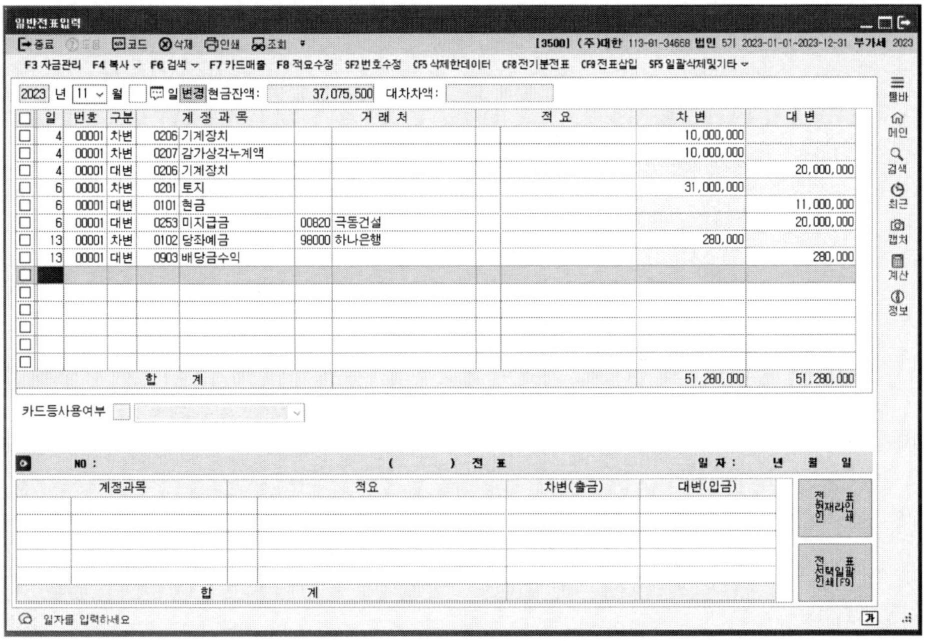

일	번호	구분	계정과목	거래처	적요	차변	대변
4	00001	차변	0206 기계장치			10,000,000	
4	00001	차변	0207 감가상각누계액			10,000,000	
4	00001	대변	0206 기계장치				20,000,000
6	00001	차변	0201 토지			31,000,000	
6	00001	대변	0101 현금				11,000,000
6	00001	대변	0253 미지급금	00820 극동건설			20,000,000
13	00001	차변	0102 당좌예금	98000 하나은행		280,000	
13	00001	대변	0903 배당금수익				280,000
			합 계			51,280,000	51,280,000

11월 20일 사용중인 창고건물(취득가액 5,000,000원, 감가상각누계액 4,000,000원)을 새로 신축하기 위해 철거하였으며, 철거용역업체에 철거비용 200,000원을 보통예금에서 지급하였다.

11월 20일

(차) 감가상각누계액	4,000,000	(대) 건 물	5,000,000
유형자산처분손실	1,200,000	보통예금	200,000

11월 25일 정기예금 ₩12,000,000이 만기가 되어 이자 ₩300,000과 함께 당사 당좌예금계좌에 입금되었다.

11월 20일

(차) 당 좌 예 금	12,300,000	(대) 정 기 예 금	12,000,000
		이 자 수 익	300,000

11월 30일 신영주유소에서 공장 연료로 사용할 경유를 구입하고 대금 ₩2,000,000은 보통예금계좌에서 신영주유소계좌로 자동이체하다.

11월 30일

(차) 가스수도료(제)	2,000,000	(대) 보통예금	2,000,000

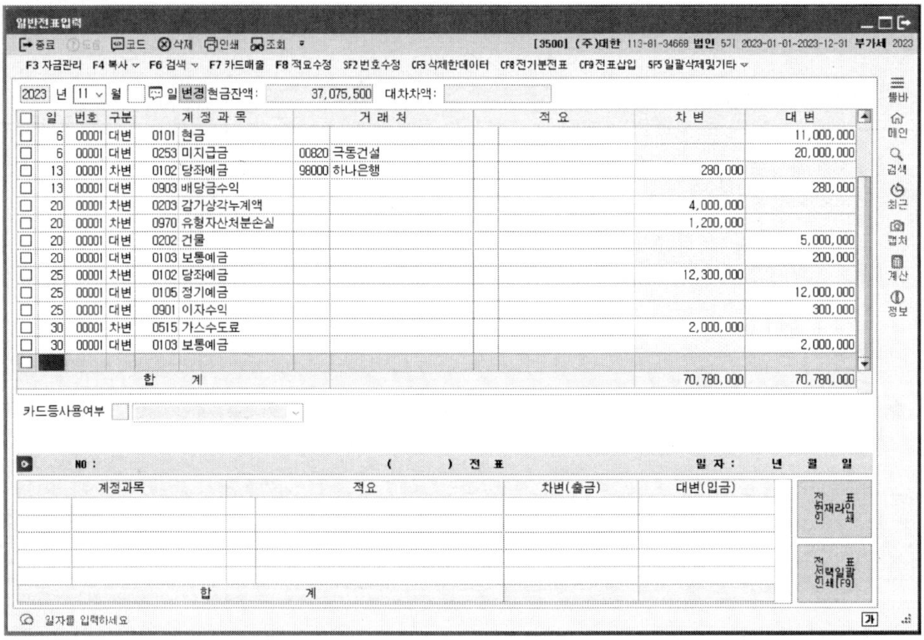

일	번호	구분	계 정 과 목	거 래 처	적 요	차 변	대 변
6	00001	대변	0101 현금				11,000,000
6	00001	대변	0253 미지급금	00820 극동건설			20,000,000
13	00001	차변	0102 당좌예금	98000 하나은행		280,000	
13	00001	대변	0903 배당금수익				280,000
20	00001	차변	0203 감가상각누계액			4,000,000	
20	00001	차변	0970 유형자산처분손실			1,200,000	
20	00001	대변	0202 건물				5,000,000
20	00001	대변	0103 보통예금				200,000
25	00001	차변	0102 당좌예금			12,300,000	
25	00001	대변	0105 정기예금				12,000,000
25	00001	대변	0901 이자수익				300,000
30	00001	차변	0515 가스수도료			2,000,000	
30	00001	대변	0103 보통예금				2,000,000
			합 계			70,780,000	70,780,000

12월 2일 중국에서 수입한 원재료 20톤을 인천항에서 공장까지 운송하고 운송료 1,200,000원과 이체수수료 2,000원을 당사 보통예금계좌에서 지급하였다.

12월 2일

(차) 원 재 료	1,200,000	(대) 보통예금	1,202,000
수수료비용(판)	2,000		

12월 3일 영업부 직원에 대하여 확정기여형 퇴직연금에 가입하고 10,000,000원을 당좌예금에서 지급하였다. 이 금액에는 연금운용에 대한 수수료 500,000원이 포함되어 있다.

12월 3일

(차) 퇴직급여(판) 9,500,000 (대) 당좌예금 10,000,000

수수료비용(판) 500,000

12월 7일 공장신축을 위한 차입금의 이자비용 1,000,000원을 보통예금 계좌에서 이체하였다. 공장의 착공일은 2023년 12월 1일이며, 완공일은 2026년 10월 31일이다.(단, 차입금의 이자비용은 자본화한다)

12월 7일

(차) 건설중인자산 1,000,000 (대) 보통예금 1,000,000

일	번호	구분	계정과목	거래처	적요	차변	대변
2	00001	차변	0153 원재료			1,200,000	
2	00001	차변	0831 수수료비용			2,000	
2	00001	대변	0103 보통예금				1,202,000
3	00001	차변	0806 퇴직급여			9,500,000	
3	00001	차변	0831 수수료비용			500,000	
3	00001	대변	0102 당좌예금				10,000,000
7	00001	차변	0214 건설중인자산			1,000,000	
7	00001	대변	0103 보통예금				1,000,000
			합계			12,202,000	12,202,000

12월 10일 업무용 승용차를 구입하면서 다음과 같은 금액을 구매대행회사에 전액 현금으로 지급하다. 회사는 차량구입시 필수적으로 매입하는 지역개발채권을 만기까지 보유하기로 하였다.

- 차 량 가 액: 18,500,000원
- 취득세 및 등록세: 500,000원
- 지역개발채권매입액: 500,000원(만기 2026년 5월 18일)

12월 10일

(차) 차량운반구	19,000,000	(대) 현 금	19,500,000
만기보유증권	500,000		

12월 15일 산학협력대학인 한국대학교의 영상미디어학과에 신제품개발과 관련된 연구용역을 의뢰하고 연구비 ₩3,000,000을 당사의 보통예금계좌에서 한국대학교 계좌로 계좌이체하여 지급하다.(자산으로 처리할 것)

12월 15일

(차) 개발비(한국대학교)	3,000,000	(대) 보통예금	3,000,000

12월 18일 현금 시재를 확인한 결과 장부잔액보다 현금잔고가 ₩200,000이 부족함을 발견하였다.

12월 18일

(차) 현금과부족	200,000	(대) 현 금	200,000

12월 20일 영업부 건물의 임차보증금에 대한 간주임대료의 부가가치세를 건물소유주에게 보통예금 계좌에서 이체하였다.(임차계약시 간주임대료에 대한 부가가치세를 임차인부담으로 계약을 체결하였음. 간주임대료의 부가가치세는 500,000원임)

12월 20일

(차) 세금과공과(판)	500,000	(대) 보통예금	500,000

12월 22일 거래처인 대전상사로부터 받은 받을어음 ₩10,000,000을 거래은행인 하나은행에서 할인하고 할인료 ₩200,000을 제외한 금액은 현금으로 받다.

12월 22일

(차) 현 금	9,800,000	(대) 받을어음(대전상사)	10,000,000
매출채권처분손실	200,000		

12월 23일 단기보유목적으로 상장회사 국제상사 주식 1,000주를 주당 ₩3,000에 취득하고 대금은 수표를 발행하여 지급하다.

12월 23일

(차) 단기매매증권	3,000,000	(대) 당 좌 예 금	3,000,000

12월 25일 단기보유목적으로 매입하였던 상장회사 ㈜세광물산 주식 500주(장부가액: ₩2,000,000)를 증권회사에 1주당 ₩4,500에 모두 처분하고 대금은 전액 현금으로 받았다.

12월 25일

(차) 현 금	2,250,000	(대) 단기매매증권	2,000,000
		단기투자자산처분이익	250,000

12월 27일 매출처 청주상사에 대한 받을어음 ₩3,000,000을 당사 거래은행인 하나은행에 추심의뢰 하였는바, 추심료 ₩20,000을 차감한 잔액이 당사의 보통예금 계좌에 입금되었음을 통보받았다.

12월 27일

(차) 보 통 예 금	2,980,000	(대) 받을어음(청주상사)	3,000,000
수수료비용(판)	20,000		

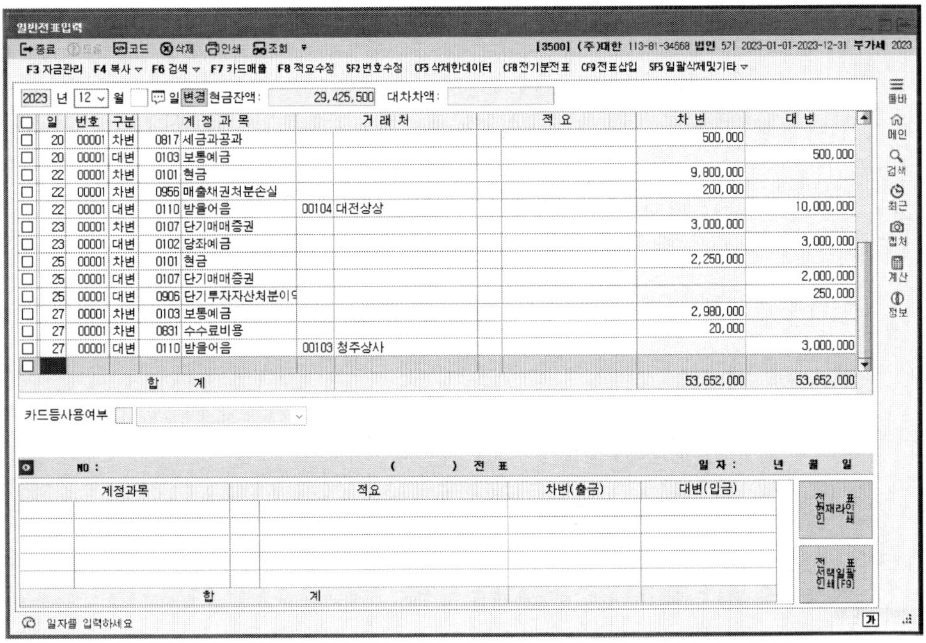

일	번호	구분	계정과목		거래처		적요		차변	대변
20	00001	차변	0817	세금과공과					500,000	
20	00001	대변	0103	보통예금						500,000
22	00001	차변	0101	현금					9,800,000	
22	00001	차변	0956	매출채권처분손실					200,000	
22	00001	대변	0110	받을어음	00104	대전상상				10,000,000
23	00001	차변	0107	단기매매증권					3,000,000	
23	00001	대변	0102	당좌예금						3,000,000
25	00001	차변	0101	현금					2,250,000	
25	00001	대변	0107	단기매매증권						2,000,000
25	00001	대변	0906	단기투자자산처분이익						250,000
27	00001	차변	0103	보통예금					2,980,000	
27	00001	차변	0831	수수료비용					20,000	
27	00001	대변	0110	받을어음	00103	청주상사				3,000,000
합계									53,652,000	53,652,000

연습문제 3-3

다음 자료는 (주)세광(코드: 103)의 2023년 기중 거래내역을 보고 전산세무회계 프로그램에 입력해 보자.

3월 2일 현금 ₩1,480,000을 은행에 보통예금하다.

3월 7일 공주상사의 외상대금 중 ₩1,900,000이 보통예금통장에 예입되고 이자수익 ₩82,000이 발생하였다.

3월 14일 차입금에 대한이자 ₩420,000을 현금지급하다.

3월 24일 2/26일 신용카드사용액을 현금 납부하다.

3월 26일 지난 2월 28일 급여 지급 때 발생한 의료보험의 예수금과 회사부담금을 관할세무서에 현금으로 납부하였다.(예수금 등의 금액은 해당 전표를 조회할 것)

3월 29일 업무용차량의 엔진오일을 교환하고 대금 ₩30,000을 삼성카드로 결제하다.

4월 5일 1년 이내에 상환할 조건으로 우리은행에서 현금 ₩30,000,000을 차입하다.(우리은행을 거래처로 등록할 것)

4월 10일 전기에 예수한 소득세 및 갑근세등의 ₩170,000을 현금으로 납부하다.

4월 13일 공장의 원재료 운반용 차량에 대하여 공항주유소에서 주유하고 대금 ₩200,000을 지급하다.

4월 17일 서울부동산에서 토지 1,000평(평당 ₩24,000)을 취득하고 대금은 전액수표를 발행하여 지급하다.

4월 18일 ㈜민주에서 받아 두었던 어음 ₩20,000,000이 당좌계좌에 추심되었다.

4월 20일 보통예금계좌에서 현금 ₩20,000,000을 현금으로 인출하다.

4월 25일 청원가구의 외상매입금 ₩10,000,000을 현금으로 지급하다.

5월 9일 생산직 직원용 음료등을 구입하고 대금 ₩620,000을 수표를 발행하여 지급하다.

5월 10일 3/29의 신용카드사용액을 현금으로 납부하다.

5월 15일 사무실 건물 임차료 ₩2,200,000을 현금으로 지급하다.

5월 18일 광고선전비 ₩2,000,000을 현금으로 지급하다.

5월 22일 미지급금 ₩3,000,000을 현금으로 지급하다.

5월 25일 원주상사의 외상매입금 ₩10,000,000을 현금으로 지급하다.

6월 2일 거래처 공주상사에 대한 외상매출금 ₩5,000,000이 약정기일 보다 10일 빠르게 회수되어 2%를 할인해 주고 잔액은 당좌예금 계좌로 입금되었다.

6월 5일 덕성건설㈜로부터 공장용 건물을 ₩20,000,000에 취득하기로 하고 계약금 ₩5,000,000은 당좌수표를 발행하여 지급하다. 다음 자료를 이용하여 덕성건설㈜를 거래처로 등록하라.

거래처코드	00209	사업자 등록번호	124 - 31 - 77153		대표자	임대호
주 소	충북 청원 문의 미천 3구 1		업 태	건 설	종 목	토 건

6월 10일 홍보용 전단지를 거래처에 발송하고 우편요금 ₩110,870을 강남우체국에 현금으로 지급하였다.

6월 12일 거래처 공주상사로부터 받아두었던 받을어음 ₩8,000,000이 만기가 되어 추심료 ₩82,000을 공제한 잔액은 현금으로 받다.

6월 19일 근로복지공단으로부터 당사의 영업직사원에 대한 고용보험료 ₩840,000이 통보되어 현금으로 납부하였다.(고용보험료 중 회사부담분은 ₩420,000임)

6월 22일 6월분 종업원의 급여를 다음과 같이 수표를 발행하여 지급하다.

(단위: 원)

구 분	성 명	급여총액	소득세등	의료보험	공제계	차감지급액
생산직	우문수	2,400,000	27,000	22,700	49,700	2,350,300
	김철중	1,570,000	19,500	13,500	33,000	1,537,000
관리직	구갑숙	2,200,000	25,800	20,900	46,700	2,153,300
	김은형	1,980,000	20,900	19,200	40,100	1,939,900
합 계		8,150,000	93,200	76,300	169,500	7,980,500

6월 25일 현덕중공업으로부터 기계장치를 구입하고 구입대금 중 ₩1,000,000은 현금으로 즉시 지급하고 잔액은 매년 말 ₩1,000,000씩 5회에 걸쳐 지급하기로 하였다.

6월 28일 원재료의 일부 ₩1,250,000을 공장의 기계장치를 수리하는데 사용하였다.

6월 30일 2인의 사원이 퇴사함에 따라 퇴직금 ₩4,000,000(생산직 1인 ₩2,500,000, 영업직 1인 ₩1,500,000)을 현금으로 지급하였다.

7월 1일 보험료 1년분 ₩7,600,000(공장: ₩3,000,000, 사무실: ₩4,600,000)을 수표를 발행하여 지급하다.

7월 6일 매출처 선물 ₩280,000을 백화점에서 현금으로 구입하다.

7월 10일 사무실 수도요금 ₩92,000을 현금으로 납부하다.

7월 13일 본사 총무과에 근무하는 홍길동에게 현금 ₩4,000,000(만기3년)을 대여하다.

7월 15일 6월 22일 종업원에 대한 급여지급지 공제한 예수금과 의료보험료 회사부담액을 현금으로 납부하다.(금액은 6월 22일자를 조회할 것)

7월 18일 우리은행 청주지점에서 회사 운영자금으로 사용할 목적으로 현금 ₩30,000,000을 2년 후에 상환하기로 하고 차입하다.

7월 22일 공장 사무실에서 사용하는 전화요금 ₩109,000을 현금으로 납부하다.

7월 25일 종업원들의 회식비를 다음과 같이 현금으로 지급하다.

영업부 회식비: ₩287,000	총무과 회식비: ₩165,000
생산 1과 회식비: ₩330,000	생산 2과 회식비: ₩290,000

7월 28일 영업용 자동차의 자동차세 ₩220,000을 현금으로 납부하다.

8월 1일 수입 L/C를 개설하고 수입보증금 ₩2,000,000을 현금으로 지급하였다.

8월 3일 당사 보통예금 계좌에서 종업원의 계좌로 이체되었다.

(단위: 원)

소 속	급여액	소득세	주민세	건강보험료	차감지급액
관리부	1,600,000원	13,000원	1,300원	15,000원	1,570,700원
생산부	1,800,000원	17,000원	1,700원	25,000원	1,756,300원
합 계	3,400,000원	30,000원	3,000원	40,000원	3,327,000원

8월 9일 공주상사로부터 수취한 받을어음 ₩1,000,000을 은행에서 할인하였다.(단, 매각거래로 간주하며, 어음할인료는 ₩20,000이고 나머지는 보통예금 계좌에 입금하였다.)

8월 11일 관리직 사원의 회식비 ₩135,000을 삼성카드로 결제하다.

8월 13일 수해 이재민을 위한 성금 ₩1,000,000을 자선단체에 현금으로 지출하였다.

8월 18일 거래처인 청원가구로부터 제품대금 ₩2,000,000을 현금으로 받았다.(단, 이 제품은 10월 중에 인도될 예정이다.)

8월 25일 주식 1,000주(액면가액 ₩5,000)를 주당 ₩5,500에 발행하고 납입대금은 전액 당사 당좌예금에 납입하였으며, 신주발행비 ₩200,000은 전액 현금으로 지급하였다.

8월 30일 영업부 사원 김삼수의 제주 출장비 ₩500,000을 현금으로 지급하였다.(전액 가지급으로 처리할 것)

9월 5일 8월 3일 급여지급시 공제한 소득세와 주민세를 씨티은행에 현금으로 납부하다.

9월 9일 업무에 사용할 오토바이 2대를 ₩10,000,000에 삼양오토바이에서 구입하고 대금은 전액 보통예금계좌에서 자동이체하였다.(삼양오토바이를 거래처로 등록하라. 거래처 코드: 00566, 부가가치세는 고려하지 말 것)

9월 13일 출장을 마친 영업부 사원 김삼수로부터 다음과 같이 출장비 사용명세서를 보고받고 초과지출금은 현금으로 지급하였다.(전액 여비교통비 계정으로 처리할 것)

왕복 항공료: ₩220,000	식대: ₩150,000
교통비: ₩82,000	숙식 및 기타: ₩214,000

9월 17일 다음과 같이 8월분 건강보험료를 현금으로 납부하였다.

(단위: 원)

구 분	본인부담예수액	회사부담분	합 계
관리직	15,000	15,000	30,000
생산직	25,000	25,000	50,000
합 계	40,000	40,000	80,000

9월 20일 신규 구입한 화물자동차의 등록을 자동차등록대행업체인 정수자동차사에 의뢰하고 제비용 ₩775,000을 현금으로 지급하였다.(정수자동차사를 다음 자료를 보고 거래처로 등록하라.)

거래처코드	00361	사업자 등록번호	514 – 17 – 71225	대표자		임인호
주 소	서울 강동 길 369-54		업 태	서비스	종 목	자동차

(단위: 원)

영수증 수취내역	
등록대행수수료	135,000
등 록 세	350,000
취 득 세	290,000

9월 25일 거래처인 ㈜민영으로부터 받은 받을어음 ₩5,000,000을 거래은행인 씨티은행에 할인하고 할인료 ₩63,000을 제외한 금액은 당좌예금 계좌에 입금하였다.(매출채권의 매각거래로 간주)

9월 30일 종업원의 급여를 다음과 같이 현금으로 지급하였다.

(단위: 원)

성 명	급여총지급액	소득세	의료보험	공제계	차인지급액
		주민세	국민연금		
김관식(사무직)	1,200,000	5,000	18,700	73,700	1,026,300
		500	49,500		
서종호(생산직)	1,300,000	7,000	22,100	88,300	1,211,700
		700	58,500		
계	2,500,000	12,000	40,800	162,000	2,338,000
		1,200	108,000		

10월 3일 9월중 발생한 집중호우 및 태풍으로 피해를 입은 공장직원들을 위로하고자 물적 피해금액 ₩3,950,000을 직원경조금규정에 의하여 현금으로 지급하였다.

10월 5일 공장 신입사원의 교육훈련을 위한 비용을 현금으로 지급하였다.

순번	성 명	금 액
1	이 상 명	12,000원
2	현 상 근	12,000원
3	마 길 수	12,000원
4	임 초 롱	12,000원
5	우 아 미	12,000원
6	신 나 라	12,000원
7	나 나 미	12,000원

10월 9일 현금시재를 확인한 결과 장부잔액보다 현금잔고가 ₩70,000 더 적은 것을 확인하였으나 그 원인이 밝혀지지 않았다.

10월 12일 본사에서는 한민대학교 사회과학대학 아동복지학과 주관으로 열린 전시회에 방문객 선물을 후원하기로 하고 현금 지급하였다. 회사를 홍보하기 위해 선물에는 회사마크를 표시하였다.

> **영 수 증**
>
> ㈜세 광
>
> 일금 이백오십만원정(2,500,000원)
>
> 위 금액을 한민대학교 사회과학대학 아동복지학과
> 전시회 방문객 선물용 후원금으로 정히 영수합니다.
>
> 2023년 10월 12일
>
> 한민대학교 사회과학대 학장

10월 15일 9월분 급여에 대한 소득세와 주민세 예수금을 씨티은행에 현금으로 납부하다.

10월 19일 공장에 대한 보험료 ₩350,000을 현금으로 지급하다.

10월 25일 9월분 국민연금과 의료보험료를 회사부담금을 포함하여 현금으로 씨티은행에 납부하다.(금액은 월분 전표를 조회하여 확인할 것)

10월 30일 직원들의 회식비를 엘지카드로 결제하다.
(생산직: ₩350,000 영업부: ₩220,000)

11월 3일 공장에서 사용하는 화물자동차 수리비 ₩530,000과 본사에서 사용하는 승용차 수리비 ₩260,000을 정수카센타에서 수리하고 대금은 2개월 후에 지급하기로 하였다.(정수카센타를 거래처로 등록하시오. 거래처 코드: 00358)

11월 8일 원주상사에서 원재료를 구입하고 외상한 외상매입금 ₩6,500,000을 조기 지급함에 따라 10%를 할인받고, 잔액은 수표를 발행하여 지급하였다.

11월 12일 ㈜민영에서 받아 보관중인 약속어음 ₩5,000,000을 한라은행에서 할인받고, 할인료 ₩120,000을 차감한 실수령액을 현금으로 받았다.

11월 20일 영업부에서 근무하는 이상민에게 결혼자금 ₩5,000,000을 3개월간 빌려주기로 하고 현금으로 지급하였다.

11월 29일 본사에서 근무하는 김재용 외 5명을 교육을 보내기 위하여 한국생산성본부에 현금 ₩500,000을 지급하였다.

12월 1일 업무용 소모품 ₩980,000을 현금으로 구입하다.

12월 4일 ㈜민주 사업주의 부친 상가조화를 보내고 대금 ₩400,000을 현금으로 지급하다.

12월 5일 대한상공회의소 회비 ₩100,000을 현금으로 납부하다.

12월 9일 영업용 자동차 면허세 ₩40,000을 현금으로 납부하다.

12월 10일 현대자동차로부터 업무용차량을 새로 구입하면서 인도금 ₩2,000,000은 현금으로 지급하고 잔액 ₩4,000,000은 5개월 무이자 할부로 하다.(현대자동차를 거래처로 등록할 것)

12월 11일 새로 구입한 업무용차량에 대하여 취득세와 등록세 ₩220,000을 현금으로 납부하고 등록을 완료하다.

12월 12일 서울금고로부터 ₩20,000,000을 차입하고 차입금중 저당권 설정수수료 ₩200,000을 제외한 ₩19,800,000이 보통예금계좌에 입금되다.(상환일 2025. 9. 30)(거래처로 등록할 것)

12월 13일 ㈜민영으로부터 받은 약속어음 ₩3,000,000을 은행에서 할인하고 할인료 ₩700,000을 차감한 금액을 보통예금계좌에 입금하였다.

자료 입력 3-4 오류 수정

(주)대한(회사코드 3500)의 일반전표입력메뉴에 입력된 내용에 다음과 같은 오류가 발견되었다. 입력된 내용을 확인하여 정정 및 수정하시오.

01. 1월 18일에 지급한 출장비는 영업부직원에 대한 출장비가 아니라 생산직 근로자의 출장비이다.

1월 18일
(차) 여비교통비(제) 550,000 (대) 현 금 550,000

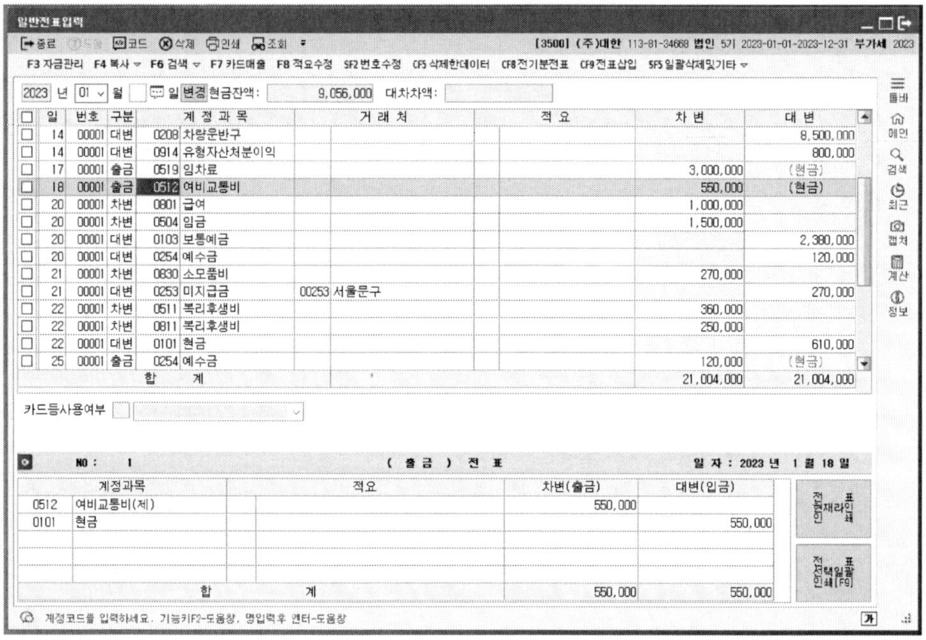

02. 1월 25에 납부한 내역은 다음과 같으며, 일부는 기장오류 일부는 기장 누락되었다. 다음의 내역을 보고 수정하여라.

(단위: 원)

구분	예수금		건강보험료 (회사부담분)	합 계
	소득세와 주민세	건강보험료 (본인부담액)		
관리직	33,000	15,000	15,000	63,000
생산직	49,500	22,500	22,500	94,500
합계	82,500	37,500	37,500	157,500

1월 25일

(차) 복리후생비(판)	15,000	(대) 현 금	157,500
복리후생비(제)	22,500		
예 수 금	120,000		

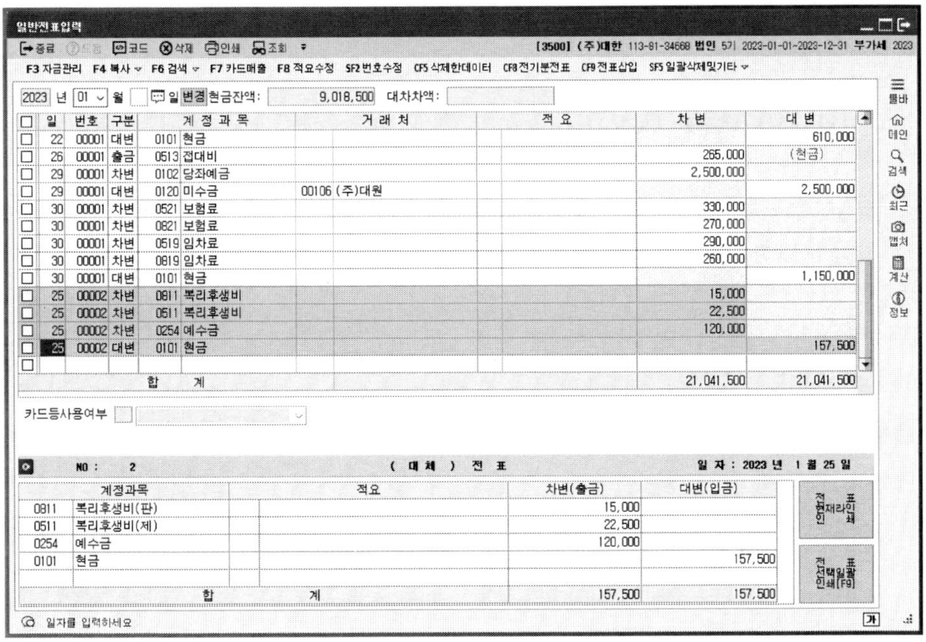

03. **2월 25일 지급한 전기요금 ₩370,000은 공장의 전기료 ₩170,000, 사무실의 전기료 ₩200,000이다.**

2월 25일

(차) 전 력 비(제)	170,000	(대) 현 금	370,000
수도광열비(판)	200,000		

04. 3월 28일 지급한 지급어음이 ㈜주성이 아니라 ㈜충북이다.

3월 28일

(차) 지급어음(㈜충북)　　7,000,000　(대) 보 통 예 금　　7,000,000

05. **4월 27일 지출된 임차료는 사무실 건물의 임차료가 아니라 공장 건물의 임차료이다.**

4월 27일

(차) 임차료(제) 1,800,000 (대) 현 금 325,000

06. **8월 28일 지급한 신문구독료는 사무실 신문구독료가 아니라 공장에 대한 신문구독료이다.**

8월 28일

(차) 도서인쇄비(제) 30,000 (대) 현 금 30,000

07. 10월 12일 ㈜충북에서 회수한 외상매출대금은 대전상사에서 회수한 외상매출금이며, 금액 또한 ₩1,000,000이 아니라 ₩820,000이다.

10월 12일

(차) 매 출 할 인	16,400	(대) 외상매출금(대전상사)	820,000
현 금	803,600		

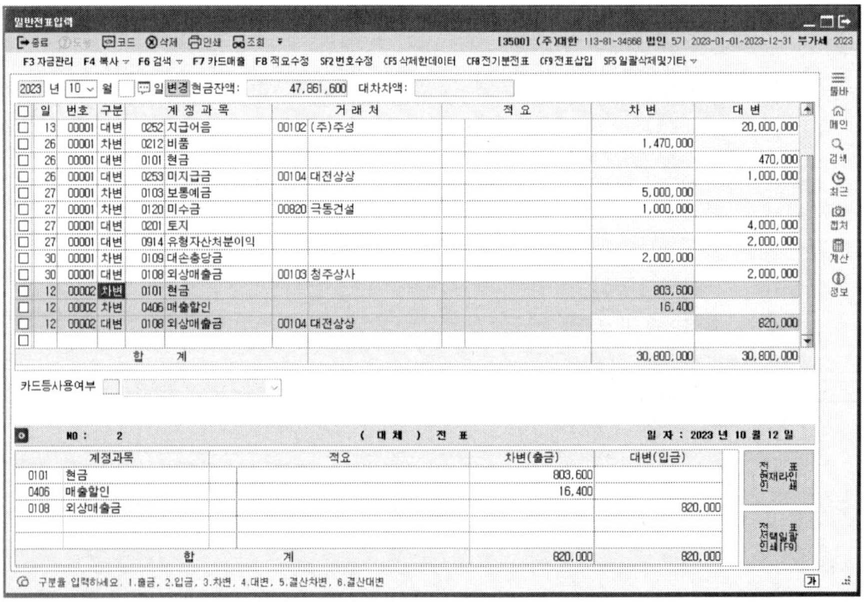

연습문제 3-4 오류 수정

㈜세광(회사코드 0103)의 일반전표입력메뉴에 입력된 내용에 다음과 같은 오류가 발견되었다. 입력된 내용을 확인하여 정정 및 수정하시오.

01. 1월 14일 우암공업사에서 수리한 것은 공장용 트럭이 아니라 제품수송용 트럭에 대한 수리비이다.

02. 1월 29일 지급한 전화요금은 사무실 전화요금이 아니라 공장의 경비실에 대한 전화요금이다.

03. 2월 25일 지급한 보험료 ₩2,500,000은 사무실: ₩1,500,000, 공장: ₩1,000,000에 대한 보험료이다.

04. 7월 10일 지출한 사무실 수도요금 ₩92,000에 대한 것은 사무실에 대한 수도요금은 ₩60,000이고 잔액은 공장에 대한 것이다.

제4절 매입매출전표의 입력

매입매출전표입력은 부가가치세 신고와 관련된 거래 즉, 매입매출거래와 관련된 모든 자료를 입력하는 곳이다.

매입매출거래를 잘못하여 일반전표입력메뉴에 거래 자료를 입력하게 되면 부가가치세 관련 신고자료 및 신고서에 전혀 반영되지 않는다. 따라서 부가가치세 신고서에 부가가치세가 누락되면 탈세가 되기 때문에 매입매출전표입력은 특히 중요하다.

또한 매입매출거래의 입력 자료로 세금계산서만 제시되는 경우가 많기 때문에 매입 또는 매출세금계산서를 구분하고 이해하는 것이 무엇보다 중요하다.

전표입력에서 매입매출전표를 클릭하면 다음과 같은 매입매출전표입력 화면이 나타난다. 매입매출전표입력 화면은 상단부와 하단부로 구성되어 있다. 일반적으로 상단부는 부가가치세와 관련된 신고자료(부가가치세신고서·세금계산서합계표·매입매출장)로 이용하며, 하단부는 매입매출과 관련된 분개를 입력하는 부분으로 회계장부(계정별원장·분개장 등) 및 재무제표에 반영된다.

매입매출전표입력 화면

(1) 세금계산서의 구분

세금계산서는 매입세금계산서와 매출세금계산서로 구분된다. 각각의 특징과 양식은 다음과 같다.

구 분	매입세금계산서	매출세금계산서
원본의 색깔	청 색	적 색
타이틀 표시	공급받는자 보관용	공급자 보관용
공 급 자 란	거 래 처	자기회사
공급받는 자 란	자기회사	거 래 처

매입세금계산서

세금계산서(공급받는자보관용)	책 번 호	권	호
	일련 번호		

공급자	등록번호				공급받는자	등록번호			
	상 호 (법인명)		성 명 (대표자)			상호 (법인명)		성 명 (대표자)	
	사업장주소					사업장주소			
	업 태		종 목			업 태		종목	

작성				공급가액											세액										비 고
연	월	일	공란수	백	십	억	천	백	십	만	천	백	십	일	십	억	천	백	십	만	천	백	십	일	

월	일	품 목	규격	수량	단 가	공 급 가 액	세 액	비 고

합 계 금 액	현 금	수 표	어 음	외상미수금	이 금액을 영수/청구 함

매출세금계산서

세금계산서(공급자보관용)	책 번 호	권	호
	일련 번호		

공급자				공급받는자			
	등록번호				등록번호		
	상 호 (법인명)	성 명 (대표자)			상호 (법인명)	성 명 (대표자)	
	사업장주소				사업장주소		
	업 태	종 목			업 태	종목	

작성			공 급 가 액											세 액										비 고
연	월	일	공란수	백	십	억	천	백	십	만	천	백	십	일	십	억	천	백	십	만	천	백	십	일

월	일	품 목	규격	수량	단 가	공 급 가 액	세 액	비 고

합 계 금 액	현 금	수 표	어 음	외상미수금	이 금액을 영수/청구 함

(2) 매입 · 매출 유형별 코드

유형란에 커서가 이동하면 다음과 같은 과세유형의 조회창이 나타난다. 여기에서 해당 매입, 매출 거래의 유형을 선택하여 숫자를 입력한다.

매출					
11.과세	과세매출	16.수출	수출	21.전자	전자화폐
12.영세	영세율	17.카과	카드과세	22.현과	현금과세
13.면세	계산서	18.카면	카드면세	23.현면	현금면세
14.건별	무증빙	19.카영	카드영세	24.현영	현금영세
15.간이	간이과세	20.면건	무증빙		

매입					
51.과세	과세매입	56.금전	금전등록	61.현과	현금과세
52.영세	영세율	57.카과	카드과세	62.현면	현금면세
53.면세	계산서	58.카면	카드면세		
54.불공	불공제	59.카영	카드영세		
55.수입	수입분	60.면건	무증빙		

매출유형 코드

매출구분	내 용
11: 과세	• 세금계산서를 교부하는 일반적인 매출거래, 일반매출세금계산서 (부가가치세 10%)
12: 영세	• 구매승인서 · 내국신용장 등에 의해 국내 사업자간 수출할 목적의 물품을 공급하는 매출로 부가가치세법상 수출로 구분되며 영세율 적용대상이 되는 매출거래 • 매출세금계산서 영세율적용분(LOCAL – LC)
13: 면세	• 부가가치세 면세사업자가 발행하는 계산서 • 매출세액이 발생하지 않으며 부가가치세 납세의무도 없음
14: 건별	• 소매매출로 세금계산서가 발행되지 않으며 영수증을 발행하는 거래를 기입하기 위한 구분 • 영수증 상의 총공급대가에 부가가치세가 포함되어 있으나 매출세액이 별도로 구분되어 나타나지 않음 • 화면의 공급가액란에 공급대가를 입력하고 Enter↵키를 치면 입력된 금액을 1.1로 나누어 공급가액과 부가가치세가 자동계산되어 입력된다.
15: 간이	• 세금계산서가 발급되지 않는 과세매출을 입력할 때 선택 (14. 건별)과 차이 공급과액과 세액이 자동구분 되지 않음
16: 수출	• 해외에 직접 수출하여 영세율이 적용되는 매출로 해외사업자에게 세금계산서를 교부하지 않기 때문에 세금계산서가 발행되지 않음 • 수출로서 "0"의 세율이 적용되기 때문에 매출세액이 발생되지 않음 • 외국에서 직접 수출하는 경우로 외국환증명서 · 수출면장 등의 자료
17: 카과	• 신용카드에 의한 과세매출로 카드매출전표의 총공급대가에 부가가치세가 포함되어 있으나 매출세액이 별도로 구분되어 나타나지 않음 • 전산프로그램에서 입력시: "17. 카과"를 선택하고 공급대가 총액(110%)을 공급가액란에 입력시키면 공급가액(100%)과 부가가치세(10%)가 자동구분되어 입력됨
18: 카면	• 신용카드에 의한 면세매출로 매출세액이 발생하지 않음
22: 현과	• 현금영수증에 의한 과세매출을 입력할 때 선택 (22. 현과)로 입력된 자료는 신용카드매출발행집계표의 과세분에 반영

매입유형 코드

매입구분	내 용
51: 과세	• 세금계산서를 교부받은 일반적인 매입거래, 매입세액이 발생되며 공제가능, 일반 매입세금계산서(부가가치세 10%)
52: 영세	• 구매승인서 · 내국신용장 등에 의해 수출을 목적으로 하는 매입으로 영세율 적용 대상이 되는 매입거래 • 매입세액이 "0"으로 나타남, 영세율적용분(LOCAL – LC)
53: 면세	• 면세사업자로부터 세금계산서를 교부받고 매입한 거래 • 매입세액이 발생하지 않음
54: 불공	• 세금계산서를 교부받았으나 공제받지 못할 매입세액에 해당하는 거래 • 접대비, 비영업용소형승용차*의 구입 및 유지에 관한 매입 • 면세사업과 관련 매입 • 공제받지 못하는 매입세액은 해당 거래 계정과목의 금액에 포함하여 회계처리
55: 수입	• 재화를 수입하고 세관장으로부터 교부받은 수입세금계산서를 입력하기 위한 구분 • 매입세액만이 기입되며 거래처는 세금계산서를 발행한 세관이 됨
56: 금전	• 매입세액공제가 가능하도록 금전등록기계산서에 이면확인을 받은 매입거래를 입력하기 위한 구분 • 현재는 적용되지 않음
57: 카드	• 신용카드매입으로 매입세액공제 대상이 되는 거래를 입력하기 위한 구분
61: 현과	• 현금영수증에 의한 과세매입을 입력할 때 선택

* 매입세액이 공제되지 않는 비영업용소형승용차란 택시, 렌트카와 같은 승용차를 운행하여 요금을 받음으로써 매출수익이 발생되는 경우의 영업용 승용차 이외에 1000cc 미만의 경승용차가 아닌 모든 승용차를 말한다. 따라서 회사에서 업무용으로 사용하기 위하여 구입하는 1000cc 이상의 승용차는 매입세액불공제 대상이 된다.

(3) 품명 · 수량 · 단가

① 품명: 매입매출에 따른 거래물건의 품명을 입력한다. 한글 8자, 영문 16자까지 입력할 수 있다.

② 수량: 매입매출에 따른 거래물건의 수량을 입력한다. 해당사항이 없으면 [Enter↵]를 누르면 단가 입력란으로 커서가 이동한다.

③ 단가: 매입매출에 따른 거래물건의 단가를 입력한다. 해당사항이 없으면 [Enter↵]를 누르면 공급가액란으로 커서가 이동한다.

☞ **복수거래입력에 대한 주의 사항**

품명·수량·단가 등이 2개 이상 발생한 경우에는 일자와 유형코드를 선택한 후 품명으로 커서를 이동하고 [복수거래] 아이콘 또는 [F7]－복수거래키를 누르면 다음과 같은 보조화면이 나타나면 각각의 품명·수량·단가를 입력하고 Esc키를 누르고 빠져나오면 된다.

	품목	규격	수량	단가	공급가액	부가세	합계	비고
1								
				합 계				

[예 문] 다음의 자료를 입력하여 보자.

품 목	수 량	단 가	공급가액	부가가치세
재료 A	200	7,000	1,400,000	140,000
재료 B	100	7,000	700,000	70,000
재료 C	70	7,000	490,000	49,000

	품목	규격	수량	단가	공급가액	부가세	합계	비고
1	재료 A		200	7,000	1,400,000	140,000	1,540,000	
2	재료 B		100	6,000	600,000	60,000	660,000	
3	재료 C		70	8,000	560,000	56,000	616,000	
4								
				합 계	2,560,000	256,000	2,816,000	

(4) 공급가액 · 부가가치세 · 거래처

① 공급가액: 수량·단가를 입력하면 자동으로 공급가액이 계산된다. 수량과 단가에 대한 자료가 없으면 공급가액만 입력한다.

② 부가가치세: 공급가액이 입력되면 부가세 10%가 자동계산 된다. 코드유형이 영세율·면세·종합이면 부가가치세는 해당사항이 없으므로 부가세란으로 커서가 이동하지 않는다.

③ 거래처: 일반전표입력에서와 동일한 방법으로 거래처를 입력 및 신규등록하면 된다.

(5) 분개 유형

매입매출거래에 대한 회계처리를 하기 위한 분개유형을 선택한다. 분개유형은 **"0": 분개없음, "1": 현금, "2": 외상, "3": 혼합, "4": 카드** 등으로 구분한다.

① "0": 분개없음

실제로 분개가 필요 없는 경우에 선택하거나, 분개가 필요하지만 나중에 처리하고자 하는 경우, 즉 부가가치세 신고자료가 부가가치세 신고기간에 임박하여 자료가 취합되어 분개를 하여 입력하는데 많은 소요시간이 걸리기 때문에 **"0": 분개없음**을 일단 선택하여 부가가치세 신고를 완료한 후 차후에 분개를 하고자 할 경우에 선택한다.

② "1": 현금

매입매출거래가 반드시 전액 현금으로 거래된 경우에 **"1": 현금**을 선택한다.

[예 문]

(차) 현　　금	1,100,000	(대) 제 품 매 출	1,000,000
		부가세예수금	100,000

③ "2": 외상

매입매출거래가 반드시 전액 외상(외상매출금·외상매입금)으로 거래된 경우에 **"2": 외상**을 선택한다.

[예 문]

(차) 외상매출금	1,100,000	(대) 제 품 매 출	1,000,000
		부가세예수금	100,000

④ "3": 혼합

매입매출거래가 현금 및 외상(외상매출금·외상매입금) 이외의 거래가 발생된 경우에 **"3": 혼합**을 선택한다. 외상으로 발생한 거래라 하더라도 즉, 미지급금, 미수금, 일부현금 및 어음 등이 포함된 거래는 **"3": 혼합**을 선택해야 한다.

[예 문]

(차) 미 수 금	1,100,000	(대) 비　　품	1,000,000
		부가세예수금	100,000

⑤ "4": 카드

거래 전액이 카드 결제인 매출, 매입을 입력 시에 **"4": 카드**를 선택한다.

[예 문]

(차) 외상매출금	1,100,000	(대) 제 품 매 출	1,000,000
		부가세예수금	100,000

자료 입력 3-5

다음 자료는 ㈜대한(코드: 3500)의 2023년 1월의 거래 내역이다. 유형별로 구분하여 매입매출전표에 입력해 보자.

(1) 현금거래

1월 2일 청주상사에 제품 ATM-1을 판매하고 다음과 같은 전자세금계산서를 발행하였다. 이에 대한 적절한 회계처리를 하여라.

전자세금계산서(공급자보관용)

책 번 호	권	호
일련 번호	2 1	1 1 1 9

구분	항목	내용	항목	내용
공급자	등록번호	113-81-34668		
공급자	상호(법인명)	㈜대 한	성 명(대표자)	임대한
공급자	사업장주소	청주시 상당구 문화동 15-32		
공급자	업 태	제 조	종 목	휴대폰
공급받는자	등록번호	209-26-69232		
공급받는자	상호(법인명)	청주상사	성 명(대표자)	박청주
공급받는자	사업장주소	청주시 흥덕구 봉명동 36		
공급받는자	업 태	제 조	종목	화공약품

작성 연	월	일	공란수	공급가액	세액	비 고
2023	1	2	3	30000000	3000000	

월	일	품 목	규격	수량	단 가	공 급 가 액	세 액	비 고
1	2	제품 ATM-1		1,000	30,000	30,000,000	3,000,000	

합 계 금 액	현 금	수 표	어 음	외상미수금	이 금액을 영수/청구 함
33,000,000	33,000,000				

① 유 형: 11　② 거래처: 청주상사　③ 분개유형: 현 금

(차) 현 금	33,000,000	(대) 제 품 매 출	30,000,000
		부가세예수금	3,000,000

1월 5일 우림상사에서 원재료 ATF를 구입하고 다음과 같은 전자세금계산서를 교부받았다.

전자세금계산서(공급받는자보관용)

책 번 호	권 호
일련 번호	3 0011

공급자	등록번호	125-19-12258			
	상호(법인명)	우림상사	성명(대표자)	김우림	
	사업장주소	서울 마포 홍제 129			
	업태	제조	종목	전자제품	
공급받는자	등록번호	113-81-34668			
	상호(법인명)	㈜대 한	성명(대표자)	임대한	
	사업장주소	청주 상당 문화 15-32			
	업태	제조	종목	휴대폰	

작성 연	월	일	공란수	공급가액	세액	비고
2023	1	5	3	10000000	1000000	

월	일	품목	규격	수량	단가	공급가액	세액	비고
1	5	원재료 ATF		500	20,000	10,000,000	1,000,000	

합계금액	현금	수표	어음	외상미수금	이 금액을 영수/청구 함
11,000,000	11,000,000				

① 유 형: 51　　② 거래처: 우림상사　　③ 분개유형: 현 금

(차) 원 재 료 10,000,000 (대) 현 금 11,000,000

부가세대급금 1,000,000

(2) 외상거래

1월 9일 청주상사에 제품 ABG를 판매하고 다음과 같은 전자세금계산서를 발행하였다. 이에 대한 적절한 회계처리를 하여라.

전자세금계산서(공급자보관용)

책 번 호: 권 호
일련 번호: 2 1 - 1 1 1 9

공급자	등록번호	113-81-34668		공급받는자	등록번호	209-26-69232	
	상호(법인명)	㈜대 한	성명(대표자) 임대한		상호(법인명)	청주상사	성명(대표자) 박청주
	사업장주소	청주시 상당구 문화동 15-32			사업장주소	청주시 흥덕구 봉명동 36	
	업태	제 조	종목 휴대폰		업태	제 조	종목 화공약품

작성 연	월	일	공란수	공급가액	세액	비고
2023	1	9	3	12000000	1200000	

월	일	품목	규격	수량	단가	공급가액	세액	비고
1	9	제품 ABG		1,500	8,000	12,000,000	1,200,000	

합계금액	현금	수표	어음	외상미수금	이 금액을 영수/청구 함
13,200,000				13,200,000	청구

① 유 형: 11 ② 거래처: 청주상사 ③ 분개유형: 외 상

(차) 외상매출금	13,200,000	(대) 제 품 매 출	12,000,000
		부가세예수금	1,200,000

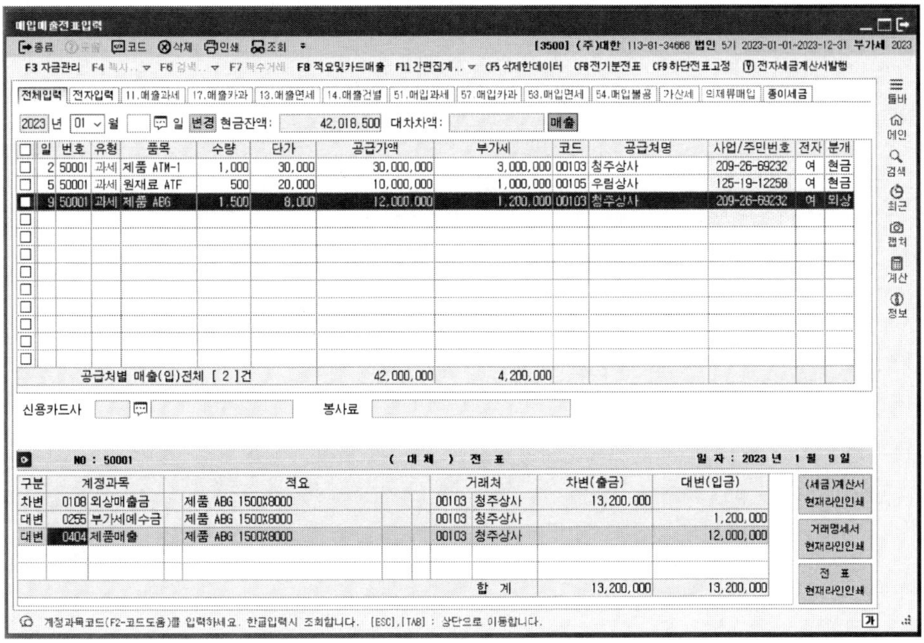

1월 12일 우림상사에서 원재료를 구입하고 다음과 같은 전자세금계산서를 교부 받았다.

전자세금계산서(공급받는자보관용)

책 번 호	권 호
일련 번호	3 0011

구분	항목	내용	항목	내용
공급자	등록번호	125-19-12258		
공급자	상호(법인명)	우림상사	성명(대표자)	김우림
공급자	사업장주소	서울 마포 홍제 129		
공급자	업태	제조	종목	전자제품
공급받는자	등록번호	113-81-34668		
공급받는자	상호(법인명)	㈜대 한	성명(대표자)	임대한
공급받는자	사업장주소	청주 상당 문화 15-32		
공급받는자	업태	제조	종목	휴대폰

작성 연	월	일	공란수	공급가액	세액	비고
2023	1	12	4	3500000	350000	

월	일	품목	규격	수량	단가	공급가액	세액	비고
1	12	원재료 AVA		100	20,000	2,000,000	200,000	
		원재료 TGV		100	15,000	1,500,000	150,000	

합계금액	현금	수표	어음	외상미수금	이 금액을 영수/**청구** 함
3,850,000				3,850,000	

① 유 형: 51　② 거래처: 우림상사　③ 분개유형: 외 상

(차) 원 재 료	3,500,000	(대) 외상매입금	3,850,000
부가세대급금	350,000		

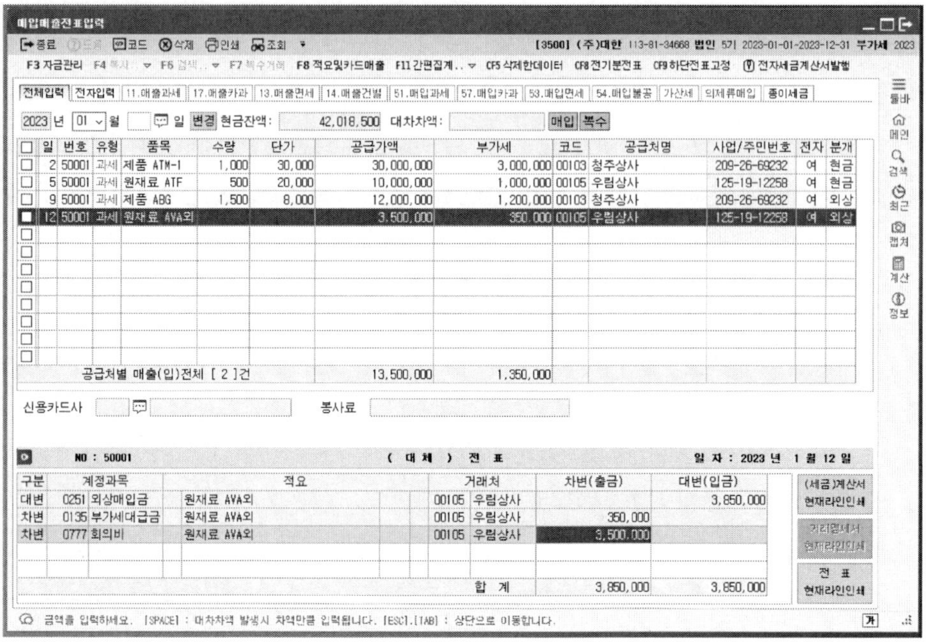

(3) 혼합거래

1월 15일 다음 세금계산서에 대하여 적절한 회계처리를 하시오.

전자세금계산서(공급자보관용)

책 번 호: 권 호
일련 번호: 2 1 - 1 1 1 9

구분	항목	내용	항목	내용
공급자	등록번호	113-81-34668		
	상호(법인명)	㈜대 한	성 명(대표자)	임대한
	사업장주소	청주시 상당구 문화동 15-32		
	업 태	제 조	종 목	휴대폰
공급받는자	등록번호	114-14-86153		
	상호(법인명)	우성상회	성 명(대표자)	우성진
	사업장주소	서울 중 남대문 2가 19-3		
	업 태	도매	종목	문구

작성 연	월	일	공란수	공급가액	세액	비 고
2023	1	15	4	2000000	200000	

월	일	품 목	규격	수량	단 가	공 급 가 액	세 액	비 고
1	15	제품 C		50	20,000	1,000,000	100,000	
		제품 D		100	10,000	1,000,000	100,000	

합 계 금 액	현 금	수 표	어 음	외상미수금	
2,200,000	200,000	500,000	1,000,000	500,000	이 금액을 영수/청구 함

① 유 형: 11 ② 거래처: 우성상회 ③ 분개유형: 혼 합

(차)	현 금	700,000	(대) 제 품 매 출	2,000,000
	받 을 어 음	1,000,000	부가세예수금	200,000
	외상 매출금	500,000		

1월 19일 다음 세금계산서에 대하여 적절한 회계처리를 하시오.

세금계산서(공급받는자보관용)

책 번 호	권 호
일련 번호	3 0011

공급자	등록번호	113-81-34668		
	상호(법인명)	㈜충 북	성명(대표자)	이충북
	사업장주소	서울시 종로구 송월동 122		
	업태	제조	종목	부품재료
공급받는자	등록번호	113-81-34668		
	상호(법인명)	㈜대 한	성명(대표자)	임대한
	사업장주소	청주 상당 문화 15-32		
	업태	제조	종목	휴대폰

작성 연	월	일	공란수	공급가액	세액	비고
2023	1	19	4	2100000	210000	

월	일	품목	규격	수량	단가	공급가액	세액	비고
1	19	갑 원재료		100	10,000	1,000,000	100,000	
		을 원재료		100	11,000	1,100,000	110,000	

합계금액	현금	수표	어음	외상미수금	이 금액을 영수/청구 함
2,310,000		1,000,000	810,000	500,000	**청구**

① 유 형: 51　　② 거래처: ㈜충북　　③ 분개유형: 혼 합

(차) 원 재 료	2,100,000	(대) 당 좌 예금	1,000,000
부가세대급금	210,000	지 급 어음	810,000
		외상매입금	500,000

(4) 매입세액불공제 거래

1월 20일 매출처에 선물할 선물용품을 다음과 같이 구입하고 세금계산서를 교부받았다.(전액 비용으로 회계처리할 것)

(단위: 원)

품 목	수량	단 가	공급가액	부가가치세	거래처	결 제
선물용품	20개	100,000	2,000,000	200,000	천안문구	전액 현금

① 유 형: 54 ② 거래처: 천안문구 ③ 분개유형: 현 금

(차) 접 대 비(판) 2,200,000 (대) 현 금 2,200,000

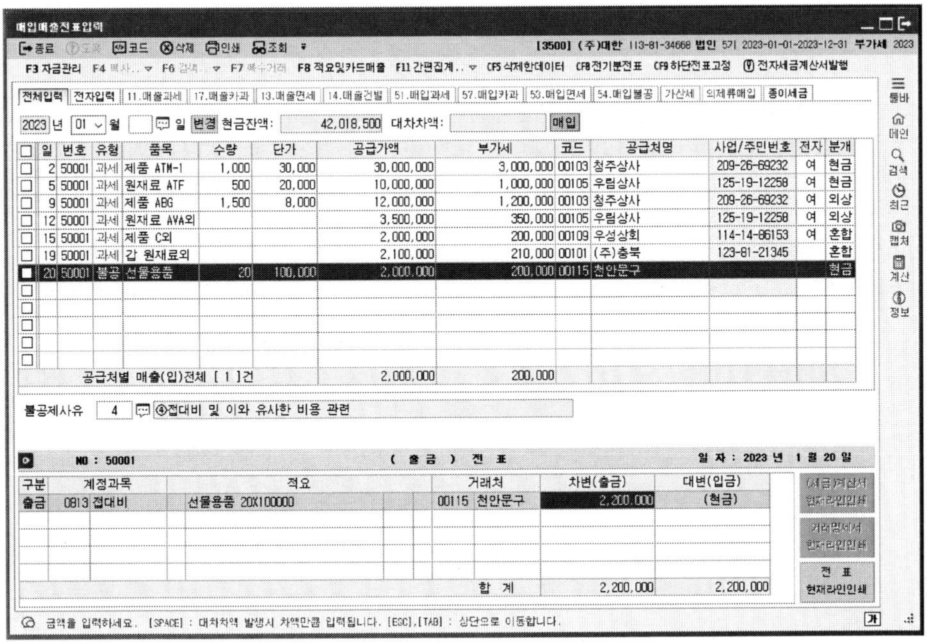

1월 22일 ㈜대한은 서울자동차로부터 업무용승용차 1,500cc를 ₩12,000,000에 취득하고 부가가치세 ₩1,200,000을 포함하여 ₩13,200,000을 외상하다.(다음 자료를 이용하여 서울자동차를 거래처로 등록하라.)

거래처코드	00385	사업자 등록번호	214 – 16 – 08918		대표자 명	임민경
주 소	서울 구로구 가리봉동 159-3		업 태	제 조	종 목	자동차

① 유 형: 54　　② 거래처: 서울자동차　　③ 분개유형: 혼 합

(차) 차량운반구 13,200,000 (대) 미 지 급 금 13,200,000

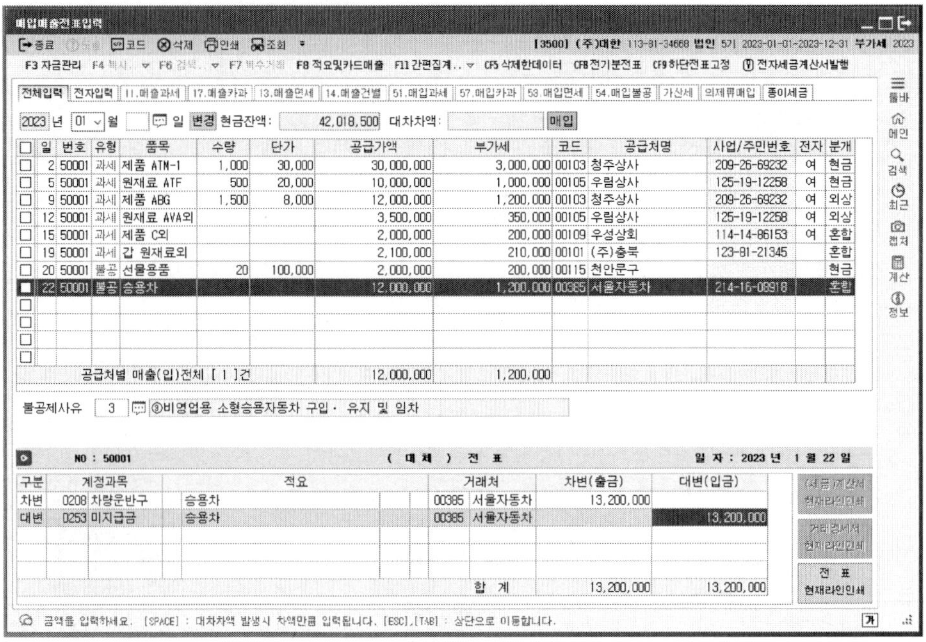

(5) 반품에 대한 회계처리

1월 24일 ㈜대한은 1월 9일 청주상사에 매출한 제품이 불량품이 있어 100개가 반품되다. 1월 9일 제품 매출시 발행한 전자세금계산서는 다음과 같았다. 불량품 100개가 반품된 것에 대하여 적절한 회계처리를 하라.

전자세금계산서(공급자보관용)

책 번 호	권	호
일련 번호	2 1	1 1 1 9

구분	항목	내용	항목	내용
공급자	등록번호	113-81-34668		
공급자	상 호(법인명)	㈜대 한	성 명(대표자)	임대한
공급자	사업장주소	청주시 상당구 문화동 15-32		
공급자	업 태	제 조	종 목	휴대폰
공급받는자	등록번호	209-26-69232		
공급받는자	상호(법인명)	청주상사	성 명(대표자)	박청주
공급받는자	사업장주소	청주시 흥덕구 봉명동 36		
공급받는자	업 태	제 조	종목	화공약품

작성 연	월	일	공란수	공급가액	세액	비 고
2023	1	9	3	12000000	1200000	

월	일	품 목	규격	수량	단 가	공 급 가 액	세 액	비 고
1	9	제품 ABG		1,500	8,000	12,000,000	1,200,000	

합 계 금 액	현 금	수 표	어 음	외상미수금	이 금액을 영수/청구 함
13,200,000				13,200,000	청구

① 유 형: 11　　　　　② 거래처: 청주상사　　　③ 분개유형: 외 상

(차) 외상매출금	−880,000	(대) 제 품 매 출	−800,000
		부가세예수금	−80,000

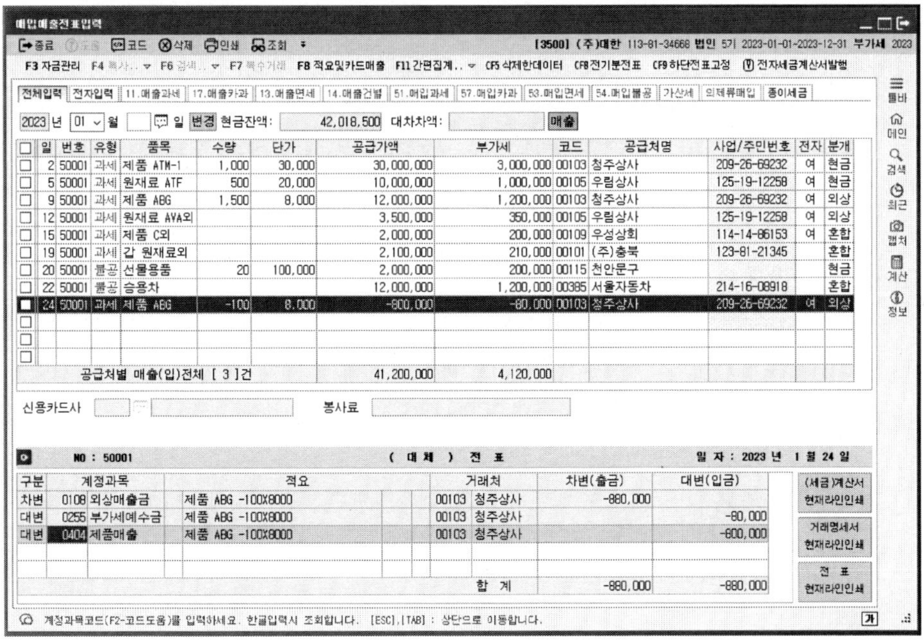

1월 25일 ㈜대한은 1월 12일 우림상사로부터 구입한 원재료 AVA가 불량품이 있어 10개를 반품하였다. 1월 12일 원재료 구입시 교부받은 전자세금계산서는 다음과 같았다. 불량품 10개를 반품한 것에 대하여 적절한 회계처리를 하라.

전자세금계산서(공급받는자보관용)

책 번 호		권	호
일련 번호		3	0011

공급자	등록번호	125-19-12258			
	상 호 (법인명)	우림상사	성 명 (대표자)	김우림	
	사업장주소	서울 마포 홍제 129			
	업 태	제 조	종 목	전자제품	
공급받는자	등록번호	113-81-34668			
	상호 (법인명)	㈜대 한	성 명 (대표자)	임대한	
	사업장주소	청주 상당 문화 15-32			
	업 태	제 조	종목	휴대폰	

작성				공급가액											세액										비 고
연	월	일	공란수	백	십	억	천	백	십	만	천	백	십	일	십	억	천	백	십	만	천	백	십	일	
2023	1	12	4					3	5	0	0	0	0	0					3	5	0	0	0	0	

월	일	품 목	규격	수량	단 가	공 급 가 액	세 액	비 고
1	12	원재료 AVA		100	20,000	2,000,000	200,000	
		원재료 TGV		100	15,000	1,500,000	150,000	

합 계 금 액	현 금	수 표	어 음	외상미수금	이 금액을 영수/청구 함
3,850,000				3,850,000	

① 유 형: 51 ② 거래처: 우림상사 ③ 분개유형: 외 상

(차) 원 재 료	−200,000	(대) 외상매입금	−220,000
부가세대급금	−20,000		

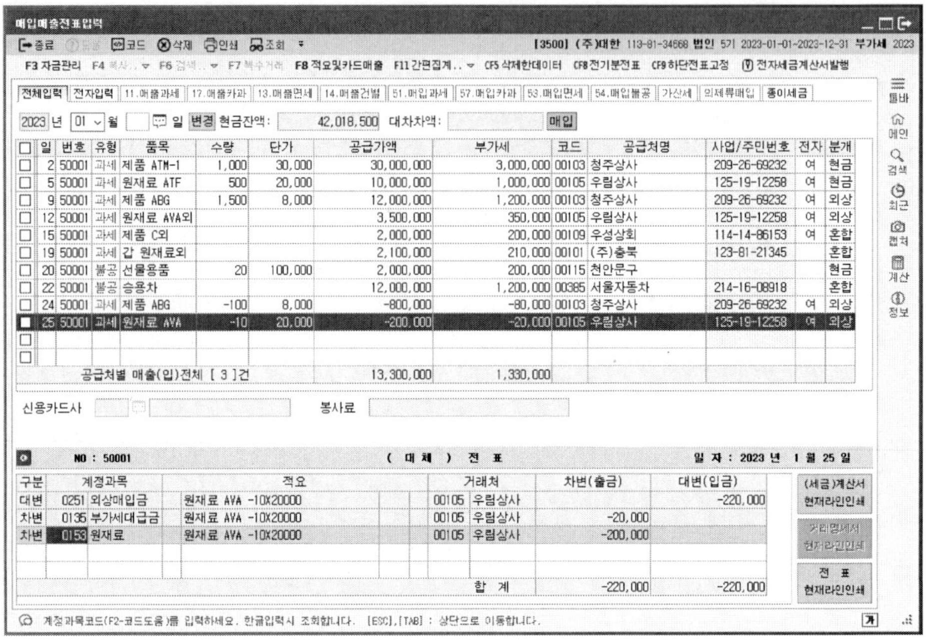

매입매출전표입력

[3500] (주)대한 113-81-34668 법인 5기 2023-01-01~2023-12-31 부가세 2023

전체입력 | 전자입력 | 11.매출과세 | 17.매출카과 | 13.매출면세 | 14.매출건별 | 51.매입과세 | 57.매입카과 | 53.매입면세 | 54.매입불공 | 가산세 | 의제류매입 | 종이세금

2023 년 01 월 일 변경 현금잔액: 42,018,500 대차차액: 매입

일	번호	유형	품목	수량	단가	공급가액	부가세	코드	공급처명	사업/주민번호	전자	분개
2	50001	과세	제품 ATM-1	1,000	30,000	30,000,000	3,000,000	00103	청주상사	209-26-69232	여	현금
5	50001	과세	원재료 ATF	500	20,000	10,000,000	1,000,000	00105	우림상사	125-19-12258	여	현금
9	50001	과세	제품 ABG	1,500	8,000	12,000,000	1,200,000	00103	청주상사	209-26-69232	여	외상
12	50001	과세	원재료 AVA외			3,500,000	350,000	00105	우림상사	125-19-12258	여	외상
15	50001	과세	제품 C외			2,000,000	200,000	00109	우성상회	114-14-86153	여	혼합
19	50001	과세	갑 원재료외			2,100,000	210,000	00101	(주)충북	123-81-21345		혼합
20	50001	불공	선물용품	20	100,000	2,000,000	200,000	00115	천안문구			현금
22	50001	불공	승용차			12,000,000	1,200,000	00385	서울자동차	214-16-08918		혼합
24	50001	과세	제품 ABG	-100	8,000	-800,000	-80,000	00103	청주상사	209-26-69232	여	외상
25	50001	과세	원재료 AVA	-10	20,000	-200,000	-20,000	00105	우림상사	125-19-12258	여	외상
			공급처별 매출(입)전체 [3]건			13,300,000	1,330,000					

신용카드사 봉사료

NO : 50001 (대 체) 전 표 일 자 : 2023 년 1 월 25 일

구분	계정과목	적요	거래처	차변(출금)	대변(입금)
대변	0251 외상매입금	원재료 AVA -10X20000	00105 우림상사		-220,000
차변	0135 부가세대급금	원재료 AVA -10X20000	00105 우림상사	-20,000	
차변	0153 원재료	원재료 AVA -10X20000	00105 우림상사	-200,000	
			합 계	-220,000	-220,000

(세금)계산서 현재라인인쇄 | 거래명세서 현재라인인쇄 | 전 표 현재라인인쇄

계정과목코드(F2-코드도움)를 입력하세요. 한글입력시 조회합니다. [ESC],[TAB] : 상단으로 이동합니다.

(6) 영세율 적용대상에 대한 회계처리

1월 26일 내국신용장에 의해서 한진상사㈜에 수출목적의 제품을 4,000,000원에 납품하고 영세율세금계산서를 교부하였다. 대금 중 2,000,000원은 동사발행의 어음(만기 2023년 04월 19일)으로 수취하였고 잔액은 외상으로 하였다. (한진상사㈜를 거래처로 등록하라. 거래처 코드: 00511)

① 유 형: 12 ② 거래처: 한진상사㈜ ③ 분개유형: 외 상

(차) 외상매출금	2,000,000	(대) 제 품 매 출	4,000,000
받을 어 음	2,000,000		

1월 27일 원재료 납품업체인 상신무역으로부터 내국신용장(local L/C)에 의해 수출용 제품 생산에 사용될 원재료(1,000개, 단가 @5,000원)를 납품받고 세금계산서(영세율)를 교부받았다. 대금은 전액 어음을 발행하여 지급하였다. 다음 자료를 이용하여 상신무역을 거래처로 등록하라.

거래처코드	00400	사업자 등록번호	201 − 81 − 15236		대표자	김미영
주 소	인천시 남동구 논현동 22		업 태	유 통	종 목	수 출

① 유 형: 52　　② 거래처: 상신무역　　③ 분개유형: 혼 합

(차) 원 재 료　5,000,000　(대) 지 급 어 음　5,000,000

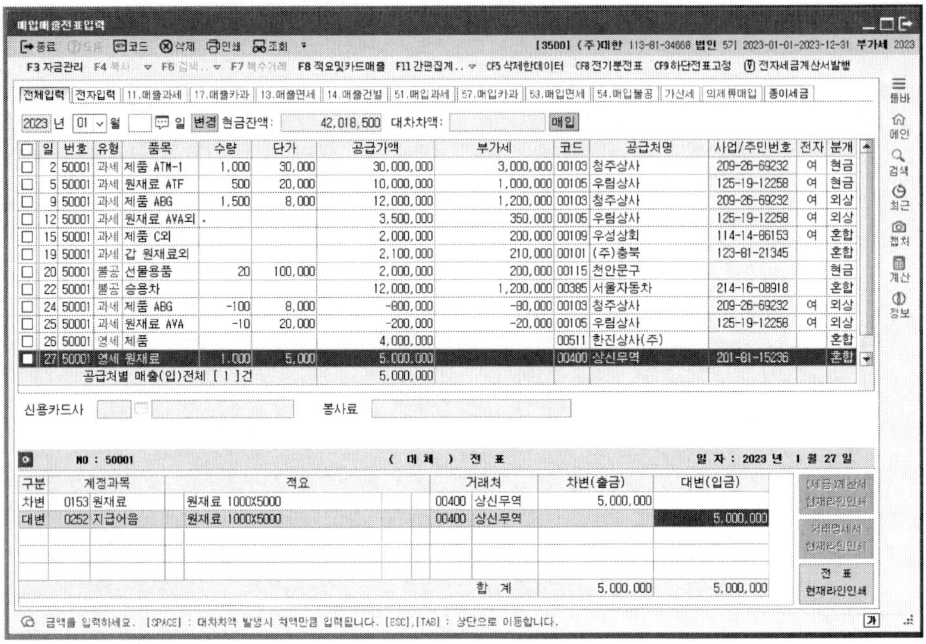
매입매출전표입력

[3500] (주)대한 113-81-34668 법인 5기 2023-01-01~2023-12-31 부가세 2023

2023 년 01 월 일 변경 현금잔액: 42,018,500 대차차액: 매입

일	번호	유형	품목	수량	단가	공급가액	부가세	코드	공급처명	사업/주민번호	전자	분개
2	50001	과세	제품 ATM-1	1,000	30,000	30,000,000	3,000,000	00103	청주상사	209-26-69232	여	현금
5	50001	과세	원재료 ATF	500	20,000	10,000,000	1,000,000	00105	우림상사	125-19-12258	여	현금
9	50001	과세	제품 ABG	1,500	8,000	12,000,000	1,200,000	00103	청주상사	209-26-69232	여	외상
12	50001	과세	원재료 AVA외			3,500,000	350,000	00105	우림상사	125-19-12258	여	외상
15	50001	과세	제품 C외			2,000,000	200,000	00109	우성상회	114-14-86153	여	혼합
19	50001	과세	갑 원재료외			2,100,000	210,000	00101	(주)충북	123-81-21345		혼합
20	50001	불공	선물용품	20	100,000	2,000,000	200,000	00115	천안문구			현금
22	50001	불공	승용차			12,000,000	1,200,000	00385	서울자동차	214-16-08918		혼합
24	50001	과세	제품 ABG	-100	8,000	-800,000	-80,000	00103	청주상사	209-26-69232	여	외상
25	50001	과세	원재료 AVA	-10	20,000	-200,000	-20,000	00105	우림상사	125-19-12258	여	외상
26	50001	영세	제품			4,000,000		00511	한진상사(주)			혼합
27	50001	영세	원재료	1,000	5,000	5,000,000		00400	상신무역	201-81-15236		혼합
			공급처별 매출(입)전체 [1]건			5,000,000						

신용카드사 봉사료

NO : 50001 (대 체) 전 표 일 자 : 2023 년 1 월 27 일

구분	계정과목	적요	거래처	차변(출금)	대변(입금)
차변	0153 원재료	원재료 1000X5000	00400 상신무역	5,000,000	
대변	0252 지급어음	원재료 1000X5000	00400 상신무역		5,000,000
			합 계	5,000,000	5,000,000

금액을 입력하세요. [SPACE] : 대차차액 발생시 차액만큼 입력됩니다. [ESC],[TAB] : 상단으로 이동합니다.

(7) 고정자산 처분에 대한 회계처리

1월 27일 ㈜대한은 ㈜대원에 소유하고 있던 승용차를 ₩6,200,000에 매각하고 전자세금계산서를 교부하고 부가가치세 ₩620,000을 포함한 대금 ₩6,820,000을 월말에 받기로 하였다. 승용차의 취득원가는 ₩12,000,000이며, 감가상각누계액은 ₩5,600,000이다. 이에 대한 적절한 회계처리를 하여라.

① 유 형: 11 ② 거래처: ㈜대원 ③ 분개유형: 혼 합

(차) 미 수 금	6,820,000	(대) 차 량 운반구	12,000,000
감가 상각 누계액	5,600,000	부가세예수금	620,000
유형자산처분손실	200,000		

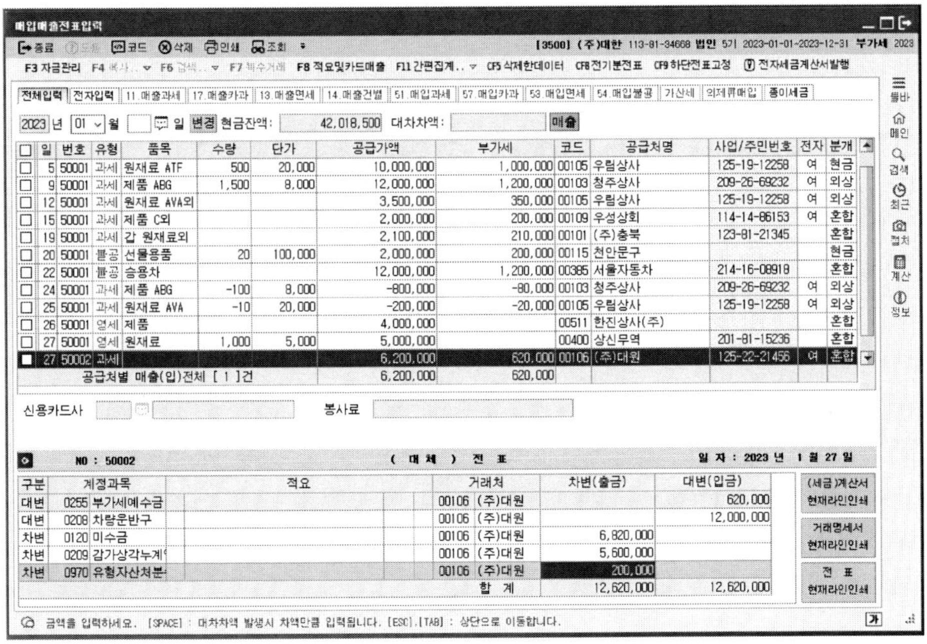

(8) 외화거래에 대한 회계처리

매출대금을 외화로 수취한 경우에는 다음에 따라 회계처리 한다.

1) 매출에 대한 선수금을 수취한 경우

선수금을 수취했을 때의 환율에 따라 원화로 환산한 금액으로 처리

2) 제품을 매출한 경우

① 선수금을 수취한 경우: 선수금 수취시 환율에 따라 환산한 금액으로 처리

② 매출발생시 수취한 금액: 매출발생시의 환율에 따라 환산한 금액으로 처리

③ 외상미수금: 매출시의 환율과 외상대금의 회수시의 환율이 차이가 발생하는 경우에는 그 차이를 외환차손 또는 외환차익으로 처리

1월 28일 ㈜대한은 미국의 MDS에 제품-YTN 1,000개를 개당 10달러에 수출하기로 계약하고 선수금 2,000달러를 수취하였다. 수취시의 기준환율은 1달러당 1,000원이다.(MDS를 거래처로 등록할 것 거래처 코드: 00339)

1월 28일 –일반전표에 입력

(차) 현　　금　　2,000,000　(대) 선수금(MDS)　　2,000,000

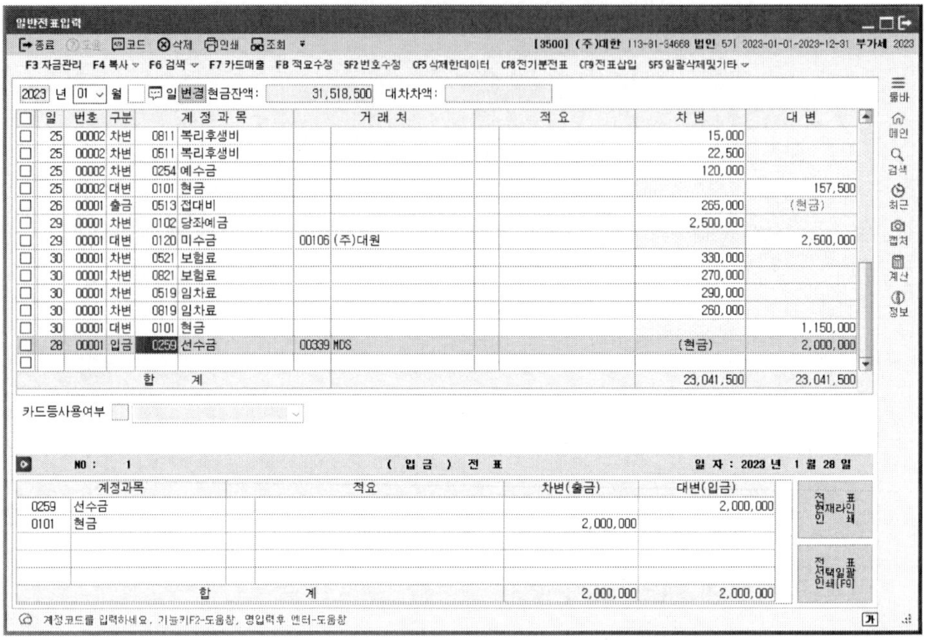
일반전표입력

[3500] (주)대한 113-81-34668 법인 5기 2023-01-01~2023-12-31 부가세 2023

2023 년 01 월 　 일 변경 현금잔액: 31,518,500 대차차액:

일	번호	구분	계정과목		거래처		적요		차변	대변
25	00002	차변	0811	복리후생비					15,000	
25	00002	차변	0511	복리후생비					22,500	
25	00002	차변	0254	예수금					120,000	
25	00002	대변	0101	현금						157,500
26	00001	출금	0513	접대비					265,000	(현금)
29	00001	차변	0102	당좌예금					2,500,000	
29	00001	대변	0120	미수금	00106	(주)대원				2,500,000
30	00001	차변	0521	보험료					330,000	
30	00001	차변	0821	보험료					270,000	
30	00001	차변	0519	임차료					290,000	
30	00001	차변	0819	임차료					260,000	
30	00001	대변	0101	현금						1,150,000
28	00001	입금	0259	선수금	00339	MDS			(현금)	2,000,000
			합	계					23,041,500	23,041,500

NO : 1 (입금) 전표 일 자 : 2023 년 1 월 28 일

계정과목		적요	차변(출금)	대변(입금)
0259	선수금			2,000,000
0101	현금		2,000,000	
합		계	2,000,000	2,000,000

1월 29일 1월 28일 계약조건에 따라 미국의 MDS에 제품–YTN 1,000개를 인도하고 대금은 외상으로 하다.(해외 직수출로 부가가치세 영세율 적용대상임) 1월 29일자의 기준환율은 1달러당 1,200원이다.

① 유 형: 16　　② 거래처: MDS　　③ 분개유형: 혼 합

(차) 선 수 금　　2,000,000　(대) 제 품 매 출　　11,600,000

　　외상매출금　　9,600,000

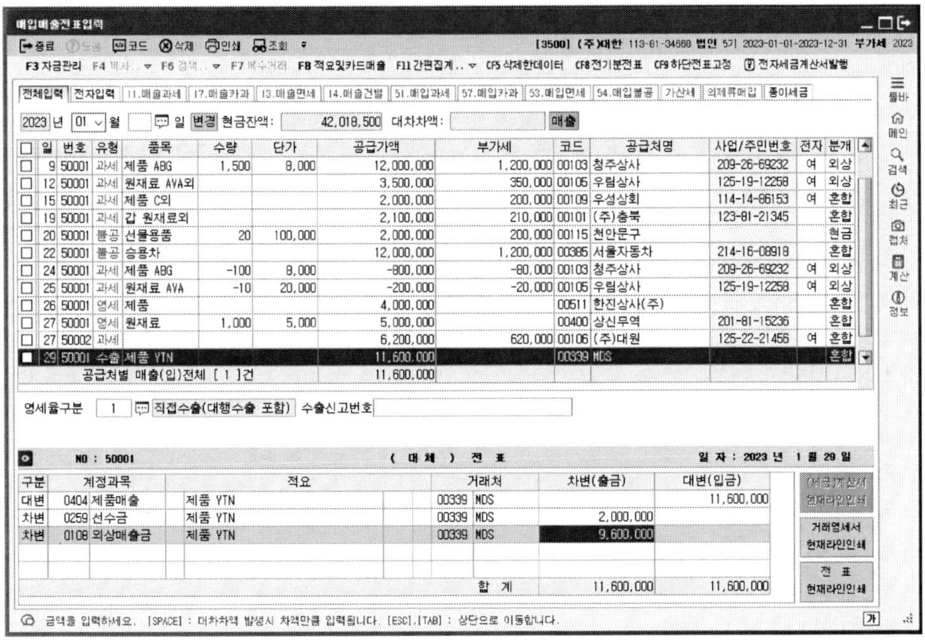

1월 30일 1월 29일의 외상대금을 8,000달러를 회수하다. 회수시의 기준환율은 1,100원이다.

1월 30일 –일반전표에 입력

(차) 현 금	8,800,000	(대) 외상매출금(MDS)	9,600,000
외 환 차 손	800,000		

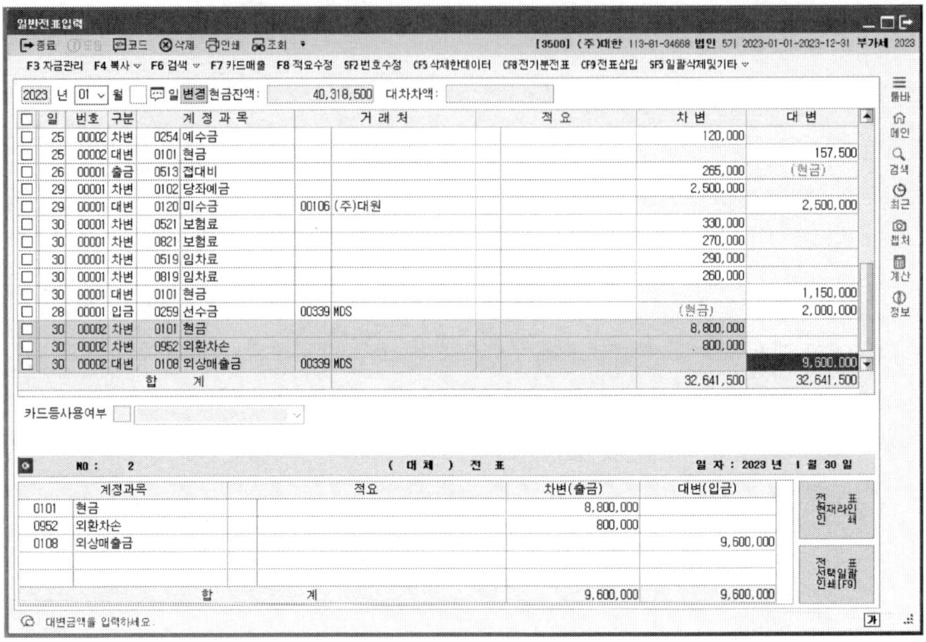

〈**참고사항**〉 1월 29일자 입력

수량: 1,000개

단가: 10달러×1,200원=12,000원

공급가액: 선수금 2,000,000원+(8,000달러×1,200원)=11,600,000원

(9) 전자세금계산서 발행

전자세금계산서의 발행은 법인과 개인사업자 중에 직전년도 매출액이 3억원 이상인 경우에는 의무적으로 전자세금계산서를 발행하여야 한다. 전자세금계산서를 발행하려면 매출 거래를 매입매출전표에 입력해야 하며, 이때 전자 발행 란에 1.여를 입력하지 않아야 한다.

다음 거래 내역을 이용하여 전자세금계산서의 발행 절차를 보면 다음과 같다.

2월 1일 청주상사에 제품을 판매하고 전자세금계산서를 발급하였다. 대금은 전액 현금으로 회수하였다(담당자: 이청주, e-mail: cjlee@bms.co.kr).

품 목	수량	단 가	공급가액	부가가치세	거래처	결 제
제품 K	30개	100,000	3,000,000	300,000	청주상사	전액 현금

① 거래 내역 매입매출전표 입력(전자란에 1.여 체크하지 않음)

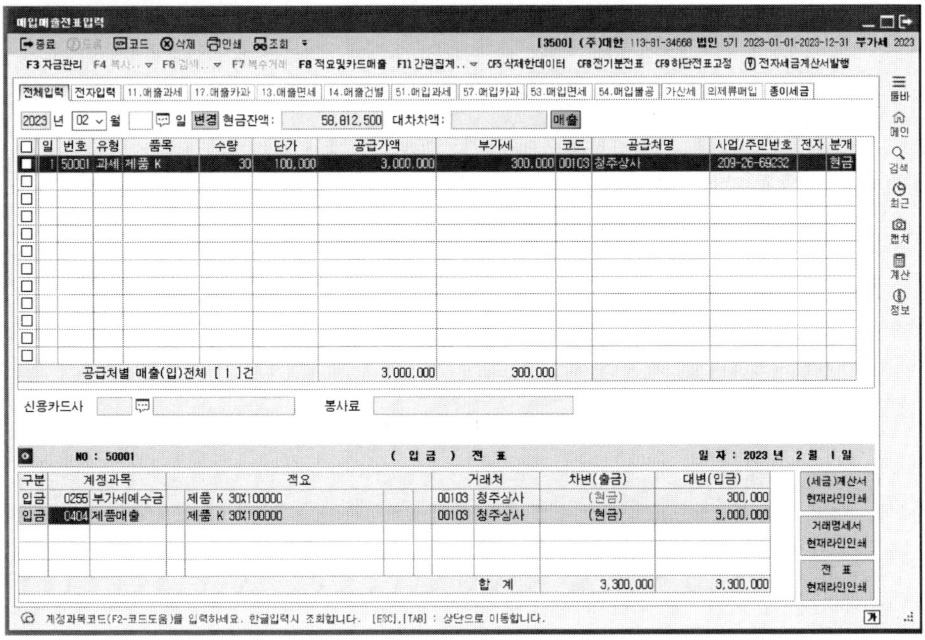

② 전자세금계산서 발행 메뉴 실행

발행하려는 전표에 체크 후 수신자 e-mail주소 입력–상단 툴바에서 F3(전자발행) 실행

③ 전자세금계산서 발행

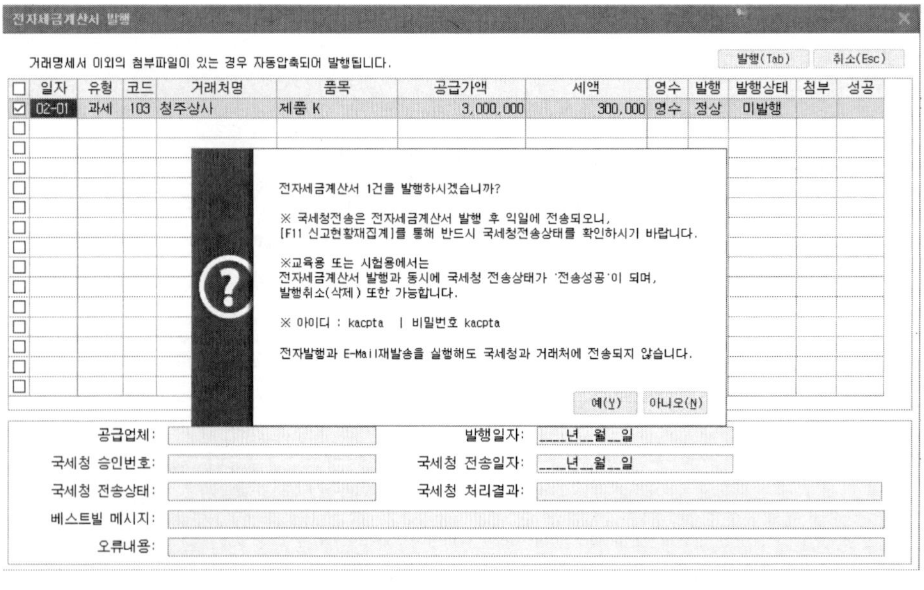

④ 베스트빌 로그인 화면에서 아이디와 비밀번호 입력

아이디: kacpta　　비밀번호: kacpta

⑤ 국세청 전송 로그인

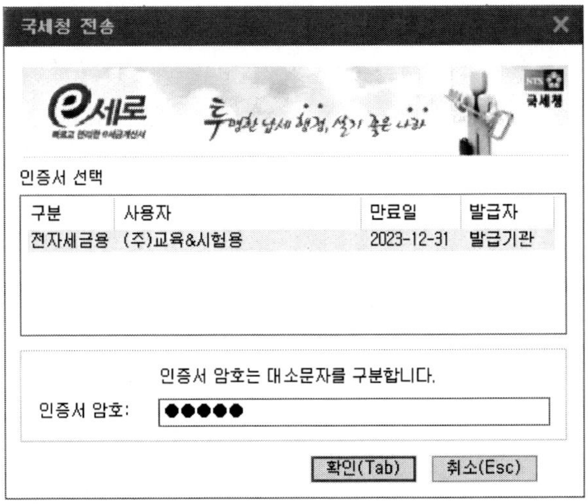

⑥ 전자발행 성공 여부 확인

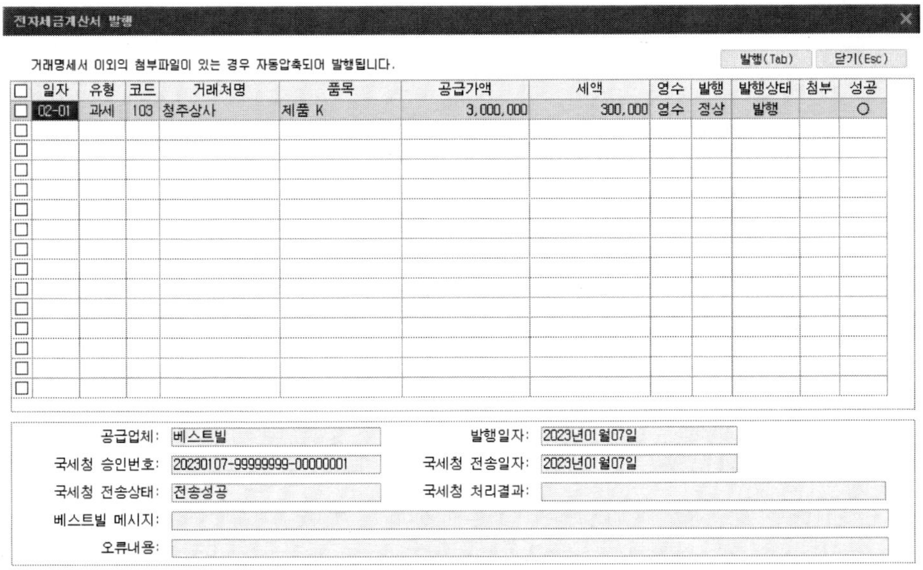

연습문제 3-5

다음 자료는 ㈜세광(코드: 0103)의 2023년 1월의 거래 내역이다. 유형별로 구분하여 매입매출전표에 입력해 보자.

1월 5일 ㈜세광은 제품을 판매하고 다음과 같은 전자세금계산서를 발행하였다. 이에 대한 적절한 회계처리를 하여라.(담당자: 김세광, 이메일: skkim@bms.co.kr)

세금계산서(공급자보관용)

책 번 호	권	호
일련 번호	2 1	1 1 1 9

구분	항목	내용	항목	내용
공급자	등록번호	128-18-75653		
공급자	상호(법인명)	㈜세 광	성 명(대표자)	김세광
공급자	사업장주소	서울시 송파구 가락동 123		
공급자	업 태	제 조	종 목	향 수
공급받는자	등록번호	209-26-69232		
공급받는자	상호(법인명)	㈜민주	성 명(대표자)	이민주
공급받는자	사업장주소	안양시 만안구 석수동 250		
공급받는자	업 태	제 조	종목	화장품

작성 연	월	일	공란수	공급가액 백	십	억	천	백	십	만	천	백	십	일	세액 십	억	천	백	십	만	천	백	십	일	비 고
2023	1	5	3				5	0	0	0	0	0	0	0				5	0	0	0	0	0	0	

월	일	품 목	규격	수량	단 가	공 급 가 액	세 액	비 고
1	5	사과향		2,000	25,000	50,000,000	5,000,000	

합 계 금 액	현 금	수 표	어 음	외상미수금	이 금액을 영수/청구 함
55,000,000	35,000,000			20,000,000	청구

1월 8일 매출처에 선물할 선물용품을 다음과 같이 구입하고 전자세금계산서를 교부받았다.(전액 비용으로 회계처리할 것)

(단위: 원)

품 목	수량	단 가	공급가액	부가가치세	거래처	결 제
선물용품	50개	80,000	4,000,000	400,000	공주상사	전액 현금

1월 12일 ㈜세광은 한국자동차로부터 업무용승용차 2,000cc를 ₩15,000,000에 취득하고 부가가치세 ₩1,500,000을 포함하여 ₩16,500,000을 외상하다.(다음 자료를 이용하여 한국자동차를 거래처로 등록하라.)

거래처코드	00335	사업자 등록번호	514 – 81 – 21217		대표자 명	나성철
주 소	광주시 북구 광산동 845-7	업 태		제 조	종 목	자동차

1월 18일 제품(200개 @₩60,000)을 수출업체인 한영실업㈜에 가공제작하여 납품하고 영세율세금계산서를 교부하다. 대금은 전액 현금으로 받았다.(한영실업㈜를 거래처로 등록하라. 거래처 코드: 00417)

1월 25일 청원가구에서 화장품제조에 필요한 원료를 구입하고 다음과 같은 세금계산서를 교부받았다.

세금계산서(공급받는자보관용)

책 번 호	권	호
일련 번호	3	0011

공급자					공급받는자				
등록번호	209-26-69232				등록번호	128-18-75653			
상호(법인명)	청원가구	성명(대표자)	강청원		상호(법인명)	㈜세광	성명(대표자)	김세광	
사업장주소	서울 성북 길음 532				사업장주소	서울시 송파구 가락동 123			
업태	제조	종목	가구		업태	제조	종목	향수	

작성 연	월	일	공란수	공급가액	세액	비고
2023	1	25	3	15000000	1500000	

월	일	품목	규격	수량	단가	공급가액	세액	비고
1	25	원료 ASC		300	50,000	15,000,000	1,500,000	

합계금액	현금	수표	어음	외상미수금	이 금액을 영수/청구 함
16,500,000	6,500,000			10,000,000	

1월 26일 수출업체인 바이더사에 제품을 매출하고 다음과 같이 전자세금계산서를 발행하였다. 다음 자료를 이용하여 바이더사를 거래처로 등록하라.(담당자: 김성희, 이메일: shkim@bms.co.kr)

거래처코드	00455	사업자 등록번호	119 – 02 – 74625		대표자	곽미영
주 소	청주시 상당구 율량동 114		업 태	유 통	종 목	수 출

(단위: 원)

품 목	수량	단가	공급가액	부가가치세	거래처	결제방법
제품–ATP			13,000,000	0	바이더사	반액 현금 잔액 외상

1월 27일 ㈜청양에 제품을 판매하고 다음과 같은 세금계산서를 발행하였다. ㈜청양을 거래처로 등록하고(거래처 코드: 00588), 적절한 회계처리를 하여라.

세금계산서(공급자보관용)

책 번 호	권	호
일련 번호	2 1	1 1 1 9

구분	항목	내용	항목	내용
공급자	등록번호	128-18-75653		
	상호(법인명)	㈜세 광	성명(대표자)	김세광
	사업장주소	서울시 송파구 가락동 123		
	업태	제 조	종목	향 수
공급받는자	등록번호	209-26-69232		
	상호(법인명)	㈜청양	성명(대표자)	이산해
	사업장주소	대구시 달서구 효산동 115		
	업태	제 조	종목	화장품

작성 연	월	일	공란수	공급가액 백	십	억	천	백	십	만	천	백	십	일	세액 십	억	천	백	십	만	천	백	십	일	비고
2023	1	27	4					4	0	0	0	0	0	0					4	0	0	0	0	0	

월	일	품목	규격	수량	단가	공급가액	세액	비고
1	27	올리브향		100	40,000	4,000,000	400,000	

합계금액	현금	수표	어음	외상미수금	이 금액을 영수/청구 함
4,400,000	400,000		2,000,000	2,000,000	청구

1월 28일 청원가구에서 원재료를 구입하고 다음과 같은 세금계산서를 교부받았다.

세금계산서(공급받는자보관용)

책 번 호	권	호
일련 번호	3	0 0 1 1

구분	항목	내용	항목	내용
공급자	등록번호	209-26-69232		
	상호(법인명)	청원가구	성명(대표자)	강청원
	사업장주소	서울 성북 길음 532		
	업태	제 조	종목	가 구
공급받는자	등록번호	128-18-75653		
	상호(법인명)	㈜세 광	성명(대표자)	김세광
	사업장주소	서울시 송파구 가락동 123		
	업태	제 조	종목	향 수

작성 연	월	일	공란수	공급가액 백	십	억	천	백	십	만	천	백	십	일	세액 십	억	천	백	십	만	천	백	십	일	비고
2023	1	28	3				1	5	0	0	0	0	0	0				1	5	0	0	0	0	0	

월	일	품목	규격	수량	단가	공급가액	세액	비고
1	28	원 료 AP0		500	40,000	20,000,000	2,000,000	

합계금액	현금	수표	어음	외상미수금	이 금액을 영수/청구 함
22,000,000	2,000,000	5,000,000	5,000,000	10,000,000	청구

1월 28일 ㈜세광은 원주상사에 소유하고 있던 비품을 ₩3,800,000에 매각하고 세금계산서를 교부하고 부가가치세 ₩380,000을 포함한 대금 ₩4,180,000을 월말에 받기로 하였다. 비품의 취득원가는 ₩5,000,000이며, 감가상각누계액은 ₩1,800,000이다. 이에 대한 적절한 회계처리를 하여라.

1월 29일 ㈜세광은 1월 5일 ㈜민주에 매출한 제품이 불량품이 있어 100개가 반품되다. 1월 5일 제품 매출시 발행한 세금계산서는 다음과 같았다. 불량품 100개를 반품된 것에 대하여 적절한 회계처리를 하라.

세금계산서(공급자보관용)

책 번 호		권	호
일련 번호	2 1		1 1 1 9

공급자	등록번호	128-18-75653			
	상 호(법인명)	㈜세 광	성 명(대표자)	김세광	
	사업장주소	서울시 송파구 가락동 123			
	업 태	제 조	종 목	향 수	
공급받는자	등록번호	209-26-69232			
	상호(법인명)	㈜민주	성 명(대표자)	이민주	
	사업장주소	안양시 만안구 석수동 250			
	업 태	제 조	종목	화장품	

작성			공급가액											세액										비 고
연	월	일	공란수	백	십	억	천	백	십	만	천	백	십	일	십	억	천	백	십	만	천	백	십	일
2023	1	5	3				5	0	0	0	0	0	0	0				5	0	0	0	0	0	0

월	일	품 목	규격	수량	단 가	공 급 가 액	세 액	비 고
1	5	사과향		2,000	25,000	50,000,000	5,000,000	

합 계 금 액	현 금	수 표	어 음	외상미수금	이 금액을 영수/청구 함
55,000,000	35,000,000			20,000,000	

1월 29일 제품(100개 @₩150,000)을 수출업체인 우람상사㈜에 가공제작하여 납품하고 영세율세금계산서를 교부하다. 대금은 전액 현금으로 받았다.(우람상사㈜를 거래처로 등록하라. 거래처 코드: 00615)

1월 29일 ㈜세광은 1월 25일 청원가구로부터 구입한 원재료 ASC가 불량품이 있어 10개를 반품하였다. 1월 25일 원재료 구입시 교부받은 세금계산서는 다음과 같았다. 불량품 10개를 반품한 것에 대하여 적절한 회계처리를 하라.

세금계산서(공급받는자보관용)		책 번 호	권	호
		일련 번호	3	0011

공급자	등록번호	209-26-69232			공급받는자	등록번호	128-18-75653		
	상 호 (법인명)	청원가구	성 명 (대표자)	강청원		상호 (법인명)	㈜세 광	성 명 (대표자)	김세광
	사업장주소	서울 성북 길음 532				사업장주소	서울시 송파구 가락동 123		
	업 태	제 조	종 목	가 구		업 태	제 조	종목	향 수

작성 연	월	일	공란수	공급가액 백	십	억	천	백	십	만	천	백	십	일	세액 십	억	천	백	십	만	천	백	십	일	비 고
2023	1	25	3				1	5	0	0	0	0	0	0				1	5	0	0	0	0	0	

월	일	품 목	규격	수량	단 가	공 급 가 액	세 액	비 고
1	25	원 료 ASC		300	50,000	15,000,000	1,500,000	

합 계 금 액	현 금	수 표	어 음	외상미수금	이 금액을 영수/청구 함
16,500,000	16,500,000				

1월 30일 ㈜세광은 일본의 미츠미츠사에 제품-오렌지향 500개를 개당 120달러에 수출하기로 계약하고 선수금 20,000달러를 수취하였다. 수취시의 기준환율은 1달러당 900원이다.(미츠미츠사를 거래처로 등록할 것 거래처 코드: 00569)

1월 30일 1월 29일 계약조건에 따라 일본의 미츠미츠사에 제품-오렌지향 500개를 인도하고 대금은 외상으로 하다.(해외 직수출로 부가가치세 영세율 적용대상 임) 1월 30일자의 기준환율은 1달러당 1,000원이다.

1월 31일 1월 30일의 외상대금을 40,000달러를 회수하다. 회수시의 기준환율은 960달러이다.

자료 입력 3-6

다음의 ㈜대한(코드: 3500)의 2023년 기중 거래내역을 보고 전산세무회계 프로그램의 매입매출전표 입력메뉴에 입력해 보자.

2월 2일 다음과 같이 원재료를 구입하고 전자세금계산서를 교부받았다.

(단위: 원)

품목	수량	단가	공급가액	부가가치세	거래처명	대금결제
액 정	100	10,000	1,000,000	100,000	㈜대원	전액외상

① 유 형: 51	② 거래처: ㈜대원	③ 분개유형: 외 상	
(차) 원 재 료	1,000,000	(대) 외상매입금	1,100,000
부가세대급금	100,000		

2월 5일 영업부에서 사용할 업무용 트럭을 구입하고 다음과 같은 세금계산서를 교부받았다.

세금계산서(공급받는자보관용)

책 번 호	권	호
일련 번호	3	0011

구분	등록번호	상호(법인명)	성명(대표자)	사업장주소	업태	종목
공급자	125-19-12258	우림상사	김우림	서울 마포 홍제 129	제 조	전자제품
공급받는자	113-81-34668	㈜대 한	임대한	청주 상당 문화 15-32	제 조	휴대폰

작성 연	월	일	공란수	공급가액	세액	비고
2023	2	5	3	22000000	2200000	

월	일	품목	규격	수량	단가	공급가액	세액	비고
2	5	화물차	1			22,000,000	2,200,000	

합계금액	현금	수표	어음	외상미수금	
24,200,000	200,000		20,000,000	4,000,000	이 금액을 영수 / 청구 함

① 유 형: 51	② 거래처: 우림상사	③ 분개유형: 혼 합	
(차) 차 량 운반구	22,000,000	(대) 미 지 급 금	24,000,000
부가세대급금	2,200,000	현 금	200,000

2월 15일 KBC에 방송용 휴대폰을 4,000개(@₩15,000)를 판매하고 ₩30,000,000은 현금으로 받고 잔액은 당좌예입되다.(KBC를 거래처 코드: 00133에 등록하여라.) (담당자: 임민지, 이메일: mjlim@bms.co.kr)

거래처명	KBC	사업자 등록번호	136 – 81 – 18337	대표자 명	임민지
주 소	서울 영등포 여의도 3	업 태	언 론	종 목	방 송

① 유 형: 11	② 거래처: KBC	③ 분개유형: 혼 합	
(차) 당 좌 예 금	36,000,000	(대) 제 품 매 출	60,000,000
현 금	30,000,000	부가세예수금	6,000,000

2월 25일 임원용 승용차(2,500CC)를 서울자동차에서 11,000,000원(부가가치세 포함)에 12개월 할부로 구입하고 세금계산서를 수취하였다. 등록세와 취득세 등으로 1,100,000원을 현금으로 지급하였다.

① 유 형: 54	② 거래처: 서울자동차	③ 분개유형: 혼 합	
(차) 차량운반구	11,000,000	(대) 현 금	1,100,000
		미 지 급금	9,900,000

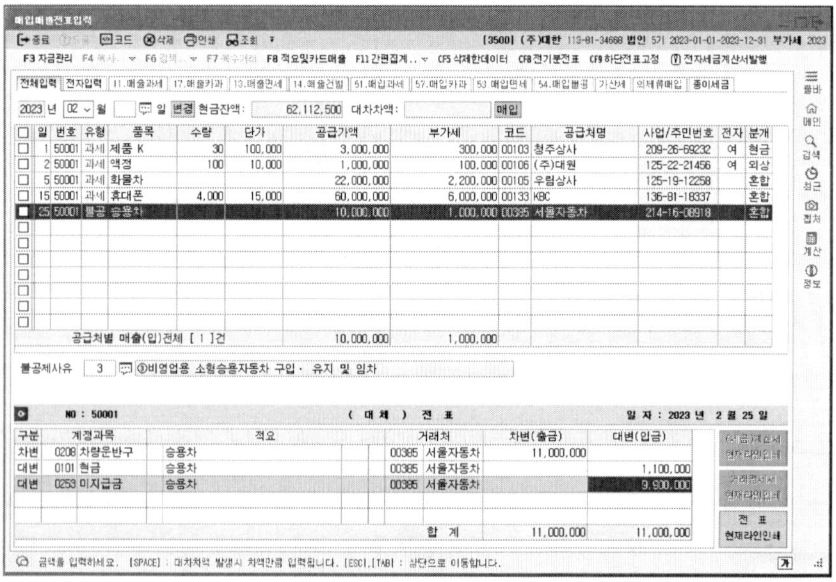

3월 3일 다음 전자세금계산서에 대하여 적절한 회계처리를 하시오.

전자세금계산서(공급자보관용)	책 번 호	권	호
	일련 번호	2 1	1 1 1 9

공급자				공급받는자			
등록번호	113-81-34668			등록번호	209-26-69232		
상 호 (법인명)	㈜대 한	성 명 (대표자)	임대한	상호 (법인명)	청주상사	성 명 (대표자)	박청주
사업장주소	청주시 상당구 문화동 15-32			사업장주소	청주시 흥덕구 봉명동 36		
업 태	제 조	종 목	휴대폰	업 태	제 조	종목	화공약품

작성				공급가액											세액										비 고
연	월	일	공란수	백	십	억	천	백	십	만	천	백	십	일	십	억	천	백	십	만	천	백	십	일	
2023	3	3	4					8	3	0	0	0	0	0					8	3	0	0	0	0	

월	일	품 목	규격	수량	단 가	공 급 가 액	세 액	비 고
3	3	제품 AVG		100	83,000	8,300,000	830,000	

합 계 금 액	현 금	수 표	어 음	외상미수금	이 금액을 영수/청구 함
9,130,000	130,000	2,000,000	5,000,000	2,000,000	

*(담당자: 이청주, 이메일: cjlee@bms.co.kr)

① 유 형: 11	② 거래처: 청주상사	③ 분개유형: 혼 합	
(차) 외상매출금	2,000,000	(대) 제 품 매 출	8,300,000
현 금	2,130,000	부가세예수금	830,000
받을 어 음	5,000,000		

3월 9일 거래처 우성상회에 제품(100개, @50,000원, 부가가치세별도)을 매출하고 세금계산서를 교부하였으며, 대금 중 3,000,000원은 우성상회가 발행한 약속어음을 수취하였고 잔액은 외상으로 하였다.

① 유 형: 11	② 거래처: 우성상회	③ 분개유형: 혼 합	
(차) 받 을 어 음	3,000,000	(대) 제 품 매 출	5,000,000
외 상 매출금	2,500,000	부가세예수금	500,000

3월 15일 다음 세금계산서에 대하여 적절한 회계처리를 하시오.(국제상사를 거래처로 등록하시오. 거래처 코드: 00223)

세금계산서(공급자보관용)		책 번 호	권	호
		일련 번호	2 1	1 1 1 9

공급자				공급받는자			
등록번호	113-81-34668			등록번호	220-81-82565		
상 호(법인명)	㈜대 한	성 명(대표자)	임대한	상호(법인명)	국제상사	성 명(대표자)	임민경
사업장주소	청주시 상당구 문화동 15-32			사업장주소	부산시 해운대구 중동 118		
업 태	제 조	종 목	휴대폰	업 태	유통	종목	전자

작성 연	월	일	공란수	공급가액 백	십	억	천	백	십	만	천	백	십	일	세액 십	억	천	백	십	만	천	백	십	일	비 고
2023	3	15	3				2	0	5	0	0	0	0	0				2	0	5	0	0	0	0	

월	일	품 목	규격	수량	단 가	공 급 가 액	세 액	비 고
3	15	제품 A		100	83,000	8,300,000	830,000	
		제품 B		50	100,000	5,000,000	500,000	
		제품 C		120	60,000	7,200,000	720,000	

합 계 금 액	현 금	수 표	어 음	외상미수금	이 금액을 영수/청구 함
22,550,000	10,000,000		10,000,000	2,550,000	

① 유 형: 11	② 거래처: 국제상사	③ 분개유형: 혼 합	
(차) 외상매출금	2,550,000	(대) 제 품 매 출	20,500,000
현 금	10,000,000	부가세예수금	2,050,000
받을 어 음	10,000,000		

3월 21일 본사건물에 중앙집중식 냉난방설비공사를 실시하였으며, 공사대금 1천만원(부가가치세별도)을 시공회사인 대전상사에 약속어음을 발행하여 지급하고 세금계산서를 수취하였다.(건물의 자본적지출로 처리할 것)

① 유 형: 51	② 거래처: 대전상사	③ 분개유형: 혼 합	
(차) 건 물	10,000,000	(대) 미 지 급 금	11,000,000
부가세대급금	1,000,000		

3월 28일 ㈜national에 local L/C에 의해 제품 3,000,000원을 현금판매하고 영세율세금계산서를 교부하였다.(거래처코드: 388에 등록)

① 유 형: 12	② 거래처: ㈜national	③ 분개유형: 현 금	
(차) 현 금	3,000,000	(대) 제품매출	3,000,000

3월 31일 본사 사무실에서 사용할 컴퓨터를 ㈜미래전자에서 구입하였다. 대금은 2,200,000원(부가가치세 포함, 카드매입에 대한 부가가치세 매입세액 공제요건을 충족함)이었으며 법인카드(국민카드)로 결제하였다.(미래전자를 거래처로 등록하시오. 거래처 코드: 00236)

① 유 형: 57	② 거래처: ㈜미래전자	③ 분개유형: 카 드	
(차) 비 품	2,000,000	(대) 미 지 급 금	2,200,000
부가세대급금	200,000		

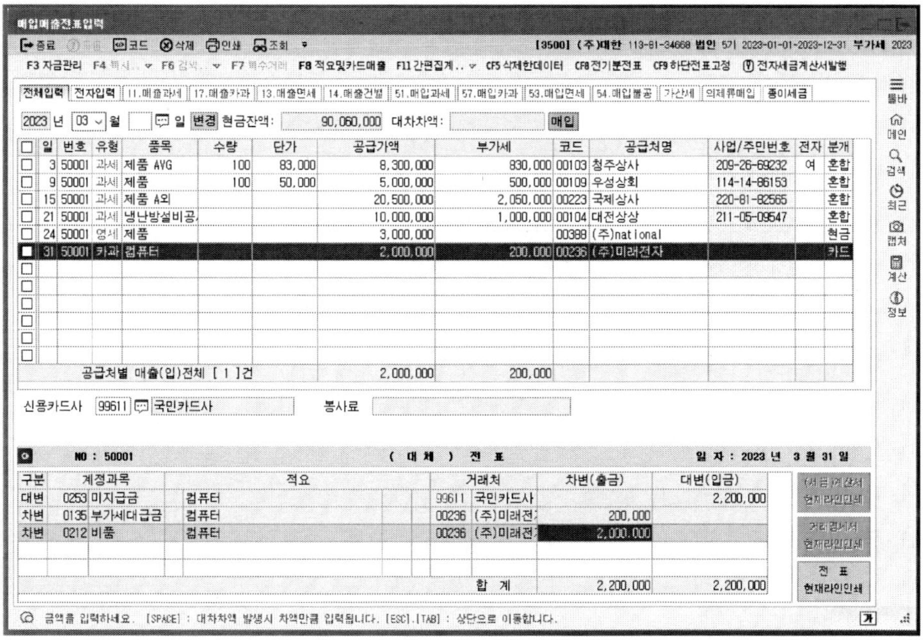

4월 2일 공장에서 사용하던 기계를 ㈜대원에게 1,200,000원(부가가치세별도)에 매각하다. 매각대금은 당좌예금계좌에 입금되었으며 이에 대한 세금계산서를 교부하였다. 기계의 취득원가는 2,000,000원이며, 매각당시 감가상각누계액은 500,000원이었다.

① 유 형: 11	② 거래처: ㈜대원	③ 분개유형: 혼 합

(차) 당 좌 예 금	1,320,000	(대) 기 계 장 치	2,000,000
감가상각누계액	500,000	부가세예수금	120,000
유형자산처분손실	300,000		

4월 6일 수출대행업체인 상신무역에 Local L/C에 의하여 제품(휴대폰 100개, @ ₩150,000)을 납품하고 영세율세금계산서를 발행하였으며, 대금은 전액 현금으로 받아 당좌예입하였다.

① 유 형: 12	② 거래처: 상신무역	③ 분개유형: 혼 합

(차) 당 좌 예 금	15,000,000	(대) 제 품 매 출	15,000,000

4월 11일 다음 세금계산서에 대하여 적절한 회계처리를 하시오.(거래처코드: 111)

세금계산서(공급받는자보관용)

책 번 호	권	호	
일련 번호	3	0011	

공급자	등록번호	215-81-40544			공급받는자	등록번호	113-81-34668		
	상 호 (법인명)	㈜종 로	성 명 (대표자)	이지매		상호 (법인명)	㈜대 한	성 명 (대표자)	임대한
	사업장주소	서울시 종로구 송월동 122-35				사업장주소	청주 상당구 문화동 15-32		
	업 태	제 조	종 목	전자제품		업 태	제 조	종목	휴대폰

작성			공급가액												세액										비 고
연	월	일	공란수	백	십	억	천	백	십	만	천	백	십	일	십	억	천	백	십	만	천	백	십	일	
2023	4	11	3				1	0	0	0	0	0	0	0				1	0	0	0	0	0	0	

월	일	품 목	규격	수량	단 가	공 급 가 액	세 액	비 고
4	11	원재료		1,000	10,000	10,000,000	1,000,000	

합 계 금 액	현 금	수 표	어 음	외상미수금	이 금액을 영수/청구 함
11,000,000	1,000,000			10,000,000	

① 유 형: 51	② 거래처: ㈜종로	③ 분개유형: 혼 합

(차) 원 재 료	10,000,000	(대) 현 금	1,000,000
부가세대급금	1,000,000	외상매입금	10,000,000

4월 18일 비사업자인 개인 이광수(731013-1247017)에게 남성용 고급정장 제품 한

벌을 990,000원(부가가치세 포함)에 현금판매하고 주민등록번호로 세금계산서를 교부하였다.(거래처 코드: 112)

① 유 형: 11	② 거래처: 이광수	③ 분개유형: 현 금	
(차) 현 금	990,000	(대) 제 품 매 출	900,000
		부가세예수금	90,000

4월 22일 제품(1,000개 @₩30,000)을 수출업체인 상신무역에 가공제작하여 납품하고 영세율세금계산서를 교부하였다. 대금은 전액 현금으로 받아 곧 당좌예입하다.

① 유 형: 12	② 거래처: 상신무역	③ 분개유형: 혼 합	
(차) 당 좌 예 금	30,000,000	(대) 제 품 매 출	30,000,000

4월 25일 청주상사에 매출한 제품에 불량품이 발생되어 반품을 받고, 다음과 같은 반품전자세금계산서를 발행하였다. 적절한 회계처리를 하시오.

전자세금계산서(공급자보관용)

책 번 호: 권 호
일련 번호: 2 1 - 1 1 1 9

구분	등록번호	상호(법인명)	성명(대표자)	사업장주소	업태	종목
공급자	113-81-34668	㈜대 한	임대한	청주시 상당구 문화동 15-32	제 조	휴대폰
공급받는자	209-26-69232	청주상사	박청주	청주시 흥덕구 봉명동 36	제 조	화공약품

작성			공급가액												세액										비 고
연	월	일	공란수	백	십	억	천	백	십	만	천	백	십	일	십	억	천	백	십	만	천	백	십	일	
2023	4	25	4					-	8	3	0	0	0	0					-	8	3	0	0	0	

월	일	품 목	규격	수량	단 가	공 급 가 액	세 액	비 고
4	25	제품-AVG		-10	83,000	-830,000	-83,000	

합 계 금 액	현 금	수 표	어 음	외상미수금	이 금액을 영수/청구 함
-913,000				-913,000	

① 유 형: 11	② 거래처: 청주상사	③ 분개유형: 외 상	
(차) 외상매출금	−913,000	(대) 제 품 매 출	−830,000
		부가세예수금	−83,000

4월 30일 자매식당에서 마케팅부서의 회식을 하고 음식값 770,000원(부가가치세 포함)을 법인카드(국민카드)로 결제하였다. 카드매입에 대한 부가가치세 매입세액 공제요건은 충족되었다.(거래처 코드: 113)

① 유 형: 57	② 거래처: 자매식당	③ 분개유형: 카 드	
(차) 복리후생비(판)	700,000	(대) 미지급금	770,000
부가세대급금	70,000		

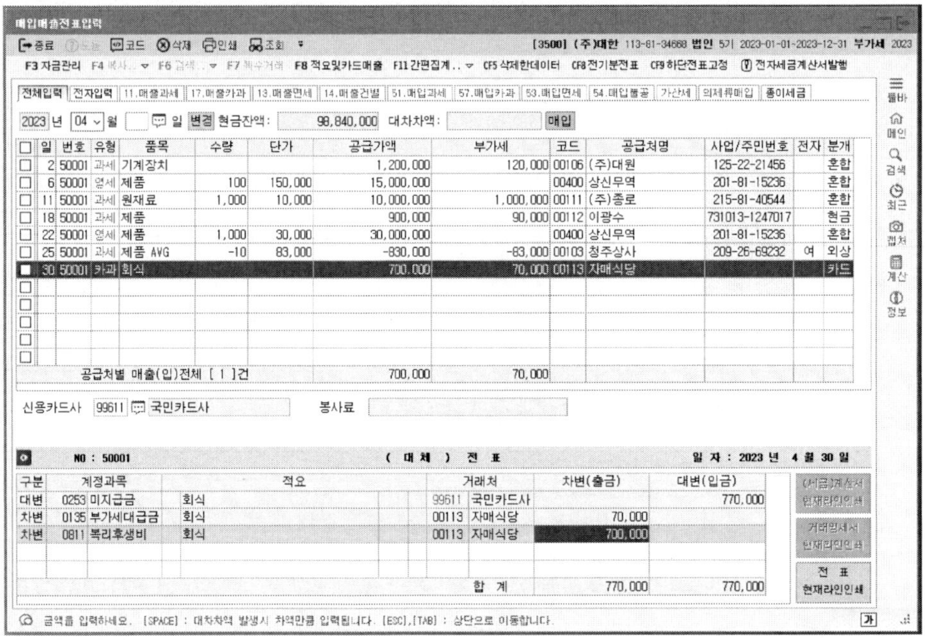
매입매출전표입력

[3500] (주)대한 113-81-34668 법인 5기 2023-01-01~2023-12-31 부가세 2023

2023 년 04 월 일 변경 현금잔액: 98,840,000 대차차액: 매입

일	번호	유형	품목	수량	단가	공급가액	부가세	코드	공급처명	사업/주민번호	전자	분개
2	50001	과세	기계장치			1,200,000	120,000	00106	(주)대원	125-22-21456		혼합
6	50001	영세	제품	100	150,000	15,000,000		00400	상신무역	201-81-15236		혼합
11	50001	과세	원재료	1,000	10,000	10,000,000	1,000,000	00111	(주)종로	215-81-40544		혼합
18	50001	과세	제품			900,000	90,000	00112	이광수	731013-1247017		현금
22	50001	영세	제품	1,000	30,000	30,000,000		00400	상신무역	201-81-15236		혼합
25	50001	과세	제품 AVG	-10	83,000	-830,000	-83,000	00103	청주상사	209-26-69232	여	외상
30	50001	카과	회식			700,000	70,000	00113	자매식당			카드
			공급처별 매출(입)전체 [1]건			700,000	70,000					

신용카드사 99611 국민카드사 봉사료

NO : 50001 (대 체) 전 표 일 자 : 2023 년 4 월 30 일

구분	계정과목	적요	거래처	차변(출금)	대변(입금)
대변	0253 미지급금	회식	99611 국민카드사		770,000
차변	0135 부가세대급금	회식	00113 자매식당	70,000	
차변	0811 복리후생비	회식	00113 자매식당	700,000	
			합 계	770,000	770,000

5월 1일 대전상사에 휴대폰 1,000개(ⓐ₩15,000 부가가치세 별도)를 판매하고, 대금은 비씨카드로 결제되어 신용카드매출전표를 발행하였다.

① 유 형: 17	② 거래처: 대전상사	③ 분개유형: 카 드	
(차) 외상매출금	16,500,000	(대) 제 품 매 출	15,000,000
		부가세예수금	1,500,000

5월 7일 ㈜대한은 대전상사로부터 본사 판매관리부의 임차료와 별도로 수도요금에 대한 계산서 1장(공급가액: ₩80,000, 부가가치세는 없음)을 받고 현금

으로 지급하였다.

① 유 형: 53	② 거래처: 대전상사	③ 분개유형: 현 금
(차) 수도광열비 80,000	(대) 현 금	80,000

5월 14일 회의실에서 사용할 목적으로 대형 PDP TV(PDP 60인치) 1대를 구입하면서 매출거래처 선물 목적으로 유사 제품(PDP 40인치)을 1대 더 추가 구입 후 세금계산서를 제품별로 각각 교부받았다.(거래처코드: 420)

품 명	공급가액	부가가치세	결제수단	구입처
PDP 60인치	1,500,000원	150,000원	현금	하이마트
PDP 40인치	1,200,000원	120,000원	현금	하이마트

① 유 형: 51	② 거래처: 하이마트	③ 분개유형: 현 금
(차) 비 품 1,500,000	(대) 현 금	1,650,000
부가세대급금 150,000		

① 유 형: 54	② 거래처: 하이마트	③ 분개유형: 현 금
(차) 접 대 비(판) 1,320,000	(대) 현 금	1,320,000

5월 25일 면세사업자인 도서출판 한음으로부터 직원용 도서를 다음과 같이 구입하고 대금은 전액 현금으로 지급하였다. 적절한 회계처리를 하고, 도서출판 한음을 거래처로 등록하시오.

구 분	수 량	단 가	공급가액
생산 1과	200	5,000	1,000,000
회 계 부	100	5,000	500,000

① 유 형: 53	② 거래처: 도서출판 한음	③ 분개유형: 현 금
(차) 도서인쇄비(제) 1,000,000	(대) 현 금	1,500,000
도서인쇄비(판) 500,000		

5월 29일 우림상사에서 업무용 복사기를 구입하고 다음과 같이 세금계산서를

교부받았으며, 대금은 전액 외상으로 하였다.

(단위: 원)

품 명	수 량	단 가	공급가액	부가가치세
복사기	2대	1,500,000	3,000,000	300,000

① 유 형: 51	② 거래처: 우림상사	③ 분개유형: 혼 합	
(차) 비 품	3,000,000	(대) 미 지 급 금	3,300,000
부가세대급금	300,000		

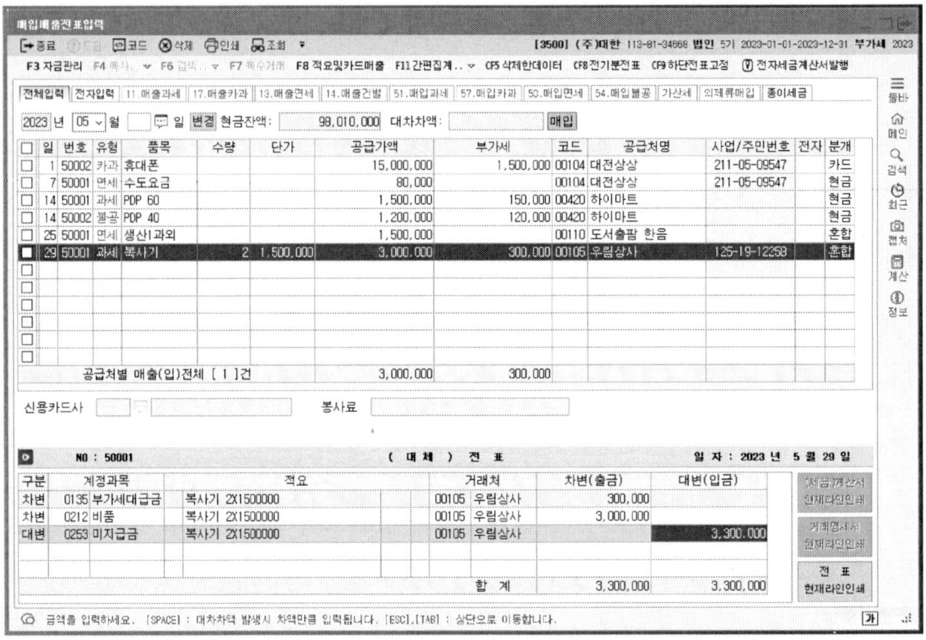

6월 6일 다음 대표이사가 출퇴근용으로 사용하는 법인소유 소형승용차를 태극카센타에서 수리하고 전자세금계산서를 수취하였다. 수리비 330,000원(부가가치세 포함)은 전액 당좌수표를 발행하여 지급하였다.(신규거래처 등록할 것, 거래처코드: 500, 사업자등록번호: 214-08-75479)

① 유 형: 54	② 거래처: 태극카센타	③ 분개유형: 혼 합	
(차) 차량유지비(판)	330,000	(대) 당 좌 예 금	330,000

6월 10일 다음 전자세금계산서에 대하여 적절한 회계처리를 하시오.

(담당자: 김대전, 이메일: djkim@bms.co.kr)

전자세금계산서(공급자보관용)

책 번 호	권	호
일련 번호	21	1119

구분	항목	내용	항목	내용
공급자	등록번호	113-81-34668		
	상 호 (법인명)	㈜대 한	성 명 (대표자)	임대한
	사업장주소	청주시 상당구 문화동 15-32		
	업 태	제 조	종 목	휴대폰
공급받는자	등록번호	211-05-09547		
	상호 (법인명)	대전상사	성 명 (대표자)	임대전
	사업장주소	대전시 동구 효동 255-14		
	업 태	제 조	종목	전자제품

작성 연	월	일	공란수	공급가액	세액	비고
2023	6	10	3	60000000	6000000	

월	일	품목	규격	수량	단가	공급가액	세액	비고
6	10	제품 A		500	60,000	30,000,000	3,000,000	
		제품 B		200	80,000	16,000,000	1,600,000	
		제품 C		200	70,000	14,000,000	1,400,000	

합계금액	현금	수표	어음	외상미수금	
66,000,000	46,000,000			20,000,000	이 금액을 영수/청구 함

① 유 형: 11	② 거래처: 대전상사	③ 분개유형: 혼 합	
(차) 현 금	46,000,000	(대) 제 품 매 출	60,000,000
외상매출금	20,000,000	부가세예수금	6,000,000

6월 16일 도매사업자인 대전상사에 전자제품을 판매한 후 전자세금계산서를 발행하고 신용카드 발행분으로 판매대금을 수취하였다.

◇ 구매자: 대전상사 ◇ 신용카드(거래처코드): 비씨카드

◇ 카드매출총액(부가가치세포함): 3,300,000원

① 유 형: 11	② 거래처: 대전상사	③ 분개유형: 카 드	
(차) 외상매출금	3,300,000	(대) 제 품 매 출	3,000,000
		부가세예수금	300,000

6월 20일 사업자가 아닌 김경수(650612-1495752)씨에게 부가가치세 별도로 하여 공급가액 2,000,000원에 제품을 판매하고 대금은 가계수표로 받은 후 세금계산서를 발행하였다.(거래처 신규등록할 것, 거래처코드번호: 551)

① 유 형: 11	② 거래처: 김경수	③ 분개유형: 혼 합	
(차) 받을 어 음	2,200,000	(대) 제 품 매 출	2,000,000
		부가세예수금	200,000

6월 24일 제품을 사업자가 아닌 이새롬에게 소매로 판매하고, 공급가액 500,000원(부가가치세 별도)의 세금계산서를 교부하였으며, 대금은 현금으로 수취하였다.(코드: 117)

① 유 형: 11	② 거래처: 이새롬	③ 분개유형: 현 금	
(차) 현 금	550,000	(대) 제 품 매 출	500,000
		부가세예수금	50,000

6월 30일 우성상회와의 임가공용역 계약에 의하여 제작 의뢰했던 제품을 납품받았다. 임가공비(공급가액 4,000,000원, 부가가치세 400,000원)에 대해서 세금계산서를 교부받았고 대금 중 3,000,000원은 당사 거래은행인 신한은행 보통예금 계좌에서 이체 되었고, 잔액은 다음 달에 지급하기로 하다.

① 유 형: 51	② 거래처: 우성상회	③ 분개유형: 현 금	
(차) 외 주 가 공 비	4,000,000	(대) 보 통 예 금	3,000,000
부가세대급금	400,000	외상매입금	1,400,000

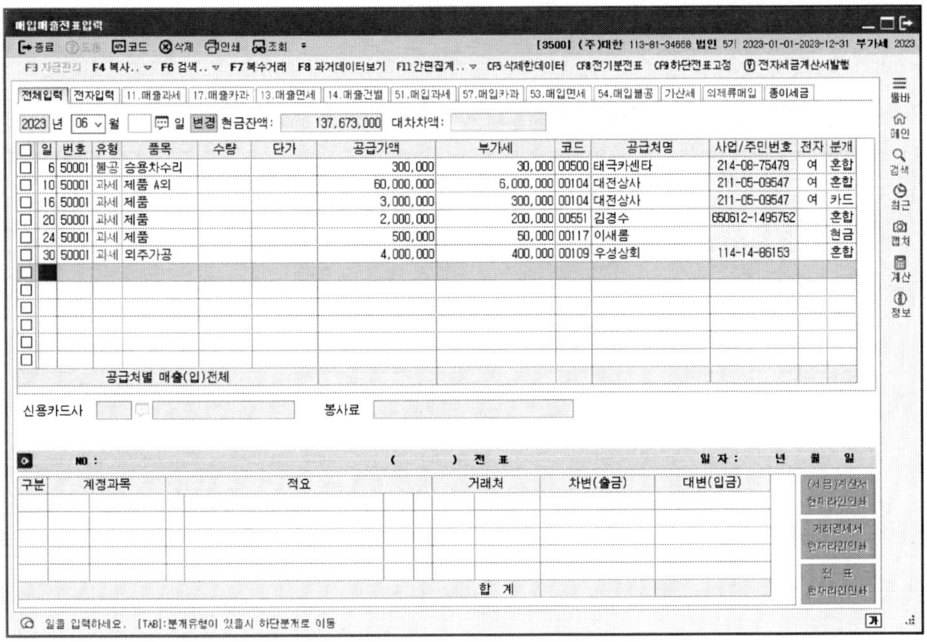

일	번호	유형	품목	수량	단가	공급가액	부가세	코드	공급처명	사업/주민번호	전자	분개
6	50001	불공	승용차수리			300,000	30,000	00500	태극카센타	214-08-75479	여	혼합
10	50001	과세	제품 A외			60,000,000	6,000,000	00104	대전상사	211-05-09547	여	혼합
16	50001	과세	제품			3,000,000	300,000	00104	대전상사	211-05-09547	여	카드
20	50001	과세	제품			2,000,000	200,000	00551	김경수	650612-1495752		혼합
24	50001	과세	제품			500,000	50,000	00117	이새롬			현금
30	50001	과세	외주가공			4,000,000	400,000	00109	우성상회	114-14-86153		혼합

7월 4일 미국에 소재한 피비케이사에 의료기(제품)를 직수출하였다. 선적일은 7월 4일이고 물품대금은 총 8,000달러이며, 선적일 현재의 기준환율은 달러당 950원이다. 대금은 아직 수령하지 못하였다.(거래처코드: 118)

① 유 형: 16	② 거래처: 피비케이사	③ 분개유형: 외 상	
(차) 외상매출금	7,600,000	(대) 제 품 매 출	7,600,000

7월 10일 미국 수입상 간달프에게 생산부에서 생산한 제품 AMT 2,000대(@ ₩10,000)를 직수출하고, 대금 중 ₩10,000,000은 현금으로 받고 나머지는 당좌예입되었다.(직수출증빙서류: 수출면장, 외국환증명서)(거래처코드: 119)

① 유 형: 16	② 거래처: 간달프	③ 분개유형: 혼 합	
(차) 현 금	10,000,000	(대) 제 품 매 출	20,000,000
당좌 예 금	10,000,000		

7월 13일 다음 세금계산서에 대하여 적절한 회계처리를 하시오.

세금계산서(공급받는자보관용)

책 번 호	권	호
일련 번호	3	0011

구분	항목	내용	항목	내용
공급자	등록번호	114-46-79013		
공급자	상호(법인명)	푸르지오	성명(대표자)	강경수
공급자	사업장주소	경기 김포시 북변동 157-69		
공급자	업태	제조	종목	소비자용품
공급받는자	등록번호	113-81-34668		
공급받는자	상호(법인명)	㈜대 한	성명(대표자)	임대한
공급받는자	사업장주소	청주 상당구 문화동 15-32		
공급받는자	업태	제조	종목	휴대폰

작성 연	작성 월	작성 일	공란수	공급가액 백	십	억	천	백	십	만	천	백	십	일	세액 십	억	천	백	십	만	천	백	십	일	비고
2023	7	13	4					1	5	0	0	0	0	0					1	5	0	0	0	0	

월	일	품목	규격	수량	단가	공급가액	세액	비고
7	13	선물세트		10	150,000	1,500,000	150,000	

합계금액	현금	수표	어음	외상미수금	이 금액을 영수/청구 함
1,650,000		1,650,000			청구

* 판매거래처의 임원 선물용품 구입한 것임.

① 유 형: 54	② 거래처: 푸르지오	③ 분개유형: 혼 합

(차) 접 대 비(판)	1,650,000	(대) 당 좌 예 금	1,650,000

7월 18일 세원자동차㈜로부터 제품수송용 트럭 1대(공급가액 ₩10,000,000, 부가가치세 ₩1,000,000)를 구입하고 세금계산서를 교부받았다. 구입대금은 전액 외상으로 하였다. 다음 자료를 보고 세원자동차㈜를 거래처로 등록하시오.

거래처명	세원자동차㈜	사업자 등록번호	138 – 11 – 71446	대표자 명	박경미
주 소	서울 중랑구 신내동 25-3	업 태	제 조	종 목	자동차

① 유 형: 51	② 거래처: 세원자동차㈜	③ 분개유형: 혼 합

(차) 차 량 운반구	10,000,000	(대) 미 지 급 금	11,000,000
부가세대급금	1,000,000		

7월 25일 ㈜금호렌탈에서 직원출장용으로 임차한 소형승용차(2,000cc)의 사용대금 330,000원(부가세 포함)을 현금으로 지급하면서 세금계산서를 교부받았다. ㈜금호렌탈을 거래처로 등록하시오.(거래처 코드: 00258)

① 유 형: 54	② 거래처: ㈜금호렌탈	③ 분개유형: 혼 합
(차) 임 차 료(판) 330,000	(대) 현 금 330,000	

7월 30일 ㈜용암산업에서 원재료를 11,000,000원(부가가치세 포함)에 구입한 후 신용카드(국민카드)로 구입대금을 결제하였다. 세금계산서는 수령하지 아니하였으며 부가가치세 매입세액공제를 위한 요건을 모두 구비하였다.(거래처코드: 121)

① 유 형: 57	② 거래처: ㈜용암산업	③ 분개유형: 카 드
(차) 원 재 료 10,000,000	(대) 외상매입금 11,000,000	
부가세대급금 1,000,000		

매입매출전표입력

[3500] (주)대한 113-81-34668 법인 5기 2023-01-01-2023-12-31 부가세 2023

2023 년 07 월 일 변경 현금잔액: 136,638,000 대차차액: 매입

일	번호	유형	품목	수량	단가	공급가액	부가세	코드	공급처명	사업/주민번호	전자	분개
4	50001	수출	제품			7,600,000		00118	피비케이사			외상
10	50001	수출	제품 AMT	2,000	10,000	20,000,000		00119	간달프			혼합
13	50001	불공	선물세트	10	150,000	1,500,000	150,000	00107	푸르지오	114-46-79013		혼합
18	50001	과세	트럭			10,000,000	1,000,000	00114	세원자동차	138-11-71446		혼합
25	50001	불공	임차료			300,000	30,000	00258	(주)금호렌탈			현금
30	50001	카과	원재료			10,000,000	1,000,000	00121	(주)용암산업			카드
공급처별 매출(입)전체 [1]건						10,000,000	1,000,000					

신용카드사 99611 국민카드사 봉사료

NO : 50001 (대 체) 전 표 일 자 : 2023 년 7 월 30 일

구분	계정과목		적요	거래처		차변(출금)	대변(입금)
대변	0251	외상매입금	원재료	99611	국민카드사		11,000,000
차변	0135	부가세대급금	원재료	00121	(주)용암산업	1,000,000	
차변	0153	원재료	원재료	00121	(주)용암산업	10,000,000	
				합 계		11,000,000	11,000,000

금액을 입력하세요. [SPACE] : 대차차액 발생시 차액만큼 입력됩니다. [ESC],[TAB] : 상단으로 이동합니다.

8월 8일 공장에서 사용하던 기계장치(취득가액 1,500,000원, 양도시점의 감가상각누계액 800,000원)을 ㈜충북에 900,000원(부가가치세별도)에 매각하고 세금계산서를 교부하였다. 대금 중 500,000원은 현금으로 받고, 나머지 금액은 보통예금통장으로 받았다.

① 유 형: 11	② 거래처: ㈜충북	③ 분개유형: 혼 합	
(차) 현 금	500,000	(대) 기 계 장 치	1,500,000
보 통 예 금	490,000	유형자산처분이익	200,000
감가상각누계액	800,000	부 가 세 예 수 금	90,000

8월 15일 컴퓨터 제품 1개를 개인 홍길동에게 소매로 판매하고 대금 550,000원 (부가가치세 포함)을 현금으로 받았다.(단, 영수증은 발행해 주지 않았다) (거래처코드: 122)

① 유 형: 14	② 거래처: 홍길동	③ 분개유형: 현 금	
(차) 현 금	550,000	(대) 제 품 매 출	500,000
		부가세예수금	50,000

8월 18일 ㈜대한은 세원자동차㈜로부터 1,500cc 업무용 중형 승용차 1대(공급가액 ₩12,000,000, 부가가치세 별도)를 구입하고 대금은 전액 현금으로 지급하였다.

① 유 형: 54	② 거래처: 세원자동차㈜	③ 분개유형: 현 금	
(차) 차 량 운반구	13,200,000	(대) 현 금	13,200,000

8월 25일 ㈜주성에 생산부에서 생산한 제품 ACM 500개(@₩10,000 부가가치세 별도)를 비씨카드로 결제하고 신용카드매출전표를 발행하여 매출하였다.

① 유 형: 17	② 거래처: ㈜주성	③ 분개유형: 카 드	
(차) 외상매출금	5,500,000	(대) 제 품 매 출	5,000,000
		부가세예수금	500,000

8월 31일 이노데이타에서 원재료 등의 입출고를 관리하기 위하여 물류프로그램을 구입하고 다음과 같이 계산서를 교부받았다.(무형자산으로 처리하고, 이노데이타를 거래처로 등록할 것. 거래처 코드: 00331)

계산서(공급받는자보관용)

책 번 호	권 호
일련 번호	3 0011

공급자	등록번호	105-23-66873		공급받는자	등록번호	113-81-34668	
	상 호 (법인명)	이노데이타	성 명 (대표자) 신대용		상호 (법인명)	㈜대 한	성 명 (대표자) 임대한
	사업장주소	인천시 남구 주안 3동 95-6			사업장주소	청주 상당 문화 15-32	
	업 태	서비스	종목 소프트웨어		업 태	제 조	종목 휴대폰

작성 연	월	일	공란수	공급가액	세액	비 고
2023	8	31	4	1000000		

월	일	품 목	규격	수량	단 가	공 급 가 액	세 액	비 고
8	31	물류 P/G				1,000,000		

합 계 금 액	현 금	수 표	어 음	외상미수금	이 금액을 영수/청구 함
1,000,000	1,000,000				

① 유 형: 53　　② 거래처: 이노데이타　　③ 분개유형: 현 금

(차) 소프트웨어 1,000,000 (대) 현 금 1,000,000

9월 3일 수출업체인 상신무역에 내국신용장(L/C)에 의해 제품을 매출하고 영세율전자세금계산서를 발행하였다. 공급가액은 30,000,000원이며 대금 중

20,000,000원은 어음(동사발행)으로 수취하였고 잔액은 외상으로 하였다.

① 유 형: 12	② 거래처: 상신무역	③ 분개유형: 혼 합	
(차) 외상매출금	10,000,000	(대) 제 품 매 출	30,000,000
받을 어 음	20,000,000		

9월 10일 건물주인 극동건설로부터 공장임대료와 공장전기요금에 대한 세금계산서(2매)를 다음과 같이 각각 교부받았다.

(단위: 원)

품 목	수 량	단 가	공급가액	부가가치세	결제방법
7월분 임대료			600,000	60,000	외 상
7월분 전기료			430,000	43,000	현 금

① 유 형: 51	② 거래처: 극동건설	③ 분개유형: 혼 합	
(차) 임 차 료(제)	600,000	(대) 현 금	473,000
전 력 비(제)	430,000	미 지 급금	660,000
부가세대급금	103,000		

9월 18일 ㈜대원으로부터 PC 40대(대당 700,000원, 부가가치세별도)를 외상으로 구입하고 세금계산서를 수취하였고, 해당 컴퓨터는 인근 대학에 기증하였다.(본 거래는 업무와 무관하다)

① 유 형: 54	② 거래처: ㈜대원	③ 분개유형: 혼 합	
(차) 기 부 금(판)	30,800,000	(대) 미 지 급금	30,800,000

9월 28일 ㈜소망전자로부터 원재료를 매입하고 다음과 같은 내용으로 전자세금계산서를 교부받았다.(거래처 신규 등록할 것, 거래처코드: 700)

- 상 호: ㈜소망전자(사업자등록번호: 123-81-12341)
- 발행금액: 공급가액 – 15,000,000원, 부가가치세 – 1,500,000원
- 대금결제: 현금 – 5,500,000원, 당사발행어음 – 3,300,000원,
  외상 – 7,700,000원

① 유 형: 51	② 거래처: ㈜소망전자	③ 분개유형: 혼 합	
(차) 원 재 료	15,000,000	(대) 현 금	5,500,000
부가세대급금	1,500,000	지 급 어 음	3,300,000
		외상 매입금	7,700,000

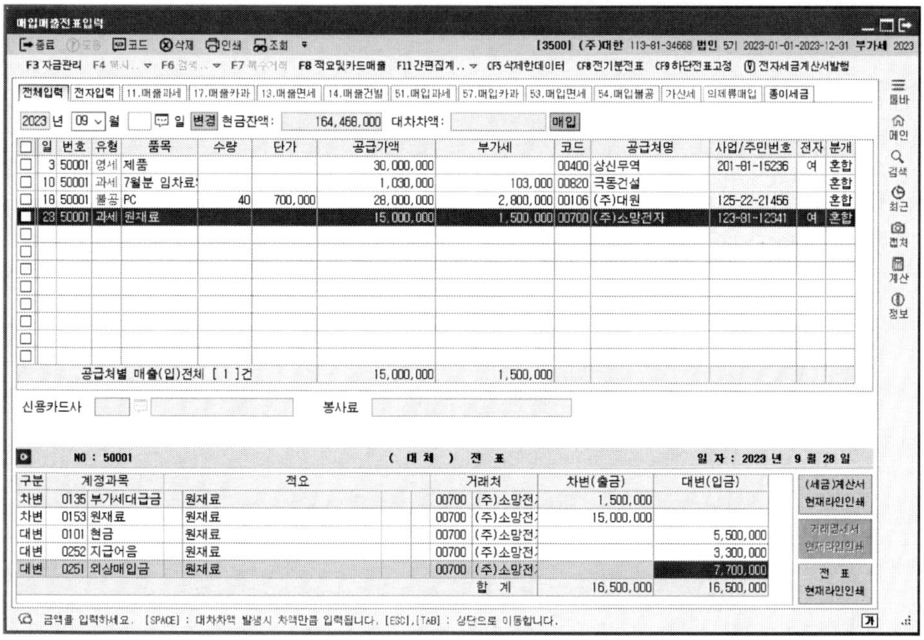

10월 5일 다음과 같이 제품을 판매하고 세금계산서를 발행하였다.

(단위: 원)

품목	수량	단가	공급가액	부가가치세	거래처명	대금결제
A–1	120	20,000	2,400,000	240,000	푸르지오	현 금
A–2	200	30,000	6,000,000	600,000		
합계			8,400,000	840,000		

① 유 형: 11	② 거래처: 푸르지오	③ 분개유형: 현 금	
(차) 현 금	9,240,000	(대) 제 품 매 출	8,400,000
		부가세예수금	840,000

10월 10일 제품제조에 사용하던 기계장치를 ㈜대원에 매각하고 전자세금계산서를 교부하였다. 대금은 3개월 후에 받기로 하였다.(담당자: 김대원, 이메일: dwkim@bms.co.kr)

- 처분가액: 공급가액 ₩3,600,000 부가가치세 ₩360,000
- 취득가액: ₩5,300,000
- 감가상각누계액: ₩1,800,000

① 유 형: 11	② 거래처: ㈜대원	③ 분개유형: 혼 합	
(차) 미 수 금	3,960,000	(대) 기 계 장 치	5,300,000
감가상각누계액	1,800,000	부 가 세 예 수 금	360,000
		유형자산처분이익	100,000

10월 16일 ㈜대한은 독일의 바이엘사에 제품-AS 300개를 개당 100달러에 수출하기로 계약하고 선수금 10,000달러를 수취하였다. 수취시의 기준환율은 1달러당 1,100원이다.(바이엘사를 거래처로 등록할 것, 코드번호: 123)

10월 16일 -일반전표에 입력			
(차) 현 금	11,000,000	(대) 선수금(바이엘사)	11,000,000

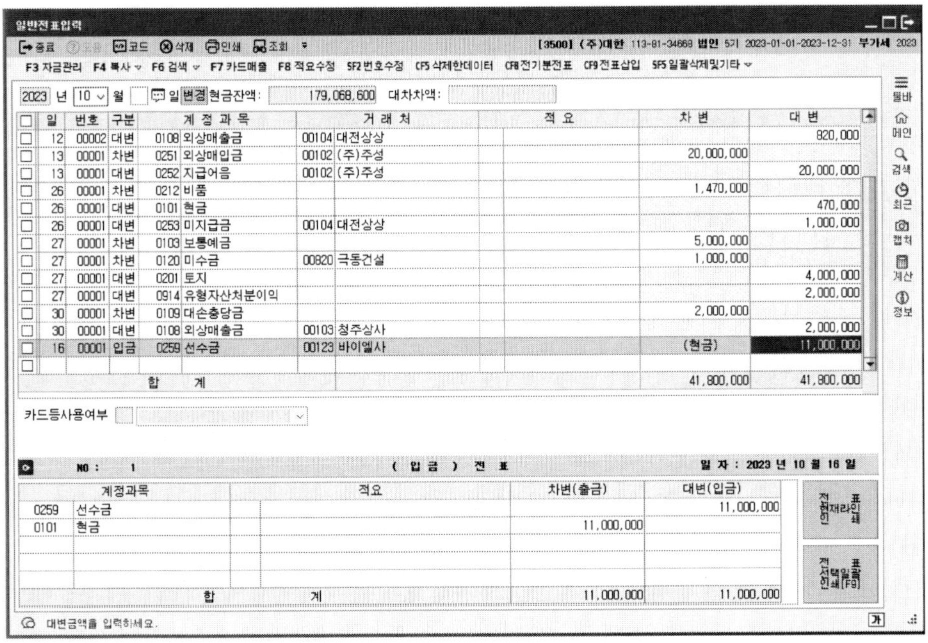

10월 25일 사내식당에서 사용할 쌀과 부식(채소류)을 ㈜가락식품에서 구입하고 대금 300,000원은 법인카드(국민카드)로 지급하였다. 사내식당은 야근하는 생산직 직원을 대상으로 무료로 운영되고 있다.(코드번호: 124)

① 유 형: 58	② 거래처: ㈜가락식품	③ 분개유형: 카 드	
(차) 복리후생비(제)	300,000	(대) 미지급비용	300,000

10월 30일 세원자동차㈜로 부터 영업부 업무용으로 사용중인 소형승용차를 수리하고 세금계산서(공급가액 ₩700,000 부가가치세 ₩70,000)를 교부받았다. 수리비는 외상으로 하였다.(동 수리비는 수익적 지출로 처리할 것)

① 유 형: 54	② 거래처: 세원자동차㈜	③ 분개유형: 혼 합	
(차) 차량유지비(판)	770,000	(대) 미지급비용	770,000

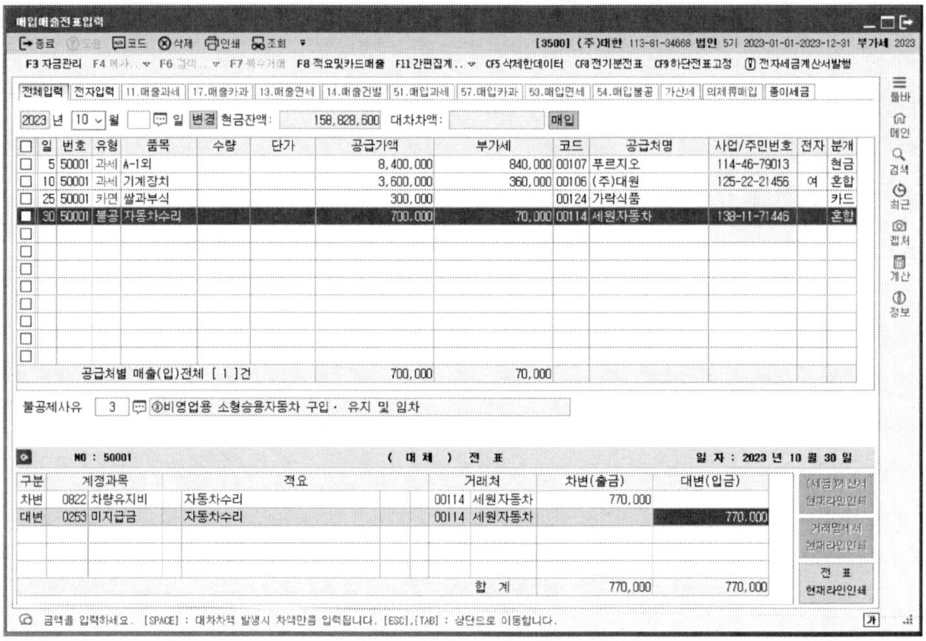

11월 3일 당사는 본사 경리부에서 사용할 실무서적 10권을 ㈜독도서적(213-81-78215)에서 300,000원에 현금구입하면서 전자계산서를 수령하였다.(거래처코드: 690번에 등록하시오)

① 유 형: 53	② 거래처: ㈜독도서적	③ 분개유형: 현 금
(차) 도서인쇄비(판) 300,000	(대) 현 금 300,000	

11월 10일 개인 소비자 김지선(코드는 125, 주민번호는 520307-2030110로 거래처 등록하시오)에게 제품 6,600,000원(부가가치세 포함)을 판매하였고, 김지선은 신용카드(비씨카드)로 결제하였다. 외상매출금으로 회계처리 하시오.

① 유 형: 17	② 거래처: 김지선	③ 분개유형: 카 드
(차) 외상매출금 6,600,000	(대) 제 품 매 출 6,000,000	
	부가세예수금 600,000	

11월 17일 본사건물 중 일부가 파손되어 수리를 하고 수리비용은 약속어음(만기: 2024. 2. 15)을 발행하여 지급하고 세금계산서를 교부받았다.(수익적지출로 처리할 것)

(단위: 원)

품 목	수 량	단 가	공급가액	부가가치세	거래처	결제방법
수 리 비			₩2,380,000	₩238,000	극동건설	어음

① 유 형: 51	② 거래처: 극동건설	③ 분개유형: 혼 합	
(차) 수 선 비(판)	2,380,000	(대) 미 지 급 금	2,618,000
부가세대급금	238,000		

11월 20일 거래처인 우성상회로부터 원재료(2,000개, @5,000원, 부가가치세 별도)를 매입하고 전자세금계산서를 교부받았다. 대금 중 3,000,000원은 거래처 상신무역으로부터 받은 동사발행의 약속어음으로 지급하였으며, 잔액은 외상으로 하였다.

① 유 형: 51	② 거래처: 우성상회	③ 분개유형: 혼 합	
(차) 원 재 료	10,000,000	(대) 받 을 어 음	3,000,000
부가세대급금	1,000,000	외상 매입금	8,000,000

11월 28일 10월 16일 계약조건에 따라 바이엘사에 제품-AS 300개를 인도하고 대금은 외상으로 하다.(해외 직수출로 부가가치세 영세율 적용대상임) 11월 28일자의 기준환율은 1달러당 1,200원이다.

① 유 형: 16	② 거래처: 바이엘사	③ 분개유형: 혼 합	
(차) 선 수 금	11,000,000	(대) 제 품 매 출	35,000,000
외상매출금	24,000,000		

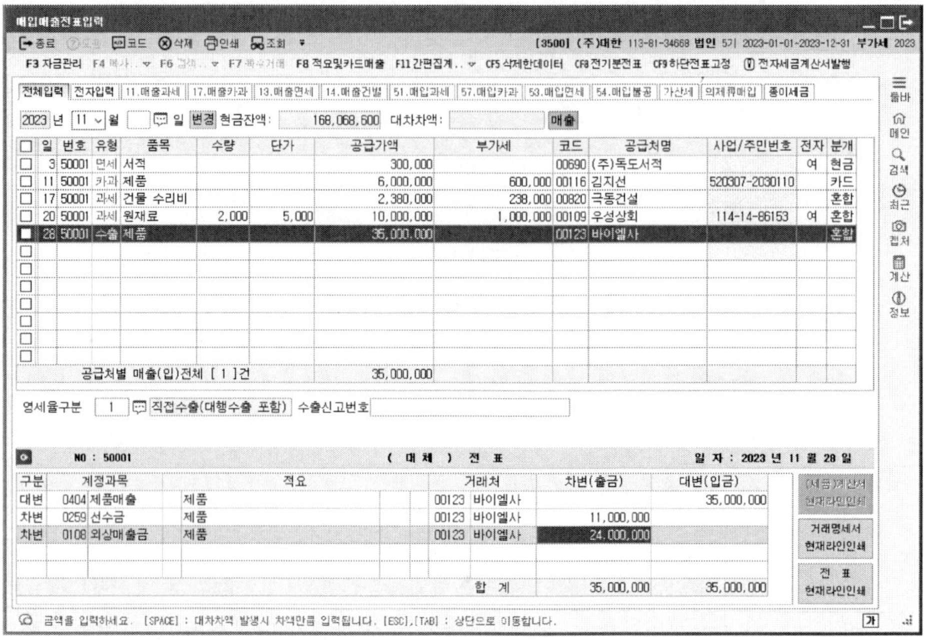

12월 8일 공장건물을 신축할 목적으로 ㈜충북으로부터 토지를 15,000,000원에 매입하고 계산서를 받았다. 대금 중 10,000,000원은 당사 보통예금 계좌에서 이체하여 지급하고 나머지는 3개월 후에 지급하기로 하였다.

① 유 형: 53	② 거래처: ㈜충북	③ 분개유형: 혼 합	
(차) 토　　지	15,000,000	(대) 보 통 예 금	10,000,000
		미 지 급 금	5,000,000

12월 10일 거래처 대전상사에서 원재료를 구입하고 다음과 같은 세금계산서를 받았다.

(단위: 원)

품 목	수 량	단 가	공 급 가 액	부가가치세	결제방법
ABC-92			15,000,000	1,500,000	전액현금

① 유 형: 51	② 거래처: 대전상사	③ 분개유형: 현 금	
(차) 원　재　료	15,000,000	(대) 현　　금	16,500,000
부가세대급금	1,500,000		

12월 15일 11월 28일의 외상대금 20,000달러를 회수하다. 회수시의 기준환율은 1,150원이다.

12월 15일 –일반전표에 입력			
(차) 현 금	23,000,000	(대) 외상매출금(바이엘사)	24,000,000
외환차손	1,000,000		

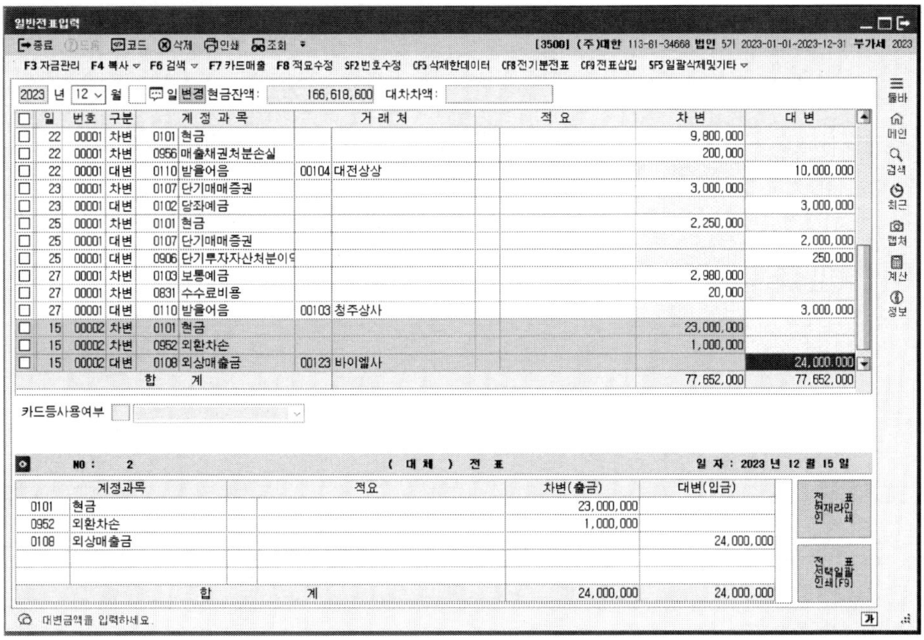

12월 22일 천호상사로부터 원재료를 구입하고 다음과 같은 세금계산서를 교부받았다.(거래처 코드: 126)

세금계산서(공급받는자보관용)

책 번 호		권		호
일련 번호		3		0011

공급자				공급받는자			
등록번호	117-81-03871			등록번호	113-81-34668		
상 호 (법인명)	천호상사	성 명 (대표자)	임천호	상호 (법인명)	㈜대 한	성 명 (대표자)	임대한
사업장주소	서울시 강동구 천호동 122-4			사업장주소	청주 상당구 문화동 15-32		
업 태	제 조	종 목	전자제품	업 태	제 조	종목	휴대폰

작성				공급가액											세액										비 고
연	월	일	공란수	백	십	억	천	백	십	만	천	백	십	일	십	억	천	백	십	만	천	백	십	일	
2023	12	22	3				1	0	0	0	0	0	0	0				1	0	0	0	0	0	0	

월	일	품 목	규격	수량	단 가	공 급 가 액	세 액	비 고
12	22	원재료 TYC		1,000	120,000	120,000,000	12,000,000	

합 계 금 액	현 금	수 표	어 음	외상미수금	이 금액을 영수/청구 함
132,000,000	70,000,000			62,000,000	

① 유 형: 51	② 거래처: 천호상사	③ 분개유형: 혼 합	
(차) 원 재 료	120,000,000	(대) 현 금	70,000,000
부가세대급금	12,000,000	외상매입금	62,000,000

12월 29일 본사 사무실에서 사용할 책상을 우림상사에서 구입하고 대금 1,650,000원(부가가치세 포함)은 현금으로 지급함과 동시에 현금영수증(지출증빙용)을 수취하였다.(비품으로 처리하고, 승인번호 입력은 생략)

① 유 형: 61	② 거래처: 우림상사	③ 분개유형: 현 금	
(차) 비 품	1,500,000	(대) 현 금	1,650,000
부가세대급금	150,000		

12월 30일 매출거래처인 우성상회의 행사에 보내기 위한 화환(면세)을 미화꽃집에서 80,000원에 현금으로 구입하고 전자계산서를 교부받았다.

① 유 형: 53	② 거래처: 우성상회	③ 분개유형: 현 금	
(차) 접대비(판)	80,000	(대) 현 금	80,000

12월 31일 다음 전자세금계산서에 대하여 적절한 회계처리를 하시오.

전자세금계산서(공급자보관용)

책번호	권	호
일련번호	21	1119

구분	항목	내용	항목	내용
공급자	등록번호	113-81-34668		
공급자	상호(법인명)	㈜대 한	성명(대표자)	임대한
공급자	사업장주소	청주시 상당구 문화동 15-32		
공급자	업태	제 조	종목	휴대폰
공급받는자	등록번호	211-05-09547		
공급받는자	상호(법인명)	대전상사	성명(대표자)	임대전
공급받는자	사업장주소	대전시 동구 효동 255-14		
공급받는자	업태	제 조	종목	전자제품

작성 연	월	일	공란수	공급가액	세액	비고
2023	12	31	3	60000000	6000000	

월	일	품목	규격	수량	단가	공급가액	세액	비고
12	31	제품 A		2,000	60,000	120,000,000	12,000,000	
		제품 B		1,000	80,000	80,000,000	8,000,000	
		제품 C		1,000	70,000	70,000,000	7,000,000	

합계금액	현금	수표	어음	외상미수금	이 금액을 영수/청구 함
297,000,000	97,000,000		100,000,000	100,000,000	청구

① 유 형: 11		② 거래처: 대전상사	③ 분개유형: 혼 합
(차) 현 금	97,000,000	(대) 제 품 매 출	270,000,000
외상매출금	100,000,000	부가세예수금	27,000,000
받을 어 음	100,000,000		

자료 입력 3-7

다음의 ㈜대한(코드: 3500)의 2023년 매출거래에 대하여 전자세금계산서를 발급하고 전송하시오.

▣ 발행대상 거래 선택

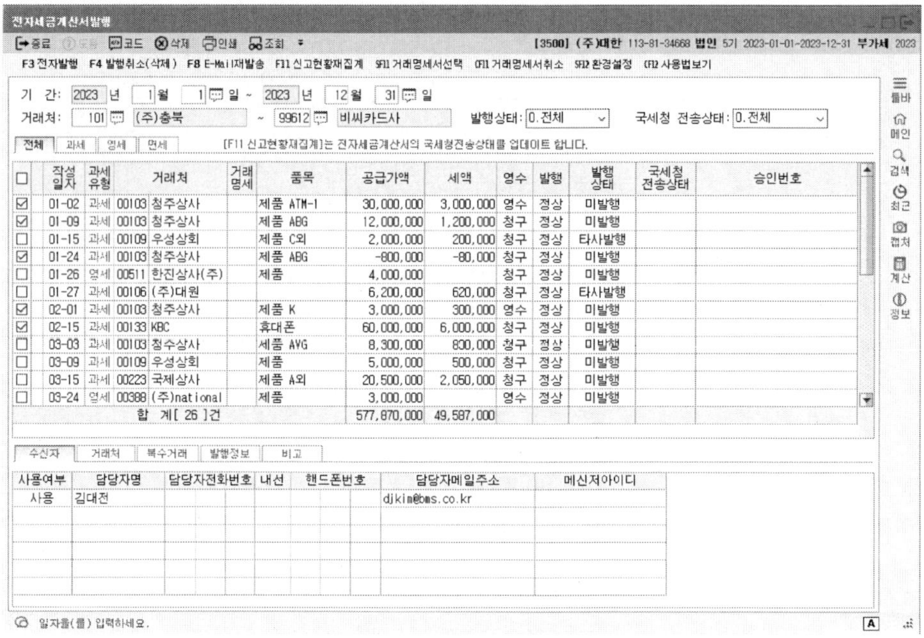

▣ 전자세금계산서 발행

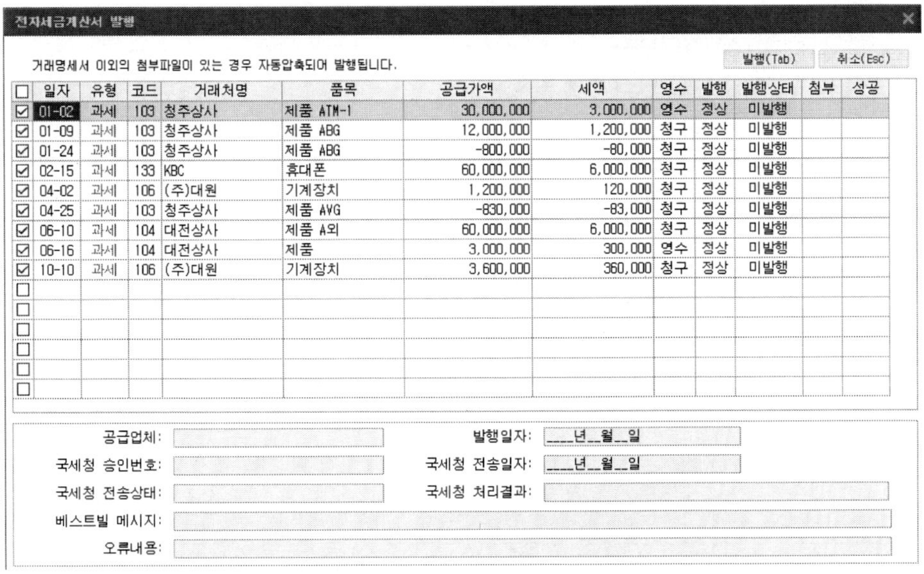

전자세금계산서 발행

거래명세서 이외의 첨부파일이 있는 경우 자동압축되어 발행됩니다.

발행(Tab) 취소(Esc)

□	일자	유형	코드	거래처명	품목	공급가액	세액	영수	발행	발행상태	첨부	성공
☑	01-02	과세	103	청주상사	제품 ATM-1	30,000,000	3,000,000	영수	정상	미발행		
☑	01-09	과세	103	청주상사	제품 ABG	12,000,000	1,200,000	청구	정상	미발행		
☑	01-24	과세	103	청주상사	제품 ABG	-800,000	-80,000	청구	정상	미발행		
☑	02-15	과세	133	KBC	휴대폰	60,000,000	6,000,000	청구	정상	미발행		
☑	04-02	과세	106	(주)대원	기계장치	1,200,000	120,000	청구	정상	미발행		
☑	04-25	과세	103	청주상사	제품 AVG	-830,000	-83,000	청구	정상	미발행		
☑	06-10	과세	104	대전상사	제품 A외	60,000,000	6,000,000	청구	정상	미발행		
☑	06-16	과세	104	대전상사	제품	3,000,000	300,000	영수	정상	미발행		
☑	10-10	과세	106	(주)대원	기계장치	3,600,000	360,000	청구	정상	미발행		

공급업체:

발행일자: ____년__월__일

국세청 승인번호:

국세청 전송일자: ____년__월__일

국세청 전송상태:

국세청 처리결과:

베스트빌 메시지:

오류내용:

▣ 전자세금계산서 발행 확인

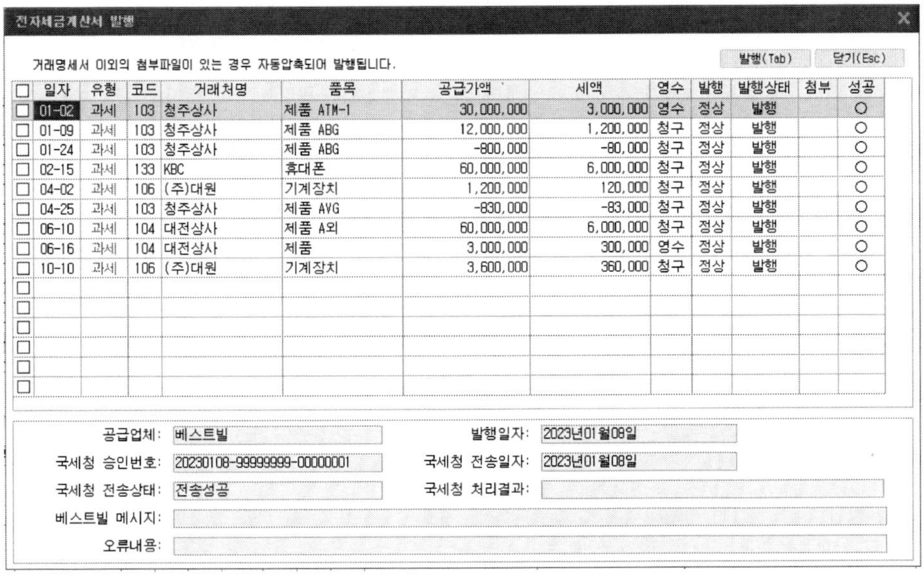

전자세금계산서 발행

거래명세서 이외의 첨부파일이 있는 경우 자동압축되어 발행됩니다.

발행(Tab) 닫기(Esc)

□	일자	유형	코드	거래처명	품목	공급가액	세액	영수	발행	발행상태	첨부	성공
□	01-02	과세	103	청주상사	제품 ATM-1	30,000,000	3,000,000	영수	정상	발행		○
□	01-09	과세	103	청주상사	제품 ABG	12,000,000	1,200,000	청구	정상	발행		○
□	01-24	과세	103	청주상사	제품 ABG	-800,000	-80,000	청구	정상	발행		○
□	02-15	과세	133	KBC	휴대폰	60,000,000	6,000,000	청구	정상	발행		○
□	04-02	과세	106	(주)대원	기계장치	1,200,000	120,000	청구	정상	발행		○
□	04-25	과세	103	청주상사	제품 AVG	-830,000	-83,000	청구	정상	발행		○
□	06-10	과세	104	대전상사	제품 A외	60,000,000	6,000,000	청구	정상	발행		○
□	06-16	과세	104	대전상사	제품	3,000,000	300,000	영수	정상	발행		○
□	10-10	과세	106	(주)대원	기계장치	3,600,000	360,000	청구	정상	발행		○

공급업체: 베스트빌

발행일자: 2023년01월08일

국세청 승인번호: 20230108-99999999-00000001

국세청 전송일자: 2023년01월08일

국세청 전송상태: 전송성공

국세청 처리결과:

베스트빌 메시지:

오류내용:

연습문제 3-6

다음 자료는 ㈜세광(코드: 103)의 2023년 기중 거래내역을 보고 전산세무회계 프로그램의 매입매출전표에 입력해 보자.

2월 2일 공주상사로부터 원재료를 구입하고 다음과 같은 전자세금계산서를 교부받았다. 이에 대한 적절한 회계처리를 하여라.

전자세금계산서(공급받는자보관용)

책 번 호	권		호
일련 번호	3	0011	

구분	항목	내용	항목	내용
공급자	등록번호	215-10-78259		
공급자	상 호 (법인명)	공주상사	성 명 (대표자)	김공주
공급자	사업장주소	서울 송파 오금 65		
공급자	업 태	도소매	종 목	화장품
공급받는자	등록번호	128-18-75653		
공급받는자	상호 (법인명)	㈜세 광	성 명 (대표자)	김세광
공급받는자	사업장주소	서울시 송파구 가락동 123		
공급받는자	업 태	제 조	종목	향 수

작성 연	월	일	공란수	공급가액 백	십	억	천	백	십	만	천	백	십	일	세액 십	억	천	백	십	만	천	백	십	일	비 고
2023	2	2	3				2	6	0	0	0	0	0	0				2	6	0	0	0	0	0	

월	일	품 목	규격	수량	단 가	공 급 가 액	세 액	비 고
2	2	부품재료		2,000	13,000	26,000,000	2,600,000	

합 계 금 액	현 금	수 표	어 음	외상미수금	
28,600,000			20,000,000	8,600,000	이 금액을 영수/청구 함

2월 5일 우성광고사에 제품에 대한 광고를 의뢰하고 제작비 ₩880,000(부가가치세 포함)을 현금으로 지급하고 세금계산서를 교부받았다.(우성광고사를 거래처로 등록하시오. 거래처 코드: 00357)

2월 7일 삼화컴퓨터로부터 업무용 컴퓨터 및 프린터를 ₩2,300,000(부가가치세 별도)에 구입하고 세금계산서를 교부받았으며 대금은 3개월 후에 지급하기로 하였다.

2월 10일 제품제조에 필요한 원재료(500개, @₩5,000, 부가가치세 별도)를 세금계산서와 함께 금성화장품㈜로부터 구입하고 대금은 전액 당좌수표를 발행하여 지급하였다.(금성화장품㈜를 거래처로 등록하시오. 거래처 코드: 00359)

2월 15일 수출대행업체인 청량리상사에 Local L/C에 의하여 제품(향수 100개, @₩200,000)을 납품하고 영세율세금계산서를 발행하였으며, 대금은 전액 현금으로 받아 당좌예입하였다.

2월 19일 ㈜민주에 제품을 판매하고 다음과 같은 전자세금계산서를 발행하였다. 적절한 회계처리를 하여라.(담당자: 김민주, 이메일: mjkim@bms.co.kr)

전자세금계산서(공급자보관용)

책 번 호	권	호
일련 번호	2 1	1 1 1 9

구분	항목	내용	항목	내용
공급자	등록번호	128-18-75653		
공급자	상호(법인명)	㈜세 광	성명(대표자)	김세광
공급자	사업장주소	서울시 송파구 가락동 123		
공급자	업태	제조	종목	향수
공급받는자	등록번호	209-26-69232		
공급받는자	상호(법인명)	㈜민주	성명(대표자)	이민주
공급받는자	사업장주소	안양시 만안구 석수동 250		
공급받는자	업태	제조	종목	화장품

작성 연	월	일	공란수	공급가액 백	십	억	천	백	십	만	천	백	십	일	세액 십	억	천	백	십	만	천	백	십	일	비고
2023	2	19	3				1	8	0	0	0	0	0	0				1	8	0	0	0	0	0	

월	일	품목	규격	수량	단가	공급가액	세액	비고
2	19	향수-키위향		1,000	18,000	18,000,000	1,800,000	

합계금액	현금	수표	어음	외상미수금	이 금액을 영수/청구 함
19,800,000	4,500,000		12,000,000	3,300,000	

2월 25일 원주상사에서 원재료(2,000개, @₩10,000, 부가가치세별도)를 외상으로 구입하고 세금계산서를 교부받았다. 당사가 부담하기로 한 운반비 ₩150,000은 한성서비스센타에 현금으로 별도 지급하였다.

2월 27일 ㈜오창방적에서 전 사원의 복지후생을 위하여 운동복을 아래와 같이 구입하고 세금계산서를 교부받았다. 대금 중 ₩2,000,000은 당좌수표를 발행하여 지급하고 잔액은 월말에 지급하기로 하였다.(비용으로 처리하고, ㈜오창방적을 거래처로 등록할 것. 거래처 코드: 00360)

(단위: 원)

구 분	공급가액	부가가치세	합 계
영업부	880,000	88,000	968,000
생산부	1,420,000	142,000	1,562,000
계	2,300,000	230,000	2,530,000

3월 5일 가공업체인 ㈜선화상사에 제품-향수(포도향)(공급가액 ₩25,000,000, 부가가치세 ₩2,500,000)를 판매하고 세금계산서를 교부하였다. 대금 중 ₩10,000,000은 현금으로 받고 나머지 금액은 수표로 받다.(선화상사를 거래처로 등록할 것. 거래처 코드: 00362)

3월 8일 원재료를 구입하고 다음과 같은 세금계산서를 교부받았다. 적절한 회계처리를 하여라.(㈜성우를 거래처로 등록할 것)

세금계산서(공급받는자보관용)

책 번 호	권	호
일련 번호	3	0011

구분	항목	내용	항목	내용
공급자	등록번호	215-81-40544		
	상 호 (법인명)	㈜성우	성 명 (대표자)	이성우
	사업장주소	서울 종로 송월 122-35		
	업 태	제조	종 목	전자제품
공급받는자	등록번호	128-18-75653		
	상호 (법인명)	㈜세 광	성 명 (대표자)	김세광
	사업장주소	서울시 송파구 가락동 123		
	업 태	제 조	종목	향 수

작성				공급가액											세액										비 고
연	월	일	공란수	백	십	억	천	백	십	만	천	백	십	일	십	억	천	백	십	만	천	백	십	일	
2023	3	8	3				1	1	0	0	0	0	0	0				1	1	0	0	0	0	0	

월	일	품 목	규격	수량	단 가	공 급 가 액	세 액	비 고
3	8	재료		1,000	11,000	11,000,000	1,100,000	

합 계 금 액	현 금	수 표	어 음	외상미수금	이 금액을 영수/청구 함
12,100,000	2,100,000			10,000,000	

3월 13일 사무실임차료에 대하여 다음과 같이 세금계산서를 교부받고 전액 수표를 발행하여 지급하였다.(우성빌딩을 거래처로 등록할 것. 거래처 코드: 00363)

품 목	수 량	단 가	공급가액	부가가치세	거래처	결제방법
임 차 료			₩1,800,000	₩180,000	우성빌딩	수표발행

3월 15일 원재료를 제공하고 임가공용역계약에 의하여 제품의 일부를 제작의뢰했던 부품을 청원가구로부터 납품받고 다음과 같은 세금계산서를 교부받았다.

(단위: 원)

품 목	수 량	단 가	공급가액	부가가치세	결제방법
ATM 077	3,000	10,000	30,000,000	3,000,000	외 상

3월 19일 거래처 청원가구에 향수를 판매하고 다음과 같은 전자세금계산서를 발행하였다. 적절한 회계처리를 하여라.(담당자: 김청원, 이메일: cwkim@bms.co.kr)

전자세금계산서(공급자보관용)

책 번 호	권	호
일련 번호	2 1	1 1 1 9

구분	항목	내용	항목	내용
공급자	등록번호	128-18-75653		
공급자	상호(법인명)	㈜세 광	성명(대표자)	김세광
공급자	사업장주소	서울시 송파구 가락동 123		
공급자	업태	제 조	종목	향 수
공급받는자	등록번호	209-26-69232		
공급받는자	상호(법인명)	청원가구	성명(대표자)	곽청원
공급받는자	사업장주소	청주시 흥덕구 봉명동 1236		
공급받는자	업태	제 조	종목	가 구

작성 연	월	일	공란수	공급가액	세액	비고
2023	3	19	4	9 0 0 0 0 0 0	9 0 0 0 0 0	

월	일	품목	규격	수량	단가	공급가액	세액	비고
3	19	향수		100	90,000	9,000,000	900,000	

합계금액	현금	수표	어음	외상미수금	이 금액을 영수/청구 함
9,900,000	4,580,000		3,000,000	2,320,000	청구

3월 22일 한불화장품에 다음과 같이 제품을 매출하고 세금계산서를 발행하였다. 대금은 전액 현금으로 받아 보통예금하다.(한불화장품을 거래처로 등록할 것. 거래처 코드: 00365)

품 명	수 량	단 가	공급 가액	부가가치세
향 수	500	₩50,000	₩25,000,000	₩2,500,000

3월 26일 용암카센타로 부터 영업부 업무용으로 사용중인 소형승용차를 수리하고 세금계산서(공급가액 ₩530,000, 부가가치세 ₩53,000)를 교부받았다. 수리비는 외상으로 하였다.(동 수리비는 수익적 지출로 처리하고, 용암카센타를 거래처로 등록할 것. 거래처 코드: 00366)

3월 30일 ㈜삼화컴퓨터로부터 관리부에서 사용할 컴퓨터 10대(단가 ₩800,000, 공급가액 ₩8,000,000, 부가가치세 ₩800,000)를 구입하고 세금계산서를 교부받았다. 대금은 당좌수표를 발행하여 지급하였다.

4월 2일 부영상사에서 원재료를 구입하고 세금계산서를 교부받았다. 적절한 회계처리를 하고 부영상사를 거래처로 등록할 것.

세금계산서(공급받는자보관용)

책 번 호	권	호
일련 번호	3	0011

구분	항목	내용	항목	내용
공급자	등록번호	117-81-03871		
공급자	상 호 (법인명)	부영상사	성 명 (대표자)	이부영
공급자	사업장주소	서울 강동 천호 122-4		
공급자	업 태	제 조	종 목	향 수
공급받는자	등록번호	128-18-75653		
공급받는자	상호 (법인명)	㈜세 광	성 명 (대표자)	김세광
공급받는자	사업장주소	서울시 송파구 가락동 123		
공급받는자	업 태	제 조	종목	향 수

작성 연	월	일	공란수	공급가액 (백/십/억/천/백/십/만/천/백/십/일)	세액 (십/억/천/백/십/만/천/백/십/일)	비 고
2023	4	2	3	1 3 7 5 0 0 0 0	1 3 7 5 0 0 0	

월	일	품 목	규격	수량	단 가	공 급 가 액	세 액	비 고
4	2	부품재료		1,100	12,500	13,750,000	1,375,000	

합 계 금 액	현 금	수 표	어 음	외상미수금	이 금액을 영수/청구 함
15,125,000	1,300,000		12,000,000	1,825,000	

4월 5일 수출업체인 청량리상사에 Local L/C에 의하여 향수를 다음과 같이 현금으로 매출하고 영세율세금계산서를 발행하였다.

(단위: 원)

품 명	거래처	공급가액	결제방법
향 수-사과향	청량리상사	20,000,000	현 금

4월 14일 임원용 중형승용차 1대를 세기자동차 신내영업소로부터 구입하고 다음과 같이 세금계산서를 교부받았다.(세기자동차를 거래처로 등록. 거래처 코드: 00367)

(단위: 원)

품 명	거 래 처	공급가액	부가가치세	결제방법
소나타	세기자동차 신내영업소	20,000,000	2,000,000	10개월 할부

4월 20일 원주상사에 제품을 매출하고 다음과 같은 세금계산서를 발행하였다. 적절한 회계처리를 하여라.

세금계산서(공급자보관용)		책 번 호	권	호
		일련 번호	2 1	1 1 1 9

공급자				공급받는자			
등록번호	128-18-75653			등록번호	113-81-26697		
상 호 (법인명)	㈜세 광	성 명 (대표자)	김세광	상호 (법인명)	원주상사	성 명 (대표자)	이원주
사업장주소	서울시 송파구 가락동 123			사업장주소	서울시 성북구 길음동 532		
업 태	제 조	종 목	향 수	업 태	제 조	종목	전자제품

작성 연	월	일	공란수	공급가액 백	십	억	천	백	십	만	천	백	십	일	세액 십	억	천	백	십	만	천	백	십	일	비 고
2023	4	20	3				8	3	0	0	0	0	0	0				8	3	0	0	0	0	0	

월	일	품 목	규격	수량	단 가	공 급 가 액	세 액	비 고
4	20	향수		1,000	83,000	83,000,000	8,300,000	

합 계 금 액	현 금	수 표	어 음	외상미수금	이 금액을 영수/청구 함
91,300,000	45,300,000		20,000,000	26,000,000	

4월 30일 원재료를 구입하고 다음과 같은 세금계산서를 교부받았다. 적절한 회계처리를 하고 ㈜전주원을 거래처로 등록하라.

세금계산서(공급받는자보관용)		책 번 호	권	호
		일련 번호	3	0 0 1 1

공급자				공급받는자			
등록번호	117-16-88173			등록번호	128-18-75653		
상 호 (법인명)	㈜전주원	성 명 (대표자)	전주원	상호 (법인명)	㈜세 광	성 명 (대표자)	김세광
사업장주소	부산시 해운대구 반송1동 1122			사업장주소	서울시 송파구 가락동 123		
업 태	제 조	종 목	전자제품	업 태	제 조	종목	향 수

작성 연	월	일	공란수	공급가액 백	십	억	천	백	십	만	천	백	십	일	세액 십	억	천	백	십	만	천	백	십	일	비 고
2023	4	30	3				2	5	5	0	0	0	0	0				2	5	5	0	0	0	0	

월	일	품 목	규격	수량	단 가	공 급 가 액	세 액	비 고
4	30	원재료		150	170,000	25,500,000	2,550,000	

합 계 금 액	현 금	수 표	어 음	외상미수금	이 금액을 영수/청구 함
28,050,000	13,050,000			15,000,000	

5월 7일 공장 사무실에서 사용할 컴퓨터 2대를 구입하고 다음과 같이 세금계산서를 교부받았다.

(단위: 원)

PC모델	거래처	공급가액	부가가치세	결제방법
삼화 펜티엄	삼화컴퓨터	1,500,000	150,000	현 금

5월 15일 매출처에 선물할 선물용품을 다음과 같이 구입하고 세금계산서를 교

부받았다.(전액 비용으로 회계처리 하고, 후생사를 거래처로 등록. 거래처코드: 00369)

(단위: 원)

품목	수량	단가	공급가액	부가가치세	거래처	결제
선물용품	30개	150,000	4,500,000	450,000	후생사	전액 현금

5월 21일 제품을 매출하고 다음과 같은 세금계산서를 발행하였다. 적절한 회계처리를 하고, ㈜대구를 거래처로 등록하라.

세금계산서(공급자보관용)

책 번 호	권	호	
일련 번호	2 1	1 1 1 9	

구분	항목	내용	항목	내용
공급자	등록번호	128-18-75653		
공급자	상 호 (법인명)	㈜세 광	성 명 (대표자)	김세광
공급자	사업장주소	서울시 송파구 가락동 123		
공급자	업 태	제 조	종 목	향 수
공급받는자	등록번호	124-25-60665		
공급받는자	상호 (법인명)	㈜대구	성 명 (대표자)	박달서
공급받는자	사업장주소	대구시 달서구 갈산동 1236		
공급받는자	업 태	제 조	종목	전자제품

작성			공급가액												세액										비 고
연	월	일	공란수	백	십	억	천	백	십	만	천	백	십	일	십	억	천	백	십	만	천	백	십	일	
2023	5	21	3				1	7	0	0	0	0	0	0				1	7	0	0	0	0	0	

월	일	품 목	규격	수량	단 가	공 급 가 액	세 액	비 고
5	21	향수		200	85,000	17,000,000	1,700,000	

합 계 금 액	현 금	수 표	어 음	외상미수금	이 금액을 영수/청구 함
18,700,000	4,700,000	10,000,000		4,000,000	이 금액을 **청구** 함

5월 26일 제품(200개, @₩80,000)을 수출업체인 청량리상사에 임가공제작하여 납품하고 영세율세금계산서를 교부받았다. 대금은 전액 현금으로 받았다.

5월 30일 기업홍보광고를 우성광고사에 게재하고 광고비(공급가액 ₩1,500,000, 부가가치세 ₩150,000)에 대하여 세금계산서를 교부받았다. 광고대금은 수표를 발행하여 지급하였다.

6월 5일 제품제조에 사용하던 기계장치를 ㈜청양에 매각하고 전자세금계산서를 교부하였다. 대금은 1개월 후에 받기로 하였다.(담당자: 김청양, 이메일: cykim@bms.co.kr)

- 처분가액: 공급가액 ₩5,000,000 부가가치세 ₩500,000
- 취득가액: ₩8,000,000
- 감가상각누계액: ₩2,500,000

6월 11일 판매거래처의 선물용품을 구입하고 다음과 같은 세금계산서를 교부받았다.

세금계산서(공급받는자보관용)

책 번 호	권	호
일련 번호	3	0011

구분	항목	내용	항목	내용
공급자	등록번호	105-81-12343		
공급자	상 호 (법인명)	후생사	성 명 (대표자)	김상영
공급자	사업장주소	서울시 종로구 송월동 196		
공급자	업 태	도소매	종 목	잡 화
공급받는자	등록번호	128-18-75653		
공급받는자	상 호 (법인명)	㈜세 광	성 명 (대표자)	김세광
공급받는자	사업장주소	서울시 송파구 가락동 123		
공급받는자	업 태	제 조	종목	향 수

작성 연	월	일	공란수	공급가액 (백 십 억 천 백 십 만 천 백 십 일)	세액 (십 억 천 백 십 만 천 백 십 일)	비 고
2023	6	11	4	1 8 0 0 0 0 0	1 8 0 0 0 0	

월	일	품 목	규격	수량	단 가	공 급 가 액	세 액	비 고
6	11	선물세트		15	120,000	1,800,000	180,000	

합 계 금 액	현 금	수 표	어 음	외상미수금	이 금액을 영수/청구 함
1,980,000		1,980,000			

6월 17일 5월 21일에 판매한 제품에 불량이 있어 그 중 10개를 반품(반품에 대한 세금계산서를 교부하였음) 받고 외상대금과 상계처리하였다.

6월 25일 수출대행업체인 한영실업㈜에 Local L/C에 의하여 제품(100개, @₩300,000)을 납품하고 영세율세금계산서를 발행하였으며, 대금은 전액 현금으로 받았다.

6월 30일 영업부에서 매출처 선물용으로 선물세트를 현금으로 구입하고 다음과 같은 세금계산서를 받았다.(전액 비용으로 회계처리할 것)

(단위: 원)

품목	수량	단가	공급가액	부가가치세	거래처	결제
고급양주	30병	300,000	9,000,000	900,000	후생사	전액 현금

7월 6일 건물주인 우성빌딩으로부터 공장임대료와 전기요금에 대한 세금계산서 (2매)를 다음과 같이 각각 교부받았다.

(단위: 원)

품 목	수 량	단 가	공급가액	부가가치세	결제방법
6월분 임대료			800,000	80,000	외 상
6월분 전기료			680,000	68,000	현 금

7월 15일 마케팅 담당사원을 채용하기 위해 지방일간지인 충청일보(신규 등록할 것, 거래처코드 00370 사업자번호 135-81-39528)에 사원모집광고를 게재하고, 광고료 ₩3,500,000 부가가치세 ₩350,000을 외상으로 하고 세금계산서를 교부받았다.

7월 19일 ㈜오창방적에서 작업복을 다음과 같이 구입하고 세금계산서를 교부받았으며, 대금은 전액 외상으로 하였다.(전액 비용으로 회계처리할 것)

구 분	수 량	단 가	공급가액	부가가치세
생 산 부	300	8,000	2,400,000	240,000
회 계 부	100	8,000	800,000	80,000

7월 25일 한국자동차로부터 제품 운반용 트럭 1대(공급가액 ₩18,000,000, 부가가치세 ₩1,800,000)를 구입하고 전자세금계산서를 교부받았다. 구입대금은 전액 수표를 발행하여 지급하다.

7월 27일 ㈜남소에 제품을 판매하고 다음과 같은 세금계산서를 발행하였다. ㈜남소를 거래처로 등록하고(거래처 코드: 00405), 적절한 회계처리를 하여라.

세금계산서(공급자보관용)						
				책 번 호	권	호
				일련 번호	2 1	1 1 1 9

공급자	등록번호	128-18-75653			공급받는자	등록번호	211-05-09547		
	상 호 (법인명)	㈜세 광	성 명 (대표자)	김세광		상호 (법인명)	㈜남소	성 명 (대표자)	박남소
	사업장주소	서울시 송파구 가락동 123				사업장주소	대전시 서구 둔산동 157		
	업 태	제 조	종 목	향 수		업 태	제 조	종목	유리컵

작성				공급가액											세액										비 고
연	월	일	공란수	백	십	억	천	백	십	만	천	백	십	일	십	억	천	백	십	만	천	백	십	일	
2023	7	17	4					8	8	0	0	0	0	0					8	8	0	0	0	0	

월	일	품 목	규격	수량	단 가	공 급 가 액	세 액	비 고
7	17	향 수		110	80,000	8,800,000	880,000	

합 계 금 액	현 금	수 표	어 음	외상미수금	이 금액을 영수/청구 함
9,680,000		4,000,000	4,000,000	1,680,000	

7월 31일 ㈜전주원에 4월 30일 매입한 원재료 10개가 내용과 달라 반품하고 반품세금계산서를 교부받았다. 대금은 외상매출금과 상계처리하기로 하였다.

8월 2일 수출업체인 바이더사에 제품을 매출하고 다음과 같이 세금계산서를 발행하였다.

(단위: 원)

품 목	수량	단가	공급가액	부가가치세	거래처	결제방법
제품-105			22,000,000	0	바이더사	반액 현금 잔액 외상

8월 7일 ㈜수성에 사무실을 임차하고 다음과 같은 세금계산서를 교부받았다. ㈜수성을 거래처로 등록하고(거래처 코드: 00407), 적절한 회계처리를 하여라.

세금계산서(공급받는자보관용)

책번호: 권 호
일련번호: 3 0011

구분	항목	내용	항목	내용
공급자	등록번호	409-81-12342		
공급자	상호(법인명)	㈜수성	성명(대표자)	이수성
공급자	사업장주소	청주시 상당구 대성동 145		
공급자	업태	부동산	종목	임대
공급받는자	등록번호	128-18-75653		
공급받는자	상호(법인명)	㈜세광	성명(대표자)	김세광
공급받는자	사업장주소	서울시 송파구 가락동 123		
공급받는자	업태	제조	종목	향수

작성 연	월	일	공란수	공급가액 백	십	억	천	백	십	만	천	백	십	일	세액 십	억	천	백	십	만	천	백	십	일	비고
2023	8	7	3				1	2	0	0	0	0	0	0				1	2	0	0	0	0	0	

월	일	품목	규격	수량	단가	공급가액	세액	비고
8	7	사무실 임차료				12,000,000	1,200,000	

합계금액	현금	수표	어음	외상미수금	이 금액을 영수/청구 함
13,200,000	3,200,000			10,000,000	

8월 14일 ㈜민영에 제품을 판매하고 다음과 같은 세금계산서를 발행하였다. 적절한 회계처리를 하여라.

세금계산서(공급자보관용)

책번호: 권 호
일련번호: 21 1119

구분	항목	내용	항목	내용
공급자	등록번호	128-18-75653		
공급자	상호(법인명)	㈜세광	성명(대표자)	김세광
공급자	사업장주소	서울시 송파구 가락동 123		
공급자	업태	제조	종목	향수
공급받는자	등록번호	135-01-61222		
공급받는자	상호(법인명)	㈜민영	성명(대표자)	임민영
공급받는자	사업장주소	서울시 동작구 대방동 386		
공급받는자	업태	제조	종목	반도체

작성 연	월	일	공란수	공급가액 백	십	억	천	백	십	만	천	백	십	일	세액 십	억	천	백	십	만	천	백	십	일	비고
2023	8	14	2			2	3	4	0	0	0	0	0	0			2	3	4	0	0	0	0	0	

월	일	품목	규격	수량	단가	공급가액	세액	비고
8	14	향수		3,000	78,000	234,000,000	23,400,000	

합계금액	현금	수표	어음	외상미수금	이 금액을 영수/청구 함
257,400,000	157,400,000		89,000,000	11,000,000	

8월 20일 매출처에 선물할 선물용품을 다음과 같이 구입하고 세금계산서를 교부받았다.(전액 비용으로 회계처리할 것)

(단위: 원)

품 목	수량	단 가	공급가액	부가가치세	거래처	결 제
참치세트	100개	50,000	5,000,000	500,000	후 생 사	전액 현금

8월 30일 개신상점에서 접착제를 구입하고 다음과 같은 세금계산서를 교부받았

다. 개신상점을 거래처로 등록하고(거래처 코드: 00409), 적절한 회계처리를 하여라.

세금계산서(공급받는자보관용)

책 번 호		권	호
일련 번호		3	0011

공급자	등록번호	212-81-35421			공급받는자	등록번호	128-18-75653		
	상 호 (법인명)	개신상점	성 명 (대표자)	최개신		상호 (법인명)	㈜세 광	성 명 (대표자)	김세광
	사업장주소	청주시 상당구 내덕 2동 86-22				사업장주소	서울시 송파구 가락동 123		
	업 태	도소매	종 목	접착제		업 태	제 조	종목	향 수

작성 연	월	일	공란수	공급가액 백	십	억	천	백	십	만	천	백	십	일	세액 십	억	천	백	십	만	천	백	십	일	비 고
2023	8	30	4					5	8	0	0	0	0	0					5	8	0	0	0	0	

월	일	품 목	규격	수량	단 가	공 급 가 액	세 액	비 고
8	30	접착제				5,800,000	580,000	

합 계 금 액	현 금	수 표	어 음	외상미수금	이 금액을 영수/청구 함
6,380,000	6,380,000				

9월 10일 공장내부용 화물자동차의 경유를 주유하고 매월단위로 정산하여 다음과 같이 세금계산서를 교부받고 현금으로 지급하였다.(거래처로 등록)

(단위: 원)

품 목	기 간	공급가액	부가가치세	거래처	결제방법
경 유	2023.8.1~2023.8.31	3,000,000	300,000	LG주유소	현금

9월 18일 ㈜민영에 제품을 판매하고 다음과 같은 전자세금계산서를 발행하였다. 적절한 회계처리를 하여라.(담당자: 김민영, 이메일: mykim@bms.co.kr)

전자세금계산서(공급자보관용)		책 번 호	권	호
		일련 번호	2 1	1 1 1 9

공급자				공급받는자			
등록번호	128-18-75653			등록번호	135-01-61222		
상 호 (법인명)	㈜세 광	성 명 (대표자)	김세광	상호 (법인명)	㈜민영	성 명 (대표자)	임민영
사업장주소	서울시 송파구 가락동 123			사업장주소	서울시 동작구 대방동 386		
업 태	제 조	종 목	향 수	업 태	제 조	종목	반도체

작성 연	월	일	공란수	공급가액 백	십	억	천	백	십	만	천	백	십	일	세액 십	억	천	백	십	만	천	백	십	일	비 고
2023	9	18	3				1	6	0	0	0	0	0	0				1	6	0	0	0	0	0	

월	일	품 목	규격	수량	단 가	공 급 가 액	세 액	비 고
9	18	향수		200	80,000	16,000,000	1,600,000	

합 계 금 액	현 금	수 표	어 음	외상미수금	이 금액을 영수/청구 함
17,600,000				17,600,000	

9월 27일 공장건물 중 일부가 파손되어 수리를 하고 수리비용은 수표를 발행하여 지급하고 세금계산서를 교부받았다.(수익적지출로 처리할 것)

(단위: 원)

품 목	수 량	단 가	공급가액	부가가치세	거래처	결제방법
수 리 비			₩1,890,000	₩189,000	우성빌딩	수표

10월 3일 ㈜세광은 9월 18일 ㈜민영에 매출한 제품이 불량품이 있어 10개가 반품되다. 9월 18일 제품 매출시 발행한 세금계산서는 다음과 같았다. 불량품 10개를 반품된 것에 대하여 전산에 입력하기 위한 분개를 하라.

세금계산서(공급자보관용)	책 번 호	권	호
	일련 번호	2 1	1 1 1 9

공급자				공급받는자			
등록번호	128-18-75653			등록번호	135-01-61222		
상 호 (법인명)	㈜세 광	성 명 (대표자)	김세광	상호 (법인명)	㈜민영	성 명 (대표자)	임민영
사업장주소	서울시 송파구 가락동 123			사업장주소	서울시 동작구 대방동 386		
업 태	제 조	종 목	향 수	업 태	제 조	종목	반도체

작성 연	월	일	공란수	공급가액 백	십	억	천	백	십	만	천	백	십	일	세액 십	억	천	백	십	만	천	백	십	일	비 고
2023	9	18	3				1	6	0	0	0	0	0	0				1	6	0	0	0	0	0	

월	일	품 목	규격	수량	단 가	공 급 가 액	세 액	비 고
9	18	향수		200	80,000	16,000,000	1,600,000	

합 계 금 액	현 금	수 표	어 음	외상미수금	이 금액을 영수/청구 함
17,600,000				17,600,000	

10월 10일 용암카센타로부터 영업부 업무용으로 사용중인 소형승용차를 수리하고 세금계산서(공급가액 ₩510,000, 부가가치세 ₩51,000)를 교부받았다. 수리비는 현금으로 지급하였다.(동 수리비는 수익적 지출로 처리할 것)

10월 25일 수출대행업체인 한영실업㈜에 Local L/C에 의하여 제품(300개, @₩45,000)을 납품하고 영세율세금계산서를 발행하였으며, 대금은 전액 현금으로 받았다.

10월 31일 공주상사에서 원재료를 매입하고 다음과 같은 세금계산서를 교부받았다. 적절한 회계처리를 하여라.

세금계산서(공급받는자보관용)

책 번 호		권	호
일련 번호		3	0011

공급자				공급받는자			
등록번호	215-10-78259			등록번호	128-18-75653		
상 호 (법인명)	공주상사	성 명 (대표자)	김공주	상호 (법인명)	㈜세 광	성 명 (대표자)	김세광
사업장주소	서울 송파 오금 65			사업장주소	서울시 송파구 가락동 123		
업 태	도소매	종 목	화장품	업 태	제 조	종목	향 수

작성				공급가액											세액										비 고
연	월	일	공란수	백	십	억	천	백	십	만	천	백	십	일	십	억	천	백	십	만	천	백	십	일	
2023	10	31	2			1	9	8	0	0	0	0	0	0			1	9	8	0	0	0	0	0	

월	일	품 목	규격	수량	단 가	공 급 가 액	세 액	비 고
10	31	부품재료		19,000	10,000	190,000,000	19,000,000	

합 계 금 액	현 금	수 표	어 음	외상미수금	이 금액을 영수/**청구** 함
209,000,000	185,000,000	10,000,000	10,000,000	40,000,000	

11월 9일 면세사업자인 도서출판 오성으로부터 직원용 도서를 다음과 같이 구입하고 대금은 전액 현금으로 지급하였다. 적절한 회계처리를 하고, 도서출판 오성을 거래처로 등록하시오.

구 분	수 량	단 가	공급가액
생 산 부	150	7,000	1,050,000
관 리 부	150	7,000	1,050,000

11월 17일 한국전력공사로부터 다음과 같은 전기사용에 대한 요금청구서를 받아 씨티은행에 현금으로 납부하였다.

구 분	공급가액	부가가치세
공 장	2,800,000	280,000
사 무 실	2,000,000	200,000

11월 29일 부영상사에 당사 원재료를 제공하고 제품의 일부를 제작 의뢰하였다. 오늘 의뢰했던 완제품을 납품 받고 다음과 같이 세금계산서를 교부 받았다.

(단위: 원)

품 목	수 량	단 가	제 작 비	부가가치세	결제방법
석류향-15			6,000,000	600,000	현 금

12월 5일 원주상사에 생산부에서 생산한 향수-오렌지향 1,000개(@₩20,000, 부가가치세 별도)를 LG카드로 결제하고 신용카드매출전표를 발행하여 매출하였다.

12월 11일 미국 수입상 제임스에게 생산부에서 생산한 향수-포도향 5,000개(@₩20,000)를 직수출 하고, 대금 중 ₩50,000,000은 현금으로 받고 나머지는 당좌예입되었다.(직수출증빙서류: 수출면장, 외국환증명서)

12월 22일 공장 자재부에서 사용할 컴퓨터 1대를 구입하고 다음과 같이 세금계산서를 받았다.

(단위: 원)

모 델	공급가액	부가가치세	거래처	결제방법
삼보207	1,400,000	140,000	삼화컴퓨터	현금 1,540,000

12월 30일 거래처 공주상사에서 원재료를 구입하고 다음과 같은 세금계산서를 받았다.

(단위: 원)

품 목	수 량	단 가	공 급 가 액	부가가치세	결제방법
재료-119			23,000,000	2,300,000	전액현금

연습문제 3-7

연습문제 3-6을 참고하여 ㈜세광(코드: 103)의 매출거래에 대하여 전자세금계산서를 발급하고 전송하시오.

| 제 4 장 |

고정자산/감가상각

| 제 4 장 |

고정자산/감가상각

제1절 감가상각의 개념

(1) 감가상각의 의의

유형·무형의 자산에 대하여 시간의 경과, 사용 등에 의하여 그 가치가 점차로 감소하는 것을 감가라 하고, 이 감가액을 측정하여 당해 고정자산의 원가에서 차감하여 비용으로 처리하는 절차를 감가상각이라 한다. 이때 비용으로 계상하는 금액을 감가상각비라 한다. 감가상각은 고정자산의 추정이용기간에 원가의 기간배분을 하는 인위적인 회계절차이다.

(2) (감가)상각 대상자산

(감가)상각은 유형·무형자산에 대하여 행하여지며 유형자산 중 토지와 건설중인 자산은 제외된다. 즉, 건물, 차량운반구, 기계장치, 비품, 구축물 등의 유형자산과 영업권, 산업재산권(특허권, 실용실안권, 의장권, 상표권), 광업권, 어업권, 차지권, 창업비, 개발비 등의 무형자산이다.

(3) 감가의 원인

사용에 의한 마멸, 손모와 시간의 경과에 따른 부패, 감모 또는 자연적작용에 의한 노후화 등 필연적으로 생기는 물리적 원인과 경제적으로 진부화 및 부적응에 의한 기능적인 원인이 있다.

(4) 감가상각의 3요소

① 취득원가: 감가상각의 산정기준이 되는 금액이며 실제 취득원가 또는 제작원가를 말하며 당해자산의 매입부대비용과 자본적 지출을 포함한다.

② 내용연수: 자산을 취득하여 폐물이 될 때까지 사용가능한 연수를 말한다.

③ 잔존가치: 자산의 내용연수가 만료된 뒤에 매각 처분하여 회수할 수 있는 처분 예정가액을 말한다. 세법상 유형·무형자산을 전액 상각하고 잔존가액을 0으로 하되 정률법일 경우는 취득원가의 5%를 잔존가액으로 규정하고 있다.

(5) 감가상각계산방법

① 정액법: 직선법이라고도 하며 매년 일정한 액수를 감가상각비로 계상하는 방법으로서 계산이 간단하며 기능적 감가가 비교적 적게 나타나는 건물, 구축물 등에 이용한다.

매년의 감가상각비=(취득원가 – 잔존가치) / 내용연수

② 정률법: 자산의 취득원가에서 감가상각누계액을 차감한 미상각잔액에 일정한 상각률을 곱하여 당기의 상각액을 산출하는 방법이다. 이 방법에 의하면 연수가 경과할수록 상각액이 점차로 감소하기 때문에 체감상각법이라고도 한다.

- 매년의 상각액=미상각잔액×정률
- 미상각잔액(장부가액)=(취득원가 – 감가상각누계액)

(6) 프로그램의 특징

감가상각메뉴에서 입력한 내용은 결산 및 기타의 메뉴에는 영향을 미치지 아니하며, 단지 감가상각명세서 등의 확인 및 조회만 가능하다. 다시 말해 감가상각비의 산출은 법인세법의 규정에 의하여 자동적으로 계산되며, 계산된 감가상각 데이터는 차기로 이월되며 감가상각비 조정명세서 작성시에 자동으로 반영된다.

또한 감가상각비는 수정이 가능하며 기업에서 별도의 방법으로 상각한 경우에도 관련 데이터를 입력하여 각종 감가상각명세서 등을 출력할 수 있다.

제2절 고정자산 등록

유형자산의 감가상각비를 입력하기 위해서는 먼저 고정자산을 등록하여 감가상각비를 계산하여야 한다. 메인화면에서 고정자산/감가상각 메뉴를 선택하여 하위 메뉴인 고정자산등록을 선택하면 다음과 같은 화면이 나타난다.

고정자산 등록 화면

(1) 고정자산 계정과목

?–도움상자를 누르면 다음과 같은 계정과목 도움창이 나타난다. 이 도움창에서 해당 고정자산을 선택하면 된다.

① 자산명: 구체적인 자산명을 입력한다(즉, 컴퓨터, 승용차, 트럭, 굴삭기 등). 한글은 10자, 영문은 20자 이내로 입력하면 된다.

② 취득년월인: 고정자산을 취득한 년월일을 입력한다.

(2) 주요등록사항

① 기초가액과 전기말상각누계액: 기초가액과 전기말상각누계액을 입력한다. 여기에서 기초가액이라 하면 취득원가를 의미하고 전기말상각누계액은 해당일까지의 감가상각누계액의 설정액을 의미한다. 따라서 취득원가와 전기말상각누계액을 입력하면 자동으로 전기말장부가액이 계산되어 나타난다.

② 상각방법: 상각방법을 입력한다. 이 때 "1: 정률법, 2: 정액법" 중에 선택하여 숫자를 입력하면 된다. 또한 주의할 점은 건물인 경우에는 항상 "정액법"에 의하여 고정되어 있다는 것을 명심해야 한다.

③ 내용연수: 해당 고정자산의 내용연수를 입력한다. 내용연수를 입력하면 상각률은 자동으로 계산되어 표시된다.

④ 업종: −도움상자를 누르면 다음과 같은 업종코드 도움창 나타나는데 여기에서 자료상에 주어진 해당 업종코드를 선택하면 된다. 자료상에 주어지지 않았으면 생략해도 된다.

구분	참고	업종코드및 명	
건설용자산	차량및운반구,공구,기구및 비품	01	차량및운반구
	연와조,블럭조,콘크리트조 등	02	연와조,블럭조
	철골.철근콘크리이트조.석조 등	03	철골,철골,석조
	선박 및 항공기 등	04	선박및항공기
업종별자산	농업,수렵업 및 임업	11	농(임)업,수렵업
	광업	12	광업
	제조업	13	제조업
	건설업	14	건설업
	도.소매업 및 소비자용품수리업	15	도.소매
	운수,창고 및 통신업	16	운수,창고,통신
	금융보험업	17	금융보험업

⑤ 경비구분: 경비구분을 선택하여 입력한다. 경비의 선택은 매우 중요하며, 잘못 구분하여 입력하면 순이익과 재무상태에 영향을 미치기 때문에 주의를 요한다. “0: 800번대(판매비와 관리비), 1: 500번대(제조경비), 2: 600번대, 3: 700번대” 중에 선택하여 입력한다.

⑥ 일반상각비: 위의 사항을 모두 입력하면 “일반상각비”가 자동으로 계산되어 나타난다. 일반상각비는 당기분의 상각분을 의미한다.

⑦ 특별상각비: 정상적인 감가상각 이외에 법인세법 시행령 등에 의하여 추가적으로 실시한 감가상각 금액을 입력한다.

⑧ 계: 자동으로 계산되어 표시된다.

⑨ 의제상각비: 해당 고정자산의 금액을 직접 입력한다.

⑩ 당기말상각누계액: 당기까지의 감가상각누계액을 의미한다. 즉, 전기말상각누계액과 당기분 감가상각비를 합계한 금액이다.

⑪ 당기말장부가액: 기초가액에서 당기말상각누계액을 차감한 금액이 자동적으로 계산되어 표시된다.

(3) 추가등록사항

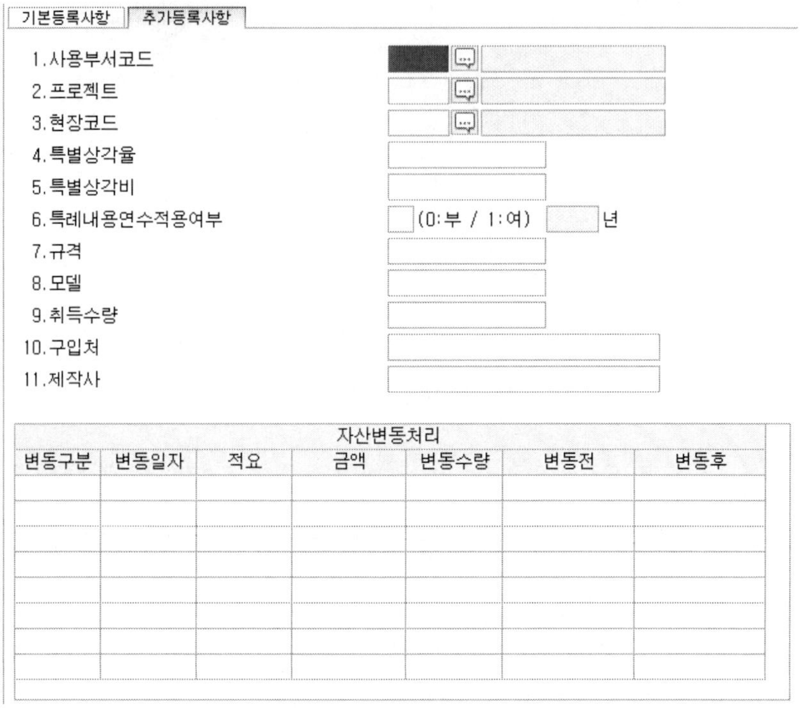

① 양도일자: 고정자산을 양도한 경우에 양도일자를 입력한다.

② 폐기일자: 고정자산을 폐기처분한 경우에 폐기처분일자를 입력한다.

③ 당기증가: 등록한 고정자산에 대하여 발생한 당기의 자본적 지출액을 입력한다.

④ 당기감소: 등록한 고정자산의 일부을 매각하였거나, 기타의 사유로 자산의 가치가 감소한 금액을 입력한다.

⑤ 자본적 지출액: 고정자산의 자본적 지출액을 경비처리(수익적 지출로 처리)한 경우 그 금액을 입력한다.

⑥ 규격: 고정자산의 규격을 입력한다.

⑦ 수량: 고정자산의 매입 또는 처분한 수량을 입력한다.

⑧ 특별상각유형: 특별상각의 유형을 입력한다.

⑨ 특별상각률: 해당 고정자산에 대한 특별상각률을 입력한다.

⑩ 전기말의제상각액: 전기말 현재의 의제상각누계액을 입력한다.

제3절 미상각분 감가상각계산

고정자산등록 메뉴의 입력사항을 자동으로 반영하여 자동으로 계산되므로 조회하고자 하는 고정자산의 계정코드를 입력하여 작성된 감가상각계산 해당명세에 대해 조회 및 출력을 한다.

미상각분 감가상각계산 등록 화면

제4절 양도자산 감가상각계산

고정자산등록 메뉴의 입력사항을 자동으로 반영하여 자동으로 계산되므로 조회하고자 하는 고정자산의 계정코드를 입력하여 작성된 감가상각계산 해당명세에 대해 조회 및 출력을 한다.

양도자산 감가상각계산은 양도일자를 입력하면 감가상각비가 자동으로 계산된다. 즉, 12분의 사용월수(구입한 월 수 포함)가 적용된다.

양도자산 감가상각계산 등록 화면

제5절 고정자산관리대장

고정자산등록 메뉴의 입력사항을 자동으로 반영하여 자동으로 계산되므로 조회하고자 하는 고정자산의 계정코드를 입력하면 계정코드별로 자동 작성된 감가상각계산명세서의 조회 및 출력을 할 수 있다.

고정자산관리대장 등록 화면

자료 입력 4-1

다음은 ㈜대한(회사코드: 3500)의 고정자산에 대한 자료이다. 자료를 보고 고정자산을 등록하고, 당기의 감가상각비를 계산하여 보자.

과목	자산명	용도	취득일	취득원가	누계액	상 각 방 법	내용 연수	업종
건 물	승리관	공장	21. 1. 22	27,300,000	20,000,000	정액법	10	13
	우암관	본사	21. 1. 19	25,000,000	15,000,000	정액법	8	13
	우정관	공장	21. 1. 22	15,000,000	5,000,000	정액법	10	13
차 량 운반구	지게차	공장	20. 8. 4	12,500,000	4,200,000	정률법	5	13
	승용차	본사	20. 10. 17	12,000,000	4,000,000	정액법	5	13
기 계 장 치	압축기	공장	20. 5. 7	28,120,000	13,360,000	정률법	5	13
	프레스	공장	20. 4. 8	13,000,000	8,000,000	정액법	5	13
비 품	복사기	본사	21. 1. 9	5,000,000	1,000,000	정액법	5	13
	에어컨	본사	23. 10. 26	1,470,000	0	정률법	5	13
	온풍기	공장	20. 6. 30	7,500,000	2,000,000	정률법	5	13
영업권	영업권 A	본사	20. 1. 5	3,800,000	0	정액법	5	13
	영업권 B	본사	21. 1. 10	4,200,000	0	정액법	5	13
산 업 재산권	특허권	본사	21. 10. 17	3,000,000	0	정액법	5	13
	의장권	본사	21. 2. 8	4,000,000	0	정액법	5	13
개발비	연구비	본사	21. 12. 15	3,000,000	0	정액법	5	13
소프트 웨 어	물류P/G	본사	21. 8. 31	1,000,000	0	정액법	5	13

(1) 건물 – 승리관: 당기말감가상각비 계상액 ₩2,730,000

(2) 건물 – 우암관: 당기말감가상각비 계상액 ₩3,125,000

(3) 건물 – 우정관: 당기말감가상각비 계상액 ₩1,500,000

(4) 차량운반구 – 지게차: 당기말감가상각비 계상액 ₩3,743,300

(5) 차량운반구 – 승용차: 당기말감가상각비 계상액 ₩2,400,000

(6) 기계장치 – 압축기: 당기말감가상각비 계상액 ₩6,656,760

(7) 기계장치 – 프레스: 당기말감가상각비 계상액 ₩2,600,000

(8) 비품 – 복사기: 당기말감가상각비 계상액 ₩1,000,000

(9) 비품 – 에어컨: 당기말감가상각비 계상액 ₩165,742

(10) 비품 – 온풍기: 당기말감가상각비 계상액 ₩2,480,500

(11) 영업권 – 영업권 A: 당기말상각비 계상액 ₩760,000

(12) 영업권 – 영업권 B: 당기말상각비 계상액 ₩840,000

(13) 산업재산권 – 특허권: 당기말상각비 계상액 ₩600,000

(14) 산업재산권 – 의장권: 당기말상각비 계상액 ₩800,000

(15) 개발비 – 연구개발비: 당기말상각비 계상액 ₩600,000

(16) 소프트웨어 – 물류P/G: 당기말상각비 계상액 ₩200,000

연습문제 4-1

다음 자료는 ㈜세광(코드: 103)의 고정자산에 대한 자료이다. 자료를 보고 고정자산을 등록하고, 당기의 감가상각비를 계산하여 보자.

과목	자산명	용도	취득일	취득원가	누계액	상각방법	내용연수	업종
건 물	도원실	본사	21. 1. 30	100,000,000	19,000,000	정액법	10	13
	두모실	공장	21. 2. 5	150,000,000	20,000,000	정액법	10	13
차 량 운반구	지게차	공장	21. 2. 7	60,000,000	21,000,000	정액법	5	13
	승용차	본사	23. 1. 25	25,495,000	0	정률법	5	13
	화물차	공장	23. 1. 12	30,000,000	0	정률법	5	13
기 계 장 치	프레스	공장	21. 2. 9	30,000,000	9,000,000	정액법	8	13
	압축기	공장	20. 1. 31	16,250,000	6,758,000	정률법	7	13
	경보기	본사	23. 6. 25	6,000,000	0	정률법	5	13
비 품	복사기	본사	22. 1. 10	10,500,000	3,200,000	정액법	5	13
	에어컨	본사	23. 1. 20	8,200,000	0	정률법	5	13
	온풍기	공장	23. 3. 30	5,000,000	0	정률법	5	13

| 제 5 장 |

부가가치세

| 제 5 장 |

부가가치세

제1절 부가가치세의 개념

1. 부가가치세 란

(1) 부가가치세의 의의

부가가치세는 재화나 용역이 생산되거나 유통되는 모든 거래단계에서 생기는 부가가치를 과세대상으로 하여 과세하는 간접세이다. 사업자는 매출시 거래상대방에게 부가가치세를 징수하여 국가에 납부하는 제도이다.⇒ 결국 모든 부가가치세는 최종소비자가 부담한다.

(2) 과세대상

1) 재화: 재산적 가치가 있는 모든 유체물과 무체물

① 유체물: 수표·어음 등 화폐대용증권. 단, 유가증권(주식·사채 등)은 불포함

② 무체물: 동력·열과 기타 관리할 수 있는 자연력 또는 권리 등

2) 용역: 재화 이외의 재산적 가치가 있는 모든 역무 및 기타행위
(건설업, 부동산업·임대업 및 사업서비스업)

3) 재화의 수입: ① 외국으로부터 우리나라에 도착된 물품
② 수출신고가 수리된 물품

(3) 부가가치세의 계산방식

부가가치는 사업자가 매입한 재화나 용역의 매출액에서 매입액을 공제한 금액이며, 이는 임금, 이자, 이윤, 지대 등의 합계액과 같다.

부가가치세 = (매출액 − 매입액) × 세율

부가가치세를 계산하는 방법은 여러 가지가 있으나 우리나라에서는 전단계 매입세액공제법을 택하고 있다.

예 도매업자 ——→ 소매업자 ——→ 소비자

공급가액	100	120
세　액	10	12

2. 부가가치세의 납세의무자

(1) 납세의무자 구분

부가가치세의 납세의무자는 영리목적 유무에 불구하고 사업상 독립적으로 재화 또는 용역을 공급하는 사업자를 말한다. 부가가치세의 납세의무자는 다음과 같이 구분할 수 있다.

① 개인
② 법인(국가·지방자치단체 및 지방자치단체조합 포함)
③ 법인격 없는 사단·재단·기타단체

(2) 납세의무자 특징

1) 영리목적의 유무와 무관한 자이어야 한다(사업자는 부가가치세를 거래상대방으로부터 거래징수하여 납부할 의무만 질 뿐, 실질적 부가가치세 부담자는 최종소비자이다. 따라서, 영리성과 무관하다).

2) 사업성(계속성, 반복성)이 있어야 한다(일시적, 우발적으로 공급한 재화·용역은 부가가치세 과세대상이 아니다).

3) 독립된 사업이어야 한다(사업을 영위하는 경우 다른 사업에 종속 또는 고용된 것이 아니고 인적·물적 조직을 갖추어 독립적으로 이루어져야 한다).

4) 재화 또는 용역을 공급하는 자이어야 한다(부가가치세의 과세대상인 재화 또는

용역을 공급하여야 한다. 부가가치세법상 면세물품, 면세용역을 공급하는 경우에는 부가가치세의 납세의무자가 아니다).

3. 사업자등록

사업자등록이란 부가가치세 납세의무자에 해당하는 사업자가 사업을 개시할 때 사업장의 주요사항들을 관할세무서의 관계대장에 수록하는 것을 말한다. 사업자등록신청을 하면 사업자등록증을 받게 되는데 사업자등록증에는 사업자의 사업자등록번호, 인적사항, 영위하는 업태종목, 개업일 등이 기재된다.

(1) 사업자등록의 신청

신규사업자는 사업장마다 사업개시일부터 20일 이내에 정부에 등록하고 등록증을 받아야 하는데, 사업개시일 전이라도 등록할 수 있다.

(2) 사업자등록의 정정사유

등록한 사업자에게 등록사항의 변동이 발생한 때에는 사업자등록증을 첨부하여 지체없이 사업장관할세무서장에게 등록정정신고를 하여야 한다.

등 록 정 정 사 유	재교부기한
① 상호를 변경하는 때 ② 법인의 대표자를 변경하는 때 ③ 상속으로 인하여 사업자의 명의가 변경되는 때	신청일부터 2일 내
④ 사업의 종류에 변경이 되는 때 ⑤ 사업장을 이전하는 때 ⑥ 공동사업자의 구성원 또는 출자지분의 변경이 있는 때	신청일부터 7일 내

4. 부가가치세의 과세기간과 납세지

(1) 과세기간

과세기간	구분	대상기간	신고기한
제 1 기 (1.1–6.30)	제1기 예정신고기간	1월 1일 – 3월 31일	4월 25일
	제1기 확정신고기간	4월 1일 – 6월 30일	7월 25일
제 2 기 (7.1–12.31)	제2기 예정신고기간	7월 1일 – 9월 30일	10월 25일
	제2기 확정신고기간	10월 1일 – 12월 31일	익년 1월 25일

(2) 납세지

납세지란 납세의무자가 납세의무 및 협력의무를 이행하고 과세권자가 부가·징수권을 가지고 행사하는 기준이 되는 장소이다. 현행 부가가치세법은 사업장을 그 납세지로 정하고 있다. 사업장이란 사업자 또는 그 사용인이 상시 주재하여 거래의 전부 또는 일부를 행하는 장소를 말한다.

5. 매입세액의 불공제 대상

실제로 거래징수 당했음에도 다음의 매입세액은 매출세액에서 공제할 수 없다.

① 세금계산서 미수취 불명분 매입세액

② 매입처별 세금계산서합계표의 미제출·부실기재분 매입세액

③ 사업과 직접 관련없는 지출에 대한 매입세액

④ 비영업용소형승용차의 구입과 유지에 관한 매입세액

☞ **매입세액이 공제되지 않는 비영업용소형승용차란 택시, 랜트카와 같은 승용차를 운행하여 요금을 받음으로써 매출수익이 발생되는 경우의 영업용 승용차 이외에 1000cc 미만의 경승용차가 아닌 모든 승용차를 말한다. 따라서 회사에서 업무용으로 사용하기 위하여 구입하는 1000cc 이상의 승용차는 매입세액불공제 대상이 된다.**

⑤ 접대비관련 매입세액

⑥ 면세사업관련 매입세액과 토지관련 매입세액

⑦ 사업자등록을 하기 전의 매입세액

6. 영세율 적용 대상

구 분	영세율 적용 대상
수출하는 재화	① 내국물품의 국외반출 ② 내국신용장 또는 구매승인서에 의하여 공급하는 재화
국외에서 제공하는 용역	해외건설용역 등 국외에서 제공하는 용역
외국항행용역	선박 · 항공기의 외국항행용역
기타 외화획득 재화 · 용역	① 국내에서 비거주자 또는 외국법인에게 공급되는 일정한 용역 ② 수출업자와 직접 도급계약에 의하여 수출재화를 임가공하는 용역 ③ 내국신용장 또는 구매승인서에 의하여 공급하는 수출재화 임가공용역 ④ 외국을 항행하는 선박 · 항공기 또는 원양어선에 공급하는 재화 또는 용역 ⑤ 외국인 관광객에게 공급하는 일정한 재화와 용역

7. 면세 적용 대상

구 분	면 세 대 상
기초생활필수품	① 미가공식료품 및 우리나라에서 생산된 농, 축, 수, 임산물 ② 수돗물 ③ 연탄과 무연탄 ④ 여객운송용역(항공기 · 고속버스 · 전세버스 · 택시제외) ⑤ 주택과 이에 부수되는 토지의 임대용역
국민후생 및 문화 관련 재화 용역	① 의료보건용역과 혈액 ② 교육용역 ③ 도서 · 신문 · 잡지 · 관보 · 통신 및 방송(광고는 제외) ④ 예술창작작품(골동품제외) ⑤ 주택과 이에 부수되는 토지의 임대용역
생 산 요 소	① 토지 ② 금융 · 보험용역 ③ 저술가 · 작곡가 등 일정한 자가 제공하는 인적용역
기 타	① 우표 · 인지 · 증지 · 복권과 공중전화 ② 일정한 제조담배 ③ 공익단체가 제공하는 일정한 재화 또는 용역 ④ 국가 등이 공급하는 재화 또는 용역 ⑤ 국가 등과 공익단체에 무상으로 공급하는 재화 또는 용역
조세특례제한법상 규 정	① 국민주택과 그 주택의 건설용역 등 ② 도서지방, 자가발전용 석유류 ③ 공장, 학교 등의 구내식당에서 공급하는 음식용역 ④ 농업경영 및 농작업의 대행용역 ⑤ 농어업용 석유류

8. 부가가치세 신고와 납부 또는 환급에 관한 회계처리

(1) 신고기간 경과시

부가가치세 신고기간이 경과하는 3월 31일, 6월 30일, 9월 30일, 12월 31일에는 다음과 같은 회계처리가 이루어져야 한다.

1) 납부세액 발생시(매출세액>매입세액)

(차) 부가가치세예수금	×××	(대) 부가가치세대급금	×××
		미 지 급 금	×××

2) 환급세액 발생시(매출세액<매입세액)

(차) 부가가치세예수금	×××	(대) 부가가치세대급금	×××
미 수 금	×××		

(2) 신고납부시

(차) 미 지 급 금	×××	(대) 현 금	×××

(3) 환 급 시

(차) 현 금	×××	(대) 미 수 금	×××

(4) 회계처리의 예

㈜대한의 2014년 4월 1일부터 6월 30일까지의 부가가치세 신고내역을 가지고 회계처리해 보자.

구 분	납부의 예	환급의 예
매출세액	98,260,000	72,450,000
매입세액	76,450,000	87,550,000
납부세액 (현 금)	21,810,000	
환급세액 (미수금)		15,100,000

《납 부 시 분 개》

제1기 확정신고기간 종료되는 6월 30일

(차) 부가세예수금	98,260,000	(대) 부가세대급금	76,450,000
		미 지 급 금	21,810,000

7월 25일 신고납부시

(차) 미 지 급 금	21,810,000	(대) 현 금	21,810,000

《환 급 시 분 개》

(차) 부가세예수금	72,450,000	(대) 부가세대급금	87,550,000
미 수 금	15,100,000		

제2절 부가가치세신고서

부가가치세신고서는 납세자가 각 예정신고 및 확정신고기간에 부가가치세 과세표준, 납부세액 또는 환급세액 등을 기재하여 사업장 관할 세무서장에게 신고하는 서류이다. 전산회계 1급에서는 일반과세를 대상으로 하기 때문에 일반과세만을 설명한다.

일반과세 신고내용 화면

(1) 1란: 과세(세금계산서)

영세율 세금계산서를 제외한 당해 과세기간 중에 교부한 세금계산서의 공급가액합계 및 세액합계를 입력한다. 매입매출전표입력 메뉴에서 11: 과세로 입력한 매출금액이 자동으로 반영된다.

(2) 2란: 과세(매입자발행세금계산서)

매입자가 세금계산서를 발급한 공급가액 합계, 세액 합계액을 입력한다.

(3) 3란: 과세(신용카드 현금영수증 발행분)

17. 카과, 22. 현과로 입력한 매출금액이 반영

(4) 4란: 과세(기타)

14. 건별로 입력한 매출금액이 반영된다. 간주 공급, 자가 공급, 개인적 공급, 사업상 증여 등

(5) 5란: 영세율(세금계산서)

당해 과세기간 중에 교부한 영세율 세금계산서의 합계액을 입력한다. 매입매출전표입력 메뉴에서 12: 영세로 입력한 매출금액이 자동으로 반영된다.

(6) 6란: 영세율(기타)

당해 과세기간 교부한 영세율 세금계산서 중에서 세금계산서 교부 면제분의 합계액을 입력한다. 매입매출전표입력 메뉴에서 16: 수출로 입력한 매출금액이 자동으로 반영된다.

(7) 7란: 예정신고누락분

예정신고 누락분을 확정신고할 때 예정신고누락분 금액을 입력한다. 예정신고 누락분란에 커서가 이동하면 다음과 같은 보조화면이 나타난다.

(8) 10란: 세금계산서(일반매입)

매입매출전표입력 메뉴에서 21: 과세, 22: 영세, 24: 불공, 25: 수입으로 입력한 매입금액 및 세액이 자동으로 반영된다.

(9) 11란: 세금계산서(고정자산매입)

매입매출전표입력 메뉴의 하단 분개란에서 계정과목을 고정자산코드로 입력한

매입금액 및 세액이 자동으로 반영된다.

(10) 12란: 예정신고누락분

예정신고 시 누락한 매입 자료를 확정 신고 시 입력한다.

화면이 나타난다.

(11) 13란: 매입자발행 세금계산서

매입자가 스스로 공급한 자에게 발급한 세금계산서를 입력한다.

(12) 14란: 기타공제매입세액

세금계산서 발급분은 아니지만 매입세액 공제를 받을 수 있는 거래 등이 자동 반영된다.

① 신용카드매출전표 수취명세서 제출분
② 의제매입세액
③ 재활용 폐자원 등 매입세액
④ 고금의제 매입세액
⑤ 과세사업 전환매입세액
⑥ 재고매입세액
⑦ 변제대손세액

(13) 16란: 공제받지 못할 매입세액

당해 신고기간 중에 교부받은 매입세금계산서 중에서 매입세액으로 공제받지 못하는 매입세금계산서 상의 공급가액 및 세액의 합계액을 입력한다. 매입매출전표입력 메뉴에서 54: 불공으로 입력한 매입세금계산서상의 금액이 자동으로 반영된다.

자료 입력 5-1

다음은 ㈜대한(회사코드: 3500)의 부가가치세신고서에 대한 질문이다. 질문내용을 확인하여 질문에 내용을 조회하여라.

01. 제1기 확정 부가가치세신고기간에 납부(환급)하여야 할 부가가치세는 얼마인가?

제1기 확정부가가치세 신고기간 납부세액: ₩6,257,000

구분				금액	세율	세액
과세표준및매출세액	과세	세금계산서발급분	1	66,770,000	10/100	6,677,000
	과세	매입자발행세금계산서	2		10/100	
	과세	신용카드·현금영수증발행분	3	15,000,000	10/100	1,500,000
	과세	기타(정규영수증외매출분)	4			
	영세	세금계산서발급분	5	45,000,000	0/100	
	영세	기타	6		0/100	
	예정신고누락분		7			
	대손세액가감		8			
	합계		9	126,770,000	㉮	8,177,000
매입세액	세금계산서수취분	일반매입	10	15,500,000		1,550,000
	세금계산서수취분	수출기업수입분납부유예	10			
	세금계산서수취분	고정자산매입	11	4,500,000		450,000
	예정신고누락분		12			
	매입자발행세금계산서		13			
	그 밖의 공제매입세액		14	700,000		70,000
	합계(10)-(10-1)+(11)+(12)+(13)+(14)		15	20,700,000		2,070,000
	공제받지못할매입세액		16	1,500,000		150,000
	차감계 (15-16)		17	19,200,000	㉯	1,920,000
납부(환급)세액(매출세액㉮-매입세액㉯)					㉰	6,257,000
경감공제세액	그 밖의 경감·공제세액		18			
	신용카드매출전표등 발행공제등		19	16,500,000		
	합계		20		㉱	
소규모 개인사업자 부가가치세 감면세액			20		㉲	
예정신고미환급세액			21		㉳	
예정고지세액			22		㉴	
사업양수자의 대리납부 기납부세액			23		㉵	
매입자 납부특례 기납부세액			24		㉶	
신용카드업자의 대리납부 기납부세액			25		㉷	
가산세액계			26		㉸	
차가감하여 납부할세액(환급받을세액)㉰-㉱-㉲-㉳-㉴-㉵-㉶-㉷+㉸					27	6,257,000
총괄납부사업자가 납부할 세액(환급받을 세액)						

구분				금액	세율	세액
7.매출(예정신고누락분)						
예정누락분	과세	세금계산서	33		10/100	
	과세	기타	34		10/100	
	영세	세금계산서	35		0/100	
	영세	기타	36		0/100	
	합계		37			
12.매입(예정신고누락분)						
예정누락분	세금계산서		38			
	그 밖의 공제매입세액		39			
	합계		40			
	신용카드매출수령금액합계	일반매입				
	신용카드매출수령금액합계	고정매입				
	의제매입세액					
	재활용폐자원등매입세액					
	과세사업전환매입세액					
	재고매입세액					
	변제대손세액					
	외국인관광객에대한환급/					
	합계					
14.그 밖의 공제매입세액						
신용카드매출수령금액합계표	일반매입		41	700,000		70,000
신용카드매출수령금액합계표	고정매입		42			
의제매입세액			43		뒤쪽	
재활용폐자원등매입세액			44		뒤쪽	
과세사업전환매입세액			45			
재고매입세액			46			
변제대손세액			47			
외국인관광객에대한환급세액			48			
합계			49	700,000		70,000

02. 제2기 확정 부가가치세신고기간에 납부(환급)하여야 할 부가가치세는 얼마인가?

제2기 확정부가가치세 신고기간 납부세액: ₩13,912,000

부가가치세신고서

[3500] (주)대한 113-81-34668 법인 5기 2023-01-01~2023-12-31 부가세 2023

종료 | 인쇄 | 조회 | F3 마감 | F4 과표명세 | F6 환급 | F7 저장 | F8 사업장명세 | F11 원시데이타켜기 | CF11 작성방법켜기

일반과세 | 간이과세

조회기간 : 2023 년 10 월 1 일 ~ 2023 년 12 월 31 일 신고구분 : 1.정기신고 신고차수 : 부가율 : 54.15 확정

구분			번호	금액 (정기신고금액)	세율	세액
과세표준및매출세액	과세	세금계산서발급분	1	282,000,000	10/100	28,200,000
		매입자발행세금계산서	2		10/100	
		신용카드 · 현금영수증발행분	3	6,000,000	10/100	600,000
		기타(정규영수증외매출분)	4			
	영세	세금계산서발급분	5		0/100	
		기타	6	35,000,000	0/100	
	예정신고누락분		7			
	대손세액가감		8			
	합계		9	323,000,000	㉮	28,800,000
매입세액	세금계산서수취분	일반매입	10	148,080,000		14,808,000
		수출기업수입분납부유예	10			
		고정자산매입	11			
	예정신고누락분		12			
	매입자발행세금계산서		13			
	그 밖의 공제매입세액		14	1,500,000		150,000
	합계(10)-(10-1)+(11)+(12)+(13)+(14)		15	149,580,000		14,958,000
	공제받지못할매입세액		16	700,000		70,000
	차감계 (15-16)		17	148,880,000	㉯	14,888,000
납부(환급)세액(매출세액㉮-매입세액㉯)					㉰	13,912,000
경감공제세액	그 밖의 경감 · 공제세액		18			
	신용카드매출전표등 발행공제등		19	6,600,000		
	합계		20		㉱	
소규모 개인사업자 부가가치세 감면세액			20		㉲	
예정신고미환급세액			21		㉳	
예정고지세액			22		㉴	
사업양수자의 대리납부 기납부세액			23		㉵	
매입자 납부특례 기납부세액			24		㉶	
신용카드업자의 대리납부 기납부세액			25		㉷	
가산세액계			26		㉸	
차가감하여 납부할세액(환급받을세액)㉰-㉱-㉲-㉳-㉴-㉵-㉶-㉷+㉸					27	13,912,000
총괄납부사업자가 납부할 세액(환급받을 세액)						

구분			번호	금액	세율	세액
7.매출(예정신고누락분)						
예정누락분	과세	세금계산서	33		10/100	
		기타	34		10/100	
	영세	세금계산서	35		0/100	
		기타	36		0/100	
	합계		37			
12.매입(예정신고누락분)						
예정누락분	세금계산서		38			
	그 밖의 공제매입세액		39			
	합계		40			
	신용카드매출수령금액합계	일반매입				
		고정매입				
	의제매입세액					
	재활용폐자원등매입세액					
	과세사업전환매입세액					
	재고매입세액					
	변제대손세액					
	외국인관광객에대한환급/					
	합계					
14.그 밖의 공제매입세액						
신용카드매출수령금액합계표		일반매입	41			
		고정매입	42	1,500,000		150,000
의제매입세액			43		뒤쪽	
재활용폐자원등매입세액			44		뒤쪽	
과세사업전환매입세액			45			
재고매입세액			46			
변제대손세액			47			
외국인관광객에대한환급세액			48			
합계			49	1,500,000		150,000

수출기업 수입분 납부유예 코드는 10-1입니다.

03. 제2기 부가가치세 과세기간(7월 1일 ~ 12월 31일)의 공제받지 못할 매입세액은 얼마인가?

제2기 부가가치세 과세기간 공제받지 못할 매입세액: ₩4,250,000

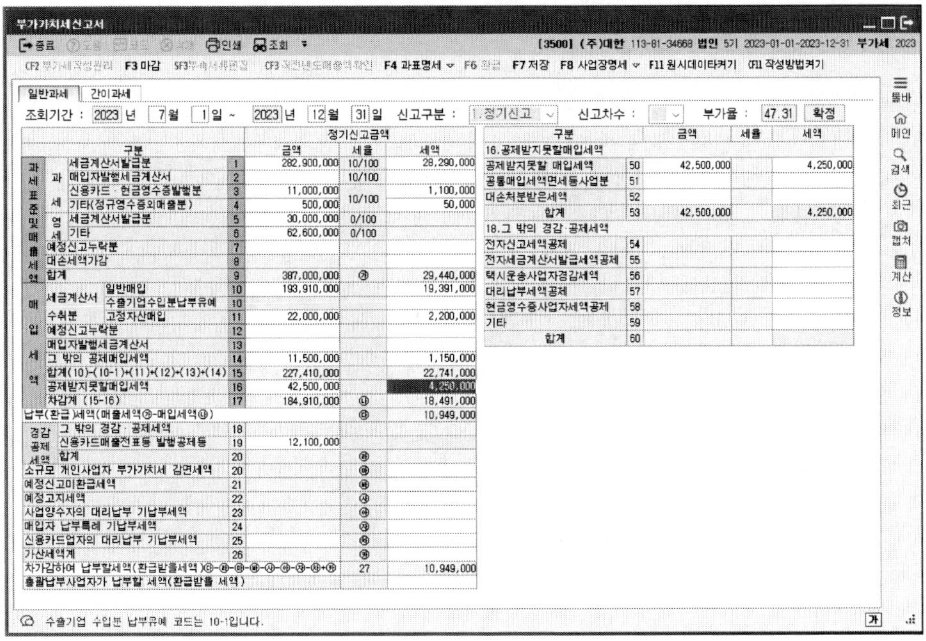

구분		번호	금액	세율	세액
과세표준및매출세액	과세 세금계산서발급분	1	282,900,000	10/100	28,290,000
	과세 매입자발행세금계산서	2		10/100	
	과세 신용카드·현금영수증발행분	3	11,000,000	10/100	1,100,000
	과세 기타(정규영수증외매출분)	4	500,000		50,000
	영세 세금계산서발급분	5	30,000,000	0/100	
	영세 기타	6	62,600,000	0/100	
	예정신고누락분	7			
	대손세액가감	8			
	합계	9	387,000,000	㉮	29,440,000
매입세액	세금계산서수취분 일반매입	10	193,910,000		19,391,000
	세금계산서수취분 수출기업수입분납부유예	10			
	세금계산서수취분 고정자산매입	11	22,000,000		2,200,000
	예정신고누락분	12			
	매입자발행세금계산서	13			
	그 밖의 공제매입세액	14	11,500,000		1,150,000
	합계(10)-(10-1)+(11)+(12)+(13)+(14)	15	227,410,000		22,741,000
	공제받지못할매입세액	16	42,500,000		4,250,000
	차감계 (15-16)	17	184,910,000	㉯	18,491,000
납부(환급)세액(매출세액㉮-매입세액㉯)				㉰	10,949,000
경감공제세액	그 밖의 경감·공제세액	18			
	신용카드매출전표등 발행공제등	19	12,100,000		
	합계	20		㉱	
소규모 개인사업자 부가가치세 감면세액		20		㉲	
예정신고미환급세액		21		㉳	
예정고지세액		22		㉴	
사업양수자의 대리납부 기납부세액		23		㉵	
매입자 납부특례 기납부세액		24		㉶	
신용카드업자의 대리납부 기납부세액		25		㉷	
가산세액계		26		㉸	
차가감하여 납부할세액(환급받을세액)㉰-㉱-㉲-㉳-㉴-㉵-㉶-㉷+㉸				27	10,949,000
총괄납부사업자가 납부할 세액(환급받을 세액)					

구분	번호	금액	세율	세액
16.공제받지못할매입세액				
공제받지못할 매입세액	50	42,500,000		4,250,000
공통매입세액면세등사업분	51			
대손처분받은세액	52			
합계	53	42,500,000		4,250,000
18.그 밖의 경감·공제세액				
전자신고세액공제	54			
전자세금계산서발급세액공제	55			
택시운송사업자경감세액	56			
대리납부세액공제	57			
현금영수증사업자세액공제	58			
기타	59			
합계	60			

04. 제1기 부가가치세 과세기간(1월 1일 ～ 6월 30일)의 고정자산 매입세액은 얼마인가?

제1기 부가가치세 과세기간 고정자산 매입세액: ₩5,850,000

부가가치세신고서

종료 인쇄 조회 [3500] (주)대한 113-81-34668 법인 5기 2023-01-01~2023-12-31 부가세 2023

F3 마감 F4 과표명세 F7 저장 F8 사업장명세 F11 원시데이타켜기 CF11 작성방법켜기

일반과세 | 간이과세

조회기간 : 2023 년 1 월 1 일 ~ 2023 년 6 월 30 일 신고구분 : 1.정기신고 신고차수 : 부가율 : 86.41 확정

구분		정기신고금액 금액	세율	세액
과세표준및매출세액 과세 세금계산서발급분	1	212,970,000	10/100	21,297,000
과세 매입자발행세금계산서	2		10/100	
과세 신용카드·현금영수증발행분	3	15,000,000	10/100	1,500,000
과세 기타(정규영수증외매출분)	4			
영세 세금계산서발급분	5	52,000,000	0/100	
영세 기타	6	11,600,000	0/100	
예정신고누락분	7			
대손세액가감	8			
합계	9	291,570,000	㉮	22,797,000
매입세액 세금계산서수취분 일반매입	10	38,900,000		3,390,000
세금계산서수취분 수출기업수입분납부유예	10			
세금계산서수취분 고정자산매입	11	58,500,000		5,850,000
예정신고누락분	12			
매입자발행세금계산서	13			
그 밖의 공제매입세액	14	2,700,000		270,000
합계(10)-(10-1)+(11)+(12)+(13)+(14)	15	100,100,000		9,510,000
공제받지못할매입세액	16	25,500,000		2,550,000
차감계 (15-16)	17	74,600,000	㉯	6,960,000
납부(환급)세액(매출세액㉮-매입세액㉯)			㉰	15,837,000
경감공제세액 그 밖의 경감·공제세액	18			
경감공제세액 신용카드매출전표등 발행공제등	19	16,500,000		
경감공제세액 합계	20		㉱	
소규모 개인사업자 부가가치세 감면세액	20		㉲	
예정신고미환급세액	21		㉳	
예정고지세액	22		㉴	
사업양수자의 대리납부 기납부세액	23		㉵	
매입자 납부특례 기납부세액	24		㉶	
신용카드업자의 대리납부 기납부세액	25		㉷	
가산세액계	26		㉸	
차가감하여 납부할세액(환급받을세액)㉰-㉱-㉲-㉳-㉴-㉵-㉶-㉷+㉸			27	15,837,000
총괄납부사업자가 납부할 세액(환급받을 세액)				

구분		금액	세율	세액
7.매출(예정신고누락분)				
예정누락분 과세 세금계산서	33		10/100	
예정누락분 과세 기타	34		10/100	
예정누락분 영세 세금계산서	35		0/100	
예정누락분 영세 기타	36		0/100	
합계	37			
12.매입(예정신고누락분)				
예정누락분 세금계산서	38			
예정누락분 그 밖의 공제매입세액	39			
합계	40			
신용카드매출수령금액합계 일반매입				
신용카드매출수령금액합계 고정매입				
의제매입세액				
재활용폐자원등매입세액				
과세사업전환매입세액				
재고매입세액				
변제대손세액				
외국인관광객에대한환급/				
합계				
14.그 밖의 공제매입세액				
신용카드매출수령금액합계표 일반매입	41	700,000		70,000
신용카드매출수령금액합계표 고정매입	42	2,000,000		200,000
의제매입세액	43		뒤쪽	
재활용폐자원등매입세액	44		뒤쪽	
과세사업전환매입세액	45			
재고매입세액	46			
변제대손세액	47			
외국인관광객에대한환급세액	48			
합계	49	2,700,000		270,000

수출기업 수입분 납부유예 코드는 10-1입니다.

연습문제 5-1

다음 자료는 ㈜세광(코드: 103)의 부가가치세신고서에 대한 질문이다. 질문내용을 확인하여 질문에 내용을 조회하여라.

01. 제1기 확정 신고기간에 납부할(환급받을) 부가가치세는 얼마인가?

02. 제1기 부가가치세 과세기간의 공제받지 못할 매입세액은 얼마인가?

03. 제1기 부가가치세 과세기간의 고정자산 매입세액은 얼마인가?

04. 제2기 확정 신고기간에 납부할(환급받을) 부가가치세는 얼마인가?

05. 제2기 부가가치세 과세기간의 공제받지 못할 매입세액은 얼마인가?

06. 제2기 부가가치세 과세기간의 고정자산 매입세액은 얼마인가?

제3절 세금계산서합계표

세금계산서합계표는 부가가치세신고서를 작성하기 위한 기본 자료로 일정 기간 중에 거래된 매입매출 세금계산서를 거래처별로 집계한 표를 말한다.

메인화면에서 부가가치세를 선택하면, 우측의 하위메뉴에 부가가치세신고서와 세금계산서합계표가 나타나는데 이 중에 세금계산서합계표를 선택하면 다음과 같은 화면이 나타난다.

세금계산서 합계표 화면

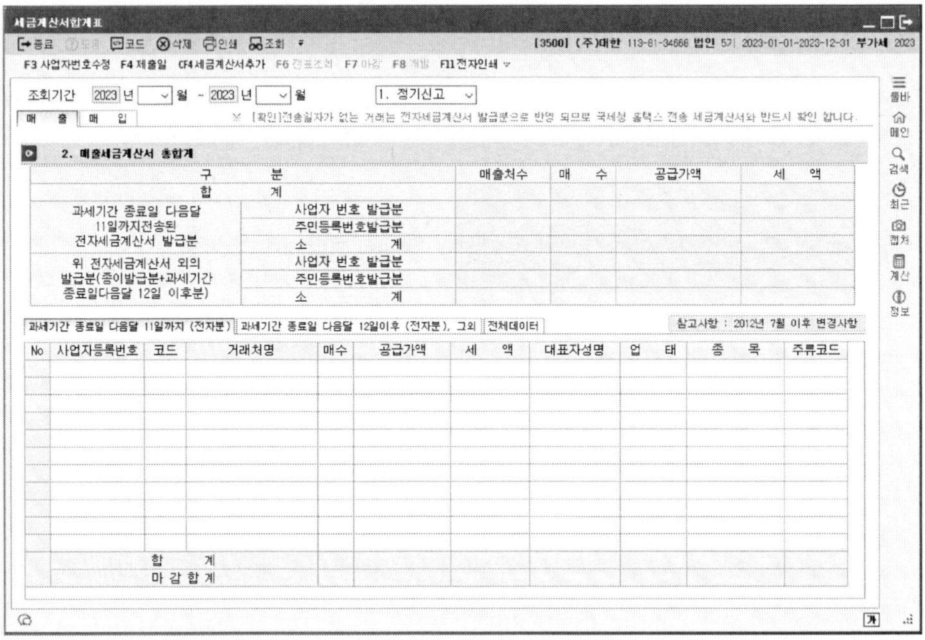

(1) 신고기간 및 구분

1) 신고기간: 부가가치세 신고기간을 입력한다.

2) 구분: 우측 구분란에서 목록상자(▲)를 누르면 '1. 정기신고, 2. 수정신고'가 나타나는데 내용은 다음과 같다.

3) 거래구분: 매출, 매입

1. 매출: 동 기간동안에 이루어진 매출세금계산서가 조회된다.

2. 매입: 동 기간동안에 이루어진 매입세금계산서가 조회된다.

(2) 매수 및 공급가액

1) 매수: 조회하는 기간동안의 거래건수를 의미한다.

2) 공급가액: 조회하는 기간동안의 매입 또는 매출의 총 거래금액을 말한다. 매입·매출세금계산서 합계표는 거래처별로 해당 기간동안의 총세금계산서 매수와 총 거래금액을 집계 표시한다.

자료 입력 5-2

다음은 ㈜대한(회사코드: 3500)의 세금계산서합계표에 대한 질문이다. 질문내용을 확인하여 질문에 내용을 조회하여라.

01. 제2기 확정 부가가치세 과세대상기간에 발행된 매출세금계산서는 총 몇 매이며 총 공급가액은 얼마인가?

총 매 수: 총 3매

총 공급가액: ₩282,000,000

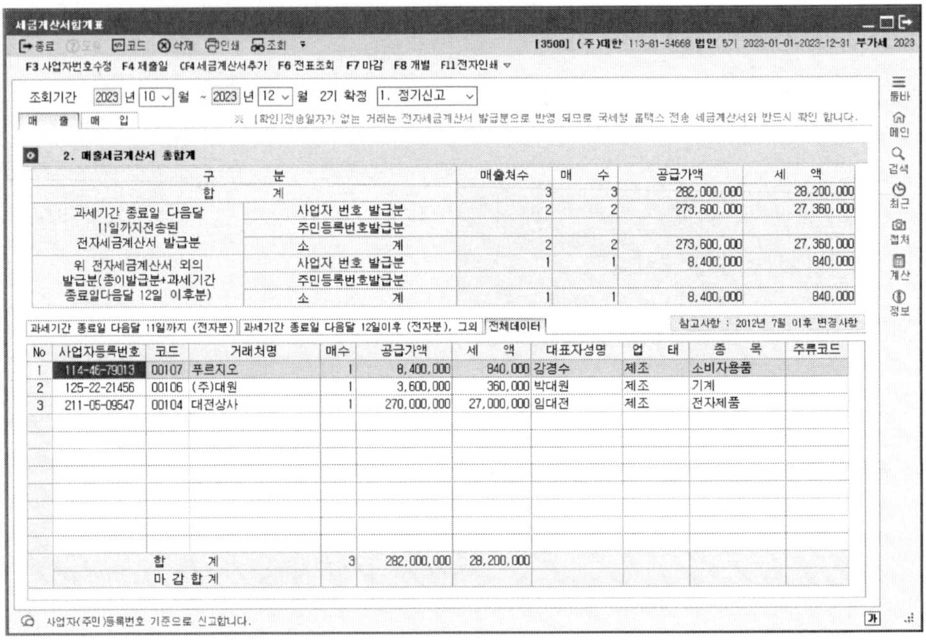

구분		매출처수	매수	공급가액	세액
합계		3	3	282,000,000	28,200,000
과세기간 종료일 다음달 11일까지전송된 전자세금계산서 발급분	사업자 번호 발급분	2	2	273,600,000	27,360,000
	주민등록번호발급분				
	소계	2	2	273,600,000	27,360,000
위 전자세금계산서 외의 발급분(종이발급분+과세기간 종료일다음달 12일 이후분)	사업자 번호 발급분	1	1	8,400,000	840,000
	주민등록번호발급분				
	소계	1	1	8,400,000	840,000

No	사업자등록번호	코드	거래처명	매수	공급가액	세액	대표자성명	업태	종목	주류코드
1	114-46-79013	00107	푸르지오	1	8,400,000	840,000	강경수	제조	소비자용품	
2	125-22-21456	00106	(주)대원	1	3,600,000	360,000	박대원	제조	기계	
3	211-05-09547	00104	대전상사	1	270,000,000	27,000,000	임대전	제조	전자제품	
	합계			3	282,000,000	28,200,000				
	마감합계									

02. 제1기 예정 부가가치세 신고기간에 우림상사로부터 교부받은 매입세금계산서는 총 몇 건이며, 공급가액은 얼마인가? 또한 우림상사의 거래처 코드번호는?

우림상사의 매입세금계산서 총 매수: 총 3매

우림상사의 매입세금계산서 총 공급가액: ₩35,300,000

우림상사의 거래처 코드번호: 00105번

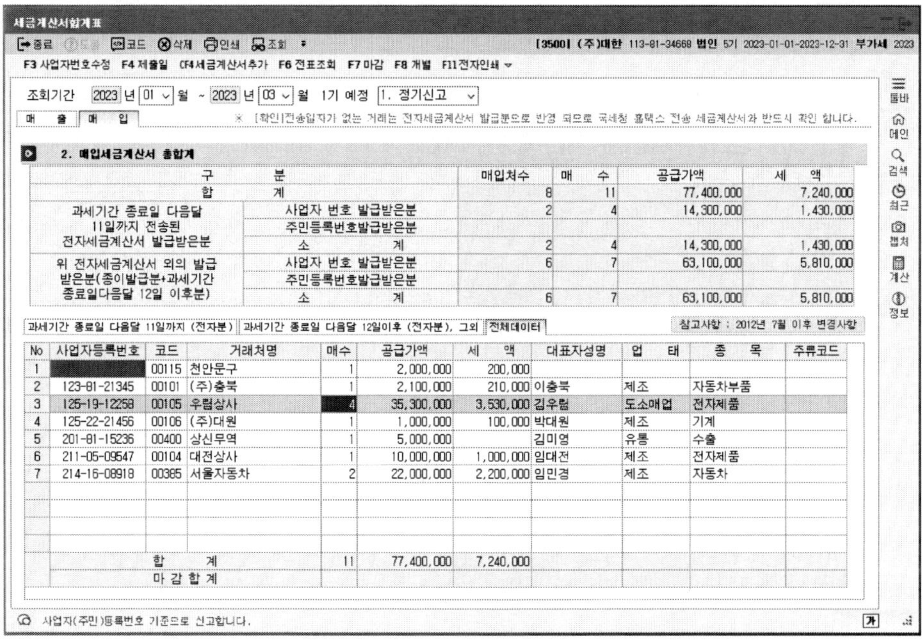

세금계산서합계표

종료 | 도움 | 코드 | 삭제 | 인쇄 | 조회 | [3500] (주)대한 113-81-34669 법인 5기 2023-01-01~2023-12-31 부가세 2023

F3 사업자번호수정 F4 제출일 CF4세금계산서추가 F6 전표조회 F7 마감 F8 개별 F11전자인쇄

조회기간 2023 년 01 월 ~ 2023 년 03 월 1기 예정 1. 정기신고

매 출 | 매 입 ※ [확인]전송일자가 없는 거래는 전자세금계산서 발급분으로 반영 되므로 국세청 홈택스 전송 세금계산서와 반드시 확인 합니다.

2. 매입세금계산서 총합계

구분		매입처수	매수	공급가액	세액
합계		8	11	77,400,000	7,240,000
과세기간 종료일 다음달 11일까지 전송된 전자세금계산서 발급받은분	사업자 번호 발급받은분	2	4	14,300,000	1,430,000
	주민등록번호발급받은분				
	소계	2	4	14,300,000	1,430,000
위 전자세금계산서 외의 발급받은분(종이발급분+과세기간 종료일다음달 12일 이후분)	사업자 번호 발급받은분	6	7	63,100,000	5,810,000
	주민등록번호발급받은분				
	소계	6	7	63,100,000	5,810,000

과세기간 종료일 다음달 11일까지 (전자분) | 과세기간 종료일 다음달 12일이후 (전자분), 그외 | 전체데이터 참고사항 : 2012년 7월 이후 변경사항

No	사업자등록번호	코드	거래처명	매수	공급가액	세액	대표자성명	업태	종목	주류코드
1	[redacted]	00115	천안문구	1	2,000,000	200,000				
2	123-81-21345	00101	(주)충북	1	2,100,000	210,000	이충북	제조	자동차부품	
3	125-19-12258	00105	우림상사	4	35,300,000	3,530,000	김우림	도소매업	전자제품	
4	125-22-21456	00106	(주)대원	1	1,000,000	100,000	박대원	제조	기계	
5	201-81-15236	00400	상신무역	1	5,000,000		김미영	유통	수출	
6	211-05-09547	00104	대전상사	1	10,000,000	1,000,000	임대전	제조	전자제품	
7	214-16-08918	00385	서울자동차	2	22,000,000	2,200,000	임민경	제조	자동차	
		합계		11	77,400,000	7,240,000				
		마감합계								

사업자(주민)등록번호 기준으로 신고합니다.

연습문제 5-2

다음 자료는 ㈜세광(코드: 103)의 부가가치세합계표에 대한 질문이다. 질문내용을 확인하여 질문에 내용을 조회하여라.

01. 제1기 확정 신고기간에 발행된 매출세금계산서의 총 매수와 총 공급가액은 얼마인가?

02. 제1기 부가가치세 과세기간에 교부받은 매입세금계산서의 총 매수와 총 공급가액은 얼마인가? 또한 이 기간에 가장 많은 거래가 이루어진 거래처와 거래처 코드는 무엇인가?

03. 제2기 부가가치세 과세기간에 발행된 매출세금계산서의 총 매수와 총 공급가액은 얼마인가? 또한 이 기간에 가장 많은 거래가 이루어진 거래처와 거래처 코드는 무엇인가?

04. 제2기 예정 부가가치세 과세기간에 교부받은 매입세금계산서의 총 매수와 총 공급가액은 얼마인가?

| 제 6 장 |

결산/재무제표

| 제 6 장 |

결산/재무제표

제1절 결산자료의 입력

1. 결산이란?

(1) 결산의 개념

회계년도 말에 재무상태와 동 기간의 경영성과를 파악하고, 각종의 장부를 마감하는 절차를 의미한다.

(2) 결산의 절차

결산 예비 절차	결산 본 절차	결산 보고서 작성
• 시산표 작성 • 재고조사표 작성 • 정산표 작성	• I/S계정 마감 • B/S계정 마감 • 기타장부 마감	• I/S 작성 • B/S 작성 • 기타의 결산 보고서 작성

(3) 결산정리 사항

결산정리는 결산시점에서 여러 가지 사유로 장부상의 금액이 실제금액을 나타나지 못하게 되는데 이럴 경우 장부상의 금액을 실제금액으로 일치시키기 위해 각 계정잔액을 수정하는 과정을 의미한다. 결산정리 사항에는 재무상태표 항목의 정리와 손익계산서 항목의 정리로 구분된다.

1) 재무상태표 항목의 정리

① 재고자산의 정리	② 채권의 대손충당금 설정
③ 유가증권의 평가	④ 유형자산의 비용화 계상
⑤ 무형자산의 상각 수정	⑥ 가지급금 · 가수금의 정리
⑦ 현금과부족의 발견 수정	⑧ 소모품의 정리
⑨ 인출금의 정리(개인기업)	

① 재고자산의 정리

상품, 원재료, 재공품, 제품과 같은 재고자산의 경우 매출원가를 산정하기 위하여 기초재고액과 기말재고액을 매입계정 차변과 대변에 대체하여야 한다.

〈결산정리 분개〉

기초상품재고액: (차) 매　　입　　××　(대) 이월상품　　××

기말상품재고액: (차) 이월상품　　××　(대) 매　　입　　××

〈회계처리 예〉

기초상품재고액: ₩120,000,　　당기매입액: ₩500,000

기말상품재고액: ₩150,000

〈결산정리 분개〉

기초상품재고액: (차) 매　　입　120,000　(대) 이월상품　120,000

기말상품재고액: (차) 이월상품　150,000　(대) 매　　입　150,000

② 채권에 대한 대손충당금 설정

결산시 차기로 이월될 채권에 대한 대손추산액을 계산한다. 기업회계기준에서는 간접법(충당금설정법), 보충법, 환입법에 의하여 회계처리한다.

〈결산정리 분개〉

(차) 대손상각비　　××　(대) 대손충당금　　××

〈회계처리 예〉

매출채권잔액 ₩200,000에 대하여 2%의 대손을 추산하다.(단, 대손충당금 기설정

액이 ₩3,000이 있음)

〈결산정리 분개〉

(차) 대손상각비	1,000	(대) 대손충당금	1,000

③ 단기매매증권(유가증권)의 평가

결산시 유가증권의 원가와 시가가 다를 경우에는 시가에 의해서 평가를 하고, 평가손익은 당기의 영업외 손익으로 처리하며, 단기매매증권(유가증권)계정에서 직접 차감한다.

〈결산정리 분개〉

(차) 유가증권평가손실	××	(대) 유 가 증 권	××

또는,

(차) 유 가 증 권	××	(대) 유가증권평가이익	××

〈회계처리 예〉

유가증권 ₩200,000을 기말 결산시 ₩250,000으로 평가하다.

〈결산정리 분개〉

(차) 유 가 증 권	50,000	(대) 유가증권평가이익	50,000

④ 유형자산의 감가상각

결산시 유형자산에 대하여 가치가 감소한 부분을 비용으로 계상하는 과정이다.

〈결산정리 분개〉

(차) 감가상각비	××	(대) 감가상각누계액	××

〈회계처리 예〉

건물 취득원가 ₩1,000,000(감가상각누계액 ₩200,000, 상각률 20%)을 정률법에 의하여 당기분 감가상각하다.

〈결산정리 분개〉

(차) 감가상각비	160,000	(대) 감가상각누계액	160,000

⑤ 무형자산의 상각

결산시 무형자산에 대하여 내용연수 기간동안에 균등 상각하여 비용으로 계상하는 과정이다.

〈결산정리 분개〉

(차) 무형자산상각비 ×× (대) (해당)무형자산 ××

〈회계처리 예〉

영업권에 대하여 당기분 ₩100,000을 상각하다.

〈결산정리 분개〉

(차) 영업권상각비 100,000 (대) 영 업 권 100,000

⑥ 소모품의 정리

자산법: 소모품 구입시 소모품계정으로 처리

비용법: 소모품 구입시 소모품비계정으로 처리

거 래 예	자 산 법	비 용 법
소모품 구입시	(차) 소 모 품 ×× (대) 현 금 ××	(차) 소모품비 ×× (대) 현 금 ××
결산정리분개	(차) 소모품비 ×× (대) 소 모 품 ××	(차) 소 모 품 ×× (대) 소모품비 ××

〈회계처리 예〉

소모품비 ₩90,000에 대하여 결산시 소모품 미사용액 ₩20,000을 계상하다.

〈결산정리 분개〉

(차) 소 모 품 20,000 (대) 소 모 품 비 20,000

⑦ 가계정의 정리

가지급금, 가수금, 현금과부족, 미결산계정 등과 같은 가계정은 일시적인 계정이므로 결산시점에서는 그 내용을 파악하여 정확한 항목으로 대체한다.

⑧ 인출금의 정리

개인 기업인 경우 기업주가 가계비 등의 사용으로 인한 자본금을 인출한 경우

기말에 인출금계정의 잔액을 일괄하여 자본금계정에 대체한다.

2) 손익계산서 항목의 정리

① 수익의 이연(선수수익)	② 비용의 이연(선급비용)
③ 수익의 예상(미수수익)	④ 비용의 예상(미지급비용)

① 수익의 이연

임대료, 이자수익 등 당기에 이미 수입된 수익 중에 차기 이후에 속하는 금액은 당기의 수익에서 차감하여 선수수익계정에 대체하여 차기로 이월시킨다.

〈결산정리 분개〉

(차) (해당)수익	××	(대) 선수수익(해당)	××

〈회계처리 예〉

임대료 ₩120,000 중에 선수분 ₩40,000을 계상하다.

〈결산정리 분개〉

(차) 임 대 료	40,000	(대) 선수임대료	40,000

② 비용의 이연

보험료, 임차료 등 당기에 이미 지급된 비용 중에 차기 이후에 속하는 금액은 당기의 비용에서 차감하여 선급비용계정에 대체하여 차기로 이월시킨다.

〈결산정리 분개〉

(차) 선급비용(해당)	××	(대) (해당)비용	××

〈회계처리 예〉

보험료 ₩120,000 중에 선급분 ₩40,000을 계상하다.

〈결산정리 분개〉

(차) 선급보험료	40,000	(대) 보 험 료	40,000

③ 수익의 예상

임대료, 이자수익 등 당기에 속하는 수익으로서 미수분이 있는 경우에는 당기의 수익으로 인식하고, 미수수익계정에 대체하여 차기로 이월시킨다.

〈결산정리 분개〉

(차) 미수수익(해당)	××	(대) (해당)수익	××

〈회계처리 예〉

이자미수분 ₩10,000을 계상하다.

〈결산정리 분개〉

(차) 미수이자	10,000	(대) 이자수익	10,000

④ 비용의 예상

보험료, 임차료 등 당기에 속하는 비용으로서 미지급분이 있는 경우에는 당기의 비용으로 인식하고, 미지급비용계정에 대체하여 차기로 이월시킨다.

〈결산정리 분개〉

(차) (해당)비용	××	(대) 미지급비용(해당)	××

〈회계처리 예〉

급료 미지급분 ₩50,000을 계상하다.

〈결산정리 분개〉

(차) 급 여	50,000	(대) 미지급급여	50,000

2. 결산자료 입력

전산회계 1급에서는 결산방법으로 프로그램에 의한 자동결산과 일반전표입력과 동일하게 수정분개를 통하여 회기 종료일에 일반전표 입력메뉴에 입력하는 수동결산으로 구분된다.

(1) 수동결산

수동결산은 일반전표 입력과 동일하게 회기 종료일의 날짜에 수정분개를 통하여 일반전표 입력메뉴에 입력을 하면 된다. 수동에 의하여 정리할 사항은 다음과 같다.

① 선급비용의 계상	② 미수수익의 계상
③ 미지급비용의 계상	④ 선수금과 선급금의 정리
⑤ 가지급금의 정리	⑥ 부가세예수금과 대급금의 정리
⑦ 소모품의 정리	

(2) 자동결산

자동결산이란 전산회계프로그램에서 결산화면에 표시되는 결산정리 항목에 해당하는 금액만 입력하면 결산이 완료되는 방법으로 결산자료입력 메뉴에서 결산금액을 입력하면 된다. 자동결산에 의하여 정리할 사항은 다음과 같다.

① 재고자산정리	② 유형자산의 감가상각비 계상
③ 채권에 대한 대손상각비 계상	④ 퇴직급여충당금 설정
⑤ 법인세의 계상	⑥ 이익잉여금의 처분

결산/재무제표메뉴에서 결산자료입력을 클릭하면 결산자료입력화면이 나타난다. 여기에서 연월일을 입력하면 "매출원가 및 원가경비"선택의 보조화면이 나타난다. 455: 제품매출원가, 1번: 제조경비를 선택하고 확인버튼을 클릭하면 결산자료를 입력할 수 있는 화면이 나타난다.

결산자료입력 화면

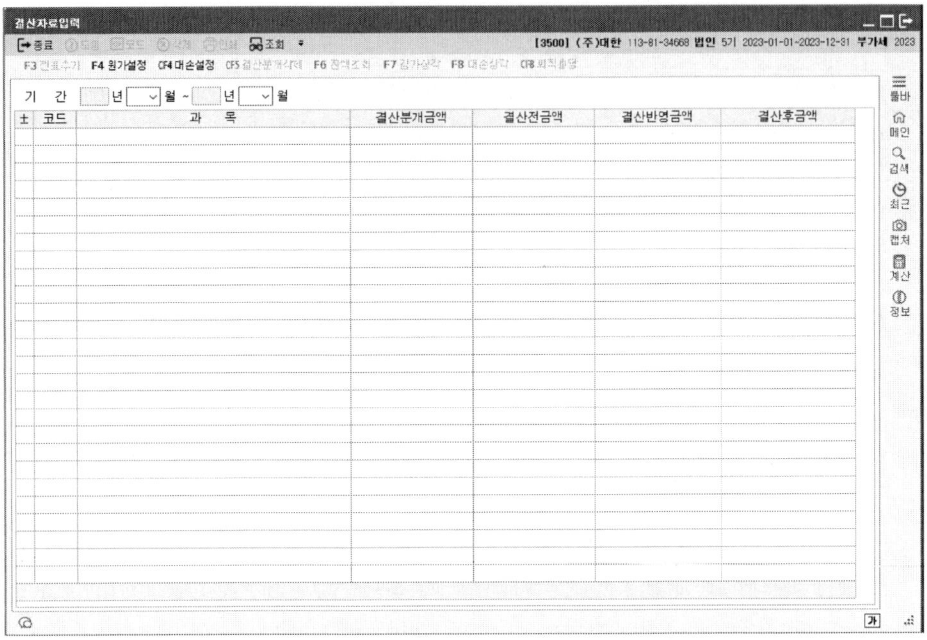

매출원가 및 원가경비선택 화면

매출원가 및 경비선택

사용여부	매출원가코드 및 계정과목		원가경비		화면
여	0455	제품매출원가	1	0500번대	제조
부	0452	도급공사매출원가	2	0600번대	도급
부	0457	보관매출원가	3	0650번대	보관
부	0453	분양공사매출원가	4	0700번대	분양
부	0458	운송매출원가	5	0750번대	운송

[참고사항]
1. 편집(tab)을 선택하면 사용여부를 1.여 또는 0.부로 변경하실 수 있습니다.
2. 사용여부를 1.여로 입력 되어야만 매출원가코드를 변경하실 수 있습니다.
(편집(tab)을 클릭하신 후에 변경하세요)
3. 사용여부가 1.여인 매출원가코드가 중복 입력되어 있는 경우 본 화면에 입력하실 수 없습니다.

확인(Enter) 편집(Tab) 자동설정(F3) 취소(ESC)

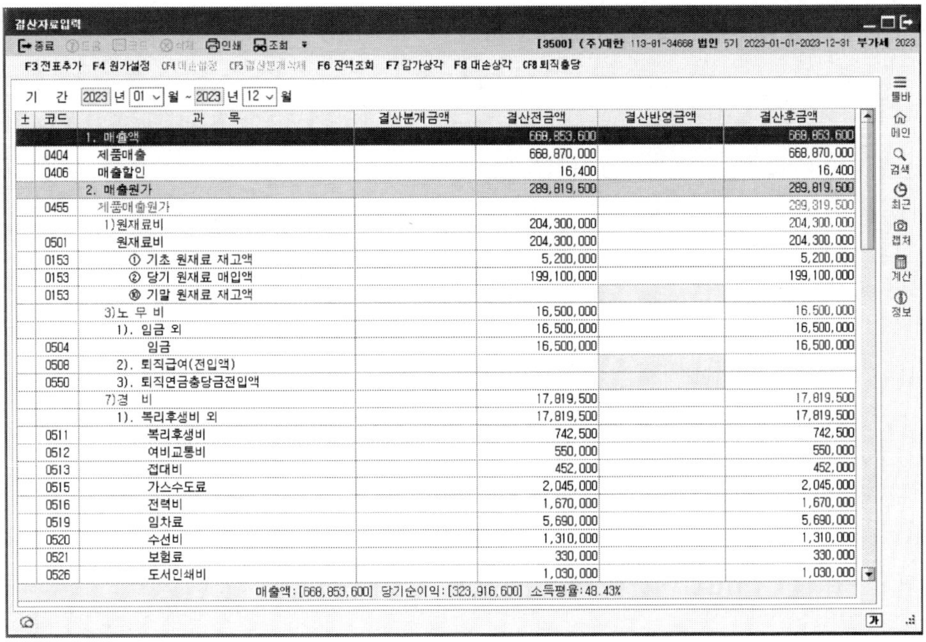

±	코드	과 목	결산분개금액	결산전금액	결산반영금액	결산후금액
		1. 매출액		668,853,600		668,853,600
	0404	제품매출		668,870,000		668,870,000
	0406	매출할인		16,400		16,400
		2. 매출원가		289,819,500		289,819,500
	0455	제품매출원가				289,319,500
		1)원재료비		204,300,000		204,300,000
	0501	원재료비		204,300,000		204,300,000
	0153	① 기초 원재료 재고액		5,200,000		5,200,000
	0153	② 당기 원재료 매입액		199,100,000		199,100,000
	0153	⑩ 기말 원재료 재고액				
		3)노 무 비		16,500,000		16,500,000
		1). 임금 외		16,500,000		16,500,000
	0504	임금		16,500,000		16,500,000
	0508	2). 퇴직급여(전입액)				
	0550	3). 퇴직연금충당금전입액				
		7)경 비		17,819,500		17,819,500
		1). 복리후생비 외		17,819,500		17,819,500
	0511	복리후생비		742,500		742,500
	0512	여비교통비		550,000		550,000
	0513	접대비		452,000		452,000
	0515	가스수도료		2,045,000		2,045,000
	0516	전력비		1,670,000		1,670,000
	0519	임차료		5,690,000		5,690,000
	0520	수선비		1,310,000		1,310,000
	0521	보험료		330,000		330,000
	0526	도서인쇄비		1,030,000		1,030,000

매출액:[668,853,600] 당기순이익:[323,916,600] 소득평율:48.43%

1) 기말 재고자산의 입력

기말상품재고액, 기말원재료재고액, 기말재공품재고액, 기말제품재고액 등의 기말재고자산을 입력하는 과정이다. 입력하고자 하는 해당 재고자산으로 커서를 이동하여 주어진 금액을 입력하면 된다.

2) 유형자산의 감가상각비 입력

유형자산은 토지와 건설중인자산을 제외하고 기간의 경과로 인하여 가치가 감소하는데 이 가치감소분을 비용으로 계상해야 한다. 그러나 비용화 시키는 과정에서 제조경비와 판매비와 관리비를 정확하게 구분하여 입력해야만 한다. 판매비와 관리비는 당해 년도 비용으로 계상되지만 제조경비는 제조원가에 산입되어 제품의 판매로 비용화 되기 때문이다.

감가상각비의 입력은 상단의 툴바 F7 [감가상각]을 클릭하면 다음과 같은 보조화면이 나타나는데 여기에서 "결산 반영"을 선택하면 된다.

감가상각

코드	계정과목명	경비구분	고정자산등록 감가상각비	감가상각비 감가상각비X(조회기간월수/내용월수)	결산반영금액
020200	건물	제조	4,230,000	4,230,000	4,230,000
020200	건물	판관	3,125,000	3,125,000	3,125,000
020600	기계장치	제조	9,256,760	9,256,760	9,256,760
020800	차량운반구	제조	3,743,300	3,743,300	3,743,300
020800	차량운반구	판관	2,400,000	2,400,000	2,400,000
021200	비품	판관	1,165,742	1,165,742	1,165,742
021200	비품	제조	2,480,500	2,480,500	2,480,500
021800	영업권	판관	1,600,000	1,600,000	1,600,000
021900	특허권	판관	600,000	600,000	600,000
022200	의장권	판관	800,000	800,000	800,000
022600	개발비	판관	600,000	600,000	600,000
022700	소프트웨어	판관	200,000	200,000	200,000
	감가상각비(제조)합계		19,710,560	19,710,560	19,710,560
	감가상각비(판관)합계		10,490,742	10,490,742	10,490,742

새로불러오기 결산반영 취소(Esc)

3) 퇴직급여충부채의 입력

퇴직급여충당금전입액 항목에 설정액을 입력한다. 주의할 점은 제조경비와 판매비와 관리비로 구분하여 해당 항목에 입력해야 한다. 퇴직급여충당부채의 입력은 상단의 CF8 퇴직충당 툴바를 클릭하면 다음과 같은 보조화면이 나타나는데 여기에서 "결산 반영"을 선택하면 된다.

퇴직충당부채

코드	계정과목명	퇴직급여추계액	설정전 잔액				추가설정액(결산반영) (퇴직급여추계액-설정전잔액)	유형
			기초금액	당기증가	당기감소	잔액		

새로불러오기 결산반영 취소(Esc)

4) 매출채권에 대한 대손상각비의 입력

매출채권(외상매출금과 받을어음)에 대한 대손충당금을 설정하기 위해서는 채권의 기말잔액과 충당금 기설정액을 확인하여야 한다. 매출채권에 대한 대손상각비

계산 절차는 다음과 같다. 대손상각비의 입력은 상단의 툴바 F8 [대손상각]을 클릭하면 다음과 같은 보조화면이 나타나는데 여기에서 "결산 반영"을 선택하면 된다.

대손상각

대손율(%) 1.00

코드	계정과목명	금액	설정전 충당금 잔액			추가설정액(결산반영) [(금액x대손율)-설정전충당금잔액]	유형
			코드	계정과목명	금액		
0108	외상매출금	218,457,000	0109	대손충당금	750,000	1,434,570	판관
0110	받을어음	150,200,000	0111	대손충당금		1,502,000	판관
0120	미수금	11,780,000	0121	대손충당금		117,800	영업외
0131	선급금	200,000	0132	대손충당금		2,000	영업외
	대손상각비 합계					2,936,570	판관
	기타의 대손상각비					119,800	영업외

새로불러오기 결산반영 취소(Esc)

5) 무형고정자산 상각비의 입력

무형자산상각비의 입력은 상단의 툴바 F7 [감가상각]을 클릭하면 다음과 같은 보조화면이 나타나는데 여기에서 "결산 반영"을 선택하면 된다.

감가상각

코드	계정과목명	경비구분	고정자산등록 감가상각비	감가상각비 감가상각비X(조회기간월수/내용월수)	결산반영금액
020200	건물	제조	4,230,000	4,230,000	4,230,000
020200	건물	판관	3,125,000	3,125,000	3,125,000
020600	기계장치	제조	9,256,760	9,256,760	9,256,760
020800	차량운반구	제조	3,743,300	3,743,300	3,743,300
020800	차량운반구	판관	2,400,000	2,400,000	2,400,000
021200	비품	판관	1,165,742	1,165,742	1,165,742
021200	비품	제조	2,480,500	2,480,500	2,480,500
021800	영업권	판관	1,600,000	1,600,000	1,600,000
021900	특허권	판관	600,000	600,000	600,000
022200	의장권	판관	800,000	800,000	800,000
022600	개발비	판관	600,000	600,000	600,000
022700	소프트웨어	판관	200,000	200,000	200,000
	감가상각비(제조)합계		19,710,560	19,710,560	19,710,560
	감가상각비(판관)합계		10,490,742	10,490,742	10,490,742

새로불러오기 결산반영 취소(Esc)

6) 법인세(소득세)등의 입력

법인세등 계상(소득세등)란으로 커서가 이동을 하면 결산시 추가로 계상할 법인세등 계상 금액을 입력한다.

3. 결산완료 절차

수동결산과 자동결산과정이 종료되면 입력한 자동결산자료의 저장과 자동결산내용을 일반전표에 추가하여야 한다.

(1) 자동결산내용의 일반전표 추가

결산자료의 입력이 완료되면 결산내용을 장부에 반영하기 위한 결산대체분개를 자동으로 생성하여 일반전표입력에 추가해야 한다. 이러한 과정은 다음과 같다.

1) 도구모음줄에서 "F3 전표추가"를 누르면 "결산분개를 일반전표에 추가하시겠습니까?"라는 메시지가 나타나는데 "예"를 선택한다. 결산자료를 입력하였어도 일반전표에 추가하지 않으면 결산이 완료되지 않는다는 것에 유의하여야 한다.

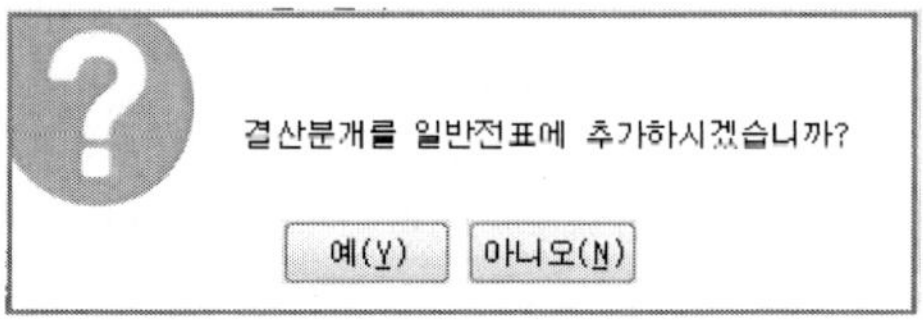

2) 추가를 완료하였으면 메인화면 또는 제목표시줄에서 전표/입력장부의 하위메뉴인 일반전표입력을 선택하여 12월을 조회한다.

3) 화면 우측상단에 "결산분개"라는 표시가 나타난다.

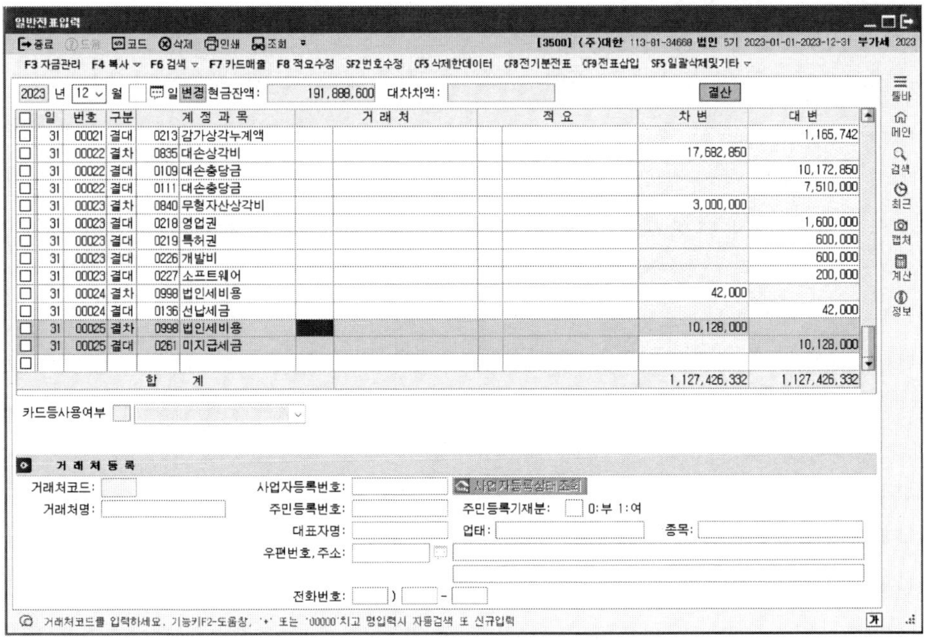

(3) 자동입력전표의 일괄삭제

자동결산대체분개를 일반전표에 추가한 후 결산입력사항에 오류나 누락사항이 있는 경우 자동입력된 결산대체전표를 일괄삭제할 필요가 있다. 일괄삭제 절차는 다음과 같다.

1) 일반전표입력화면에서 "Shift+F5"를 동시에 누르면 "일반전표-자동분개 일괄삭제" 창이 나타난다. 이때 결산분개에 "∨"표시하고 "삭제"를 선택하면 입력된 결산대체분개가 일괄 삭제된다.

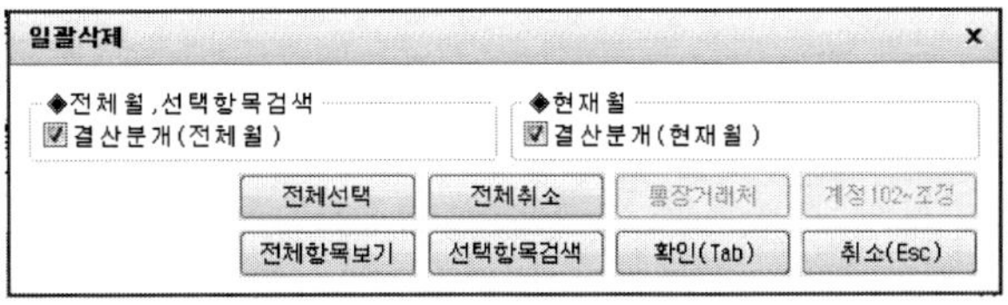

2) 삭제한 후에는 반드시 결산입력내용을 수정한 후 다시 전표추가를 하여야만 결산이 완료된다.

(4) 결산대체분개 삭제 후 재결산으로 인한 결산자료입력

결산분개항목을 삭제하고 재결산으로 인하여 결산자료를 재입력하기 위해서는 먼저 전과 동일한 결산월을 선택해야 하고 결산월을 선택하면 다음과 같은 보조화면이 나타나며 여기에서 전에 작업한 내용을 기초로 입력하고자 할 때는 "예(Y)" 버튼을, 재작업을 하고자 할 때에는 반드시 "아니오(N)"를 선택하여야 한다.

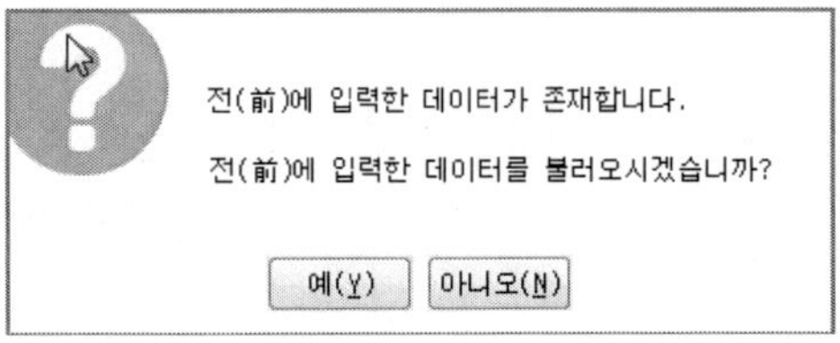

(5) 재무제표의 작성순서

프로그램의 특성상 재무제표의 작성에 있어서 작성순서가 있다. 법인사업자의 당기손익을 미처분이익잉여금에 부가하는 과정, 당기이익잉여금 처분내역을 당기재무상태표에 반영하는 과정이 자동적으로 처리되기 때문이다.

결산자료의 입력－제조원가명세서 조회(원가확정)－손익계산서서 조회(당기 손익확정)－이익잉여금처분계산서(잉여금처분)－재무상태표 조회(이익잉여금 처분내역 자동반영)－합계잔액시산표 조회

자료 입력 6-1

다음은 ㈜대한(회사코드: 3500)의 기말결산정리사항이다. 이 자료를 입력하여 결산을 완료하여 보자.

01. 기말재고자산은 다음과 같다.

재고자산	원재료	재공품	제 품
금 액	₩10,700,000	₩12,380,000	₩38,000,000

02. 받을어음과 외상매출금에 대하여 5%의 대손을 추정하다.

03. 단기매매증권(유가증권)의 신평가액이 ₩1,760,000이다.

04. 유형자산에 대한 감가상각비를 다음과 같이 계상하다.

과목	구분	당기분 상각액(단위: 원)
건 물	공장	4,230,000
	본사	3,125,000
차 량 운반구	공장	3,743,300
	본사	2,400,000
기 계 장 치	공장	9,256,760
비 품	공장	2,480,500
	본사	1,662,970

05. 퇴직급여충당금 설정액은 다음과 같다.

부 서	설 정 액
관 리 부	₩ 8,200,000
생 산 부	₩11,500,000

06. 보험료 선급분이 관리부 ₩280,000과 생산부 ₩130,000이 있다.

07. 수수료 미수액이 ₩380,000이 있다.

08. 급여미지급분이 ₩3,800,000이 있다.(생산직 ₩1,800,000과 관리직 ₩2,000,000)

09. 광고선전비 미지급분 ₩1,800,000이 있다.

10. 임차료 미지급분 ₩2,270,000이 있다.(공장 ₩1,170,000과 사무실 ₩1,100,000)

11. 현금과부족 ₩200,000을 잡손실로 처리하다.

12. 소모품 미사용액은 다음과 같다.(생산부: ₩280,000, 사무실: ₩120,000)

13. 무형자산에 대한 상각비를 다음과 같이 계상하다.

계 정 과 목	당기분 상각액(단위: 원)
영 업 권	1,600,000
특 허 권	600,000
개 발 비	600,000
소프트웨어	200,000

14. 법인세 등의 추산액 ₩10,170,000을 설정하다.

1. 수동결산항목의 입력

(1) 단기매매증권(유가증권)의 평가

단기매매증권의 신평가액: ₩1,760,000

12월 31일

(차) 단기매매증권 60,000 (대) 단기투자자산평가이익 60,000

(2) 선급비용의 계상

보험료 선급분 – 관리부: ₩280,000, 생산부: ₩130,000

12월 31일

(차) 선 급 비 용	410,000	(대) 보 험 료(판)	280,000
		보 험 료(제)	130,000

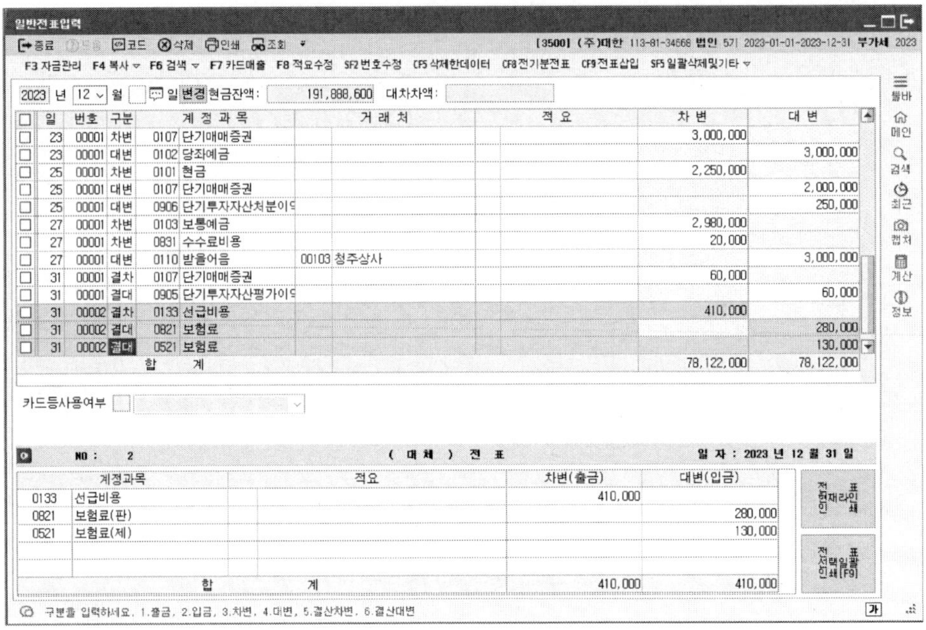

(3) 미수수익의 계상

수수료 미수액: ₩380,000

12월 31일

(차) 미 수 수 익 380,000 (대) 수수료수익 380,000

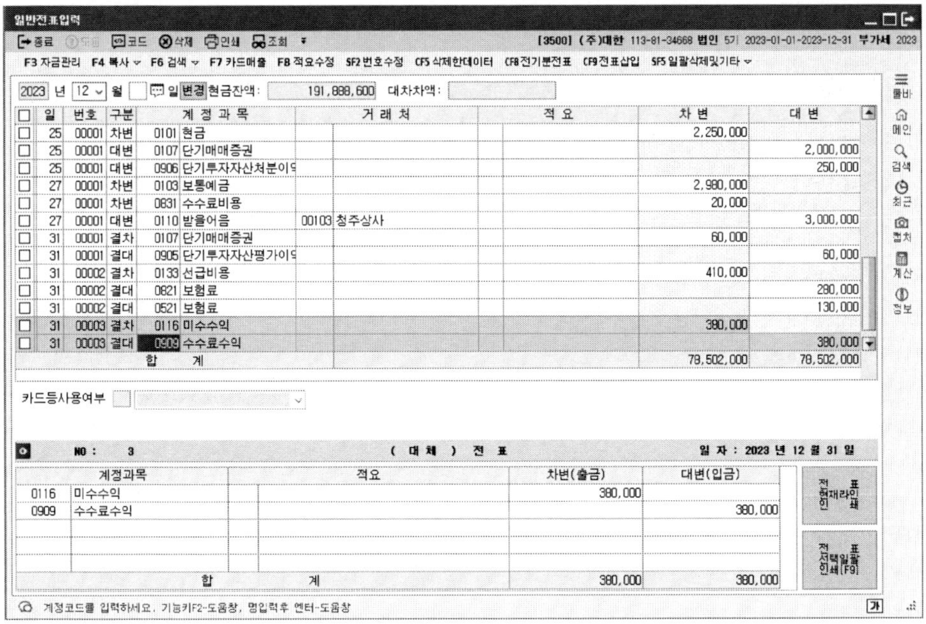
일반전표입력

종료 코드 삭제 인쇄 조회 [3500] (주)대한 113-81-34668 법인 5기 2023-01-01~2023-12-31 부가세 2023

F3 자금관리 F4 복사 F6 검색 F7 카드매출 F8 적요수정 SF2 번호수정 CF5 삭제한데이터 CF8 전기분전표 CF9 전표삽입 SF5 일괄삭제및기타

2023 년 12 월 일 변경 현금잔액: 191,888,600 대차차액:

일	번호	구분	계정과목	거래처	적요	차변	대변
25	00001	차변	0101 현금			2,250,000	
25	00001	대변	0107 단기매매증권				2,000,000
25	00001	대변	0906 단기투자자산처분이익				250,000
27	00001	차변	0103 보통예금			2,980,000	
27	00001	차변	0831 수수료비용			20,000	
27	00001	대변	0110 받을어음	00103 청주상사			3,000,000
31	00001	결차	0107 단기매매증권			60,000	
31	00001	결대	0905 단기투자자산평가이익				60,000
31	00002	결차	0133 선급비용			410,000	
31	00002	결대	0821 보험료				280,000
31	00002	결대	0521 보험료				130,000
31	00003	결차	0116 미수수익			380,000	
31	00003	결대	0909 수수료수익				380,000
		합	계			78,502,000	78,502,000

카드등사용여부

NO : 3 (대 체) 전 표 일 자 : 2023 년 12 월 31 일

계정과목		적요	차변(출금)	대변(입금)
0116	미수수익		380,000	
0909	수수료수익			380,000
합		계	380,000	380,000

전표 현재라인 인쇄 / 선택 전표 일괄 인쇄[F9]

계정코드를 입력하세요. 기능키F2-도움창, 명입력후 엔터-도움창

(4) 미지급비용의 계상

1) 급여미지급액 – 생산직: ₩1,800,000, 관리직: ₩2,000,000

12월 31일

(차) 임 급	1,800,000	(대) 미지급비용	3,800,000
급 여	2,000,000		

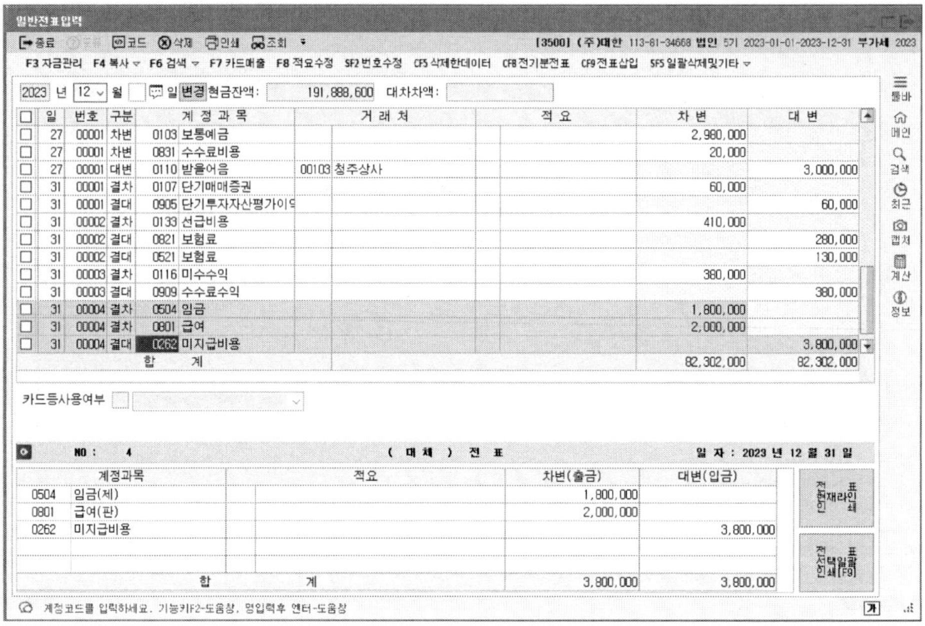

일반전표입력

[3500] (주)대한 113-81-34668 법인 5기 2023-01-01-2023-12-31 부가세 2023

2023 년 12 월 일 변경 현금잔액: 191,888,600 대차차액:

일	번호	구분	계정과목		거래처		적요	차변	대변
27	00001	차변	0103	보통예금				2,980,000	
27	00001	차변	0831	수수료비용				20,000	
27	00001	대변	0110	받을어음	00103	청주상사			3,000,000
31	00001	결차	0107	단기매매증권				60,000	
31	00001	결대	0905	단기투자자산평가이익					60,000
31	00002	결차	0133	선급비용				410,000	
31	00002	결대	0821	보험료					280,000
31	00002	결대	0521	보험료					130,000
31	00003	결차	0116	미수수익				380,000	
31	00003	결대	0909	수수료수익					380,000
31	00004	결차	0504	임금				1,800,000	
31	00004	결차	0801	급여				2,000,000	
31	00004	결대	0262	미지급비용					3,800,000
			합계					82,302,000	82,302,000

카드등사용여부

NO : 4 (대체) 전표 일자 : 2023 년 12 월 31 일

계정과목		적요	차변(출금)	대변(입금)
0504	임금(제)		1,800,000	
0801	급여(판)		2,000,000	
0262	미지급비용			3,800,000
합계			3,800,000	3,800,000

계정코드를 입력하세요. 기능키F2-도움창, 명입력후 엔터-도움창

2) 광고선전비 미지급액: ₩1,800,000

12월 31일

(차) 광고선전비 1,800,000 (대) 미지급비용 1,800,000

일반전표입력

[3500] (주)대한 113-81-34666 법인 5기 2023-01-01~2023-12-31 부가세 2023

2023 년 12 월 현금잔액: 191,888,600 대차차액:

일	번호	구분	계정과목		거래처		적요	차변	대변
27	00001	대변	0110	받을어음	00103	청주상사			3,000,000
31	00001	결차	0107	단기매매증권				60,000	
31	00001	결대	0905	단기투자자산평가이익					60,000
31	00002	결차	0133	선급비용				410,000	
31	00002	결대	0821	보험료					280,000
31	00002	결대	0521	보험료					130,000
31	00003	결차	0116	미수수익				380,000	
31	00003	결대	0909	수수료수익					380,000
31	00004	결차	0504	임금				1,800,000	
31	00004	결차	0801	급여				2,000,000	
31	00004	결대	0262	미지급비용					3,800,000
31	00005	결차	0833	광고선전비				1,800,000	
31	00005	결대	0262	미지급비용					1,800,000
			합 계					84,102,000	84,102,000

카드등사용여부

NO : 5 (대체) 전표 일자 : 2023 년 12 월 31 일

계정과목		적요	차변(출금)	대변(입금)
0833	광고선전비(판)		1,800,000	
0262	미지급비용			1,800,000
	합 계		1,800,000	1,800,000

계정코드를 입력하세요. 기능키F2-도움창, 명입력후 엔터-도움창

3) 임차료 미지급액 – 공장: ₩1,170,000, 사무실: ₩1,100,000

12월 31일

(차) 임차료(제)	1,170,000	(대) 미지급비용	2,270,000
임차료(판)	1,100,000		

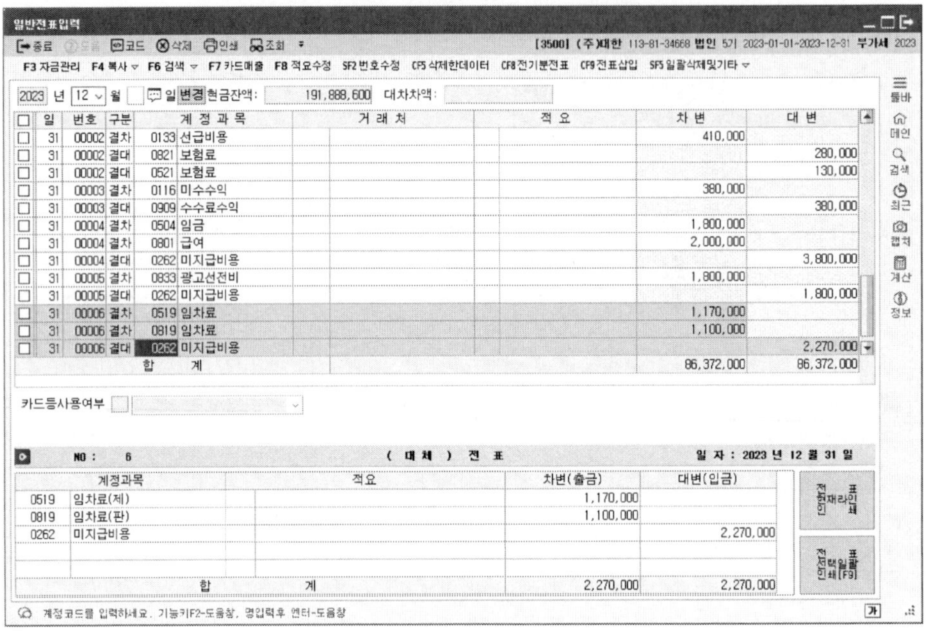

(5) 현금과부족의 정리

현금과부족 ₩200,000을 잡손실로 처리하다.

12월 31일

(차) 잡 손 실 200,000 (대) 현금과부족 200,000

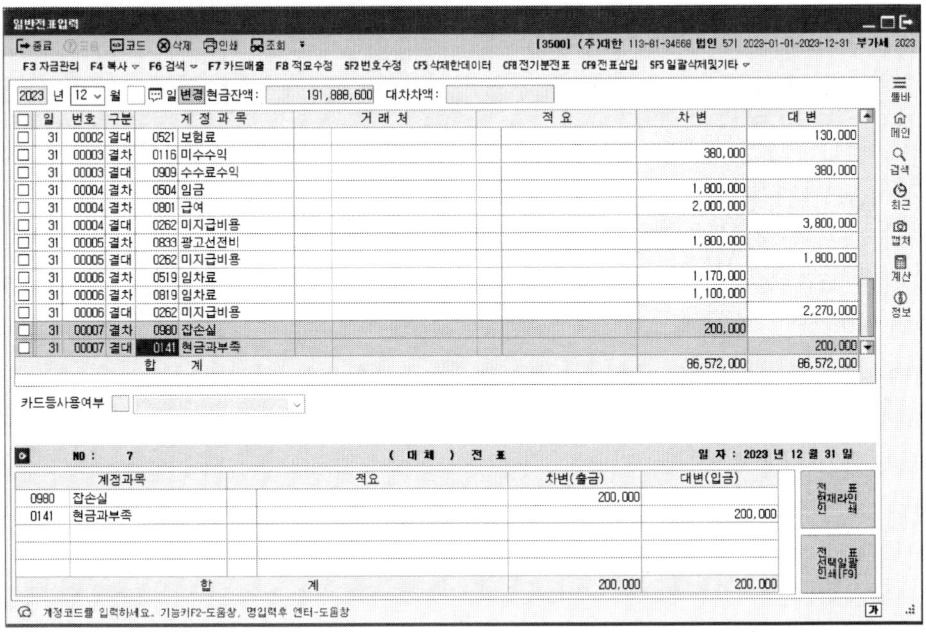

일	번호	구분	계정과목		거래처	적요	차변	대변
31	00002	결대	0521	보험료				130,000
31	00003	결차	0116	미수수익			380,000	
31	00003	결대	0909	수수료수익				380,000
31	00004	결차	0504	임금			1,800,000	
31	00004	결차	0801	급여			2,000,000	
31	00004	결대	0262	미지급비용				3,800,000
31	00005	결차	0833	광고선전비			1,800,000	
31	00005	결대	0262	미지급비용				1,800,000
31	00006	결차	0519	임차료			1,170,000	
31	00006	결차	0819	임차료			1,100,000	
31	00006	결대	0262	미지급비용				2,270,000
31	00007	결차	0980	잡손실			200,000	
31	00007	결대	0141	현금과부족				200,000
			합	계			86,572,000	86,572,000

NO : 7 (대 체) 전 표 일 자 : 2023 년 12 월 31 일

계정과목		적요	차변(출금)	대변(입금)
0980	잡손실		200,000	
0141	현금과부족			200,000
합	계		200,000	200,000

(6) 소모품의 정리

소모품 미사용액 – 생산부: ₩280,000, 사무실: ₩120,000

12월 31일

(차) 소 모 품	400,000	(대) 소모품비(제)	280,000
		소모품비(판)	120,000

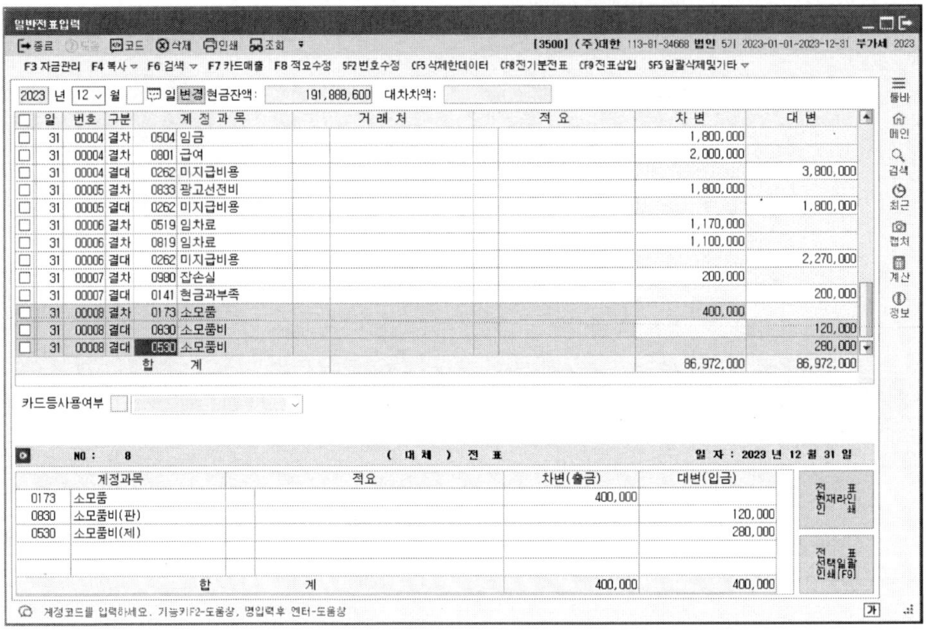

2. 자동결산항목의 입력

(1) 기말재고자산의 입력

재고자산	원재료	재공품	제 품
금 액	₩10,700,000	₩12,380,000	₩38,000,000

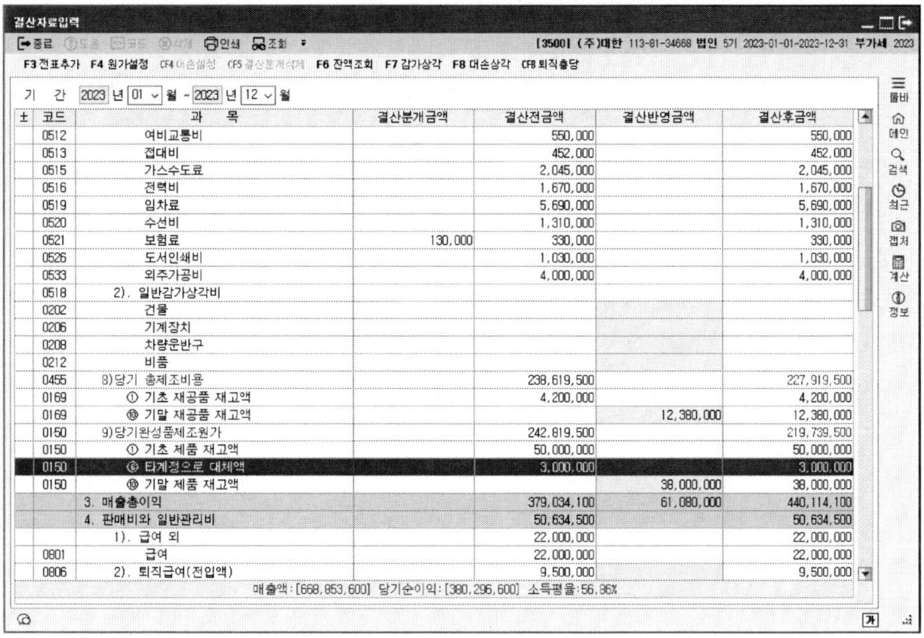
결산자료입력
종료 도움 코드 삭제 인쇄 조회 [3500] (주)대한 113-81-34668 법인 5기 2023-01-01~2023-12-31 부가세 2023
F3 전표추가 F4 원가설정 CF4 대손설정 CF5 결산분개삭제 F6 잔액조회 F7 감가상각 F8 대손상각 CF8 퇴직충당
기 간 2023 년 01 월 ~ 2023 년 12 월

±	코드	과 목	결산분개금액	결산전금액	결산반영금액	결산후금액
	0512	여비교통비		550,000		550,000
	0513	접대비		452,000		452,000
	0515	가스수도료		2,045,000		2,045,000
	0516	전력비		1,670,000		1,670,000
	0519	임차료		5,690,000		5,690,000
	0520	수선비		1,310,000		1,310,000
	0521	보험료	130,000	330,000		330,000
	0526	도서인쇄비		1,030,000		1,030,000
	0533	외주가공비		4,000,000		4,000,000
	0518	2). 일반감가상각비				
	0202	건물				
	0206	기계장치				
	0208	차량운반구				
	0212	비품				
	0455	8)당기 총제조비용		238,619,500		227,919,500
	0169	① 기초 재공품 재고액		4,200,000		4,200,000
	0169	⑩ 기말 재공품 재고액			12,380,000	12,380,000
	0150	9)당기완성품제조원가		242,819,500		219,739,500
	0150	① 기초 제품 재고액		50,000,000		50,000,000
	0150	⑥ 타계정으로 대체액		3,000,000		3,000,000
	0150	⑩ 기말 제품 재고액			38,000,000	38,000,000
		3. 매출총이익		379,034,100	61,080,000	440,114,100
		4. 판매비와 일반관리비		50,634,500		50,634,500
		1). 급여 외		22,000,000		22,000,000
	0801	급여		22,000,000		22,000,000
	0806	2). 퇴직급여(전입액)		9,500,000		9,500,000

매출액: [668,853,600] 당기순이익: [380,296,600] 소득평율: 56.86%

(2) 채권에 대한 대손상각비의 입력

채 권 구 분	기 말 잔 액	5%	기 설 정 액	당기설정액
외상 매출금	218,457,000	10,922,850	750,000	10,172,850
받 을 어 음	150,200,000	7,510,000	0	7,510,000
합 계	368,657,000	18,432,850	750,000	17,682,850

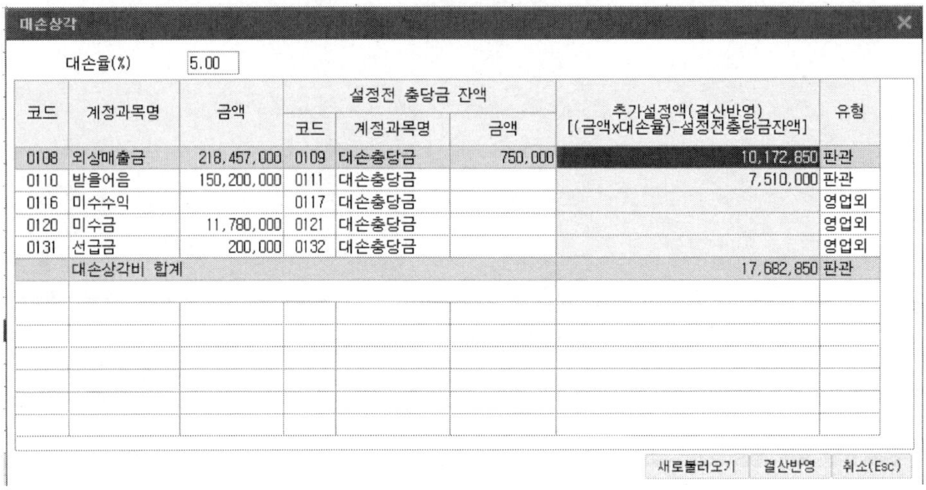

대손상각

대손율(%) 5.00

코드	계정과목명	금액	설정전 충당금 잔액			추가설정액(결산반영) [(금액x대손율)-설정전충당금잔액]	유형
			코드	계정과목명	금액		
0108	외상매출금	218,457,000	0109	대손충당금	750,000	10,172,850	판관
0110	받을어음	150,200,000	0111	대손충당금		7,510,000	판관
0116	미수수익		0117	대손충당금			영업외
0120	미수금	11,780,000	0121	대손충당금			영업외
0131	선급금	200,000	0132	대손충당금			영업외
	대손상각비 합계					17,682,850	판관

새로불러오기 결산반영 취소(Esc)

(3) 유형자산에 대한 감가상각비 입력

과목	구분	당기분 상각액(단위: 원)
건 물	공장	4,230,000
	본사	3,125,000
차 량 운반구	공장	3,743,300
	본사	2,400,000
기 계 장 치	공장	9,256,760
비 품	공장	2,480,500
	본사	1,165,742

감가상각

코드	계정과목명	경비구분	고정자산등록 감가상각비	감가상각비 감가상각비X(조회기간월수/내용월수)	결산반영금액
020200	건물	제조	4,230,000	4,230,000	4,230,000
020200	건물	판관	3,125,000	3,125,000	3,125,000
020600	기계장치	제조	9,256,760	9,256,760	9,256,760
020800	차량운반구	제조	3,743,300	3,743,300	3,743,300
020800	차량운반구	판관	2,400,000	2,400,000	2,400,000
021200	비품	판관	1,165,742	1,165,742	1,165,742
021200	비품	제조	2,480,500	2,480,500	2,480,500
021800	영업권	판관	1,600,000	1,600,000	1,600,000
021900	특허권	판관	600,000	600,000	600,000
022200	의장권	판관	800,000	800,000	800,000
022600	개발비	판관	600,000	600,000	600,000
022700	소프트웨어	판관	200,000	200,000	200,000
	감가상각비(제조)합계		19,710,560	19,710,560	19,710,560
	감가상각비(판관)합계		10,490,742	10,490,742	10,490,742

새로불러오기 | 결산반영 | 취소(Esc)

(4) 무형자산에 대한 상각비 입력

계 정 과 목	당기분 상각액(단위: 원)
영 업 권	1,600,000
특 허 권	600,000
개 발 비	600,000
의 장 권	800,000
소프트웨어	200,000

감가상각

코드	계정과목명	경비구분	고정자산등록 감가상각비	감가상각비 감가상각비X(조회기간월수/내용월수)	결산반영금액
020200	건물	제조	4,230,000	4,230,000	4,230,000
020200	건물	판관	3,125,000	3,125,000	3,125,000
020600	기계장치	제조	9,256,760	9,256,760	9,256,760
020800	차량운반구	제조	3,743,300	3,743,300	3,743,300
020800	차량운반구	판관	2,400,000	2,400,000	2,400,000
021200	비품	판관	1,165,742	1,165,742	1,165,742
021200	비품	제조	2,480,500	2,480,500	2,480,500
021800	영업권	판관	1,600,000	1,600,000	1,600,000
021900	특허권	판관	600,000	600,000	600,000
022200	의장권	판관	800,000	800,000	800,000
022600	개발비	판관	600,000	600,000	600,000
022700	소프트웨어	판관	200,000	200,000	200,000
	감가상각비(제조)합계		19,710,560	19,710,560	19,710,560
	감가상각비(판관)합계		10,490,742	10,490,742	10,490,742

새로불러오기 결산반영 취소(Esc)

(5) 퇴직급여충당부채 입력

부 서	설 정 액
관 리 부	₩ 8,200,000
생 산 부	₩11,500,000

퇴직충당부채

코드	계정과목명	퇴직급여추계액	설정전 잔액				추가설정액(결산반영) (퇴직급여추계액-설정전잔액)	유형
			기초금액	당기증가	당기감소	잔액		
0508	퇴직급여	23,500,000	12,000,000			12,000,000	11,500,000	제조
0806	퇴직급여	17,200,000	9,000,000			9,000,000	8,200,000	판관

새로불러오기 결산반영 취소(Esc)

(6) 법인세의 입력

법인세 등의 추산액: ₩10,170,000 중 선납세금 ₩42,000을 차감한 ₩10,128,000 입력

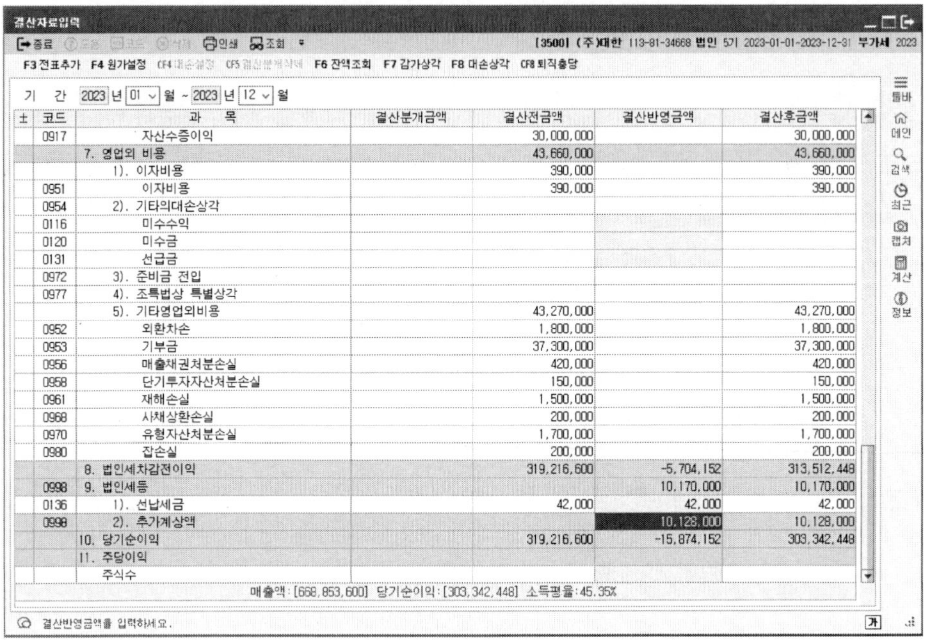
결산자료입력

[3500] (주)대한 113-81-34668 법인 5기 2023-01-01~2023-12-31 부가세 2023

기 간 2023 년 01 월 ~ 2023 년 12 월

±	코드	과 목	결산분개금액	결산전금액	결산반영금액	결산후금액
	0917	자산수증이익		30,000,000		30,000,000
		7. 영업외 비용		43,660,000		43,660,000
		1). 이자비용		390,000		390,000
	0951	이자비용		390,000		390,000
	0954	2). 기타의대손상각				
	0116	미수수익				
	0120	미수금				
	0131	선급금				
	0972	3). 준비금 전입				
	0977	4). 조특법상 특별상각				
		5). 기타영업외비용		43,270,000		43,270,000
	0952	외환차손		1,800,000		1,800,000
	0953	기부금		37,300,000		37,300,000
	0956	매출채권처분손실		420,000		420,000
	0958	단기투자자산처분손실		150,000		150,000
	0961	재해손실		1,500,000		1,500,000
	0968	사채상환손실		200,000		200,000
	0970	유형자산처분손실		1,700,000		1,700,000
	0980	잡손실		200,000		200,000
		8. 법인세차감전이익		319,216,600	-5,704,152	313,512,448
	0998	9. 법인세등			10,170,000	10,170,000
	0136	1). 선납세금		42,000	42,000	42,000
	0998	2). 추가계상액			10,128,000	10,128,000
		10. 당기순이익		319,216,600	-15,874,152	303,342,448
		11. 주당이익				
		주식수				

매출액: [668,853,600] 당기순이익: [303,342,448] 소득평율: 45.35%

결산반영금액을 입력하세요.

연습문제 6-1

다음 자료는 (주)세광(코드: 103)의 기말결산정리사항이다. 이 자료를 입력하여 결산을 완료하여 보자.

01. 기말재고자산은 다음과 같다.

재고자산	원재료	재공품	제 품
금 액	₩36,000,000	₩25,000,000	₩39,000,000

02. 받을어음과 외상매출금에 대하여 5%의 대손을 추정하다.

03. 단기매매증권(유가증권)의 신평가액이 ₩5,000,000이다.

04. 유형자산에 대한 감가상각비를 다음과 같이 계상하다.

과목	구분	당기분 상각액(단위: 원)
건 물	공장	15,000,000
	본사	10,000,000
차 량 운반구	공장	25,530,000
	본사	11,498,245
기 계 장 치	공장	7,062,708
	본사	1,578,500
비 품	공장	1,879,166
	본사	5,798,200

05. 퇴직급여충당부채 설정액은 다음과 같다.

부 서	설 정 액
관 리 부	₩6,800,000
생 산 부	₩8,900,000

06. 보험료 선급분이 관리부 ₩350,000과 생산부 ₩650,000이 있다.

07. 수수료 미수액이 ₩510,000이 있다.

08. 급여미지급분이 ₩4,600,000이 있다.(생산직 ₩2,600,000과 관리직 ₩2,000,000)

09. 광고선전비 미지급분 ₩1,500,000이 있다.

10. 임차료 미지급분 ₩3,100,000이 있다.(공장 ₩1,100,000과 사무실 ₩2,000,000)

11. 현금과부족 ₩70,000을 잡손실로 처리하다.

12. 소모품 미사용액은 다음과 같다.(사무실: ₩670,000)

13. 법인세 등의 추산액 ₩13,670,000을 설정하다.

제2절 제조원가명세서

제조원가명세서는 제조기업의 원가흐름을 요약한 재무제표의 부속명세서이다. 결산/재무제표에서 제조원가명세서를 클릭하면 다음과 같은 제조원가명세서 화면이 나타나며, 제조원가명세서에는 관리용·제출용·표준(법인)용으로 구분된다.

제조원가명세서입력 화면

(1) 관리용

제조원가명세서

기간 2023 년 12 월 31 일까지 455 제품매출원가 0500 제조 - 1.제조원가명세서

과 목	제5(당)기 [2023년01월01일~2023년12월31일] 금 액		제4(전)기 [2022년01월01일~2022년12월31일] 금 액	
1.원재료비		193,600,000		79,800,000
기초원재료재고액	5,200,000		2,000,000	
당기원재료매입액	199,100,000		83,000,000	
기말원재료재고액	10,700,000		5,200,000	
2.노무비		29,800,000		39,900,000
임금	18,300,000		39,900,000	
퇴직급여	11,500,000			
3.경비		38,700,060		32,574,000
복리후생비	742,500		1,250,000	
여비교통비	550,000		152,000	
접대비	452,000		231,000	
가스수도료	2,045,000		108,000	
전력비	1,670,000		1,540,000	
세금과공과			473,000	
감가상각비	19,710,560		8,590,000	
임차료	6,860,000			
수선비	1,310,000		550,000	
보험료	330,000		694,000	
차량유지비			936,000	
도서인쇄비	1,030,000		50,000	
소모품비			8,230,000	
외주가공비	4,000,000		9,770,000	
4.당기 총 제조비용		262,100,060		152,274,000

(2) 제출용

제조원가명세서

기간 2023 년 12 월 31 일까지 455 제품매출원가 0500 제조 - 1.제조원가명세서

과 목	제5(당)기 [2023년01월01일~2023년12월31일] 금 액		제4(전)기 [2022년01월01일~2022년12월31일] 금 액	
1.원재료비		193,600,000		79,800,000
기초원재료재고액	5,200,000		2,000,000	
당기원재료매입액	199,100,000		83,000,000	
기말원재료재고액	10,700,000		5,200,000	
2.노무비		29,800,000		39,900,000
임금	18,300,000		39,900,000	
퇴직급여	11,500,000			
3.경비		38,700,060		32,574,000
복리후생비	742,500		1,250,000	
여비교통비	550,000		152,000	
접대비	452,000		231,000	
가스수도료	2,045,000		108,000	
전력비	1,670,000		1,540,000	
세금과공과			473,000	
감가상각비	19,710,560		8,590,000	
임차료	6,860,000			
수선비	1,310,000		550,000	
보험료	330,000		694,000	
차량유지비			936,000	
도서인쇄비	1,030,000		50,000	
소모품비			8,230,000	
외주가공비	4,000,000		9,770,000	
4.당기 총 제조비용		262,100,060		152,274,000

(3) 표준용

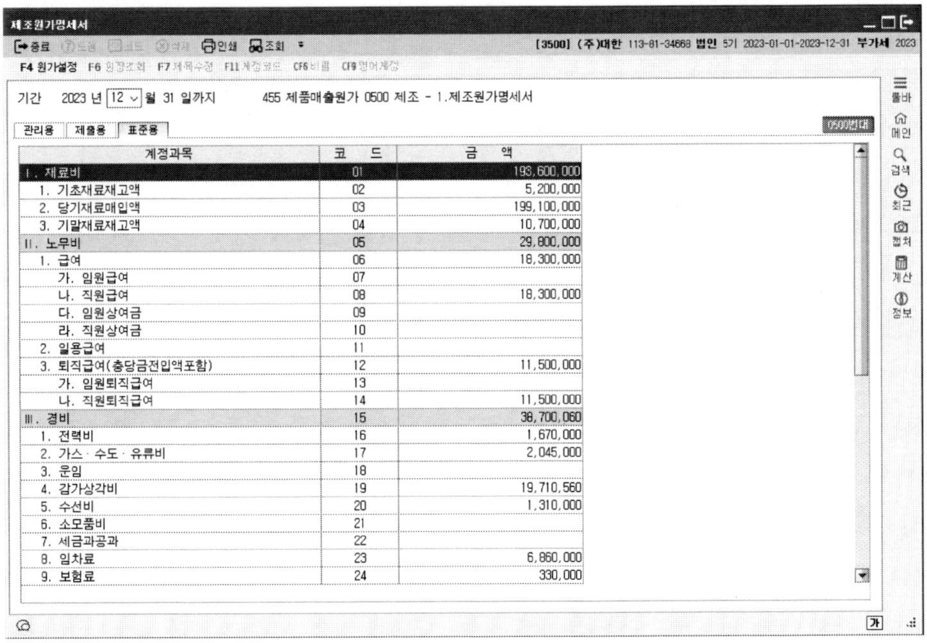

계정과목	코드	금액
Ⅰ. 재료비	01	193,600,000
1. 기초재료재고액	02	5,200,000
2. 당기재료매입액	03	199,100,000
3. 기말재료재고액	04	10,700,000
Ⅱ. 노무비	05	29,800,000
1. 급여	06	18,300,000
가. 임원급여	07	
나. 직원급여	08	18,300,000
다. 임원상여금	09	
라. 직원상여금	10	
2. 일용급여	11	
3. 퇴직급여(충당금전입액포함)	12	11,500,000
가. 임원퇴직급여	13	
나. 직원퇴직급여	14	11,500,000
Ⅲ. 경비	15	38,700,060
1. 전력비	16	1,670,000
2. 가스 · 수도 · 유류비	17	2,045,000
3. 운임	18	
4. 감가상각비	19	19,710,560
5. 수선비	20	1,310,000
6. 소모품비	21	
7. 세금과공과	22	
8. 임차료	23	6,860,000
9. 보험료	24	330,000

자료 입력 6-2

㈜대한(회사코드: 3500)의 제조원가명세서를 보고 다음 사항을 조회하여 보자.

01. 당기제품제조원가는 얼마인가?

02. 당기총제조원가는 얼마인가?

03. 당기의 총경비 발생액은 얼마인가?

04. 당기의 원재료 소비액은 얼마인가?

05. 당기의 노무비 소비액은 얼마인가?

(1) 당기제품제조원가: ₩254,050,060

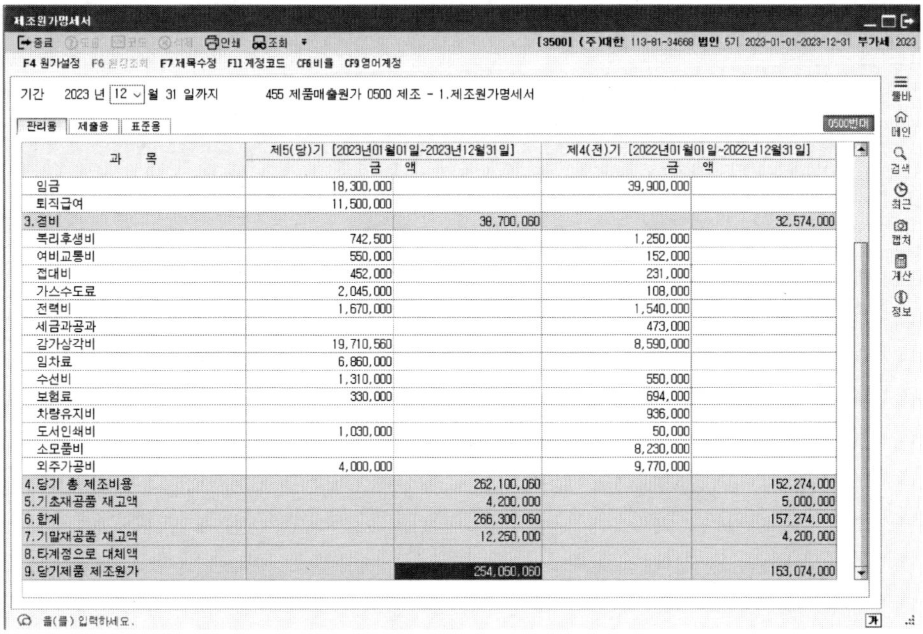

제조원가명세서

기간 2023 년 12 월 31 일까지 455 제품매출원가 0500 제조 - 1.제조원가명세서

관리용 | 제출용 | 표준용

과 목	제5(당)기 [2023년01월01일~2023년12월31일] 금 액		제4(전)기 [2022년01월01일~2022년12월31일] 금 액	
임금	18,300,000		39,900,000	
퇴직급여	11,500,000			
3.경비		38,700,060		32,574,000
복리후생비	742,500		1,250,000	
여비교통비	550,000		152,000	
접대비	452,000		231,000	
가스수도료	2,045,000		108,000	
전력비	1,670,000		1,540,000	
세금과공과			473,000	
감가상각비	19,710,560		8,590,000	
임차료	6,860,000			
수선비	1,310,000		550,000	
보험료	330,000		694,000	
차량유지비			936,000	
도서인쇄비	1,030,000		50,000	
소모품비			8,230,000	
외주가공비	4,000,000		9,770,000	
4.당기 총 제조비용		262,100,060		152,274,000
5.기초재공품 재고액		4,200,000		5,000,000
6.합계		266,300,060		157,274,000
7.기말재공품 재고액		12,250,000		4,200,000
8.타계정으로 대체액				
9.당기제품 제조원가		254,050,060		153,074,000

(2) 당기총제조원가: ₩262,100,060

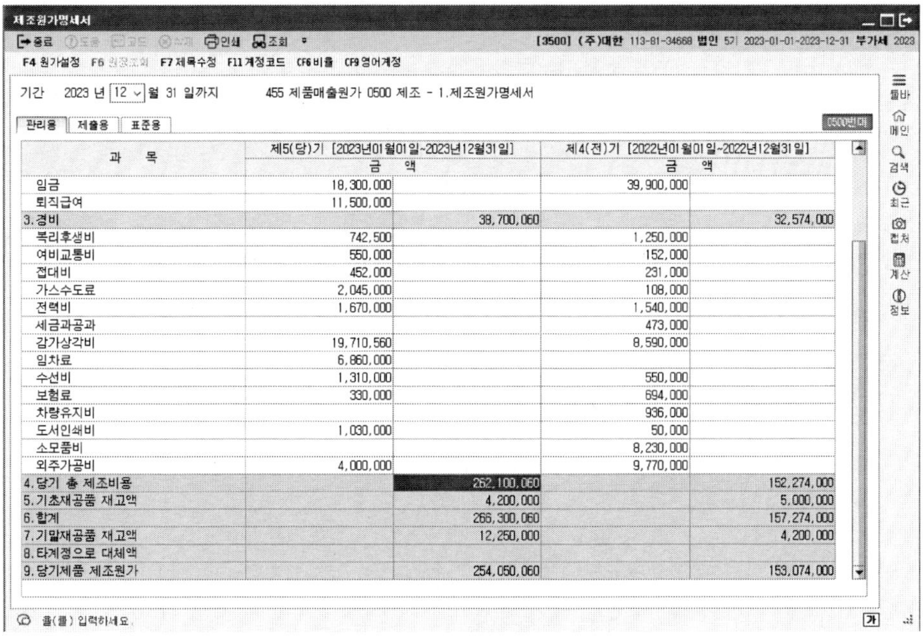

제조원가명세서

기간 2023 년 12 월 31 일까지 455 제품매출원가 0500 제조 - 1.제조원가명세서

관리용 | 제출용 | 표준용

과 목	제5(당)기 [2023년01월01일~2023년12월31일] 금 액		제4(전)기 [2022년01월01일~2022년12월31일] 금 액	
임금	18,300,000		39,900,000	
퇴직급여	11,500,000			
3.경비		38,700,060		32,574,000
복리후생비	742,500		1,250,000	
여비교통비	550,000		152,000	
접대비	452,000		231,000	
가스수도료	2,045,000		108,000	
전력비	1,670,000		1,540,000	
세금과공과			473,000	
감가상각비	19,710,560		8,590,000	
임차료	6,860,000			
수선비	1,310,000		550,000	
보험료	330,000		694,000	
차량유지비			936,000	
도서인쇄비	1,030,000		50,000	
소모품비			8,230,000	
외주가공비	4,000,000		9,770,000	
4.당기 총 제조비용		262,100,060		152,274,000
5.기초재공품 재고액		4,200,000		5,000,000
6.합계		266,300,060		157,274,000
7.기말재공품 재고액		12,250,000		4,200,000
8.타계정으로 대체액				
9.당기제품 제조원가		254,050,060		153,074,000

(3) 당기총경비발생액: ₩38,700,060

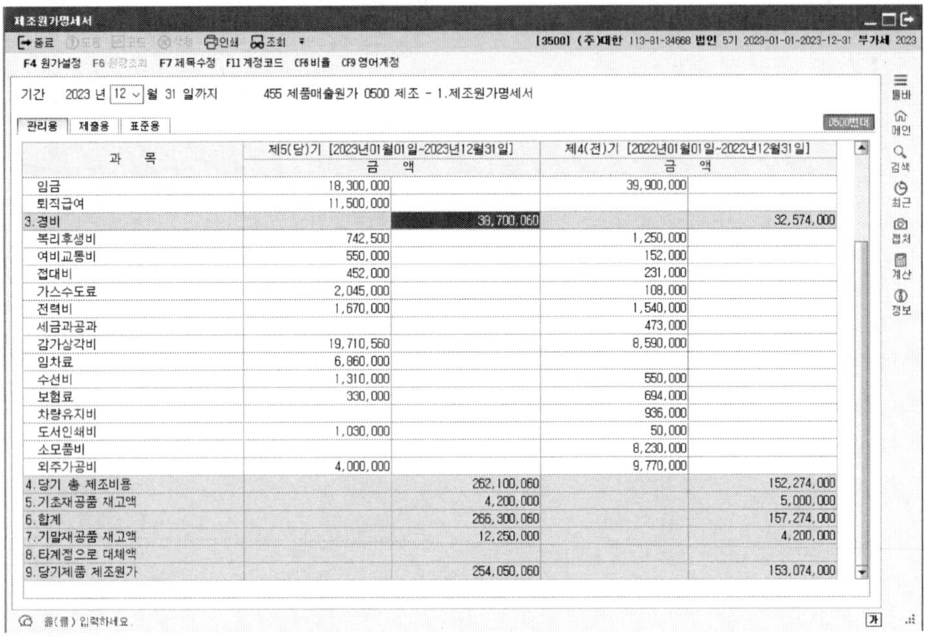

제조원가명세서

[3500] (주)대한 113-81-34668 법인 5기 2023-01-01~2023-12-31 부가세 2023

F4 원가설정 F6 원장조회 F7 제목수정 F11 계정코드 CF6 비율 CF9 영어계정

기간 2023 년 12 월 31 일까지 455 제품매출원가 0500 제조 - 1.제조원가명세서

관리용 제출용 표준용

과 목	제5(당)기 [2023년01월01일~2023년12월31일] 금 액		제4(전)기 [2022년01월01일~2022년12월31일] 금 액	
임금	18,300,000		39,900,000	
퇴직급여	11,500,000			
3.경비		38,700,060		32,574,000
복리후생비	742,500		1,250,000	
여비교통비	550,000		152,000	
접대비	452,000		231,000	
가스수도료	2,045,000		108,000	
전력비	1,670,000		1,540,000	
세금과공과			473,000	
감가상각비	19,710,560		8,590,000	
임차료	6,860,000			
수선비	1,310,000		550,000	
보험료	330,000		694,000	
차량유지비			936,000	
도서인쇄비	1,030,000		50,000	
소모품비			8,230,000	
외주가공비	4,000,000		9,770,000	
4.당기 총 제조비용		262,100,060		152,274,000
5.기초재공품 재고액		4,200,000		5,000,000
6.합계		266,300,060		157,274,000
7.기말재공품 재고액		12,250,000		4,200,000
8.타계정으로 대체액				
9.당기제품 제조원가		254,050,060		153,074,000

(4) 당기원재료소비액: ₩193,100,000

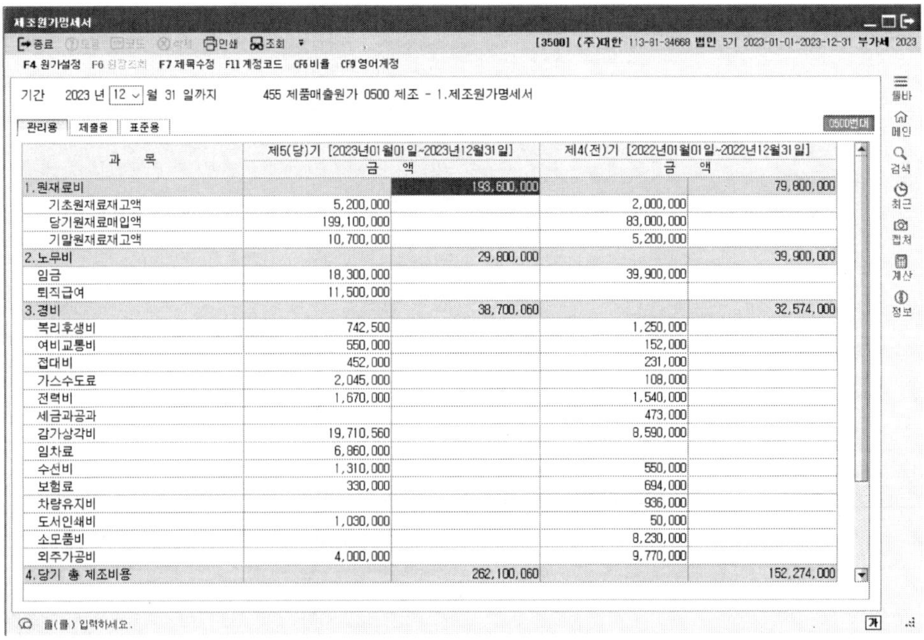

제조원가명세서

[3500] (주)대한 113-81-34668 법인 5기 2023-01-01~2023-12-31 부가세 2023

F4 원가설정 F6 원장조회 F7 제목수정 F11 계정코드 CF6 비율 CF9 영어계정

기간 2023 년 12 월 31 일까지 455 제품매출원가 0500 제조 - 1.제조원가명세서

관리용 제출용 표준용

과 목	제5(당)기 [2023년01월01일~2023년12월31일] 금 액		제4(전)기 [2022년01월01일~2022년12월31일] 금 액	
1.원재료비		193,600,000		79,800,000
기초원재료재고액	5,200,000		2,000,000	
당기원재료매입액	199,100,000		83,000,000	
기말원재료재고액	10,700,000		5,200,000	
2.노무비		29,800,000		39,900,000
임금	18,300,000		39,900,000	
퇴직급여	11,500,000			
3.경비		38,700,060		32,574,000
복리후생비	742,500		1,250,000	
여비교통비	550,000		152,000	
접대비	452,000		231,000	
가스수도료	2,045,000		108,000	
전력비	1,670,000		1,540,000	
세금과공과			473,000	
감가상각비	19,710,560		8,590,000	
임차료	6,860,000			
수선비	1,310,000		550,000	
보험료	330,000		694,000	
차량유지비			936,000	
도서인쇄비	1,030,000		50,000	
소모품비			8,230,000	
외주가공비	4,000,000		9,770,000	
4.당기 총 제조비용		262,100,060		152,274,000

(5) 당기노무비소비액: ₩29,800,000

기간 2023 년 12 월 31 일까지 455 제품매출원가 0500 제조 - 1.제조원가명세서

과 목	제5(당)기 [2023년01월01일~2023년12월31일] 금 액		제4(전)기 [2022년01월01일~2022년12월31일] 금 액	
1.원재료비		193,600,000		79,800,000
기초원재료재고액	5,200,000		2,000,000	
당기원재료매입액	199,100,000		83,000,000	
기말원재료재고액	10,700,000		5,200,000	
2.노무비		29,800,000		39,900,000
임금	18,300,000		39,900,000	
퇴직급여	11,500,000			
3.경비		38,700,060		32,574,000
복리후생비	742,500		1,250,000	
여비교통비	550,000		152,000	
접대비	452,000		231,000	
가스수도료	2,045,000		108,000	
전력비	1,670,000		1,540,000	
세금과공과			473,000	
감가상각비	19,710,560		8,590,000	
임차료	6,860,000			
수선비	1,310,000		550,000	
보험료	330,000		694,000	
차량유지비			936,000	
도서인쇄비	1,030,000		50,000	
소모품비			8,230,000	
외주가공비	4,000,000		9,770,000	
4.당기 총 제조비용		262,100,060		152,274,000

연습문제 6-2

㈜세광(회사코드: 103)의 제조원가명세서를 보고 다음 사항을 조회하여 보자.

01. 당기제품제조원가는 얼마인가?

02. 당기총제조원가는 얼마인가?

03. 당기의 총경비 발생액은 얼마인가?

04. 당기의 원재료 소비액은 얼마인가?

05. 당기의 노무비 소비액은 얼마인가?

제3절 손익계산서

손익계산서는 일정기간 기업의 영업성과를 나타내 주는 일람표이다. 기업회계기준에서는 보고식손익계산서를 작성하도록 규정하고 있다. 본 프로그램에서는 보고식 손익계산서의 양식을 관리용, 제출용, 표준(법인)용으로 구분하여 표시하고 있다.

메인화면에서 손익계산서를 클릭하면 다음과 같은 화면이 나타나는데, 여기에서 기간을 입력하면 된다.

손익계산서입력 화면

(1) 관리용

손익계산서

기간 2023 년 12 월

관리용 | 제출용 | 포괄손익 | 표준용

과 목	제 5(당)기 2023년1월1일 ~ 2023년12월31일 금액		제 4(전)기 2022년1월1일 ~ 2022년12월31일 금액	
Ⅰ.매출액		668,853,600		347,874,000
제품매출	668,870,000		347,874,000	
매출할인	16,400			
Ⅱ.매출원가		259,950,060		118,074,000
제품매출원가		259,950,060		118,074,000
기초제품재고액	50,000,000		15,000,000	
당기제품제조원가	250,950,060		153,074,000	
타계정으로 대체액	3,000,000			
기말제품재고액	38,000,000		50,000,000	
Ⅲ.매출총이익		408,903,540		229,800,000
Ⅳ.판매비와관리비		86,208,092		213,700,000
급여	22,000,000		50,000,000	
퇴직급여	17,700,000			
복리후생비	1,325,000		44,200,000	
여비교통비	589,000		20,000,000	
접대비	5,250,000		45,000,000	
통신비	170,000		1,500,000	
수도광열비	400,000		3,200,000	
세금과공과	812,500		7,000,000	
감가상각비	6,690,742			
임차료	1,690,000			
수선비	2,380,000			
보험료	-10,000		300,000	
차량유지비	1,167,000		30,000,000	

(2) 제출용

손익계산서

기간 2023 년 12 월

관리용 | 제출용 | 포괄손익 | 표준용

과 목	제 5(당)기 2023년1월1일 ~ 2023년12월31일 금액		제 4(전)기 2022년1월1일 ~ 2022년12월31일 금액	
Ⅰ.매출액		668,853,600		347,874,000
제품매출	668,853,600		347,874,000	
Ⅱ.매출원가		259,950,060		118,074,000
제품매출원가		259,950,060		118,074,000
기초제품재고액	50,000,000		15,000,000	
당기제품제조원가	250,950,060		153,074,000	
타계정으로 대체액	3,000,000			
기말제품재고액	38,000,000		50,000,000	
Ⅲ.매출총이익		408,903,540		229,800,000
Ⅳ.판매비와관리비		86,208,092		213,700,000
급여	22,000,000		50,000,000	
퇴직급여	17,700,000			
복리후생비	1,325,000		44,200,000	
여비교통비	589,000		20,000,000	
접대비	5,250,000		45,000,000	
통신비	170,000		1,500,000	
수도광열비	400,000		3,200,000	
세금과공과	812,500		7,000,000	
감가상각비	6,690,742			
임차료	1,690,000			
수선비	2,380,000			
보험료	-10,000		300,000	
차량유지비	1,167,000		30,000,000	
도서인쇄비	800,000			

(3) 포괄손익

손익계산서

[3500] (주)대한 113-81-34668 법인 5기 2023-01-01~2023-12-31 부가세 2023

기간 2023 년 12 월

관리용 | 제출용 | 포괄손익 | 표준용

과 목	제 5(당)기 2023년1월1일 ~ 2023년12월31일 금액		제 4(전)기 2022년1월1일 ~ 2022년12월31일 금액	
Ⅰ.당기순이익		303,782,448		
Ⅱ.포괄이익		303,782,448		

(4) 표준(법인)용

손익계산서

[3500] (주)대한 113-81-34668 법인 5기 2023-01-01~2023-12-31 부가세 2023

기간 2023 년 12 월 일반 법인용

관리용 | 제출용 | 포괄손익 | 표준용

계 정 과 목	코드	금 액	계 정 과 목	코드	금 액
Ⅰ.매출액	01	668,853,600	23.통신비	109	170,000
1.상품매출	02		24.운반비	110	
가.국내상품매출	03		25.보관료	111	
나.수출상품매출	04		26.건물·시설관리비(수선비 제외)	112	
2.제품매출	05	668,853,600	27.수선비	113	2,380,000
가.국내제품매출	06	668,853,600	28.수도광열비(전기료 제외)	114	400,000
나.수출제품매출	07		29.전기료	115	
3.공사수입	08		30.인쇄비	116	800,000
가.국내공사수입	09		31.교육훈련비	117	
나.해외공사수입	10		32.특허권등 사용료	118	
4.운송수입	11		33.수출입제비용	119	
가.국내운송수입	12		34.해외시장개척비	120	
나.해외운송수입	13		35.외주용역비	121	
5.부동산임대수입	14		가.국내외주용역비	122	
가.국내임대수입	15		나.해외외주용역비	123	
나.해외임대수입	16		36.기타	124	
6.분양수입	17		Ⅴ.영업손익	129	322,695,448
가.국내분양수입	18		Ⅵ.영업외수익	130	34,917,000
나.해외분양수입	19		1.이자수익	131	647,000
7.사용료,로열티수입	20		2.배당금수익	132	280,000
가.국내사용료,로열티수입	21		3.임대료	133	
나.해외사용료,로열티수입	22		4.유가증권처분이익	134	250,000
8.지분법이익(지주회사)	23		가.단기매매증권처분이익	135	250,000
9.기타매출	24		나.매도가능증권처분이익	136	
가.	25		다.지분법적용투자주식처분이익	137	

자료 입력 6-3

㈜대한(회사코드: 3500)의 손익계산서를 보고 다음 사항을 조회하여 보자.

01. 매출총이익은 얼마인가?

02. 영업이익은 얼마인가?

03. 법인세차감전이익은 얼마인가?

04. 당기순이익은 얼마인가?

(1) 매출총이익: ₩408,903,540

과 목	제 5(당)기 2023년1월1일 ~ 2023년12월31일 금액		제 4(전)기 2022년1월1일 ~ 2022년12월31일 금액	
Ⅰ.매출액		668,853,600		347,874,000
제품매출	668,870,000		347,874,000	
매출할인	16,400			
Ⅱ.매출원가		259,950,060		118,074,000
제품매출원가		259,950,060		118,074,000
기초제품재고액	50,000,000		15,000,000	
당기제품제조원가	250,950,060		153,074,000	
타계정으로 대체액	3,000,000			
기말제품재고액	38,000,000		50,000,000	
Ⅲ.매출총이익		408,903,540		229,800,000
Ⅳ.판매비와관리비		86,208,092		213,700,000
급여	22,000,000		50,000,000	
퇴직급여	17,700,000			
복리후생비	1,325,000		44,200,000	
여비교통비	589,000		20,000,000	
접대비	5,250,000		45,000,000	
통신비	170,000		1,500,000	
수도광열비	400,000		3,200,000	
세금과공과	812,500		7,000,000	
감가상각비	6,690,742			
임차료	1,690,000			
수선비	2,380,000			
보험료	-10,000		300,000	
차량유지비	1,167,000		30,000,000	

(2) 영업이익: ₩322,695,448

과 목	제 5(당)기 2023년1월1일 ~ 2023년12월31일 금액		제 4(전)기 2022년1월1일 ~ 2022년12월31일 금액	
접대비	5,250,000		45,000,000	
통신비	170,000		1,500,000	
수도광열비	400,000		3,200,000	
세금과공과	812,500		7,000,000	
감가상각비	6,690,742			
임차료	1,690,000			
수선비	2,380,000			
보험료	-10,000		300,000	
차량유지비	1,167,000		30,000,000	
도서인쇄비	800,000			
소모품비	339,000		7,000,000	
수수료비용	522,000		500,000	
광고선전비	3,700,000			
대손상각비	17,682,850		5,000,000	
무형자산상각비	3,000,000			
Ⅴ.영업이익		322,695,448		16,100,000
Ⅵ.영업외수익		34,917,000		3,500,000
이자수익	647,000		3,500,000	
배당금수익	280,000			
단기투자자산평가이익	60,000			
단기투자자산처분이익	250,000			
외환차익	200,000			
수수료수익	380,000			
유형자산처분이익	3,100,000			

(3) 법인세차감전이익: ₩313,952,448

손익계산서

종료 도움 코드 삭제 인쇄 조회 [3500] (주)대한 113-81-34668 법인 5기 2023-01-01-2023-12-31 부가세 2023

F3 유형 F4 통합계정 F6 원장조회 F7 주식수 F8 중단사업 F11 계정코드 CF4 타이틀 변경 CF7 분류표시 CF9 영어계정 CF12 법인세효과

기간 2023 년 12 월

관리용 | 제출용 | 포괄손익 | 표준용

과 목	제 5(당)기 2023년1월1일 ~ 2023년12월31일		제 4(전)기 2022년1월1일 ~ 2022년12월31일	
	금액		금액	
Ⅴ. 영업이익		322,695,448		16,100,000
Ⅵ. 영업외수익		34,917,000		3,500,000
이자수익	647,000		3,500,000	
배당금수익	280,000			
단기투자자산평가이익	60,000			
단기투자자산처분이익	250,000			
외환차익	200,000			
수수료수익	380,000			
유형자산처분이익	3,100,000			
자산수증이익	30,000,000			
Ⅶ. 영업외비용		43,660,000		4,300,000
이자비용	390,000		1,300,000	
외환차손	1,800,000			
기부금	37,300,000		3,000,000	
매출채권처분손실	420,000			
단기투자자산처분손실	150,000			
재해손실	1,500,000			
사채상환손실	200,000			
유형자산처분손실	1,700,000			
잡손실	200,000			
Ⅷ. 법인세차감전이익		313,952,448		15,300,000
Ⅸ. 법인세등		10,170,000		
법인세비용	10,170,000			
Ⅹ. 당기순이익		303,782,448		15,300,000

(4) 당기순이익: ₩303,782,448

손익계산서

종료 도움 코드 삭제 인쇄 조회 [3500] (주)대한 113-81-34668 법인 5기 2023-01-01-2023-12-31 부가세 2023

F3 유형 F4 통합계정 F6 원장조회 F7 주식수 F8 중단사업 F11 계정코드 CF4 타이틀 변경 CF7 분류표시 CF9 영어계정 CF12 법인세효과

기간 2023 년 12 월

관리용 | 제출용 | 포괄손익 | 표준용

과 목	제 5(당)기 2023년1월1일 ~ 2023년12월31일		제 4(전)기 2022년1월1일 ~ 2022년12월31일	
	금액		금액	
Ⅴ. 영업이익		322,695,448		16,100,000
Ⅵ. 영업외수익		34,917,000		3,500,000
이자수익	647,000		3,500,000	
배당금수익	280,000			
단기투자자산평가이익	60,000			
단기투자자산처분이익	250,000			
외환차익	200,000			
수수료수익	380,000			
유형자산처분이익	3,100,000			
자산수증이익	30,000,000			
Ⅶ. 영업외비용		43,660,000		4,300,000
이자비용	390,000		1,300,000	
외환차손	1,800,000			
기부금	37,300,000		3,000,000	
매출채권처분손실	420,000			
단기투자자산처분손실	150,000			
재해손실	1,500,000			
사채상환손실	200,000			
유형자산처분손실	1,700,000			
잡손실	200,000			
Ⅷ. 법인세차감전이익		313,952,448		15,300,000
Ⅸ. 법인세등		10,170,000		
법인세비용	10,170,000			
Ⅹ. 당기순이익		303,782,448		15,300,000

연습문제 6-3

㈜세광(회사코드: 103)의 손익계산서를 보고 다음 사항을 조회하여 보자.

01. 매출총이익은 얼마인가?

02. 영업이익은 얼마인가?

03. 경상이익은 얼마인가?

04. 법인세차감전이익은 얼마인가?

05. 당기순이익은 얼마인가?

제4절 이익잉여금처분계산서

이익잉여금처분계산서는 처분전이익잉여금의 처분내역을 보고하는 재무제표이다. 전산회계프로그램에서는 손익계산서에서 당기순이익을 확정시킨 후 이익잉여금처분계산서의 해당 처분 과목에 금액을 입력하면 자동으로 회계처리가 된다.

메인화면에서 이익잉여금처분계산서를 클릭하고 당기와 전기 처분확정일을 입력하면 다음과 같은 이익잉여금처분계산서 기본화면이 나타난다. 여기에서 해당 처분 과목에 금액을 입력하면 된다.

이익잉여금처분계산서입력 화면

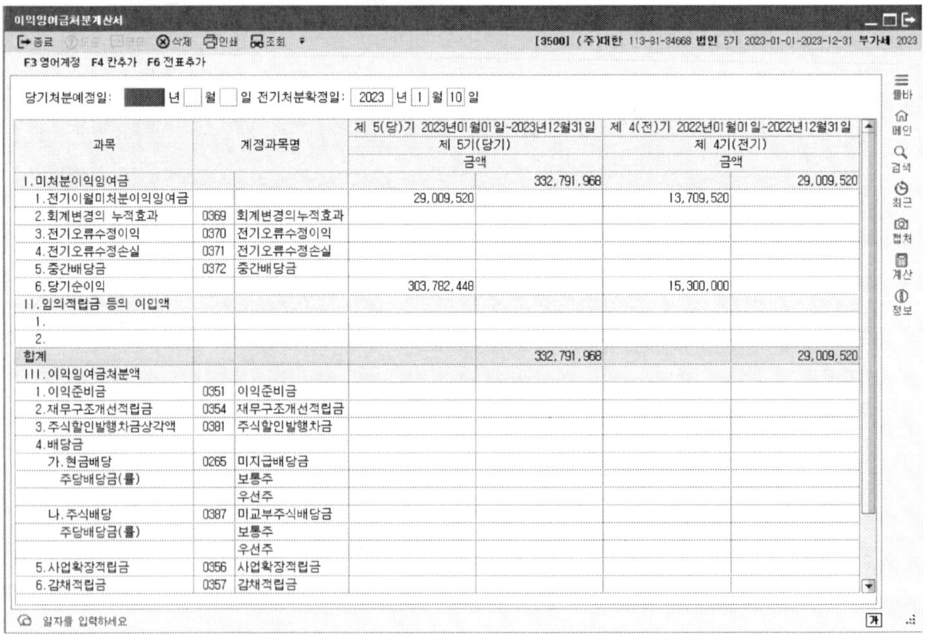

과목	계정과목명		제 5(당)기 2023년01월01일~2023년12월31일 제 5기(당기) 금액		제 4(전)기 2022년01월01일~2022년12월31일 제 4기(전기) 금액	
I.미처분이익잉여금				332,791,968		29,009,520
1.전기이월미처분이익잉여금			29,009,520		13,709,520	
2.회계변경의 누적효과	0369	회계변경의누적효과				
3.전기오류수정이익	0370	전기오류수정이익				
4.전기오류수정손실	0371	전기오류수정손실				
5.중간배당금	0372	중간배당금				
6.당기순이익			303,782,448		15,300,000	
II.임의적립금 등의 이입액						
1.						
2.						
합계				332,791,968		29,009,520
III.이익잉여금처분액						
1.이익준비금	0351	이익준비금				
2.재무구조개선적립금	0354	재무구조개선적립금				
3.주식할인발행차금상각액	0381	주식할인발행차금				
4.배당금						
가.현금배당	0265	미지급배당금				
주당배당금(률)		보통주				
		우선주				
나.주식배당	0387	미교부주식배당금				
주당배당금(률)		보통주				
		우선주				
5.사업확장적립금	0356	사업확장적립금				
6.감채적립금	0357	감채적립금				

(1) 이익잉여금처분의 결산절차

1) 이익잉여금처분계산서를 실행하고 당기와 전기의 처분확정일을 입력한 후 잉여금처분내역을 해당 란에 입력한다.

2) 잉여금처분 내역을 결산에 반영하기 위하여 도구모음줄에서 “전표추가”를 누

르면 "일반전표에 추가되었습니다."라는 메시지가 나타난다. "라인을 삽입 또는 삭제하는 전표추가"와는 다른 개념으로 혼동하지 말아야 한다.

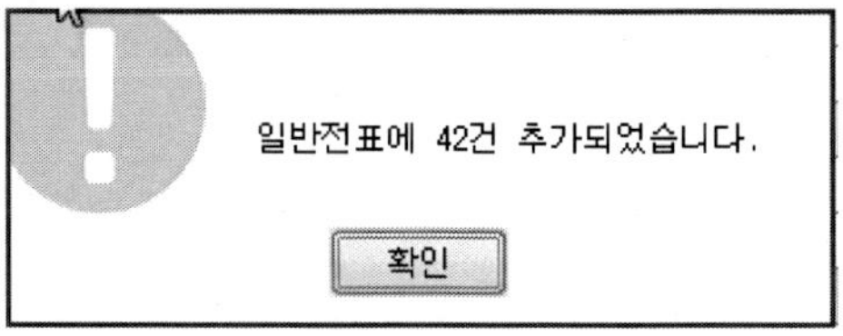

(2) 이익잉여금처분계산서 대체분개의 일괄삭제

결산전표의 일괄삭제를 위해서는 일반전표입력화면에서 "Shift+F5"를 동시에 누르면 다음과 같은 "일반전표-자동분개 일괄삭제" 창이 나타난다. 이때 잉여처분, 결손처리에 "∨"표시하고 "삭제"를 선택하면 입력된 결산대체분개가 일괄 삭제된다.

자료 입력 6-4

㈜대한(회사코드: 3500)의 이익잉여금처분내역이다. 다음 자료를 보고 이익잉여금처분계산서를 작성하여보자.

이익잉여금처분계산서	
당기처분확정일: 2024년 1월 10일	전기처분확정일: 2023년 1월 10일
이익준비금	₩ 24,800,000
재무구조개선적립금	₩ 13,380,000
현금배당	₩ 23,600,000
배당평균적립금	₩ 12,980,000

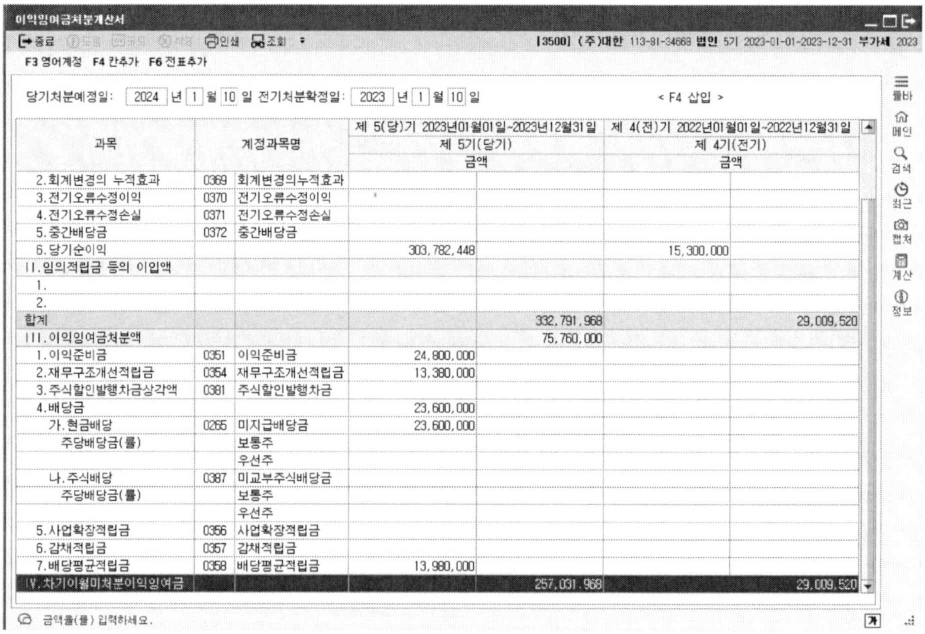

과목	계정과목명		제 5(당)기 2023년01월01일~2023년12월31일 제 5기(당기) 금액		제 4(전)기 2022년01월01일~2022년12월31일 제 4기(전기) 금액	
2.회계변경의 누적효과	0369	회계변경의누적효과				
3.전기오류수정이익	0370	전기오류수정이익				
4.전기오류수정손실	0371	전기오류수정손실				
5.중간배당금	0372	중간배당금				
6.당기순이익			303,782,448		15,300,000	
II.임의적립금 등의 이입액						
1.						
2.						
합계				332,791,968		29,009,520
III.이익잉여금처분액				75,760,000		
1.이익준비금	0351	이익준비금	24,800,000			
2.재무구조개선적립금	0354	재무구조개선적립금	13,380,000			
3.주식할인발행차금상각액	0381	주식할인발행차금				
4.배당금			23,600,000			
가.현금배당	0265	미지급배당금	23,600,000			
주당배당금(률)		보통주				
		우선주				
나.주식배당	0387	미교부주식배당금				
주당배당금(률)		보통주				
		우선주				
5.사업확장적립금	0356	사업확장적립금				
6.감채적립금	0357	감채적립금				
7.배당평균적립금	0358	배당평균적립금	13,980,000			
IV.차기이월미처분이익잉여금				257,031,968		29,009,520

연습문제 6-4

㈜세광(회사코드: 103)의 이익잉여금처분내역이다. 다음 자료를 보고 이익잉여금처분계산서를 작성하여보자.

이익잉여금처분계산서	
당기처분확정일: 2024년 1월 10일	전기처분확정일: 2023년 1월 10일
이 익 준 비 금	₩ 4,800,000
재 무 구 조 개 선 적 립 금	₩ 3,380,000
현 금 배 당	₩ 13,600,000
배 당 평 균 적 립 금	₩ 2,980,000

제5절 재무상태표

재무상태표는 일정시점의 기업의 재무상태를 나타내주는 재무제표이다. 재무상태표는 기업에서 조달한 자본의 원천과 조달된 자본의 운용 내역을 나타내 주기 때문에 경영자와 정보이용자들에게는 손익계산서와 더불어 반드시 필요한 재무제표이다.

메인화면에서 결산/재무제표의 하위메뉴에서 재무상태표를 클릭하면 다음과 같은 보조화면이 나타난다. 여기에서 조회하고자 하는 월을 입력하면 된다.

재무상태표입력 화면

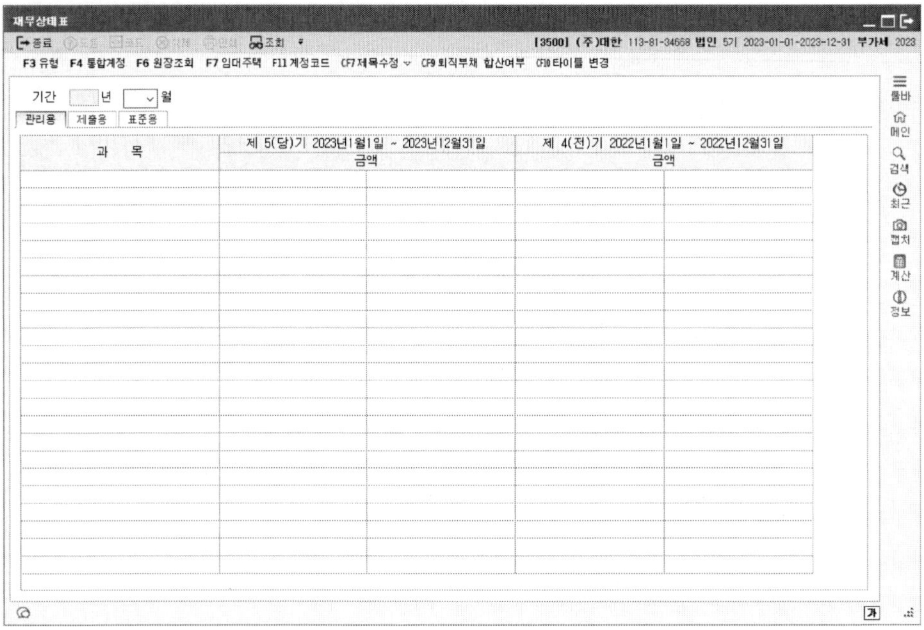

(1) 관리용

재무상태표

종료 인쇄 조회 [3500] (주)대한 113-81-34668 법인 5기 2023-01-01~2023-12-31 부가세 2023

F3 유형 F4 통합계정 F6 원장조회 F7 임대주택 F11 계정코드 CF7 제목수정 CF9 퇴직부채 합산여부 CF10 타이틀 변경

기간 2023 년 12 월

관리용 제출용 표준용

과목	제 5(당)기 2023년1월1일 ~ 2023년12월31일 금액		제 4(전)기 2022년1월1일 ~ 2022년12월31일 금액	
자산				
Ⅰ.유동자산		787,388,750		216,140,000
① 당좌자산		726,038,750		156,740,000
현금		191,888,600		15,240,000
당좌예금		136,680,000		
보통예금		4,265,000		6,500,000
정기예금		3,000,000		15,000,000
단기매매증권		1,760,000		2,300,000
외상매출금	218,457,000		70,000,000	
대손충당금	10,922,850	207,534,150	2,300,000	67,700,000
받을어음	150,200,000		50,000,000	
대손충당금	7,510,000	142,690,000		50,000,000
미수수익		380,000		
미수금		11,780,000		
선급금		200,000		
선급비용		410,000		
부가세대급금		25,451,000		
② 재고자산		61,350,000		59,400,000
제품		38,000,000		50,000,000
원재료		10,700,000		5,200,000
재공품		12,250,000		4,200,000
소모품		400,000		
Ⅱ.비유동자산		260,478,698		135,750,000

(2) 제출용

재무상태표

종료 인쇄 조회 [3500] (주)대한 113-81-34668 법인 5기 2023-01-01~2023-12-31 부가세 2023

F3 유형 F4 통합계정 F6 원장조회 F7 임대주택 F11 계정코드 CF7 제목수정 CF9 퇴직부채 합산여부 CF10 타이틀 변경

기간 2023 년 12 월

관리용 제출용 표준용

과목	제 5(당)기 2023년1월1일 ~ 2023년12월31일 금액		제 4(전)기 2022년1월1일 ~ 2022년12월31일 금액	
자산				
Ⅰ.유동자산		787,388,750		216,140,000
① 당좌자산		726,038,750		156,740,000
현금및현금성자산	332,833,600		21,740,000	
단기투자자산	4,760,000		17,300,000	
매출채권	368,657,000		120,000,000	
대손충당금	(18,432,850)		(2,300,000)	
미수수익	380,000			
미수금	11,780,000			
선급금	200,000			
선급비용	410,000			
부가세대급금	25,451,000			
② 재고자산		61,350,000		59,400,000
제품	38,000,000		50,000,000	
원재료	10,700,000		5,200,000	
재공품	12,250,000		4,200,000	
소모품	400,000			
Ⅱ.비유동자산		260,478,698		135,750,000
① 투자자산		500,000		
장기투자증권	500,000			
② 유형자산		247,938,698		124,710,000
토지	102,710,000		50,150,000	
건물	72,300,000		67,300,000	

(3) 표준(법인)용

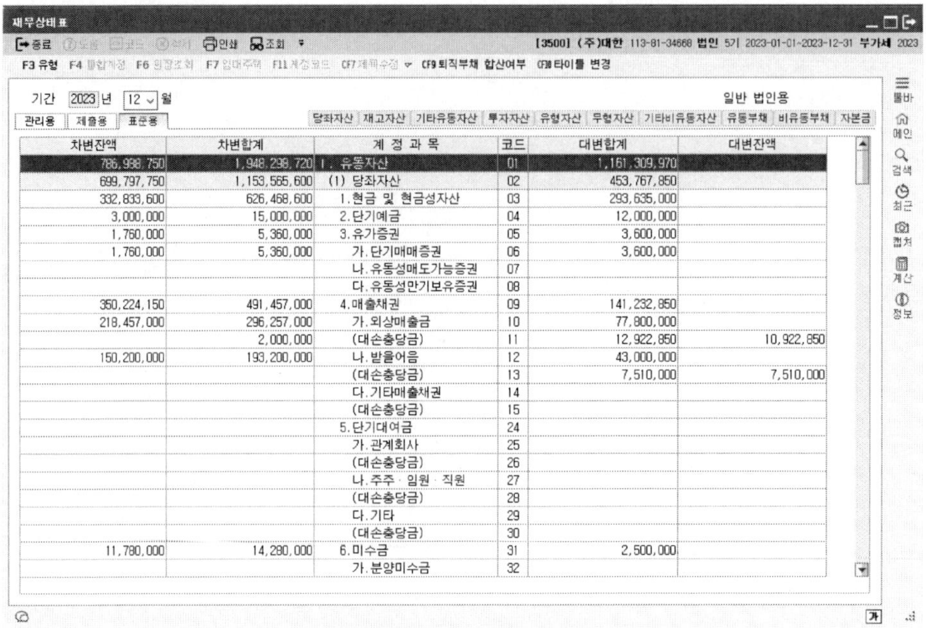

차변잔액	차변합계	계 정 과 목	코드	대변합계	대변잔액
786,998,750	1,948,298,720	Ⅰ. 유동자산	01	1,161,309,970	
699,797,750	1,153,565,600	(1) 당좌자산	02	453,767,850	
332,833,600	626,468,600	1.현금 및 현금성자산	03	293,635,000	
3,000,000	15,000,000	2.단기예금	04	12,000,000	
1,760,000	5,360,000	3.유가증권	05	3,600,000	
1,760,000	5,360,000	가.단기매매증권	06	3,600,000	
		나.유동성매도가능증권	07		
		다.유동성만기보유증권	08		
350,224,150	491,457,000	4.매출채권	09	141,232,850	
218,457,000	296,257,000	가.외상매출금	10	77,800,000	
	2,000,000	(대손충당금)	11	12,922,850	10,922,850
150,200,000	193,200,000	나.받을어음	12	43,000,000	
		(대손충당금)	13	7,510,000	7,510,000
		다.기타매출채권	14		
		(대손충당금)	15		
		5.단기대여금	24		
		가.관계회사	25		
		(대손충당금)	26		
		나.주주 · 임원 · 직원	27		
		(대손충당금)	28		
		다.기타	29		
		(대손충당금)	30		
11,780,000	14,280,000	6.미수금	31	2,500,000	
		가.분양미수금	32		

자료 입력 6-5

㈜대한(회사코드: 3500)의 재무상태표를 보고 다음 사항을 조회하여 보자.

01. 현금잔액은 얼마인가?

02. 매출채권 잔액은 얼마인가?

03. 매입채무액은 얼마인가?

04. 건물에 대한 장부가액은 얼마인가?

05. 부채와 자본총액은 얼마인가?

(1) 현금: ₩191,888,600

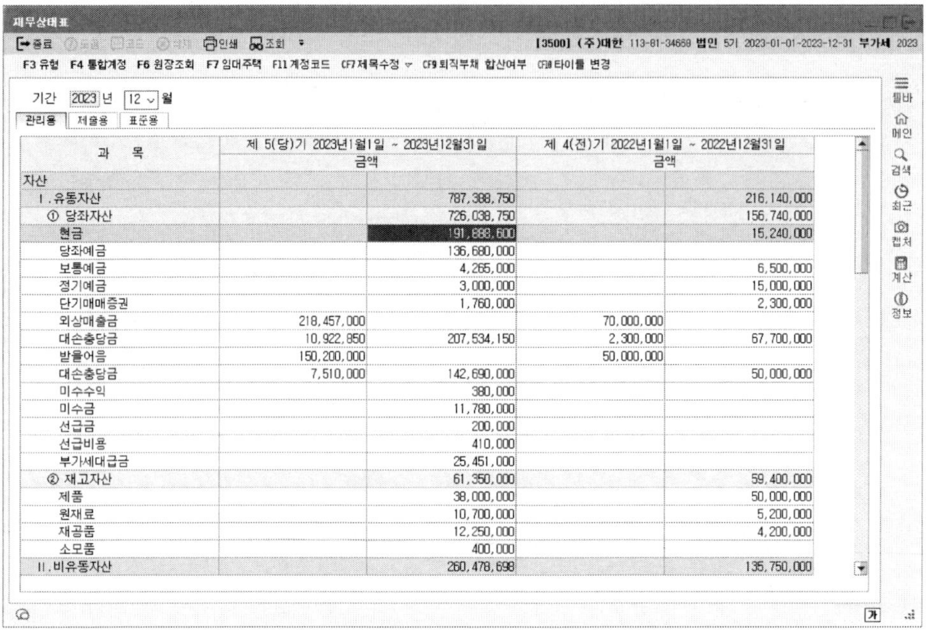

과 목	제 5(당)기 2023년1월1일 ~ 2023년12월31일		제 4(전)기 2022년1월1일 ~ 2022년12월31일	
	금액		금액	
자산				
Ⅰ.유동자산		787,388,750		216,140,000
① 당좌자산		726,038,750		156,740,000
현금		191,888,600		15,240,000
당좌예금		136,680,000		
보통예금		4,265,000		6,500,000
정기예금		3,000,000		15,000,000
단기매매증권		1,760,000		2,300,000
외상매출금	218,457,000		70,000,000	
대손충당금	10,922,850	207,534,150	2,300,000	67,700,000
받을어음	150,200,000		50,000,000	
대손충당금	7,510,000	142,690,000		50,000,000
미수수익		380,000		
미수금		11,780,000		
선급금		200,000		
선급비용		410,000		
부가세대급금		25,451,000		
② 재고자산		61,350,000		59,400,000
제품		38,000,000		50,000,000
원재료		10,700,000		5,200,000
재공품		12,250,000		4,200,000
소모품		400,000		
Ⅱ.비유동자산		260,478,698		135,750,000

(2) 매출채권 잔액: ₩368,667,000

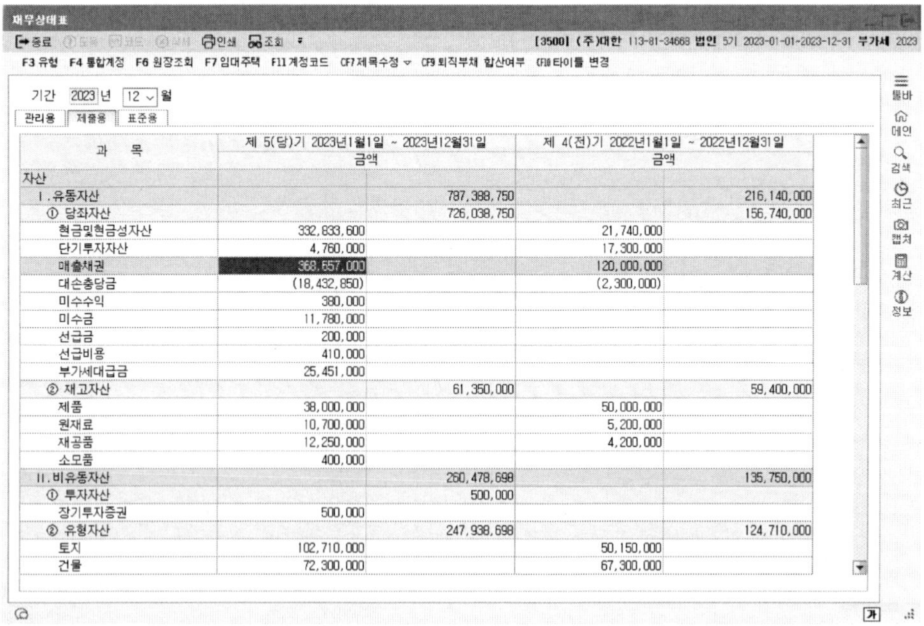

과 목	제 5(당)기 2023년1월1일 ~ 2023년12월31일		제 4(전)기 2022년1월1일 ~ 2022년12월31일	
	금액		금액	
자산				
Ⅰ.유동자산		787,388,750		216,140,000
① 당좌자산		726,038,750		156,740,000
현금및현금성자산	332,833,600		21,740,000	
단기투자자산	4,760,000		17,300,000	
매출채권	368,657,000		120,000,000	
대손충당금	(18,432,850)		(2,300,000)	
미수수익	380,000			
미수금	11,780,000			
선급금	200,000			
선급비용	410,000			
부가세대급금	25,451,000			
② 재고자산		61,350,000		59,400,000
제품	38,000,000		50,000,000	
원재료	10,700,000		5,200,000	
재공품	12,250,000		4,200,000	
소모품	400,000			
Ⅱ.비유동자산		260,478,698		135,750,000
① 투자자산		500,000		
장기투자증권	500,000			
② 유형자산		247,938,698		124,710,000
토지	102,710,000		50,150,000	
건물	72,300,000		67,300,000	

(3) 매입채무 잔액: ₩187,440,000

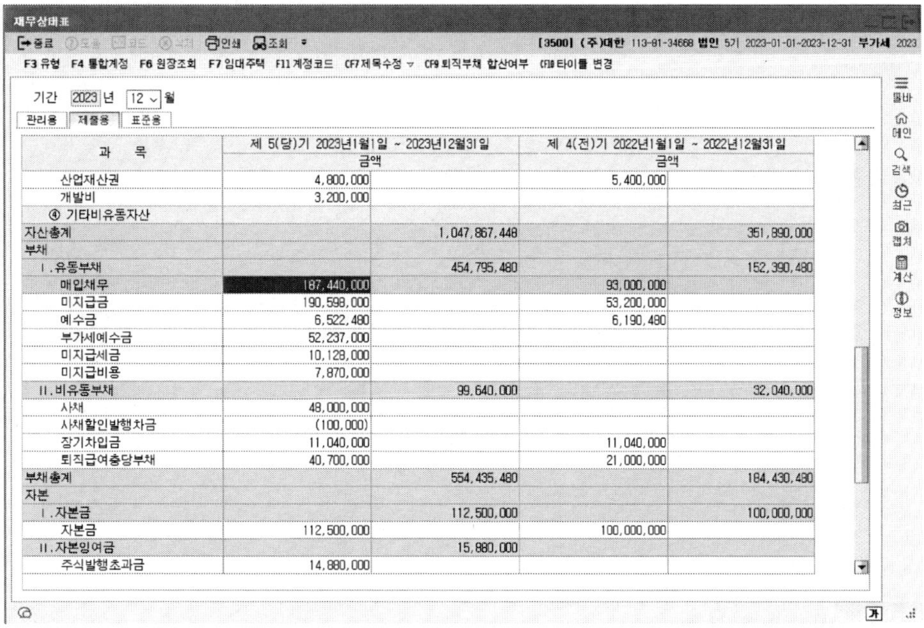

재무상태표

[3500] (주)대한 113-81-34668 법인 5기 2023-01-01~2023-12-31 부가세 2023

기간 2023 년 12 월 / 관리용 제출용 표준용

과 목	제 5(당)기 2023년1월1일 ~ 2023년12월31일 금액		제 4(전)기 2022년1월1일 ~ 2022년12월31일 금액	
산업재산권	4,800,000		5,400,000	
개발비	3,200,000			
④ 기타비유동자산				
자산총계		1,047,867,448		351,890,000
부채				
Ⅰ.유동부채		454,795,480		152,390,480
매입채무	187,440,000		93,000,000	
미지급금	190,598,000		53,200,000	
예수금	6,522,480		6,190,480	
부가세예수금	52,237,000			
미지급세금	10,128,000			
미지급비용	7,870,000			
Ⅱ.비유동부채		99,640,000		32,040,000
사채	48,000,000			
사채할인발행차금	(100,000)			
장기차입금	11,040,000		11,040,000	
퇴직급여충당부채	40,700,000		21,000,000	
부채총계		554,435,480		184,430,480
자본				
Ⅰ.자본금		112,500,000		100,000,000
자본금	112,500,000		100,000,000	
Ⅱ.자본잉여금		15,880,000		
주식발행초과금	14,880,000			

(4) 건물의 장부가액: ₩28,945,000

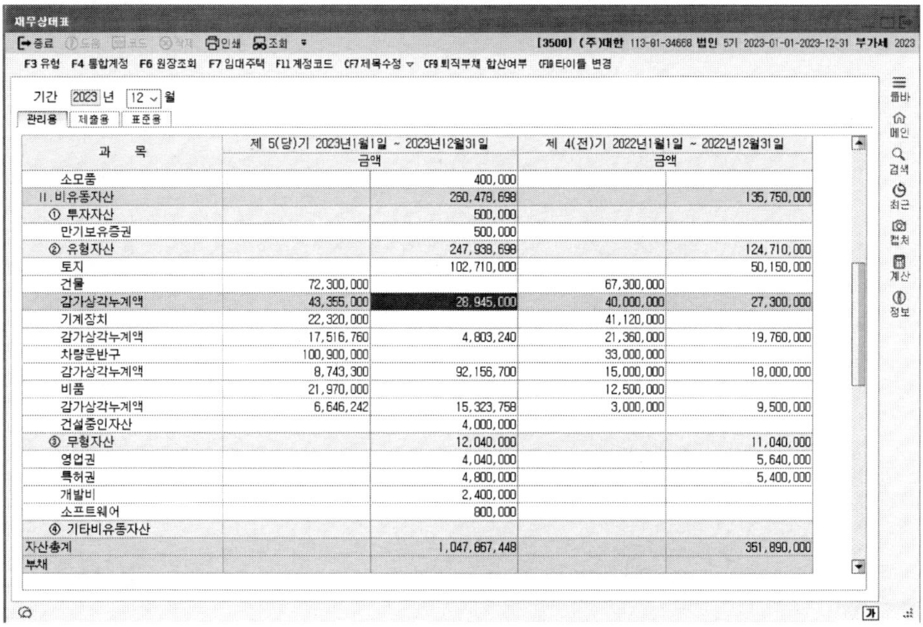

재무상태표

[3500] (주)대한 113-81-34668 법인 5기 2023-01-01~2023-12-31 부가세 2023

기간 2023 년 12 월 / 관리용 제출용 표준용

과 목	제 5(당)기 2023년1월1일 ~ 2023년12월31일 금액		제 4(전)기 2022년1월1일 ~ 2022년12월31일 금액	
소모품		400,000		
Ⅱ.비유동자산		260,479,698		136,750,000
① 투자자산		500,000		
만기보유증권		500,000		
② 유형자산		247,938,698		124,710,000
토지		102,710,000		50,150,000
건물	72,300,000		67,300,000	
감가상각누계액	43,355,000	28,945,000	40,000,000	27,300,000
기계장치	22,320,000		41,120,000	
감가상각누계액	17,516,760	4,803,240	21,360,000	19,760,000
차량운반구	100,900,000		33,000,000	
감가상각누계액	8,743,300	92,156,700	15,000,000	18,000,000
비품	21,970,000		12,500,000	
감가상각누계액	6,646,242	15,323,758	3,000,000	9,500,000
건설중인자산		4,000,000		
③ 무형자산		12,040,000		11,040,000
영업권		4,040,000		5,640,000
특허권		4,800,000		5,400,000
개발비		2,400,000		
소프트웨어		800,000		
④ 기타비유동자산				
자산총계		1,047,867,448		351,890,000
부채				

(5) 부채와 자본총액: ₩1,047,867,448

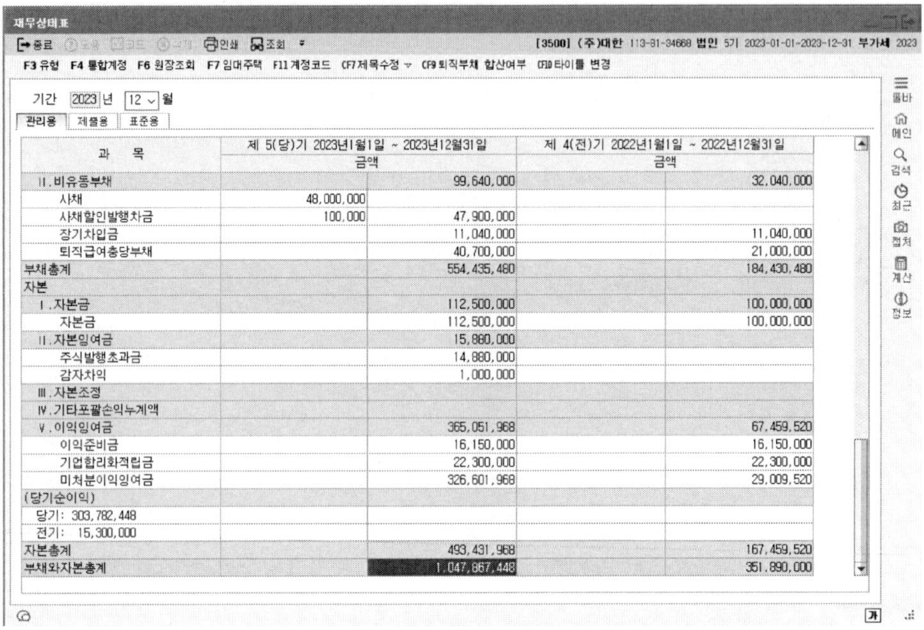

과 목	제 5(당)기 2023년1월1일 ~ 2023년12월31일		제 4(전)기 2022년1월1일 ~ 2022년12월31일	
	금액		금액	
Ⅱ.비유동부채		99,640,000		32,040,000
사채	48,000,000			
사채할인발행차금	100,000	47,900,000		
장기차입금		11,040,000		11,040,000
퇴직급여충당부채		40,700,000		21,000,000
부채총계		554,435,480		184,430,480
자본				
Ⅰ.자본금		112,500,000		100,000,000
자본금		112,500,000		100,000,000
Ⅱ.자본잉여금		15,880,000		
주식발행초과금		14,880,000		
감자차익		1,000,000		
Ⅲ.자본조정				
Ⅳ.기타포괄손익누계액				
Ⅴ.이익잉여금		365,051,968		67,459,520
이익준비금		16,150,000		16,150,000
기업합리화적립금		22,300,000		22,300,000
미처분이익잉여금		326,601,968		29,009,520
(당기순이익)				
당기: 303,782,448				
전기: 15,300,000				
자본총계		493,431,968		167,459,520
부채와자본총계		1,047,867,448		351,890,000

연습문제 6-5

㈜세광(회사코드: 103)의 재무상태표를 보고 다음 사항을 조회하여 보자.

01. 현금 및 현금등가물은 얼마인가?

02. 매출채권 잔액은 얼마인가?

03. 매입채무액은 얼마인가?

04. 건물에 대한 장부가액은 얼마인가?

05. 부채와 자본총액은 얼마인가?

제6절 합계잔액시산표

합계잔액시산표는 원장전기에 대한 오류검증을 하기 위하여 작성되는 장부이다. 합계잔액시산표의 조회는 메인화면에서 합계잔액시산표를 클릭하면 다음과 같은 화면이 나타난다.

합계잔액시산표입력 화면

(1) 관리용

합계잔액시산표

종료 도움 코드 삭제 인쇄 조회 [3500] (주)대한 113-81-34668 법인 5기 2023-01-01~2023-12-31 부가세 2023

F3 제목수정 F4 통합계정 F6 원장조회 F7 임대주택 F8 계정과목편집 F11 계정코드 CF9 영어계정

기간 2023 년 12 월 31 일

관리용 | 제출용

차변		계정과목	대변	
잔액	합계		합계	잔액
805,821,600	1,948,698,720	1.유동자산	1,161,309,970	18,432,850
744,471,600	1,179,848,600	<당좌자산>	453,809,850	18,432,850
191,888,600	372,753,600	현금	180,865,000	
136,680,000	168,860,000	당좌예금	32,180,000	
4,265,000	84,855,000	보통예금	80,590,000	
3,000,000	15,000,000	정기예금	12,000,000	
1,760,000	5,360,000	단기매매증권	3,600,000	
218,457,000	296,257,000	외상매출금	77,800,000	
	2,000,000	대손충당금	12,922,850	10,922,850
150,200,000	193,200,000	받을어음	43,000,000	
		대손충당금	7,510,000	7,510,000
380,000	380,000	미수수익		
11,780,000	14,280,000	미수금	2,500,000	
200,000	200,000	선급금		
410,000	410,000	선급비용		
	600,000	가지급금	600,000	
25,451,000	25,451,000	부가세대급금		
	42,000	선납세금	42,000	
	200,000	현금과부족	200,000	
61,350,000	768,850,120	<재고자산>	707,500,120	
38,000,000	300,950,060	제품	262,950,060	
10,700,000	204,300,000	원재료	193,600,000	
1,148,851,600	4,876,346,620	합계	4,876,346,620	1,148,851,600

(2) 제출용

합계잔액시산표

종료 도움 코드 삭제 인쇄 조회 [3500] (주)대한 113-81-34668 법인 5기 2023-01-01~2023-12-31 부가세 2023

F3 제목수정 F4 통합계정 F6 원장조회 F7 임대주택 F8 계정과목편집 F11 계정코드 CF9 영어계정

기간 2023 년 12 월 31 일

관리용 | 제출용

차변		계정과목	대변	
잔액	합계		합계	잔액
805,821,600	1,948,698,720	1.유동자산	1,161,309,970	18,432,850
744,471,600	1,179,848,600	<당좌자산>	453,809,850	18,432,850
332,833,600	626,468,600	현금및현금성자산	293,635,000	
4,760,000	20,360,000	단기투자자산	15,600,000	
368,657,000	489,457,000	매출채권	120,800,000	
	2,000,000	대손충당금	20,432,850	18,432,850
380,000	380,000	미수수익		
11,780,000	14,280,000	미수금	2,500,000	
200,000	200,000	선급금		
410,000	410,000	선급비용		
	600,000	가지급금	600,000	
25,451,000	25,451,000	부가세대급금		
	42,000	선납세금	42,000	
	200,000	현금과부족	200,000	
61,350,000	768,850,120	<재고자산>	707,500,120	
38,000,000	300,950,060	제품	262,950,060	
10,700,000	204,300,000	원재료	193,600,000	
12,250,000	263,200,060	재공품	250,950,060	
400,000	400,000	소모품		
336,740,000	427,540,000	2.비유동자산	167,061,302	76,261,302
500,000	500,000	<투자자산>		
500,000	500,000	장기투자증권		
1,148,851,600	4,876,346,620	합계	4,876,346,620	1,148,851,600

자료 입력 6-6

㈜대한(회사코드: 3500)의 합계잔액시산표를 보고 다음 사항을 조회하여 보자.

01. 제조경비는 얼마인가?

02. 판매비와 관리비는 얼마인가?

03. 차변 합계금액은 얼마인가?

04. 당기의 총매출액은 얼마인가?

(1) 제조경비: ₩38,700,060

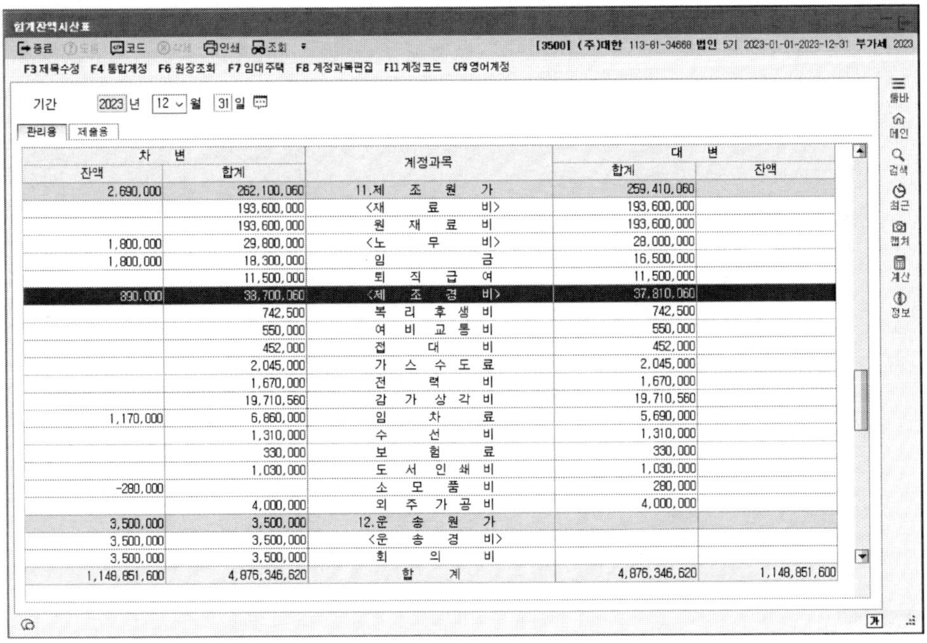

차변 잔액	차변 합계	계정과목	대변 합계	대변 잔액
2,690,000	262,100,060	11.제 조 원 가	259,410,060	
	193,600,000	<재 료 비>	193,600,000	
	193,600,000	원 재 료 비	193,600,000	
1,800,000	29,800,000	<노 무 비>	28,000,000	
1,800,000	18,300,000	임 금	16,500,000	
	11,500,000	퇴 직 급 여	11,500,000	
890,000	38,700,060	<제 조 경 비>	37,810,060	
	742,500	복 리 후 생 비	742,500	
	550,000	여 비 교 통 비	550,000	
	452,000	접 대 비	452,000	
	2,045,000	가 스 수 도 료	2,045,000	
	1,670,000	전 력 비	1,670,000	
	19,710,560	감 가 상 각 비	19,710,560	
1,170,000	6,860,000	임 차 료	5,690,000	
	1,310,000	수 선 비	1,310,000	
	330,000	보 험 료	330,000	
	1,030,000	도 서 인 쇄 비	1,030,000	
-280,000		소 모 품 비	280,000	
	4,000,000	외 주 가 공 비	4,000,000	
3,500,000	3,500,000	12.운 송 원 가		
3,500,000	3,500,000	<운 송 경 비>		
3,500,000	3,500,000	회 의 비		
1,148,851,600	4,876,346,620	합 계	4,876,346,620	1,148,851,600

(2) 판매비와 관리비: ₩86,618,092

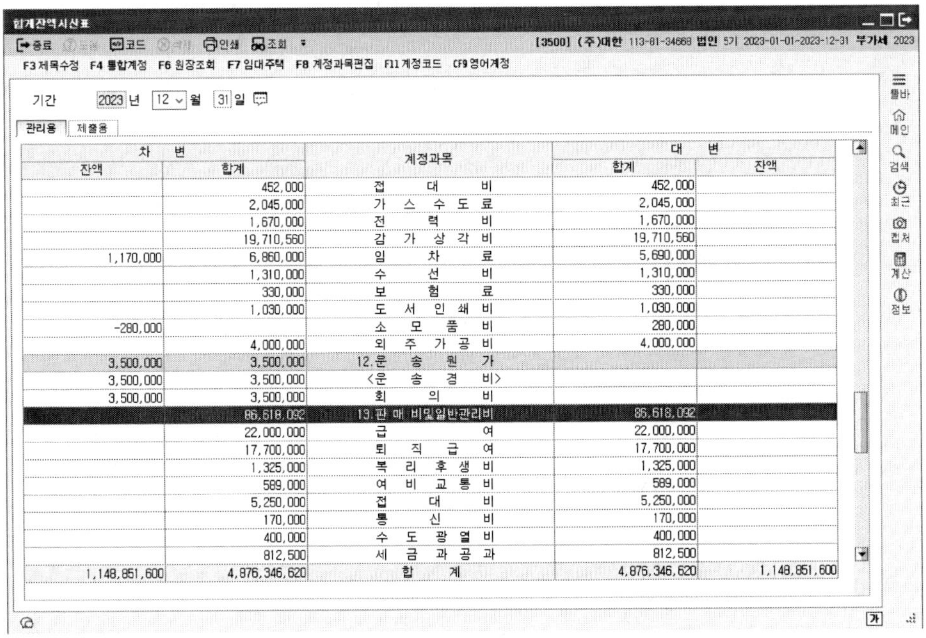

차변 잔액	차변 합계	계정과목	대변 합계	대변 잔액
	452,000	접 대 비	452,000	
	2,045,000	가 스 수 도 료	2,045,000	
	1,670,000	전 력 비	1,670,000	
	19,710,560	감 가 상 각 비	19,710,560	
1,170,000	6,860,000	임 차 료	5,690,000	
	1,310,000	수 선 비	1,310,000	
	330,000	보 험 료	330,000	
	1,030,000	도 서 인 쇄 비	1,030,000	
-280,000		소 모 품 비	280,000	
	4,000,000	외 주 가 공 비	4,000,000	
3,500,000	3,500,000	12.운 송 원 가		
3,500,000	3,500,000	<운 송 경 비>		
3,500,000	3,500,000	회 의 비		
	86,618,092	13.판 매 비및일반관리비	86,618,092	
	22,000,000	급 여	22,000,000	
	17,700,000	퇴 직 급 여	17,700,000	
	1,325,000	복 리 후 생 비	1,325,000	
	589,000	여 비 교 통 비	589,000	
	5,250,000	접 대 비	5,250,000	
	170,000	통 신 비	170,000	
	400,000	수 도 광 열 비	400,000	
	812,500	세 금 과 공 과	812,500	
1,148,851,600	4,876,346,620	합 계	4,876,346,620	1,148,851,600

(3) 차변합계금액: ₩4,876,346,620

합계잔액시산표

종료 | 코드 | 인쇄 | 조회 — [3500] (주)대한 113-81-34668 법인 5기 2023-01-01~2023-12-31 부가세 2023

F3 제목수정 F4 통합계정 F6 원장조회 F7 임대주택 F8 계정과목편집 F11 계정코드 CF9 영어계정

기간 2023 년 12 월 31 일

관리용 | 제출용

차변		계정과목	대변	
잔액	합계		합계	잔액
	4,000,000	외 주 가 공 비	4,000,000	
3,500,000	3,500,000	12.운 송 원 가		
3,500,000	3,500,000	<운 송 경 비>		
3,500,000	3,500,000	회 의 비		
	86,618,092	13.판 매 비및일반관리비	86,618,092	
	22,000,000	급 여	22,000,000	
	17,700,000	퇴 직 급 여	17,700,000	
	1,325,000	복 리 후 생 비	1,325,000	
	589,000	여 비 교 통 비	589,000	
	5,250,000	접 대 비	5,250,000	
	170,000	통 신 비	170,000	
	400,000	수 도 광 열 비	400,000	
	812,500	세 금 과 공 과	812,500	
	6,690,742	감 가 상 각 비	6,690,742	
	1,690,000	임 차 료	1,690,000	
	2,380,000	수 선 비	2,380,000	
	280,000	보 험 료	280,000	
	1,167,000	차 량 유 지 비	1,167,000	
	800,000	도 서 인 쇄 비	800,000	
	459,000	소 모 품 비	459,000	
	522,000	수 수 료 비 용	522,000	
	3,700,000	광 고 선 전 비	3,700,000	
1,148,851,600	4,876,346,620	합 계	4,876,346,620	1,148,851,600

(4) 총매출액: ₩668,853,600

합계잔액시산표

종료 | 코드 | 인쇄 | 조회 — [3500] (주)대한 113-81-34668 법인 5기 2023-01-01~2023-12-31 부가세 2023

F3 제목수정 F4 통합계정 F6 원장조회 F7 임대주택 F8 계정과목편집 F11 계정코드 CF9 영어계정

기간 2023 년 12 월 31 일

관리용 | 제출용

차변		계정과목	대변	
잔액	합계		합계	잔액
	29,009,520	이 월 이 익 잉 여 금	361,801,488	332,791,968
	332,791,968	미 처 분 이 익잉여금	332,791,968	
	703,770,600	8.손 익	703,770,600	
	703,770,600	손 익	703,770,600	
	668,853,600	9.매 출	668,853,600	
	668,870,000	제 품 매 출	668,870,000	
	16,400	매 출 할 인	16,400	
	259,950,060	10.매 출 원 가	259,950,060	
	259,950,060	제 품 매 출 원 가	259,950,060	
2,690,000	262,100,060	11.제 조 원 가	259,410,060	
	193,600,000	<재 료 비>	193,600,000	
	193,600,000	원 재 료 비	193,600,000	
1,800,000	29,800,000	<노 무 비>	28,000,000	
1,800,000	18,300,000	임 금	16,500,000	
	11,500,000	퇴 직 급 여	11,500,000	
890,000	38,700,060	<제 조 경 비>	37,810,060	
	742,500	복 리 후 생 비	742,500	
	550,000	여 비 교 통 비	550,000	
	452,000	접 대 비	452,000	
	2,045,000	가 스 수 도 료	2,045,000	
	1,670,000	전 력 비	1,670,000	
	19,710,560	감 가 상 각 비	19,710,560	
1,148,851,600	4,876,346,620	합 계	4,876,346,620	1,148,851,600

연습문제 6-6

㈜세광(회사코드: 103)의 합계잔액시산표를 보고 다음 사항을 조회하여 보자.

01. 제조경비는 얼마인가?

02. 판매비와 관리비는 얼마인가?

03. 차변 합계금액은 얼마인가?

04. 당기의 총매출액은 얼마인가?

| 제 7 장 |

장부의 조회

| 제 7 장 |

장부의 조회

제1절 일/월계표

1. 일계표

일계표는 매일 매일의 거래내역을 계정과목별로 집계한 계정집계표이다. 전표입력/장부에서 일/월계표를 클릭한 후 특정일을 입력하면 다음의 화면이 나타난다.

일계표조회 화면

2. 월계표

월계표는 한 달 동안의 거래내역을 계정과목별로 집계한 계정집계표이다. 전표입력/장부에서 일/월계표를 클릭한 후 특정 월을 입력하면 다음의 화면이 나타난다.

월계표조회 화면

자료 입력 7-1

㈜대한(회사코드: 3500)의 일/월계표를 보고 다음 사항을 조회하여 보자.

01. 5월 25일 제조경비 발생액은 얼마인가? ₩1,000,000

차변 계	차변 대체	차변 현금	계정과목	대변 현금	대변 대체	대변 계
			1.유 동 자 산		13,000,000	13,000,000
			<당 좌 자 산>		13,000,000	13,000,000
			당 좌 예 금		13,000,000	13,000,000
13,000,000	13,000,000		2.유 동 부 채			
13,000,000	13,000,000		지 급 어 음			
1,000,000		1,000,000	3.제 조 원 가			
1,000,000		1,000,000	<제 조 경 비>			
1,000,000		1,000,000	도 서 인 쇄 비			
500,000		500,000	4.판 매 비및일반관리비			
500,000		500,000	도 서 인 쇄 비			
14,500,000	13,000,000	1,500,000	금일소계		13,000,000	13,000,000
93,780,000		93,780,000	금일잔고/전일잔고	95,280,000		95,280,000
108,280,000	13,000,000	95,280,000	합계	95,280,000	13,000,000	108,280,000

02. 10월의 제품 총매출액은 얼마인가? ₩8,400,000

일계표(월계표)

종료 코드 삭제 인쇄 조회 [3500] (주)대한 113-81-34668 법인 5기 2023-01-01~2023-12-31 부가세 2023

F3 계정코드 F4 임대 F6 원장조회

일계표 | 월계표

조회기간 : 2023 년 10 월 ~ 2023 년 10 월

차변			계정과목	대변		
계	대체	현금		현금	대체	계
11,960,000	11,960,000		1.유 동 자 산	803,600	2,016,400	2,820,000
11,960,000	11,960,000		<당 좌 자 산>	803,600	2,016,400	2,820,000
5,000,000	5,000,000		보 통 예 금			
			외 상 매 출 금	803,600	2,016,400	2,820,000
2,000,000	2,000,000		대 손 충 당 금			
4,960,000	4,960,000		미 수 금			
3,270,000	2,800,000	470,000	2.비 유 동 자 산		9,300,000	9,300,000
3,270,000	2,800,000	470,000	<유 형 자 산>		9,300,000	9,300,000
			토 지		4,000,000	4,000,000
			기 계 장 치		5,300,000	5,300,000
1,800,000	1,800,000		감 가 상 각 누 계 액			
1,470,000	1,000,000	470,000	비 품			
20,000,000	20,000,000		3.유 동 부 채	11,840,000	22,940,000	34,780,000
20,000,000	20,000,000		외 상 매 입 금			
			지 급 어 음		20,000,000	20,000,000
			미 지 급 금		2,580,000	2,580,000
			부 가 세 예 수 금	840,000	360,000	1,200,000
			선 수 금	11,000,000		11,000,000
16,400	16,400		4.매 출	8,400,000		8,400,000
			제 품 매 출	8,400,000		8,400,000
16,400	16,400		매 출 할 인			
36,826,400	36,356,400	470,000	금월소계	21,043,600	36,356,400	57,400,000
179,068,600		179,068,600	금월잔고/전월잔고	158,495,000		158,495,000
215,895,000	36,356,400	179,538,600	합계	179,538,600	36,356,400	215,895,000

연습문제 7-1

㈜세광(회사코드: 103)의 일/월계표를 보고 다음 사항을 조회하여 보자.

01. 1월 28일 제조경비의 발생액은 얼마인가?

02. 10월 25일 발생한 판매비와 관리비 항목의 계정과목과 금액은 얼마인가?

03. 8월의 차변 합계금액은 얼마인가?

04. 6월의 총 제품매출액은 얼마인가?

제2절 계정별원장

계정별원장은 각 계정과목별로 거래내역을 월단위로 집계하여 기록한 장부이며, 총계정원장의 보조장부이다. 전표입력/장부에서 계정별원장을 클릭한 후 조회하고자 하는 계정과목의 코드와 기간을 입력하면 다음의 화면이 나타난다.

계정별원장조회 화면

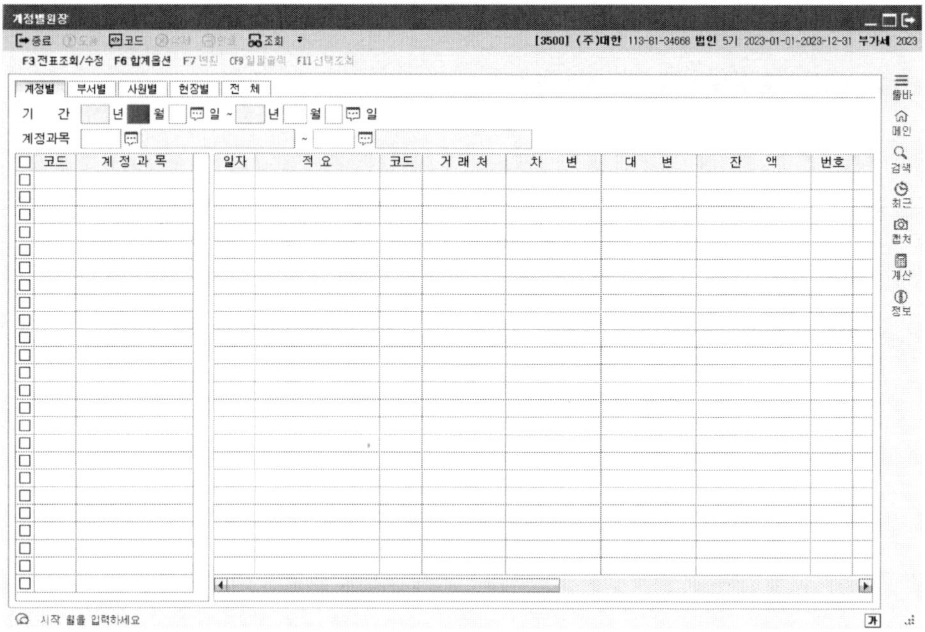

자료 입력 7-2

㈜대한(회사코드: 3500)의 계정별원장을 보고 다음 사항을 조회하여 보자.

01. 7월 31일 현재 지급어음의 잔액은 얼마인가?

02. 11월 30일 현재 외상매출금 잔액은 얼마인가?

(1) 7월 31일 현재 지급어음의 잔액: ₩35,810,000

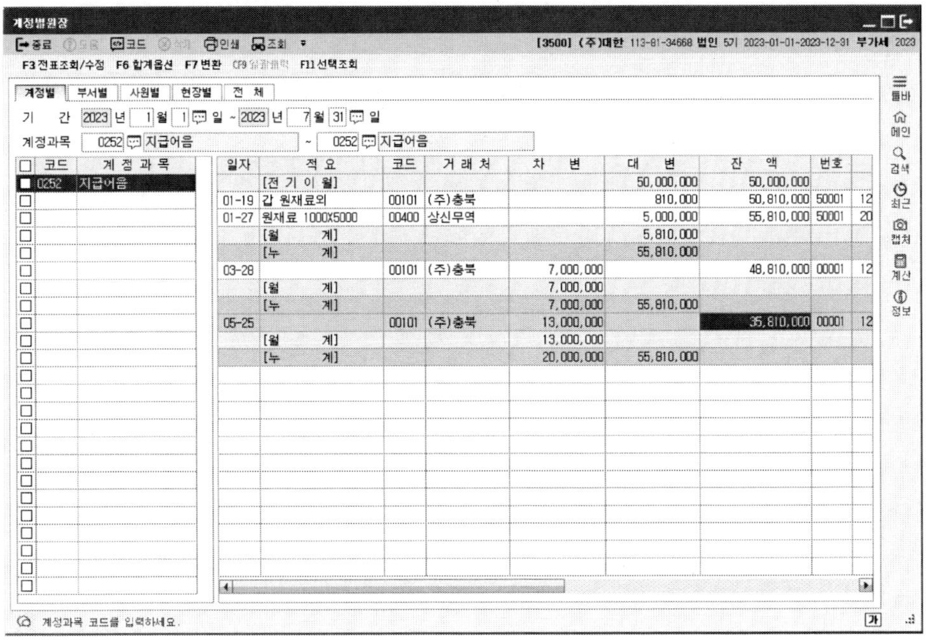

일자	적 요	코드	거 래 처	차 변	대 변	잔 액	번호	
	[전 기 이 월]				50,000,000	50,000,000		
01-19	갑 원재료외	00101	(주)충북		810,000	50,810,000	50001	12
01-27	원재료 1000X5000	00400	상신무역		5,000,000	55,810,000	50001	20
	[월 계]				5,810,000			
	[누 계]				55,810,000			
03-28		00101	(주)충북	7,000,000		48,810,000	00001	12
	[월 계]			7,000,000				
	[누 계]			7,000,000	55,810,000			
05-25		00101	(주)충북	13,000,000		35,810,000	00001	12
	[월 계]			13,000,000				
	[누 계]			20,000,000	55,810,000			

(2) 11월 30일 현재 외상매출금의 잔액: ₩142,457,000

계정별원장

[3500] (주)대한 113-81-34668 법인 5기 2023-01-01~2023-12-31 부가세 2023

F3 전표조회/수정 F6 합계옵션 F7 변환 CF9 일괄출력 F11 선택조회

계정별 | 부서별 | 사원별 | 현장별 | 전 체

기 간 2023 년 1 월 1 일 ~ 2023 년 11 월 30 일

계정과목 0108 외상매출금 ~ 0108 외상매출금

코드	계 정 과 목
0108	외상매출금

일자	적 요	코드	거 래 처	차 변	대 변	잔 액	번호
06-11		00104	대전상사		1,680,000	88,277,000	00001
06-16	제품	99612	비씨카드사	3,300,000		91,577,000	50001
06-28		01250	ABC	2,200,000		93,777,000	00001
	[월 계]			25,500,000	1,680,000		
	[누 계]			142,557,000	48,780,000		
07-04	제품	00118	피비케이사	7,600,000		101,377,000	50001
	[월 계]			7,600,000			
	[누 계]			150,157,000	48,780,000		
08-08		01250	ABC		2,200,000	99,177,000	00001
08-25	제품 ADM	99612	비씨카드사	5,500,000		104,677,000	50001
	[월 계]			5,500,000	2,200,000		
	[누 계]			155,657,000	50,980,000		
09-03	제품	00400	상신무역	10,000,000		114,677,000	50001
	[월 계]			10,000,000			
	[누 계]			165,657,000	50,980,000		
10-12		00104	대전상사		820,000	113,857,000	00002
10-30		00103	청주상사		2,000,000	111,857,000	00001
	[월 계]				2,820,000		
	[누 계]			165,657,000	53,800,000		
11-11	제품	99612	비씨카드사	6,600,000		118,457,000	50001
11-28	제품	00123	바이엘사	24,000,000		142,457,000	50001
	[월 계]			30,600,000			
	[누 계]			196,257,000	53,800,000		

계정과목 코드를 입력하세요.

연습문제 7-2

㈜세광(회사코드: 103)의 계정별원장을 보고 다음 사항을 조회하여 보자.

01. 1월 31일 현재 미지급금잔액은 얼마인가?

02. 10월 31일 현재 당좌예금잔액은 얼마인가?

03. 2분기 기간동안의 외상매출금 잔액은 얼마인가?

04. 10월 한 달 동안의 외상매입금 발생액은 얼마인가?

제3절 거래처원장

거래처원장은 매출채권(외상매출금·받을어음), 매입채무(외상매입금·지급어음), 미수금, 대여금 등 각종의 채권·채무를 효율적으로 관리하기 위하여 작성한다.

거래처원장은 일정기간동안에 발생한 각 계정과목별로 거래처의 잔액 및 거래내용을 기록한 보조기입장이다.

전산회계프로그램에서의 거래처원장은 거래처별 잔액, 내용, 총괄의 3가지 형식으로 구성되어 있다.

잔액은 계정과목별로 선택한 거래처의 잔액명세서를 보고자 할 때 선택을 하며, 내용은 해당 계정과목의 거래처별 거래내역을 거래처별로 거래가 발생한 일자까지 보고자 할 때 선택한다. 또한 총괄은 거래처의 거래내용이 계정과목별로 다양할 때 한 화면에서 모두 조회하고자 할 경우에 선택한다.

전표입력/장부에서 거래처원장을 클릭하면 다음과 같은 보조화면이 나타난다.

(1) 잔액

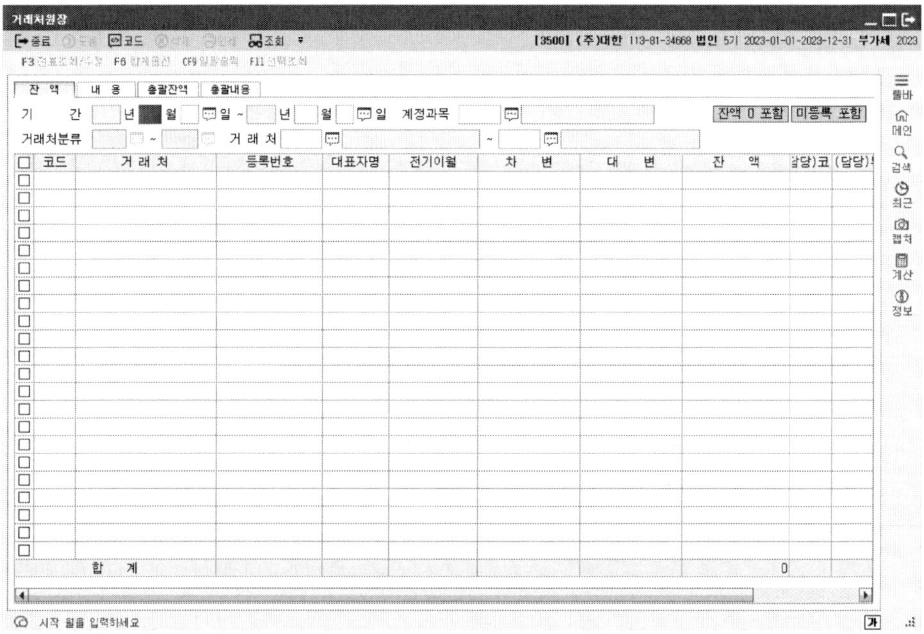

(2) 내용

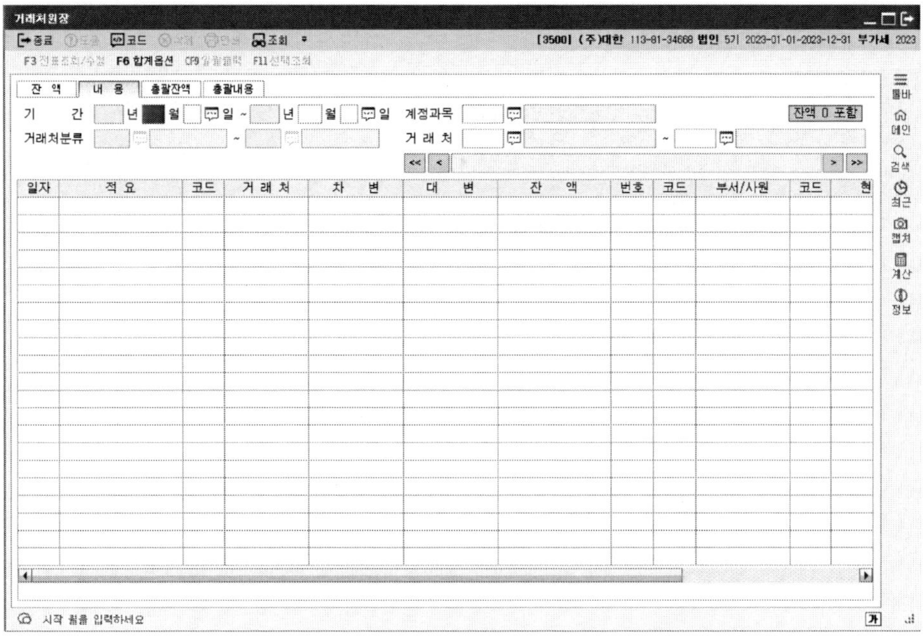
거래처원장
종료 코드 조회
[3500] (주)대한 113-81-34668 법인 5기 2023-01-01~2023-12-31 부가세 2023
F3 전표조회/수정 F6 합계옵션 CF9 일괄출력 F11 선택조회
잔 액
내 용
총괄잔액
총괄내용
기 간 년 월 일 ~ 년 월 일
계정과목
잔액 0 포함
거래처분류
거 래 처
일자
적 요
코드
거 래 처
차 변
대 변
잔 액
번호
코드
부서/사원
코드
현
툴바
메인
검색
최근
캡처
계산
정보
시작 월을 입력하세요

자료 입력 7-3

㈜대한(회사코드: 3500)의 거래처원장을 보고 다음 사항을 조회하여 보자.

01. 12월 31일 현재 청주상사의 외상매출금 잔액은 얼마인가? ₩41,407,000

02. 12월 31일 현재 대전상사의 외상매출금 회수액은 얼마인가? ₩27,000,000

03. 6월 30일 현재 받을어음 잔액이 가장 많은 거래처와 금액은?

거래처코드: 00103 청주상사 ₩18,000,000

코드	거 래 처	등록번호	대표자명	전기이월	차 변	대 변	잔 액
00103	청주상사	209-26-69232	박청주	20,000,000	5,000,000	7,000,000	18,000,000
00104	대전상사	211-05-09547	임대전	30,000,000		20,000,000	10,000,000
00109	우성상회	114-14-86153	우성진		4,000,000		4,000,000
00223	국제상사	220-81-82565	임민경		10,000,000		10,000,000
00511	한진상사(주)				2,000,000		2,000,000
00551	김경수	650612-1495752	김경수		2,200,000		2,200,000
	합 계			50,000,000	23,200,000	27,000,000	46,200,000

04. 12월 31일 현재 미지급금 잔액이 가장 많은 거래처와 금액은?

거래처코드: 00106 (주)대원 ₩30,800,000

코드	거 래 처	등록번호	대표자명	전기이월	차 변	대 변	잔 액	담당)코	(담당)
00101	(주)충북	123-81-21345	이충북			5,000,000	5,000,000		
00104	대전상사	211-05-09547	임대전			12,000,000	12,000,000		
00105	우림상사	125-19-12258	김우림			27,300,000	27,300,000		
00106	(주)대원	125-22-21456	박대원			30,800,000	30,800,000		
00114	세원자동차	138-11-71446	박경미			11,770,000	11,770,000		
00115	천안문구					100,000	100,000		
00253	서울문구					270,000	270,000		
00385	서울자동차	214-16-08918	임민경			23,100,000	23,100,000		
00820	극동건설					23,278,000	23,278,000		
01350	광림기계					510,000	510,000		
99611	국민카드사	9412-1243-0017-789				3,270,000	3,270,000		
99612	비씨카드사	4896-5844			187,000	187,000			
100000	미등록 거래처			53,200,000			53,200,000		
합 계				53,200,000	187,000	137,585,000	190,598,000		

연습문제 7-3

㈜세광(회사코드: 103)의 거래처원장을 보고 다음 사항을 조회하여 보자.

01. 11월 30일 현재 (주)민영의 받을어음 잔액은 얼마인가?

02. 12월 31일 현재 원주상사의 외상매출금 잔액은 얼마인가?

03. 7월 31일 현재 미지급금의 잔액이 가장 많은 거래처와 금액은 얼마인가?

04. 12월 31일 외상매출금 잔액이 가장 많은 거래처와 금액은 얼마인가?

제4절 분개장

분개장은 거래를 발생 순서대로 분개하여 기록한 장부로서 총계정원장과 장부의 주요부를 구성하고 있다.

전표입력/장부에서 분개장을 클릭하면 다음과 같은 보조화면이 나타난다.

분개장조회 화면

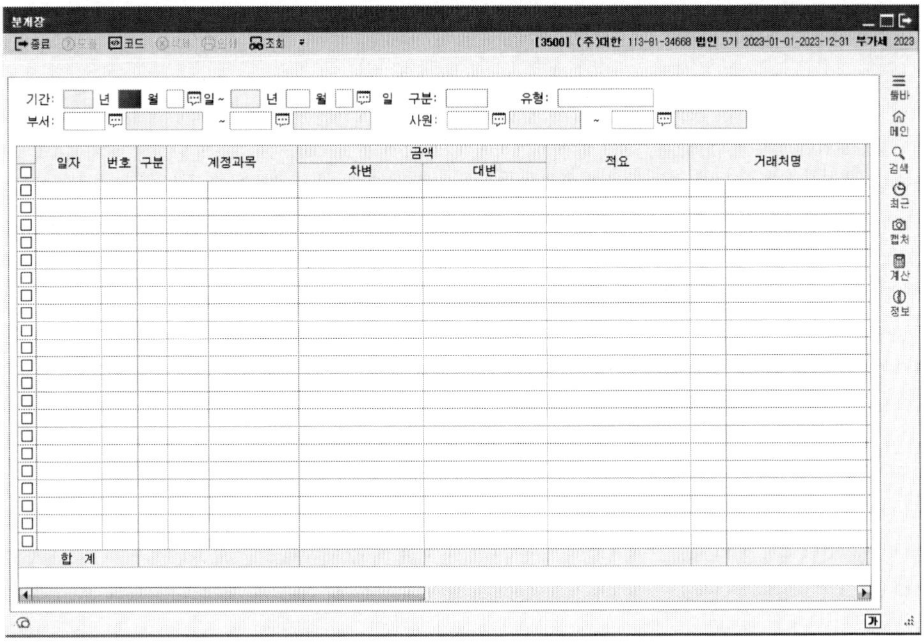

구분란은 1: 전체, 2: 출금, 3: 입금, 4: 대체로 구성되어 있다.

1: 전체－입금, 출금 및 대체전표의 모든 분개장을 조회할 경우에 선택한다.
2: 출금－출금전표의 분개장을 조회할 경우에 선택한다.
2: 입금－입금전표의 분개장을 조회할 경우에 선택한다.
3: 전체－대체전표의 분개장을 조회할 경우에 선택한다.

자료 입력 7-4

㈜대한(회사코드: 3500)의 분개장을 보고 다음 사항을 조회하여 보자.

01. 1월 1일부터 1월 10일까지의 입금거래는 총 몇 건인가? 총 1건

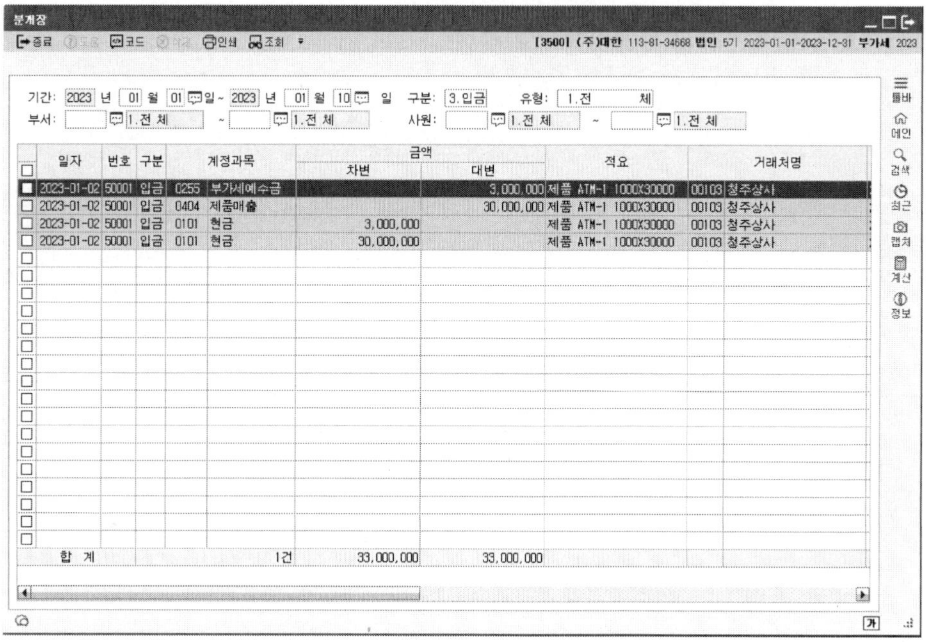

일자	번호	구분	계정과목		금액 차변	금액 대변	적요	거래처명	
2023-01-02	50001	입금	0255	부가세예수금		3,000,000	제품 ATM-1 1000X30000	00103	청주상사
2023-01-02	50001	입금	0404	제품매출		30,000,000	제품 ATM-1 1000X30000	00103	청주상사
2023-01-02	50001	입금	0101	현금	3,000,000		제품 ATM-1 1000X30000	00103	청주상사
2023-01-02	50001	입금	0101	현금	30,000,000		제품 ATM-1 1000X30000	00103	청주상사
합 계				1건	33,000,000	33,000,000			

02. **10월 5일부터 10월 8일까지의 전체거래는 총 몇 건이고 차변 합계금액은 얼마인가?**

총 1건 차변합계금액: ₩9,240,000

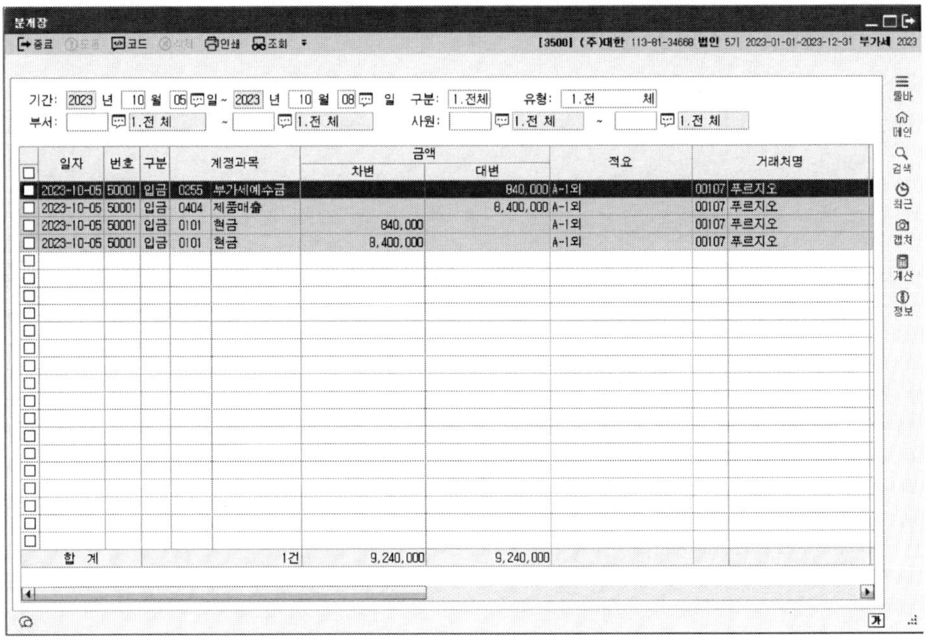

일자	번호	구분	계정과목	금액 차변	금액 대변	적요	거래처명
2023-10-05	50001	입금	0255 부가세예수금		840,000	A-1외	00107 푸르지오
2023-10-05	50001	입금	0404 제품매출		8,400,000	A-1외	00107 푸르지오
2023-10-05	50001	입금	0101 현금	840,000		A-1외	00107 푸르지오
2023-10-05	50001	입금	0101 현금	8,400,000		A-1외	00107 푸르지오
합 계			1건	9,240,000	9,240,000		

연습문제 7-4

㈜세광(회사코드: 103)의 분개장을 보고 다음 사항을 조회하여 보자.

01. 1월 8일부터 1월 15일까지의 현금거래는 총 몇 건인가?

02. 6월 9일부터 6월 15일까지의 전체거래는 총 몇 건이고 차변 합계금액은 얼마인가?

03. 9월 20일부터 9월 30일까지의 대체거래는 총 몇 건인가?

04. 11월 6일부터 11월 10일까지의 전체거래는 총 몇 건이고 차변 합계금액은 얼마인가?

05. 12월 9일부터 12월 15일까지의 현금거래는 총 몇 건이고 현금지출액은 총 얼마인가?

제5절 총계정원장

총계정원장은 결산의 기초가 되는 주요장부로서 일정기간동안에 발생한 거래를 자산, 부채, 자본, 수익, 비용 등의 각 항목에 대하여 각각의 계정을 설정하는데 이 계정들을 총계정원장이라고 한다. 전산회계프로그램에서는 총계정원장에 입력을 할 수 없으며 단지 조회 및 출력만 가능하다.

총계정원장의 조회는 월별, 일별로 조회할 수 있다. 월별조회는 각 계정과목별로 월별잔액을 보여주며, 일별조회는 각 계정과목별로 거래발생 월, 일의 거래잔액을 나타내 준다.

총계정원장 월별조회 화면

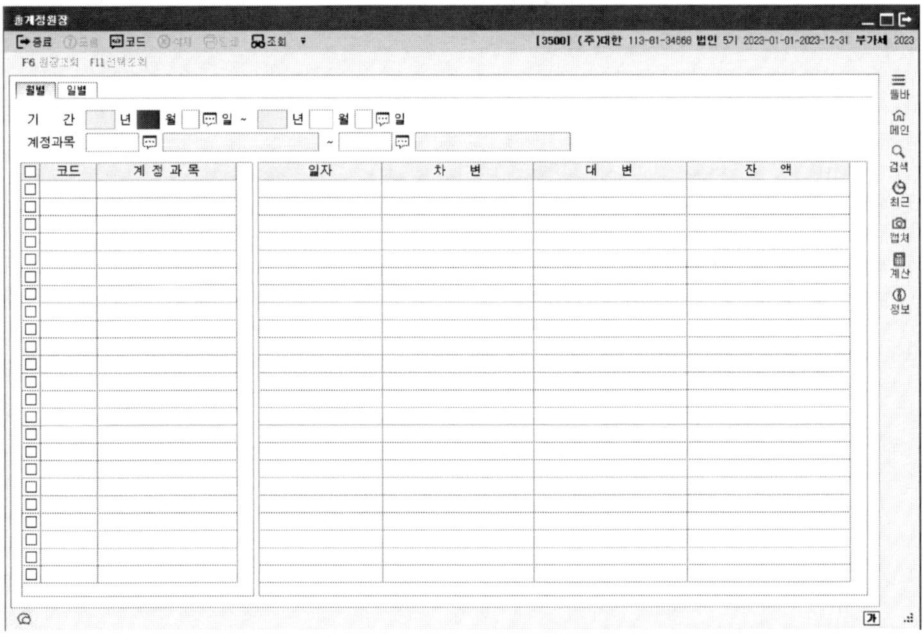

총계정원장 일별조회 화면

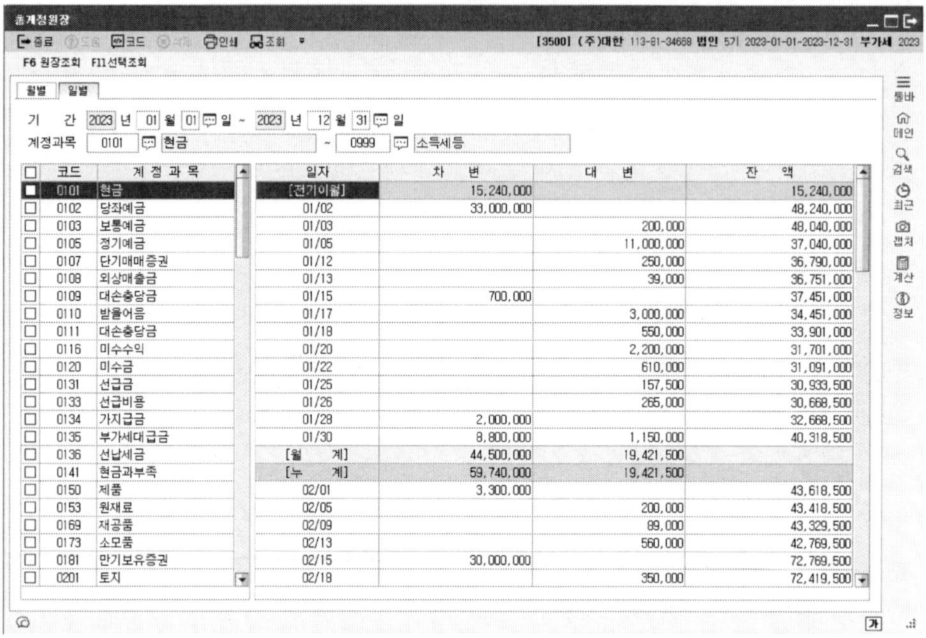

코드	계정과목	일자	차변	대변	잔액
0101	현금	[전기이월]	15,240,000		15,240,000
0102	당좌예금	01/02	33,000,000		48,240,000
0103	보통예금	01/03		200,000	48,040,000
0105	정기예금	01/05		11,000,000	37,040,000
0107	단기매매증권	01/12		250,000	36,790,000
0108	외상매출금	01/13		39,000	36,751,000
0109	대손충당금	01/15	700,000		37,451,000
0110	받을어음	01/17		3,000,000	34,451,000
0111	대손충당금	01/18		550,000	33,901,000
0116	미수수익	01/20		2,200,000	31,701,000
0120	미수금	01/22		610,000	31,091,000
0131	선급금	01/25		157,500	30,933,500
0133	선급비용	01/26		265,000	30,668,500
0134	가지급금	01/28	2,000,000		32,668,500
0135	부가세대급금	01/30	8,800,000	1,150,000	40,318,500
0136	선납세금	[월 계]	44,500,000	19,421,500	
0141	현금과부족	[누 계]	59,740,000	19,421,500	
0150	제품	02/01	3,300,000		43,618,500
0153	원재료	02/05		200,000	43,418,500
0169	재공품	02/09		89,000	43,329,500
0173	소모품	02/13		560,000	42,769,500
0181	만기보유증권	02/15	30,000,000		72,769,500
0201	토지	02/18		350,000	72,419,500

자료 입력 7-5

㈜대한(회사코드: 3500)의 총계정원장을 보고 다음 사항을 조회하여 보자.

01. 6월의 현금 총 수입액은 얼마인가? ₩46,550,000

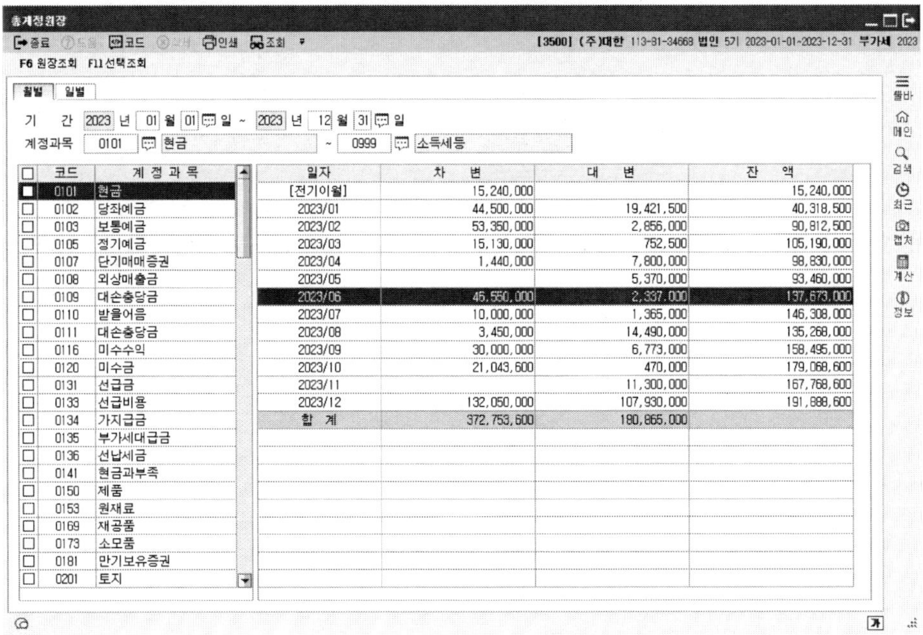

코드	계 정 과 목
0101	현금
0102	당좌예금
0103	보통예금
0105	정기예금
0107	단기매매증권
0108	외상매출금
0109	대손충당금
0110	받을어음
0111	대손충당금
0116	미수수익
0120	미수금
0131	선급금
0133	선급비용
0134	가지급금
0135	부가세대급금
0136	선납세금
0141	현금과부족
0150	제품
0153	원재료
0169	재공품
0173	소모품
0181	만기보유증권
0201	토지

일자	차 변	대 변	잔 액
[전기이월]	15,240,000		15,240,000
2023/01	44,500,000	19,421,500	40,318,500
2023/02	53,350,000	2,856,000	90,812,500
2023/03	15,130,000	752,500	105,190,000
2023/04	1,440,000	7,800,000	98,830,000
2023/05		5,370,000	93,460,000
2023/06	46,550,000	2,337,000	137,673,000
2023/07	10,000,000	1,365,000	146,308,000
2023/08	3,450,000	14,490,000	135,268,000
2023/09	30,000,000	6,773,000	158,495,000
2023/10	21,043,600	470,000	179,068,600
2023/11		11,300,000	167,768,600
2023/12	132,050,000	107,930,000	191,888,600
합 계	372,753,600	180,865,000	

02. 8월 한달 동안의 외상매출금 발생액은 얼마인가? ₩5,500,000

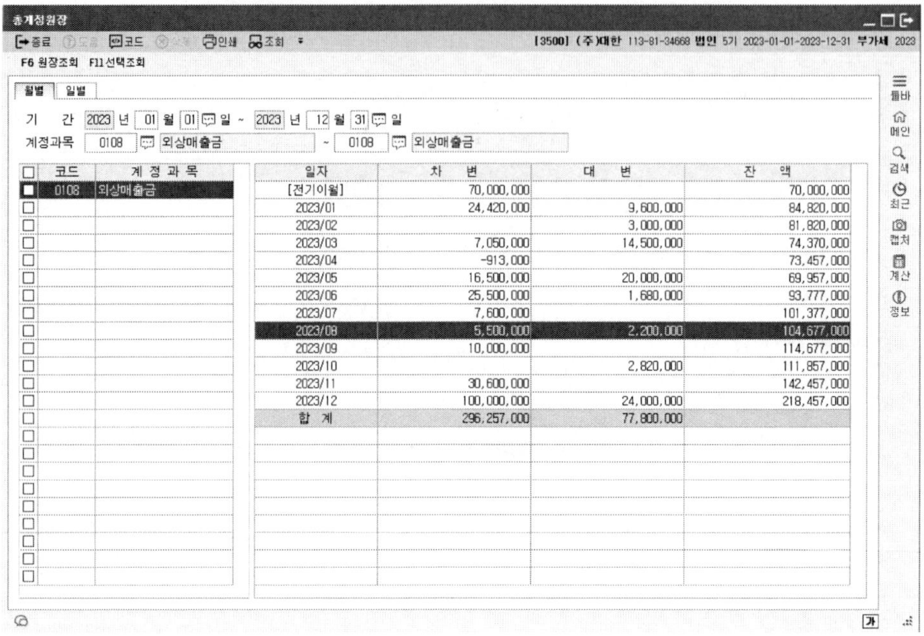

코드	계 정 과 목
0108	외상매출금

일자	차 변	대 변	잔 액
[전기이월]	70,000,000		70,000,000
2023/01	24,420,000	9,600,000	84,820,000
2023/02		3,000,000	81,820,000
2023/03	7,050,000	14,500,000	74,370,000
2023/04	-913,000		73,457,000
2023/05	16,500,000	20,000,000	69,957,000
2023/06	25,500,000	1,680,000	93,777,000
2023/07	7,600,000		101,377,000
2023/08	5,500,000	2,200,000	104,677,000
2023/09	10,000,000		114,677,000
2023/10		2,820,000	111,857,000
2023/11	30,600,000		142,457,000
2023/12	100,000,000	24,000,000	218,457,000
합 계	296,257,000	77,800,000	

03. 10월 1일부터 10월 15일까지의 외상매출금 회수액은 얼마인가? ₩820,000

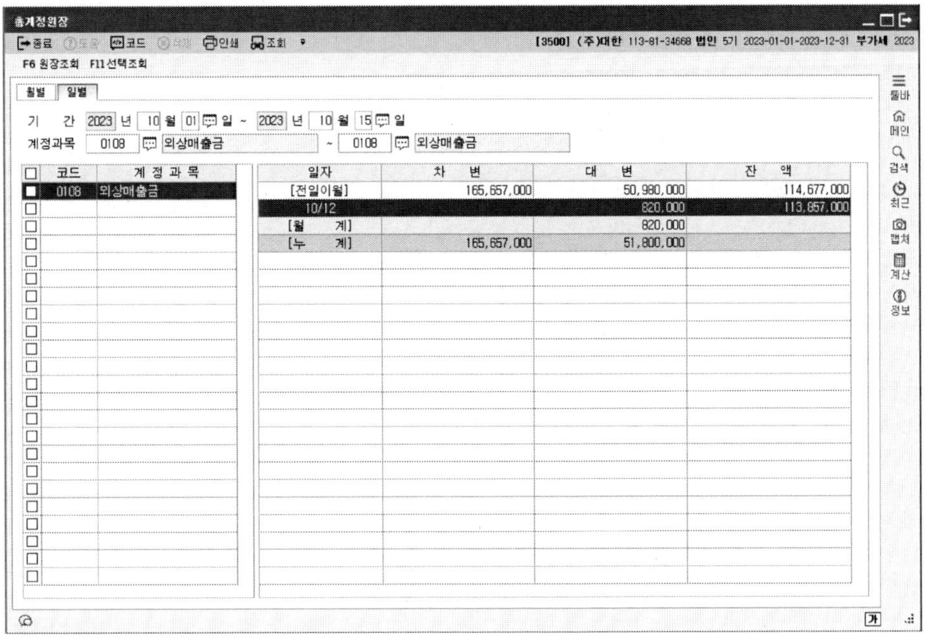

04. 11월 6일부터 11월 10일까지의 현금 지출액은 얼마인가? ₩11,000,000

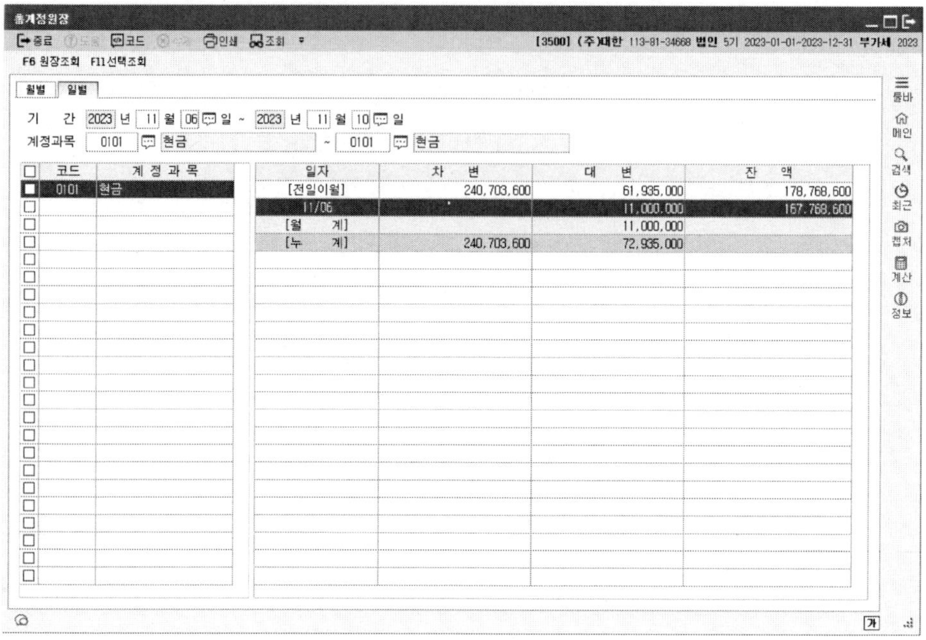

연습문제 7-5

㈜세광(회사코드: 103)의 총계정원장을 보고 다음 사항을 조회하여 보자.

01. 2월의 현금 총 수입액은 얼마인가?

02. 7월의 현금 총 지출액은 얼마인가?

03. 9월 한달 동안의 외상매출금 발생액은 얼마인가

04. 3월 1일부터 10월 15일까지의 외상매출금 회수액은 얼마인가?

05. 5월 5일부터 5월 10일까지의 현금 지출액은 얼마인가?

제6절 현금출납장

현금출납장은 현금의 수입과 지출에 관한 내용을 자세히 기록한 보조장부이다. 현금출납장은 입·출금의 거래 내역이 일자순 및 입금·출금순으로 기록되어 조회 및 출력이 된다.

메인화면에서 전표입력/장부에서 현금출납장을 클릭하면 다음의 보조화면이 나타나고, 여기에서 조회 및 출력하고자 하는 기간을 입력하면 된다.

현금출납장조회 화면

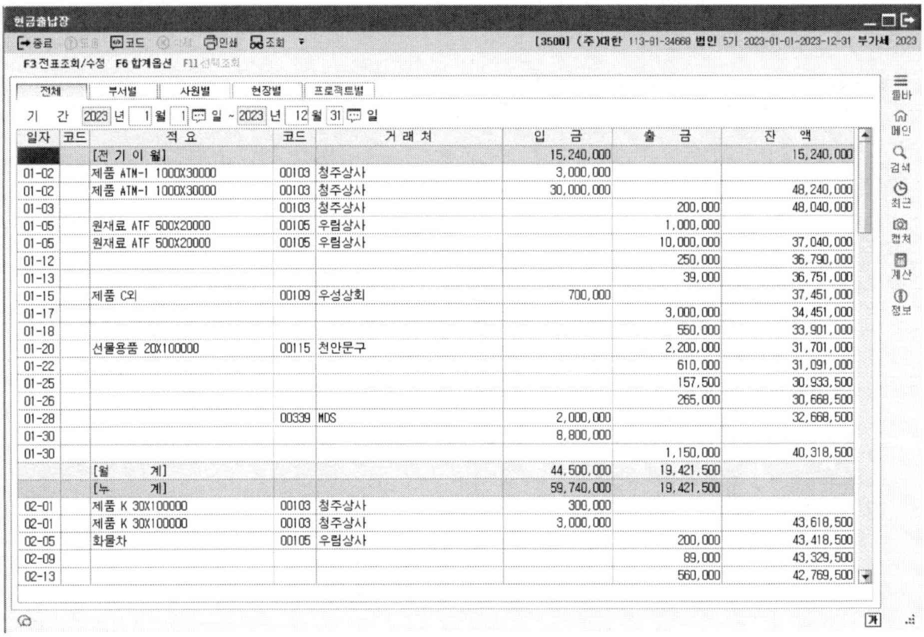

일자	코드	적요	코드	거래처	입금	출금	잔액
		[전 기 이 월]			15,240,000		15,240,000
01-02		제품 ATM-1 1000X30000	00103	청주상사	3,000,000		
01-02		제품 ATM-1 1000X30000	00103	청주상사	30,000,000		48,240,000
01-03			00103	청주상사		200,000	48,040,000
01-05		원재료 ATF 500X20000	00105	우림상사		1,000,000	
01-05		원재료 ATF 500X20000	00105	우림상사		10,000,000	37,040,000
01-12						250,000	36,790,000
01-13						39,000	36,751,000
01-15		제품 C외	00109	우성상회	700,000		37,451,000
01-17						3,000,000	34,451,000
01-18						550,000	33,901,000
01-20		선물용품 20X100000	00115	천안문구		2,200,000	31,701,000
01-22						610,000	31,091,000
01-25						157,500	30,933,500
01-26						265,000	30,668,500
01-28			00339	MDS	2,000,000		32,668,500
01-30					8,800,000		
01-30						1,150,000	40,318,500
		[월 계]			44,500,000	19,421,500	
		[누 계]			59,740,000	19,421,500	
02-01		제품 K 30X100000	00103	청주상사	300,000		
02-01		제품 K 30X100000	00103	청주상사	3,000,000		43,618,500
02-05		화물차	00105	우림상사		200,000	43,418,500
02-09						89,000	43,329,500
02-13						560,000	42,769,500

자료 입력 7-6

㈜대한(회사코드: 3500)의 총계정원장을 보고 다음 사항을 조회하여 보자.

01. 7월 31일 현재 현금잔액은 얼마인가?

02. 3월 5일부터 3월 15일까지의 현금 지출액은 얼마인가?

(1) 7월 31일 현재 현금 잔액: ₩146,308,000

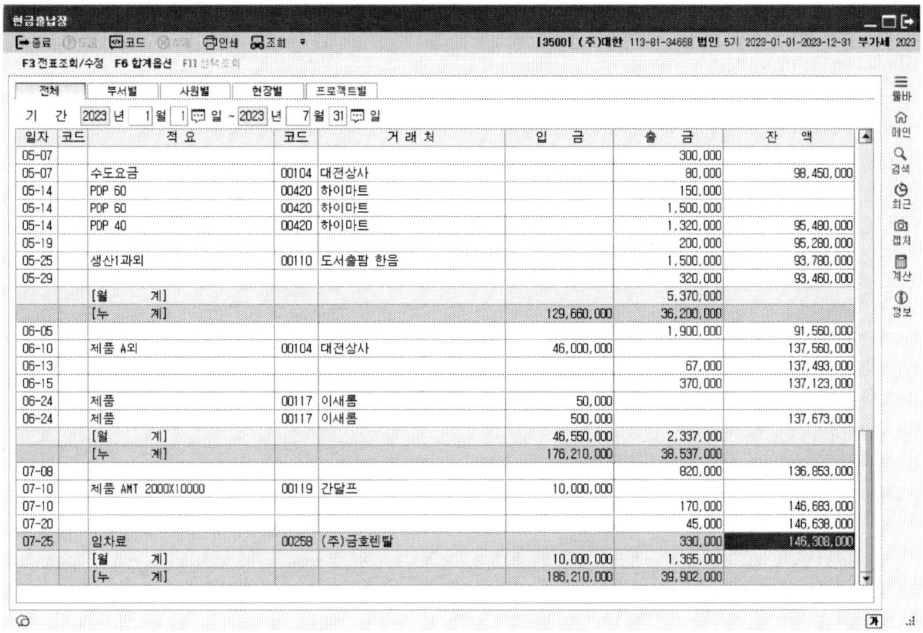

일자	코드	적요	코드	거래처	입금	출금	잔액
05-07						300,000	
05-07		수도요금	00104	대전상사		80,000	98,450,000
05-14		PDP 60	00420	하이마트		150,000	
05-14		PDP 60	00420	하이마트		1,500,000	
05-14		PDP 40	00420	하이마트		1,320,000	95,480,000
05-19						200,000	95,280,000
05-25		생산1과외	00110	도서출팜 한음		1,500,000	93,780,000
05-29						320,000	93,460,000
		[월 계]				5,370,000	
		[누 계]			129,660,000	36,200,000	
06-05						1,900,000	91,560,000
06-10		제품 A외	00104	대전상사	46,000,000		137,560,000
06-13						67,000	137,493,000
06-15						370,000	137,123,000
06-24		제품	00117	이새롬	50,000		
06-24		제품	00117	이새롬	500,000		137,673,000
		[월 계]			46,550,000	2,337,000	
		[누 계]			176,210,000	38,537,000	
07-08						820,000	136,853,000
07-10		제품 AMT 2000X10000	00119	간달프	10,000,000		
07-10						170,000	146,683,000
07-20						45,000	146,638,000
07-25		임차료	00258	(주)금호렌탈		330,000	146,308,000
		[월 계]			10,000,000	1,365,000	
		[누 계]			186,210,000	39,902,000	

(2) 3월 5일부터 3월 15일까지 현금 출금액: ₩390,000

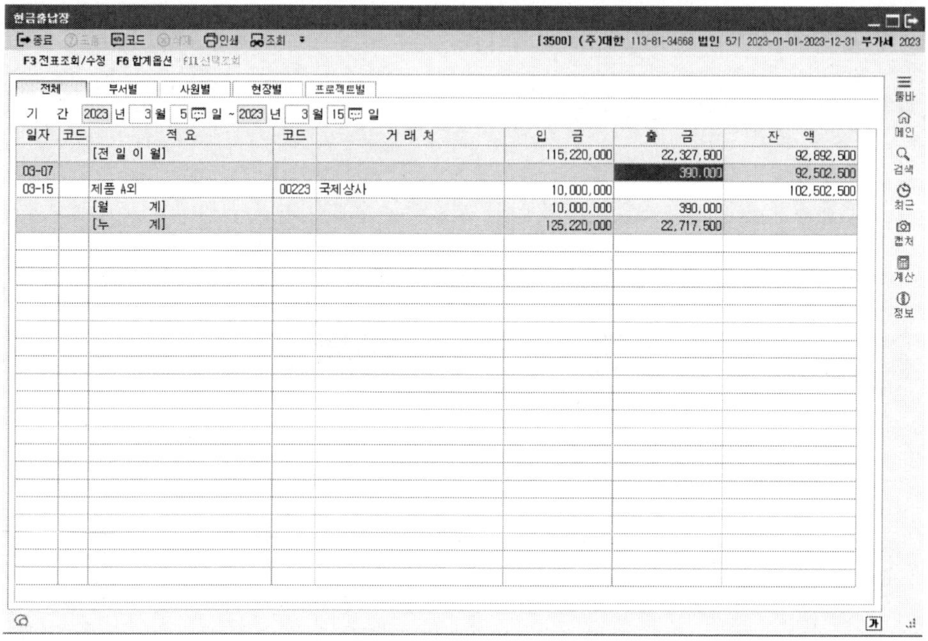

일자	코드	적 요	코드	거 래 처	입 금	출 금	잔 액
		[전 일 이 월]			115,220,000	22,327,500	92,892,500
03-07						390,000	92,502,500
03-15		제품 A외	00223	국제상사	10,000,000		102,502,500
		[월 계]			10,000,000	390,000	
		[누 계]			125,220,000	22,717,500	

연습문제 7-6

㈜세광(회사코드: 103)의 현금출납장을 보고 다음 사항을 조회하여 보자.

01. 2월 20일 현재 현금잔액은 얼마인가?

02. 1월 31일 현재 현금 입금액은 얼마인가?

03. 6월 10일부터 6월 20일까지의 현금 출금액은 얼마인가?

04. 8월 31일 현재 현금잔액은 얼마인가?

05. 9월 1일부터 9월 5일까지의 현금 지출액은 얼마인가?

제7절 매입매출장

매입매출장은 부가가치세를 적절히 신고하고 관리하기 위하여 세금계산서를 발행한 매출과 세금계산서를 수취한 매입을 기입하는 보조원장이다. 매입매출장에서는 조회하고자하는 기간의 매입과 매출에 관한 상세한 거래내용을 검색할 수 있다. 매입매출장을 조회하는 절차는 다음과 같다.

(1) 메인화면에서 '전표입력/장부'를 선택하면 우측의 하위메뉴들이 나타나는데 이 하위메뉴들 중에 "매입매출장"을 선택한다.

매입매출장조회 화면

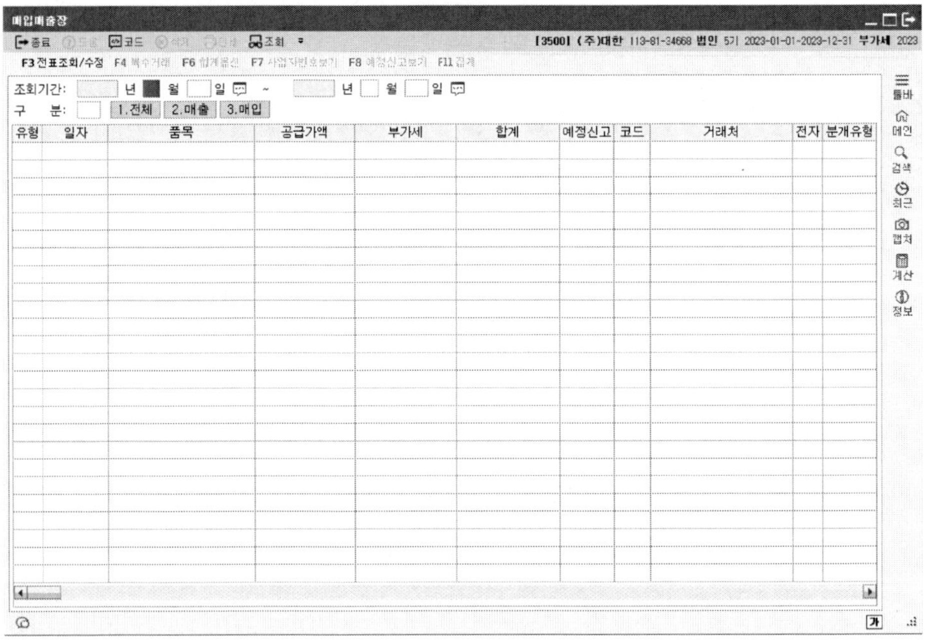

(2) 조회하고자하는 기간을 월단위로 입력한다.

(3) 구분란에서 1. 전체, 2. 매출, 3. 매입 중에 조회하고자 하는 것을 선택한다.

(4) 거래유형구분에서 '1. 전체'를 선택하면 모든 유형의 거래가 포함되어 조회되며, '2. 과세, 3. 영세' 등의 유형별로도 검색할 수 있다.

매출장조회 화면

매입매출장

종료 도움 코드 삭제 인쇄 조회 [3500] (주)대한 113-81-34668 법인 5기 2023-01-01~2023-12-31 부가세 2023

F3 전표조회/수정 F4 복수거래 F6 합계옵션 F7 사업자번호보기 F8 예정신고보기 F11 집계

조회기간: 2023 년 01 월 01 일 ~ 2023 년 12 월 31 일

구 분: 2 1.전체 2.매출 3.매입 유형: 00.전체 ⓪전체 ⓪신용카드/현금영수증 포함

유형	일자	품목	공급가액	부가세	합계	예정신고	코드	거래처	전자	분개유
과세	2023-01-02	제품 ATM-1 1,000 X 30,00	30,000,000	3,000,000	33,000,000		00103	청주상사	○	현금
과세	2023-01-09	제품 ABG 1,500 X 8,000	12,000,000	1,200,000	13,200,000		00103	청주상사	○	외상
과세	2023-01-15	제품 C외	2,000,000	200,000	2,200,000		00109	우성상회	○	혼합
과세	2023-01-24	제품 ABG -100 X 8,000	-800,000	-80,000	-880,000		00103	청주상사	○	외상
영세	2023-01-26	제품	4,000,000		4,000,000		00511	한진상사(주)		혼합
과세	2023-01-27		6,200,000	620,000	6,820,000		00106	(주)대원	○	혼합
수출	2023-01-29	제품 YTN	11,600,000		11,600,000		00339	MDS		혼합
월	계 [	7건-매수 7매]	65,000,000	4,940,000	69,940,000					
누	계 [	7건-매수 7매]	65,000,000	4,940,000	69,940,000					
과세	2023-02-01	제품 K 30 X 100,000	3,000,000	300,000	3,300,000		00103	청주상사	○	현금
과세	2023-02-15	휴대폰 4,000 X 15,000	60,000,000	6,000,000	66,000,000		00133	KBC	○	혼합
월	계 [	2건-매수 2매]	63,000,000	6,300,000	69,300,000					
누	계 [	9건-매수 9매]	128,000,000	11,240,000	139,240,000					
과세	2023-03-03	제품 AVG 100 X 83,000	8,300,000	830,000	9,130,000		00103	청주상사		혼합
과세	2023-03-09	제품 100 X 50,000	5,000,000	500,000	5,500,000		00109	우성상회		혼합
과세	2023-03-15	제품 A외	20,500,000	2,050,000	22,550,000		00223	국제상사		혼합
영세	2023-03-24	제품	3,000,000		3,000,000		00388	(주)national		현금
월	계 [	4건-매수 4매]	36,800,000	3,380,000	40,180,000					
분 기	계 [	13건-매수 13매]	164,800,000	14,620,000	179,420,000					
누	계 [	13건-매수 13매]	164,800,000	14,620,000	179,420,000					
과세	2023-04-02	기계장치	1,200,000	120,000	1,320,000		00106	(주)대원	○	혼합
영세	2023-04-06	제품 100 X 150,000	15,000,000		15,000,000		00400	상신무역		혼합
과세	2023-04-18	제품	900,000	90,000	990,000		00112	이광수		현금
영세	2023-04-22	제품 1,000 X 30,000	30,000,000		30,000,000		00400	상신무역		혼합
과세	2023-04-25	제품 AVG -10 X 83,000	-830,000	-83,000	-913,000		00103	청주상사	○	외상

툴바 메인 검색 최근 캡처 계산 정보

매입장조회 화면

매입매출장

종료 도움 코드 삭제 인쇄 조회 [3500] (주)대한 113-81-34668 법인 5기 2023-01-01~2023-12-31 부가세 2023

F3 전표조회/수정 F4 복수거래 F6 합계옵션 F7 사업자번호보기 F8 예정신고보기 F11 집계

조회기간: 2023 년 01 월 01 일 ~ 2023 년 12 월 31 일

구 분: 3 1.전체 2.매출 3.매입 유형: 00.전체 ⓪전체 ⓪신용카드/현금영수증 포함

유형	일자	품목	공급가액	부가세	합계	예정신고	코드	거래처	전자	분개유
과세	2023-01-05	원재료 ATF 500 X 20,000	10,000,000	1,000,000	11,000,000		00105	우림상사	○	현금
과세	2023-01-12	원재료 AVA외	3,500,000	350,000	3,850,000		00105	우림상사	○	외상
과세	2023-01-19	갑 원재료외	2,100,000	210,000	2,310,000		00101	(주)충북		혼합
불공	2023-01-20	선물용품 20 X 100,000	2,000,000	200,000	2,200,000		00115	천안문구		현금
불공	2023-01-22	승용차	12,000,000	1,200,000	13,200,000		00385	서울자동차		혼합
과세	2023-01-25	원재료 AVA -10 X 20,000	-200,000	-20,000	-220,000		00105	우림상사	○	외상
영세	2023-01-27	원재료 1,000 X 5,000	5,000,000		5,000,000		00400	상신무역		혼합
월	계 [	7건-매수 7매]	34,400,000	2,940,000	37,340,000					
누	계 [	7건-매수 7매]	34,400,000	2,940,000	37,340,000					
과세	2023-02-02	액정 100 X 10,000	1,000,000	100,000	1,100,000		00106	(주)대원	○	외상
과세	2023-02-05	화물차	22,000,000	2,200,000	24,200,000		00105	우림상사		혼합
불공	2023-02-25	승용차	10,000,000	1,000,000	11,000,000		00385	서울자동차		혼합
월	계 [	3건-매수 3매]	33,000,000	3,300,000	36,300,000					
누	계 [	10건-매수 10매]	67,400,000	6,240,000	73,640,000					
과세	2023-03-21	냉난방설비공사	10,000,000	1,000,000	11,000,000		00104	대전상사		혼합
카과	2023-03-31	컴퓨터	2,000,000	200,000	2,200,000		00236	(주)미래전자		카드
월	계 [	2건-매수 2매]	12,000,000	1,200,000	13,200,000					
분 기	계 [	12건-매수 12매]	79,400,000	7,440,000	86,840,000					
누	계 [	12건-매수 12매]	79,400,000	7,440,000	86,840,000					
과세	2023-04-11	원재료 1,000 X 10,000	10,000,000	1,000,000	11,000,000		00111	(주)종로		혼합
카과	2023-04-30	회식	700,000	70,000	770,000		00113	자매식당		카드
월	계 [	2건-매수 2매]	10,700,000	1,070,000	11,770,000					
누	계 [	14건-매수 14매]	90,100,000	8,510,000	98,610,000					
면세	2023-05-07	수도요금	80,000		80,000		00104	대전상사		현금
과세	2023-05-14	PDP 60	1,500,000	150,000	1,650,000		00420	하이마트		현금

툴바 메인 검색 최근 캡처 계산 정보

자료 입력 7-7

㈜대한(회사코드: 3500)의 매입매출장을 보고 다음 사항을 조회하여 보자.

01. 제 1기 부가가치세 확정신고기간에 발생한 과세분 매출세금계산서의 공급가액과 부가가치세는 각각 얼마인가?

공급가액: ₩ 126,770,000 부가가치세: ₩ 8,177,000

매입매출장

[3500] (주)대한 113-81-34668 법인 5기 2023-01-01~2023-12-31 부가세 2023

F3 전표조회/수정 F4 복수거래 F6 합계옵션 F7 사업자번호보기 F8 예정신고보기 F11 집계

조회기간: 2023 년 04 월 01 일 ~ 2023 년 06 월 30 일

구 분: 2 1.전체 2.매출 3.매입 유형: 00.전체 ⓪전체 ⓪신용카드/현금영수증 포함

유형	일자	품목	공급가액	부가세	합계	예정신고	코드	거래처	전자	분개유형
과세	2023-04-02	기계장치	1,200,000	120,000	1,320,000		00106	(주)대원	○	혼합
영세	2023-04-06	제품 100 X 150,000	15,000,000		15,000,000		00400	상신무역		혼합
과세	2023-04-18	제품	900,000	90,000	990,000		00112	이광수		현금
영세	2023-04-22	제품 1,000 X 30,000	30,000,000		30,000,000		00400	상신무역		혼합
과세	2023-04-25	제품 AVG -10 X 83,000	-830,000	-83,000	-913,000		00103	청주상사	○	외상
월 계	[5건-매수	5매]	46,270,000	127,000	46,397,000					
누 계	[18건-매수	18매]	211,070,000	14,747,000	225,817,000					
카과	2023-05-01	휴대폰	15,000,000	1,500,000	16,500,000		00104	대전상사		카드
월 계	[1건-매수	1매]	15,000,000	1,500,000	16,500,000					
누 계	[19건-매수	19매]	226,070,000	16,247,000	242,317,000					
과세	2023-06-10	제품 A외	60,000,000	6,000,000	66,000,000		00104	대전상사	○	혼합
과세	2023-06-16	제품	3,000,000	300,000	3,300,000		00104	대전상사	○	카드
과세	2023-06-20	제품	2,000,000	200,000	2,200,000		00551	김경수		혼합
과세	2023-06-24	제품	500,000	50,000	550,000		00117	이새롬		현금
월 계	[4건-매수	4매]	65,500,000	6,550,000	72,050,000					
분 기 계	[10건-매수	10매]	126,770,000	8,177,000	134,947,000					
반 기 계	[23건-매수	23매]	291,570,000	22,797,000	314,367,000					
누 계	[23건-매수	23매]	291,570,000	22,797,000	314,367,000					

공급가액을(를) 입력하세요.

02. **제 1기 부가가치세 예정신고기간에 발생한 매입세액 불공제에 해당하는 공급가액과 부가가치세는 각각 얼마인가?**

공급가액: ₩ 24,000,000　부가가치세: ₩ 2,400,000

유형	일자	품목	공급가액	부가세	합계	예정신고	코드	거래처	전자	분개유형
불공	2023-01-20	선물용품 20 X 100,000	2,000,000	200,000	2,200,000		00115	천안문구		현금
불공	2023-01-22	승용차	12,000,000	1,200,000	13,200,000		00385	서울자동차		혼합
월	계 [	2건-매수 2매]	14,000,000	1,400,000	15,400,000					
누	계 [	2건-매수 2매]	14,000,000	1,400,000	15,400,000					
불공	2023-02-25	승용차	10,000,000	1,000,000	11,000,000		00385	서울자동차		혼합
월	계 [	1건-매수 1매]	10,000,000	1,000,000	11,000,000					
분 기	계 [	3건-매수 3매]	24,000,000	2,400,000	26,400,000					
반 기	계 [	5건-매수 5매]	25,500,000	2,550,000	28,050,000					
누	계 [	3건-매수 3매]	24,000,000	2,400,000	26,400,000					

연습문제 7-7

㈜세광(회사코드: 103)의 매입매출장을 보고 다음 사항을 조회하여 보자.

01. 제 2기 부가가치세 예정신고기간에 발생한 매출세액 수출에 해당하는 거래처와 공급가액은 얼마인가?

02. 제 1기 부가가치세 예정신고기간에 발생한 영세분 매출세금계산서의 발행건수와 공급가액은 얼마인가?

03. 제 2기 부가가치세 확정신고기간에 발생한 영세분 매출세금계산서의 발행건수와 공급가액은 얼마인가?

04. 제 1기 부가가치세 확정신고기간에 발생한 불공제 매입세금계산서의 공급가액과 부가가치세는 각각 얼마인가?

| 부록 1 |

기출문제

| 부록 1 |

기출문제

01 제75회 전산회계 1급 시험 – A형

이론 시험

다음 문제를 보고 알맞은 것을 골라 [답안저장] 메뉴화면에 입력하시오.

(객관식 문항당 2점)

〈 기 본 전 제 〉

문제에서 한국채택국제회계기준을 적용하도록 하는 전제조건이 없는 경우, 일반기업회계기준을 적용한다.

01. 다음 중 회계의 순환과정으로 가장 올바른 것은?

① 거래식별 → 전기 → 분개 → 수정전합계잔액시산표 작성 → 집합손익계정의 마감 → 기말 수정분개 → 자산·부채·자본계정의 마감 → 재무제표 작성

② 거래식별 → 분개 → 전기 → 수정전합계잔액시산표 작성 → 기말 수정분개 → 수정후합계잔액시산표 작성 → 수익·비용계정의 마감 → 집합손익계정의 마감 → 자산·부채·자본계정의 마감 → 재무제표 작성

③ 수정후합계잔액시산표 작성 → 기말 수정분개 → 자산·부채·자본계정의 마감 → 집합손익계정의 마감 → 수익·비용계정의 마감 → 재무제표 작성

④ 수정전합계잔액시산표 작성 → 수익·비용계정의 마감 → 수정후합계잔액시산표 작성 → 기말 수정분개 → 집합손익계정의 마감 → 자산·부채·자본계정의 마감 → 재무제표 작성

02. 다음 중 손익계산서상 영업이익에 영향을 주는 거래는 어느 것인가?

① 매출한 상품의 일부가 환입되었다.
② 단기매매증권평가손실을 인식하였다.
③ 보험차익을 계상하였다.
④ 기부금을 지출하였다.

03. 회계정보의 질적특성 중 하나인 신뢰성은 회계정보에 대한 오류나 편견 없이 객관적이고 검증가능하며 나타내고자 하는 바를 충실하게 표현해야 하는 정보의 특성을 말한다. 다음 중 회계정보가 신뢰성을 갖기 위해서 필요한 요건이 아닌 것은?

① 표현의 충실성 ② 중립성
③ 적시성 ④ 검증가능성

04. 당기에 취득한 유형 자산의 감가상각을 정률법이 아닌 정액법으로 회계 처리한 경우 당기 재무제표에 상대적으로 미치는 영향으로 올바른 것은?

① 자산의 과소계상 ② 당기순이익의 과대계상
③ 부채의 과소계상 ④ 비용의 과대계상

05. 다음 중 재고자산으로 분류되는 경우는?

① 제조업을 운영하는 회사가 공장이전으로 보유 중인 토지
② 도매업을 운영하는 회사가 단기 시세차익을 목적으로 보유하는 유가증권
③ 서비스업을 운영하는 회사가 사용목적으로 구입한 컴퓨터
④ 부동산매매업을 운영하는 회사가 판매를 목적으로 보유하는 건물

06. 다음 중 재무회계에 관한 설명으로 가장 적절하지 않는 것은?

① 재무제표에는 재무상태표, 손익계산서, 자본변동표, 현금흐름표 등이 있다.
② 일정기간 동안 기업의 경영성과에 대한 정보를 제공하는 보고서는 재무상태표이다.
③ 기업의 외부정보이용자에게 유용한 정보를 제공하는 것을 주된 목적으로

한다.
④ 회계연도는 1년을 초과할 수 없다.

07. 다음 중 자본조정 항목이 아닌 것은?

① 자기주식 ② 자기주식처분손실
③ 자기주식처분이익 ④ 감자차손

08. 다음 중 대손충당금 설정대상 계정과목에 해당되는 것은?

① 외상매출금 ② 지급어음 ③ 미지급금 ④ 가수금

09. 다음 중 원가개념의 설명으로 틀린 것은?

① 직접원가란 특정제품의 제조에만 소비되어 특정제품에 직접 추적하여 부과할 수 있는 원가이다.
② 관련원가란 의사결정에 영향을 미치는 원가로서 여러 대안 사이에 차이가 나는 과거의 원가이다.
③ 원가행태란 조업도수준이 변화함에 따라 총원가발생액이 일정한 형태로 변화할 때 그 변화하는 형태를 말한다.
④ 매몰원가는 과거의 의사결정의 결과로 이미 발생된 원가로서 현재의 의사결정에는 아무런 영향을 미치지 못하는 원가이다.

10. 제품 생산 과정에서 정상적인 원인으로 원재료가 장부상 수량보다 실제 수량이 부족함이 발견되었다. 이 차액의 회계 처리방법은?

① 제품제조원가에 가산한다. ② 제품제조원가에서 차감한다.
③ 판매비와관리비로 계상한다. ④ 영업외비용으로 계상한다.

11. ㈜우진전자의 올해 기초 및 기말재고 자료이다. 매출원가를 구하면 얼마인가?

구분	기초재고	기말재고
재공품	1,000,000원	300,000원
제품	1,500,000원	500,000원

단, 당기총제조비용은 2,000,000원이다.

① 2,700,000원 ② 3,500,000원 ③ 3,700,000원 ④ 4,000,000원

12. 다음 자료에 의하여 제조원가명세서상 당기총제조비용을 계산하면 얼마인가?

- 직접재료비: 500,000원
- 간접재료비: 300,000원
- 노무비: 200,000원
- 기타제조경비: 100,000원

① 1,100,000원 ② 1,000,000원 ③ 800,000원 ④ 600,000원

13. 다음 중 부가가치세 과세표준에 포함되는 것은?

① 공급에 대한 대가의 지급이 지체되었음을 이유로 받는 연체이자
② 환입된 재화의 가액
③ 공급대가를 약정기일 전에 받아 사업자가 당초의 공급가액에서 할인해 준 금액
④ 공급받는 자에게 도달한 후에 파손되거나 훼손되거나 멸실한 재화의 가액

14. 다음 중 부가가치세법상 세금계산서에 대한 설명으로 틀린 것은?

① 사업자가 재화 또는 용역을 공급할 때 거래의 증명서류로서 발급한다.
② 법인사업자와 직전연도의 공급가액의 합계액이 3억원 이상인 개인사업자는 세금계산서를 발급하려면 전자세금계산서로 발급하여야 한다.
③ 일반적으로 간이과세자와 면세사업자는 세금계산서를 발급할 수 없다.
④ 부동산임대용역 중 간주임대료는 세금계산서 발급대상이다.

15. 다음 중 부가가치세의 특징에 해당하지 않는 것은?

① 소비형 부가가치세 ② 전단계세액공제법
③ 다단계거래세 ④ 직접세

실무 시험

㈜승진상사(회사코드:0753)는 스포츠용품을 제조하여 판매하는 중소기업이며, 당기(제4기) 회계기간은 2017. 1. 1 ~ 2017. 12. 31 이다. 전산세무회계 수험용 프로그램을 이용하여 다음 물음에 답하시오.

〈 기 본 전 제 〉

문제에서 한국채택국제회계기준을 적용하도록 하는 전제조건이 없는 경우, 일반기업회계기준을 적용하여 회계처리 한다.

문제 1 다음은 기초정보관리에 대한 자료이다. 각각의 요구사항에 대하여 답하시오.(10점)

[1] 전기분원가명세서에 입력된 내용 중 복리후생비가 1,800,000원이 아니라 1,200,000원이고, 수선비는 700,000원이 아니라 1,300,000원이다. 전기분원가명세서를 수정하시오.(2점)

[2] 거래처별 초기이월 자료는 다음과 같다. 수정, 추가입력하시오.(5점)

구분	거래처	금액
외상매출금	㈜한성기업	85,000,000원
	㈜신라기업	20,200,000원
외상매입금	세진상사	23,000,000원
	㈜지율테크	40,500,000원
지급어음	㈜광산상사	10,000,000원
	성한기업	4,000,000원

[3] 공장에서 폐기물처리비를 지출하였다. 잡비 계정과목에 다음 내용의 적요를 각각 등록하시오.(3점)

• 현금 적요 6. 폐기물처리비 지급 • 대체 적요 9. 폐기물처리비 보통인출

문제 2 **다음 거래 자료를 일반전표입력 메뉴에 추가 입력하시오.(일반전표입력의 모든 거래는 부가가치세를 고려하지 말 것)(18점)**

〈 입력 시 유의사항 〉

- 일반적인 적요의 입력은 생략하지만, 타계정 대체거래는 적요번호를 선택하여 입력한다.
- 채권 · 채무와 관련된 거래는 별도의 요구가 없는 한 반드시 기 등록되어 있는 거래처코드를 선택하는 방법으로 거래처명을 입력한다.
- 제조경비는 500번대 계정코드를, 판매비와 관리비는 800번대 계정코드를 사용한다.
- 회계처리시 계정과목은 별도제시가 없는 한 등록되어 있는 계정과목 중 가장 적절한 과목으로 한다.

[1] 7월 14일 아르헨티나 현지법인인 ㈜해주산업에 직수출(선적일: 7월 1일)하였던 제품에 대한 외상매출금($1,000)을 수령한 후 즉시 원화로 환전하여 보통예금에 입금하였다.(7월 1일 환율: 1,100원/$, 7월 14일 환율: 1,300원/$)(3점)

[2] 8월 16일 ㈜한국서점에서 영업사원용 참고도서를 200,000원에 구입하고 보통예금으로 지급하였다.(3점)

[3] 9월 28일 신제품을 개발하고 특허권을 취득하기 위한 수수료 500,000원을 현금으로 지급하였다.(무형자산으로 처리할 것)(3점)

[4] 10월 20일 다음과 같이 9월분 건강보험료를 보통예금으로 납부하였다.(3점)

- 회사부담분: 300,000원(영업부직원), 500,000원(생산부직원)
- 종업원부담분: 800,000원(급여지급 시 이 금액을 차감하고 지급함)
- 회사부담분의 건강보험료는 복리후생비로 회계 처리한다.

[5] 11월 27일 대주주로부터 토지(대주주의 토지 취득가액: 48,000,000원, 토지의 증여일 현재 공정가치: 50,000,000원)를 무상으로 증여받고, 소유권 이전비용으로 2,873,430원을 보통예금으로 지출하였다.(3점)

[6] 12월 21일 창고에서 화재가 발생하여 보관하고 있던 제품 24,550,000원(장부가

액)이 소실되었다. 당사는 이와 관련한 보험에 가입되어 있지 않다.(3점)

문제 3 다음 거래 자료를 매입매출전표입력 메뉴에 입력하시오.(18점)

〈 입력 시 유의사항 〉

- 일반적인 적요의 입력은 생략하지만, 타계정 대체거래는 적요번호를 선택하여 입력한다.
- 별도의 요구가 없는 한 반드시 기 등록되어 있는 거래처코드를 선택하는 방법으로 거래처명을 입력한다.
- 제조경비는 500번대 계정코드를, 판매비와 관리비는 800번대 계정코드를 사용한다.
- 회계처리시 계정과목은 별도제시가 없는 한 등록되어 있는 계정과목 중 가장 적절한 과목으로 한다.
- 입력화면 하단의 분개까지 처리하고, 전자세금계산서 및 전자계산서는 전자입력으로 반영한다.

[1] 7월 16일 ㈜동서유통으로부터 스포츠용품 제조에 필요한 원재료를 매입하고 다음과 같이 전자세금계산서를 수취하였다. 대금은 다음 달에 결제할 예정이다.(3점)

전자세금계산서(공급받는자 보관용)					승인번호	20170716-41050052-51746692		
공급자	사업자등록번호	135-81-34111	종사업장번호		공급받는자	사업자등록번호	305-86-12346	종사업장번호	
	상호(법인명)	(주)동서유통	성명(대표자)	이세로		상호(법인명)	(주)승진상사	성명(대표자)	강인주
	사업장주소	서울 동작구 장승배기로 161				사업장주소	대전 중구 선화로 81번길 85		
	업태	제조	종목	스포츠용품		업태	제조,판매	종목	스포츠용품
	이메일					이메일			

작성일자	공급가액	세액	수정사유
2017.07.16	20,000,000	2,000,000	
비고			

월	일	품목	규격	수량	단가	공급가액	세액	비고
7	16	고무창				20,000,000	2,000,000	

합계금액	현금	수표	어음	외상미수금	이 금액을 영수/청구 함
22,000,000				22,000,000	

[2] 7월 20일 ㈜런닝맨유통에 내국신용장(Local L/C)에 의하여 제품 50,000,000원을 납품하고 영세율 전자세금계산서를 발급하였다. 대금은 내국신용장 개설은행에 곧 청구할 예정이다.(3점)

[3] 7월 27일 회사 공장 건물을 신축하기 위하여 ㈜본점으로부터 토지를 100,000,000원에 매입하고 전자계산서를 발급받았다. 대금 중 70,000,000원은 당좌수표를 발행하여 지급하고, 나머지는 약속어음(만기 3개월)을 발행하여 지급하였다.(3점)

[4] 9월 10일 비사업자인 김경진에게 다음과 같이 제품A를 판매하고 전자세금계산서를 발급하였다.(3점)

<table>
<tr><td colspan="5">전자세금계산서(공급자 보관용)</td><td colspan="2">승인번호</td><td colspan="3">20170910-51050067-62367242</td></tr>
<tr><td rowspan="5">공급자</td><td>사업자 등록번호</td><td>305-86-12346</td><td>종사업장 번호</td><td></td><td rowspan="5">공급받는자</td><td>사업자 등록번호</td><td></td><td>종사업장 번호</td><td></td></tr>
<tr><td>상호 (법인명)</td><td>(주)승진상사</td><td>성 명 (대표자)</td><td>강인주</td><td>상호 (법인명)</td><td></td><td>성 명</td><td>김경진</td></tr>
<tr><td>사업장 주소</td><td colspan="3">대전 중구 선화로 81번길 85</td><td>비고</td><td colspan="3">791225-2236512</td></tr>
<tr><td>업 태</td><td>제조,판매</td><td>종 목</td><td>스포츠용품</td><td>업 태</td><td></td><td>종 목</td><td></td></tr>
<tr><td>이메일</td><td colspan="3"></td><td>이메일</td><td colspan="3"></td></tr>
</table>

작성일자	공급가액	세액	수정사유
2017.9.10.	500,000	50,000	
비고			

월	일	품 목	규 격	수 량	단 가	공 급 가 액	세 액	비 고
9	10	제품A				500,000	50,000	

합 계 금 액	현 금	수 표	어 음	외 상 미 수 금	이 금액을 영수/청구 함
550,000	550,000				

[5] 9월 14일 ㈜삼성상사로부터 원재료를 전액 보통예금으로 매입하고, 다음의 지출증빙용 현금영수증을 수령하였다.(3점)

현금영수증		
가맹점명		
(주)삼성상사 114-81-81238		신동기
서울 송파구 동남로 123 TEL: 02-500-5566		
홈페이지 http://www.ssamssung.co.kr		
현금(지출증빙용)		
구매 2017/9/14/15:20	거래번호: 4512-1020	
상품명	수량	금액
원재료	10	24,200,000
	123-ADC-456	
	과세공급가액	22,000,000
	부가가치세	2,200,000
	합계	24,200,000

[6] 11월 25일 ㈜베타전자로부터 영업부서에서 사용할 컴퓨터를 구입하고 대금 1,650,000원(부가가치세 포함)을 하나카드로 결제하였다.(단, 컴퓨터는 유형자산 계정으로 처리할 것)(3점)

문제 4 일반전표입력 및 매입매출전표입력 메뉴에 입력된 내용 중 다음과 같은 오류가 발견되었다. 입력된 내용을 확인하여 정정하시오.(6점)

[1] 10월 15일 비품을 ㈜흥국재생에 5,500,000원(부가가치세 포함)에 현금처분하고 전자세금계산서를 발급하였으나, 회계처리 시 감가상각누계액을 고려하지 않았다.(처분일 현재 비품 취득가액은 8,000,000원이고 감가상각누계액은 3,500,000원이다)(3점)

[2] 12월 5일 영업부가 둘리유통에서 소모품 33,000원(부가가치세 포함)을 현금으로 구매한 것을 일반전표에 입력하였으나, 적격증빙으로 전자세금계산서를 발급받은 것이 확인되었다. 소모품비계정으로 처리할 것.(3점)

문제 5 결산정리사항은 다음과 같다. 해당메뉴에 입력하시오.(9점)

[1] 2017년 7월 1일 ㈜삼성산유통에 20,000,000원을 대여하고 연 10%의 이자를 상환일인 2018년 6월 30일에 수취하기로 약정하였다. 기간경과분에 대한 이자(월할

계산할 것)를 반영하시오.(3점)

[2] 단기차입금 중에는 Silicon Valley에 대한 외화차입금 100,000,000원(미화 $100,000)이 계상되어 있다. 보고기간 종료일 현재 적용환율은 미화 1$당 1,200원이다.(3점)

[3] 당기 법인세비용은 10,500,000원이다. 선납세금을 반영하여 추가로 납부하게 될 금액을 미지급세금으로 대체하시오.(단, 선납세금은 조회하여 사용할 것)(3점)

문제 6 다음 사항을 조회하여 답안을 이론문제 답안작성 메뉴에 입력하시오.(9점)

[1] 6월 말 현재 외상매출금 잔액이 가장 큰 거래처명과 그 금액은 얼마인가?(3점)

[2] 상반기(1월~6월) 중 원재료 매입액이 가장 많은 월의 금액은 얼마인가?(3점)

[3] 5월 20일 현재 현금 잔액은 얼마인가?(3점)

02 제74회 전산회계 1급 시험 - A형

이론 시험

다음 문제를 보고 알맞은 것을 골라 [답안저장] 메뉴화면에 입력하시오.

(객관식 문항당 2점)

〈 기 본 전 제 〉

문제에서 한국채택국제회계기준을 적용하도록 하는 전제조건이 없는 경우, 일반기업회계기준을 적용한다.

01. 다음 중 현금 및 현금성자산 금액을 모두 합하면 얼마인가?

- 취득 당시 만기가 2개월인 채권: 500,000원
- 타인발행 당좌수표: 200,000원
- 당좌개설 보증금: 100,000원
- 당좌차월: 500,000원
- 보통예금: 300,000원

① 1,000,000원 ② 1,100,000원 ③ 500,000원 ④ 900,000원

02. 다음 중 무형자산에 해당하는 것의 개수는?

- 특허권
- 내부적으로 창출된 영업권
- 컴퓨터소프트웨어
- 상표권
- 임차권리금
- 경상개발비

① 3개 ② 4개 ③ 5개 ④ 6개

03. 다음 중 일정시점의 기업의 자산, 부채 및 자본 내역을 알 수 있는 보고서는?

① 현금흐름표 ② 손익계산서 ③ 재무상태표 ④ 자본변동표

04. 결산마감 시 당기분 감가상각누계액으로 1,000,000원을 계상하였다. 재무제표

에 미치는 영향을 바르게 설명한 것은?

① 자본이 1,000,000원 증가한다.
② 부채가 1,000,000원 증가한다.
③ 당기순이익이 1,000,000원 감소한다.
④ 자산이 1,000,000원 증가한다.

05. 다음 중 유형자산의 취득원가에 해당하지 않는 것은?

① 유형자산의 매입 또는 건설과 직접적으로 관련되어 발생한 종업원 급여
② 유형자산의 취득과 직접 관련된 제세공과금
③ 유형자산의 설치장소 준비를 위한 지출
④ 유형자산 취득 후 발생한 이자비용

06. 다음 자료를 이용하여 상품의 기말재고액을 계산하면 얼마인가?

- 매출액: 2,000,000원
- 매출에누리: 300,000원
- 매출할인: 200,000원
- 매입액: 1,500,000원
- 매입할인: 50,000원
- 매입환출: 100,000원
- 타계정으로 대체: 200,000원
- 기초재고액: 30,000원
- 매출총이익: 370,000원

① 50,000원 ② 100,000원 ③ 200,000원 ④ 30,000원

07. 다음 매출채권에 대한 설명 중 잘못된 것은?

① 회수가 불확실한 매출채권에 대하여 합리적이고 객관적인 기준에 따라 산출한 대손추산액을 대손충당금으로 설정한다.
② 매출채권 등의 이전거래가 차입거래에 해당하면 처분손익을 인식하여야 한다.
③ 대손추산액에서 대손충당금잔액을 차감한 금액을 대손상각비로 계상한다.
④ 회수가 불가능한 채권은 대손충당금과 상계하고 대손충당금이 부족한 경우에는 그 부족액을 대손상각비로 처리한다.

08. 도매업을 영위하는 ㈜전자의 비용관련 자료이다. 다음 중 영업외비용 합계액은 얼마인가?

- 광고선전비: 1,000,000원
- 감가상각비: 1,000,000원
- 재고자산감모손실(비정상적 발생): 1,000,000원
- 기부금: 1,000,000원

① 1,000,000원 ② 2,000,000원 ③ 3,000,000원 ④ 4,000,000원

09. 다음 자료를 이용하여 선입선출법과 평균법에 의한 재료비의 완성품환산량 차이는 얼마인가?

- 기초재공품: 200개(완성도 50%)
- 완성품수량: 2,600개
- 기말재공품: 500개(완성도 40%)
- 원재료는 공정초에 전량 투입되고, 가공비는 공정전반에 걸쳐 균등하게 발생된다.

① 100개 ② 200개 ③ 300개 ④ 400개

10. 다음 중 제조원가명세서에 포함되지 않는 항목은 무엇인가?

① 당기총제조원가 ② 당기제조경비
③ 당기제품제조원가 ④ 매출원가

11. 다음은 보조부문비의 배부기준이다. 가장 적절하지 않은 배부기준은?

① 구매부문: 주문횟수, 주문비용
② 동력부문: 사용전력량, 전기용량
③ 노무관리부문: 수선횟수, 수선유지기간
④ 검사부문: 검사수량, 검사시간

12. 다음은 제조기업의 원가계산과 관련된 산식이다. 틀린 것은?

① 당기총제조원가 = 직접재료비(+)직접노무비(−)제조간접비
② 직접재료비 = 기초원재료재고액(+)당기원재료매입액(−)기말원재료재고액

③ 당기제품제조원가=기초재공품재고액(+)당기총제조원가(−)기말재공품재고액

④ 매출원가=기초제품재고액(+)당기제품제조원가(−)기말제품재고액

13. 다음 중 부가가치세에 대한 설명으로 틀린 것은?

① 부가가치세는 전단계세액공제법을 채택하고 있다.

② 부가가치세는 0% 또는 10%의 세율을 적용한다.

③ 면세사업과 관련한 매입세액은 부가가치세 매입세액공제가 불가능하다.

④ 접대비 및 이와 유사한 지출도 사업과 관련이 있는 지출이므로 부가가치세 매입세액공제가 가능하다.

14. 다음 중 부가가치세법상 재화의 공급으로 보지 않는 거래는?

① 사업용 자산으로 국세를 물납하는 것

② 현물출자를 위해 재화를 인도하는 것

③ 장기할부판매로 재화를 공급하는 것

④ 매매계약에 따라 재화를 공급하는 것

15. 다음 중 부가가치세 면세대상이 아닌 것은?

① 약사법에 따른 약사가 제공하는 의약품의 조제용역

② 수돗물

③ 연탄과 무연탄

④ 항공법에 따른 항공기에 의한 여객운송 용역

실무 시험

㈜화랑전자(회사코드:0743)는 전자부품을 제조하여 판매하는 중소기업이며, 당기(제11기) 회계기간은 2017. 1. 1 ~ 2017. 12. 31 이다. 전산세무회계 수험용 프로그램을 이용하여 다음 물음에 답하시오.

〈 기 본 전 제 〉

문제에서 한국채택국제회계기준을 적용하도록 하는 전제조건이 없는 경우, 일반기업회계기준을 적용하여 회계처리 한다.

문제 1 다음은 기초정보관리에 대한 자료이다. 각각의 요구사항에 대하여 답하시오.(10점)

[1] 전기분손익계산서를 검토한 결과 다음과 같은 오류가 발견되었다. 전기분손익계산서, 전기분잉여금처분계산서, 전기분재무상태표, 전기분원가명세서 중 관련된 부분을 수정하시오.(4점)

계정과목 및 금액	틀린 내용	올바른 내용
복리후생비	판매비와 관리비로 1,500,000원을 과다입력함	제조원가로 1,500,000원을 추가반영할 것

[2] 다음 거래처를 추가등록하시오.(주소 입력 시 우편번호 입력은 생략함)(3점)

- 거래처코드: 02001
- 거래처명: 대차공업
- 유형: 매출
- 사업자등록번호 112-03-84565
- 주소: 경기도 안산시 단원구 광덕대로 141
- 대표자명: 김대차
- 업태: 제조
- 종목: 기계

[3] 업무용승용차를 리스하여 사용하고자 한다. 이와 관련하여 다음 자료를 계정과목 및 적요등록에 반영하시오.(3점)

- 코드: 816
- 계정과목: 차량리스료
- 성격: 3. 경비
- 현금적요 2번: 업무용승용차 리스료

문제 2 **다음 거래 자료를 일반전표입력 메뉴에 추가 입력하시오.(일반전표입력의 모든 거래는 부가가치세를 고려하지 말 것)(18점)**

〈 입력 시 유의사항 〉

- 일반적인 적요의 입력은 생략하지만, 타계정 대체거래는 적요번호를 선택하여 입력한다.
- 채권 · 채무와 관련된 거래는 별도의 요구가 없는 한 반드시 기 등록되어 있는 거래처코드를 선택하는 방법으로 거래처명을 입력한다.
- 제조경비는 500번대 계정코드를, 판매비와 관리비는 800번대 계정코드를 사용한다.
- 회계처리시 계정과목은 별도제시가 없는 한 등록되어 있는 계정과목 중 가장 적절한 과목으로 한다.

[1] 7월 25일 단기 시세차익을 목적으로 당해연도에 취득하였던 ㈜올빅뱅의 주식 1,000주(1주당 액면가 5,000원, 1주당 구입가 10,000원)를 12,000,000원에 처분하고 보통예금에 입금하였다.(3점)

[2] 7월 28일 우리은행의 이자수익 중 원천징수세액 46,200원을 제외한 나머지 금액인 253,800원이 보통예금으로 입금되었음을 확인하였다.(단, 원천징수세액은 자산으로 처리할 것)(3점)

[3] 8월 12일 영업부 행정업무 지원을 위한 일용직근로자 2명을 채용하고 당일 일당인 200,000원(1인당 일당 100,000원)을 보통예금에서 지급하였다.(3점)

[4] 8월 15일 매출거래처인 마음전자의 외상매출금 1,000,000원에 대하여 다음의 약속어음을 배서양도 받고, 나머지 금액은 보통예금으로 받았다.(3점)

약 속 어 음

마음전자 귀하

금 ₩ 600,000

위의 금액을 귀하 또는 귀하의 지시인에게 이 약속어음과 상환하여 지급하겠습니다.

지급기일 2017.9.30.	발행일 2017.04.30.
지급지 ******************	발행지 ********************
지급장소 ***************	주소 ************************
	발행인 (주)기준공업

[5] 8월 20일 회사는 전 임직원의 퇴직금에 대해 확정급여형(DB형) 퇴직연금에 가입하고 있으며, 8월분 퇴직연금 13,520,000원을 당사 보통예금에서 이체하여 납부하였다.(3점)

[6] 8월 25일 이안산업에서 매입한 원재료 일부에서 불량품이 발견되어 외상대금잔액 5,000,000원 중 1,200,000원을 감액받고 나머지는 보통예금으로 결제하였다.(3점)

문제 3 다음 거래 자료를 매입매출전표입력 메뉴에 입력하시오.(18점)

〈 입력 시 유의사항 〉

- 일반적인 적요의 입력은 생략하지만, 타계정 대체거래는 적요번호를 선택하여 입력한다.
- 별도의 요구가 없는 한 반드시 기 등록되어 있는 거래처코드를 선택하는 방법으로 거래처명을 입력한다.
- 제조경비는 500번대 계정코드를, 판매비와 관리비는 800번대 계정코드를 사용한다.
- 회계처리시 계정과목은 별도제시가 없는 한 등록되어 있는 계정과목 중 가장 적절한 과목으로 한다.
- 입력화면 하단의 분개까지 처리하고, 전자세금계산서 및 전자계산서는 전자입력으로 반영한다.

[1] 8월 1일 본사 영업부에서 야유회 때 직원들 식사로 제공할 생고기를 직접 구매하고 전자계산서를 수취하였다.(3점)

<table>
<tr><td colspan="5">전자계산서(공급받는자 보관용)</td><td colspan="2">승인번호</td><td colspan="3">20170801-21058052-11726691</td></tr>
<tr><td rowspan="5">공급자</td><td>사업자 등록번호</td><td>106-90-52391</td><td>종사업장 번호</td><td></td><td rowspan="5">공급받는자</td><td>사업자 등록번호</td><td>229-81-28156</td><td>종사업장 번호</td><td></td></tr>
<tr><td>상호 (법인명)</td><td>알뜰정육점</td><td>성 명 (대표자)</td><td>채사장</td><td>상호 (법인명)</td><td>(주)화랑전자</td><td>성 명 (대표자)</td><td>박형식</td></tr>
<tr><td>사업장 주소</td><td colspan="3">서울 서초구 강남대로 465</td><td>사업장 주소</td><td colspan="3">서울 서초구 방배로 142, 동주빌딩 3층</td></tr>
<tr><td>업 태</td><td>도소매</td><td>종 목</td><td>정육</td><td>업 태</td><td>제조</td><td>종 목</td><td>전자부품</td></tr>
<tr><td>이메일</td><td colspan="3"></td><td>이메일</td><td colspan="3"></td></tr>
<tr><td colspan="2">작성일자</td><td colspan="3">공급가액</td><td colspan="5">수정사유</td></tr>
<tr><td colspan="2">2017.08.01</td><td colspan="3">1,800,000</td><td colspan="5"></td></tr>
<tr><td colspan="2">비고</td><td colspan="8"></td></tr>
</table>

월	일	품 목	규 격	수 량	단 가	공 급 가 액	비 고
8	1	생 고 기				1,800,000	

합 계 금 액	현 금	수 표	어 음	외상미수금	
1,800,000	1,800,000				이 금액을 영수/청구 함

[2] 9월 3일 공장에서 사용하는 화물용 차량인 포터의 접촉 사고로 ㈜싸다정비소에서 수리하고, 2,200,000원(부가가치세 포함)을 법인카드(삼성카드)로 결제하였다. 지출비용은 차량유지비 계정을 사용한다.(3점)

[3] 9월 15일 태국 소재의 회사인 무에타이(Muaythai.com)에게 20,000,000원의 제품을 직수출하고 대금 중 10,000,000원은 당일에 보통예금으로 받고 나머지는 다음 달에 받기로 하였다.(3점)

[4] 10월 2일 당사는 제품을 제조하기 위해 ㈜반도정밀에서 기계장치를 100,000,000원(부가가치세 별도)에 10개월 할부로 구매하고 전자세금계산서를 발급받았다. 할부대금은 다음달부터 지급한다.(3점)

[5] 10월 25일 우리상사에 제품을 판매하고 다음과 같이 전자세금계산서를 발급하였다.(단, 어음의 만기일은 3개월이다)(3점)

전자세금계산서(공급자 보관용)					승인번호		20171025-21058052-11726645		
공급자	사업자등록번호	229-81-28156	종사업장번호		공급받는자	사업자등록번호	130-33-68798	종사업장번호	
	상호(법인명)	(주)화랑전자	성명(대표자)	박형식		상호(법인명)	우리상사	성명	이하나
	사업장주소	서울 서초구 방배로 142, 동주빌딩 3층				사업장주소	서울시 마포구 상암동 261		
	업태	제조	종목	전자부품		업태	도매업	종목	컴퓨터
	이메일					이메일			

작성일자	공급가액	세액	수정사유
2017. 10. 25	2,000,000	200,000	
비고			

월	일	품목	규격	수량	단가	공급가액	세액	비고
10	25	전자부품		200개	10,000	2,000,000	200,000	

합계금액	현금	수표	어음	외상미수금	이 금액을 영수/청구 함
2,200,000	1,100,000		1,100,000		

[6] 10월 29일 공장에서 사용하는 기계장치의 원상회복을 위한 수선을 하고 수선비 110,000원을 전액 하나카드로 결제하고 다음의 매출전표를 수취하였다.(3점)

매 출 전 표

단말기번호	11213692	전표번호	234568
카드종류		거래종류	결재방법
하나카드		신용구매	일시불
회원번호(Card No)		취소시 원거래일자	
4140-0202-3245-9958			
유효기간		거래일시	품명w
		2017.10.29	기계수선
전표제출		금 액/AMOUNT	100,000
		부 가 세/VAT	10,000
전표매입사		봉 사 료/TIPS	
		합 계/TOTAL	110,000
거래번호		승인번호/(Approval No.)	
		98421147	
가맹점	(주)민상사		
대표자	김주민	TEL	
가맹점번호		사업자번호	204-19-76690
주소	경기 성남시 수정구 고등동 525-5		
		서명(Signature)	

문제 4 **일반전표입력 및 매입매출전표입력 메뉴에 입력된 내용 중 다음과 같은 오류가 발견되었다. 입력된 내용을 확인하여 정정하시오.(6점)**

[1] 12월 24일 영업부서에서 사용할 키보드 등을 신도컴퓨터에서 현금 132,000원(부가가치세 포함)에 구입하고 일반전표에 입력하였으나, 거래증빙으로 종이세금계산서를 발급받았음이 확인되었다.(계정과목은 소모품으로 할 것)(3점)

[2] 10월 10일 보통예금계좌로 입금된 5,000,000원을 매출거래처 ㈜대흥의 외상매출금 회수로 회계처리하였으나, ㈜대흥에 사무실을 임대하고 받은 임대보증금이 입금된 것으로 확인되었다.(3점)

문제 5 **결산정리사항은 다음과 같다. 해당메뉴에 입력하시오.(9점)**

[1] 기말현재 합계잔액시산표상의 현금과부족 잔액 100,800원에 대하여 원인을 파악

할 수 없다.(3점)

[2] 우리은행의 정기예금에 대한 기간 경과분 이자를 인식하다.(3점)

• 예금금액: 100,000,000원 • 예금기간: 2017. 4. 1 ~ 2019. 3. 31
• 연이자율: 2%, 월할로 계산할 것 • 이자지급일: 연 1회(매년 3월 31일)

[3] 결산일 현재 다음과 같이 제조원가에 반영할 감가상각비를 계상하고자 한다.(3점)

• 차량운반구: 6,500,000원 • 비품: 7,200,000원 • 기계장치: 5,000,000원

문제 6 다음 사항을 조회하여 답안을 이론문제 답안작성 메뉴에 입력하시오.(9점)

[1] 4월 중 ㈜미래유통의 외상매출금을 회수한 금액은 얼마인가?(3점)

[2] 1월말 현재 유동자산과 유동부채 간의 차액은 얼마인가?(단, 양수로 입력할 것)(3점)

[3] 2월 중 현금으로 지급한 판매비 및 관리비로 분류되는 복리후생비의 금액은 얼마인가?(3점)

03 제73회 전산회계 1급 시험 – A형

이론 시험

다음 문제를 보고 알맞은 것을 골라 [답안저장] 메뉴화면에 입력하시오.

(객관식 문항당 2점)

〈 기 본 전 제 〉

문제에서 한국채택국제회계기준을 적용하도록 하는 전제조건이 없는 경우, 일반기업 회계기준을 적용한다.

01. 다음 자료는 기말자산과 기말부채의 일부분이다. 기말재무상태표에 표시될 항목과 금액이 올바른 것은?

• 받을어음 : 100,000원 • 미지급금 : 120,000원 • 외상매출금 : 130,000원
• 지급어음 : 150,000원 • 미 수 금 : 160,000원 • 외상매입금 : 180,000원
• 보통예금 : 170,000원 • 정기예금 : 190,000원 • 자기앞수표 : 110,000원

① 현금및현금성자산 470,000원 ② 매출채권 330,000원
③ 매입채무 230,000원 ④ 유동부채 450,000원

02. 다음 중 재무상태표 및 손익계산서에 대해 잘못 설명한 것은?

① 자산은 유동자산과 비유동자산으로 구분되고, 비유동자산은 투자자산, 유형자산, 무형자산 및 기타비유동자산으로 구분된다.
② 부채는 유동부채와 비유동부채로 구분되며, 사채·장기차입금·퇴직급여충당부채계정은 비유동부채에 속한다.
③ 손익계산서는 매출총손익·영업손익·경상손익·법인세비용차감전순손익 및 당기순손익으로 구분 표시하여야 한다.
④ 재무상태표는 유동성배열법에 따라 유동성이 큰 항목부터 먼저 나열한다.

03. 자본의 분류에 대한 다음 설명 중 잘못된 것은?

① 자본금은 법정자본금으로 한다.
② 주식발행초과금, 자기주식처분이익, 주식할인발행차금은 모두 자본잉여금에 해당한다.
③ 자본조정은 당해 항목의 성격으로 보아 자본거래에 해당하나 최종 납입된 자본으로 볼 수 없거나 자본의 가감 성격으로 자본금이나 자본잉여금으로 분류할 수 없는 항목이다.
④ 자본잉여금은 증자나 감자 등 주주와의 거래에서 발생하여 자본을 증가시키는 잉여금이다.

04. 다음 유가증권 거래로 인하여 2017년 당기손익에 미치는 영향을 바르게 설명한 것은?

- 2017년 4월 1일 단기시세차익을 얻을 목적으로 ㈜한양의 주식 1,000주를 주당 6,000원(액면가액 5,000원)에 현금 취득하였다.
- 2017년 6월 30일 ㈜한양의 주식 500주를 주당 7,000원에 처분하였다.

① 당기순이익 500,000원 증가 ② 당기순이익 1,000,000원 증가
③ 당기순이익 500,000원 감소 ④ 당기순이익 1,000,000원 감소

05. 다음 회계처리로 인하여 재무제표에 미치는 영향을 바르게 설명한 것은?

업무용차량을 취득하기로 하고 지급한 금액 선급금 2,000,000원을 차량유지비로 회계처리 하였다.

① 수익이 2,000,000원 과대계상된다. ② 비용이 2,000,000원 과대계상된다.
③ 자본이 2,000,000원 과대계상된다. ④ 자산이 2,000,000원 과대계상된다.

06. 손익계산서에 대한 설명 중 잘못된 것은?

① 제품, 상품 등의 매출액에 대응되는 원가로서 판매된 제품이나 상품 등에 대한 제조원가 또는 매입원가를 매출원가라 한다.

② 판매비와관리비는 제품, 상품, 용역 등의 판매활동과 기업의 관리활동에서 발생하는 비용으로서 매출원가에 속하지 아니하는 모든 영업비용을 포함한다.
③ 판매비와관리비는 당해 비용을 표시하는 적절한 항목으로 구분하여 표시하여야 하며 일괄표시할 수 없다.
④ 기업의 주된 영업활동이 아닌 활동으로부터 발생하는 수익과 차익은 영업외수익에 해당된다.

07. 다음 중 합계잔액시산표에서 발견할 수 있는 오류는?

① 동일한 금액을 차변과 대변에 반대로 전기한 경우
② 차변과 대변의 전기를 동시에 누락한 경우
③ 차변과 대변에 틀린 금액을 똑같이 전기한 경우
④ 차변만 이중으로 전기한 경우

08. 다음 중 유동자산에 해당하지 않는 것은?

① 보고기간 종료일로부터 2년 이내에 현금화 될 것으로 예상되는 자산
② 사용의 제한이 없는 현금및현금성자산
③ 기업의 정상적인 영업주기 내에 실현될 것으로 예상되거나 판매목적 또는 소비목적으로 보유하고 있는 자산
④ 단기매매목적으로 보유하고 있는 자산

09. 다음 자료를 보고 선입선출법에 의한 직접재료비 및 가공비 각각 완성품환산량을 계산하면 얼마인가?

기초재공품 : 10,000단위(완성도:60%)
기말재공품 : 20,000단위(완성도:40%)
당기착수량 : 40,000단위
완성품수량 : 30,000단위
직접재료비는 공정 50% 시점에서 전량 투입되고, 가공비는 공정전반에 걸쳐 균등하게 발생한다.

직접재료비	가 공 비	직접재료비	가 공 비
① 40,000 단위	32,000 단위	② 32,000 단위	40,000 단위
③ 20,000 단위	32,000 단위	④ 38,000 단위	50,000 단위

10. 다음은 재고자산가액 계산방법이다. 성격이 다른 하나는?

① 이동평균법
② 실지재고조사법
③ 계속기록법
④ 혼합법

11. 원재료의 사용액을 과소하게 계상한 경우 제조원가와 재무제표에 미치는 영향으로 틀린 것은?(단, 기말재공품과 기말제품은 존재하지 않는다고 가정한다)

① 당기총제조원가 과소계상
② 당기제품제조원가 과소계상
③ 제품매출원가 과소계상
④ 당기순이익 과소계상

12. 다음 중 공장건물의 재산세를 각 제품제조원가에 배부하는 가장 적합한 배부기준은 무엇인가?

① 각 제품생산라인의 연면적비율
② 공장에서 발생하는 직접원가비율
③ 기계장치의 수선비용
④ 생산직 근로자의 임금비율

13. 다음 중 부가가치세에 대한 설명으로 틀린 것은?

① 부가가치세의 납세의무자는 영리사업자에 한정한다.
② 부가가치세는 원칙적으로 사업장마다 신고 및 납부하여야 한다.
③ 상품의 단순한 보관·관리만을 위한 장소로 설치신고를 한 장소나 하치장은 사업장이 아니다.
④ 주사업장 총괄납부제도는 사업장별과세원칙의 예외에 해당된다.

14. 다음은 부가가치세법상 공급시기에 대한 설명이다. 잘못된 것은?

① 재화의 이동이 필요한 경우 : 재화가 인도되는 때
② 재화의 공급으로 보는 가공의 경우 : 가공된 재화를 인도하는 때
③ 반환조건부 판매, 동의조건부 판매 : 그 조건이 성취되어 판매가 확정되

는 때

④ 상품권 등을 현금 또는 외상으로 판매하고 그 상품권 등이 현물과 교환되는 경우 : 상품권 등을 현금 또는 외상으로 판매한 때

15. 다음 중 부가가치세 과세표준(공급가액)에 포함하는 항목인 것은?

① 매출할인, 매출에누리 및 매출환입액

② 할부판매, 장기할부판매의 경우 이자상당액

③ 재화 용역의 공급과 직접 관련이 없는 국고보조금과 공공보조금

④ 공급대가의 지급지연으로 인하여 받은 연체이자

실무 시험

㈜단원(회사코드 0733)은 전자제품을 생산, 판매하는 중소기업이며, 당기(제5기) 회계기간은 2017.1.1.~2017.12.31. 이다. 전산세무회계 수험용 프로그램을 이용하여 물음에 답하시오.

문제 1 다음은 기초정보관리에 대한 자료이다. 각각의 요구사항에 대하여 답하시오.(10점)

[1] 다음 자료를 보고 거래처등록 메뉴에서 등록하시오.(3점)

- 회사명 : 코넬(거래처코드 : 01260)
- 사업장주소 : 경기도 안산시 단원구 산성로 167(원시동)
- 사업자등록번호 : 129-51-40362
- 업태 : 도소매
- 대표자 : 송미영
- 종목 : 화장품
- 유형은 동시로 하고, 주소입력 시 우편번호 입력은 생략해도 무방함

[2] 다음 자료를 거래처별초기이월 메뉴에 추가 입력하시오.(3점)

계정과목	거래처명	금액
외상매출금	㈜다원상사	30,000,000원
지급어음	㈜글로벌	10,000,000원
선수금	㈜에필로그	5,000,000원

[3] 전기분손익계산서를 검토한 결과 다음과 같은 오류가 발견되었다. 전기분손익계산서, 전기분잉여금처분계산서, 전기분재무상태표 중 관련된 부분을 수정하시오.(4점)

계정과목	틀린 금액	올바른 금액	내 용
상여금(0803)	4,300,000원	3,400,000원	입력오류

문제 2 **다음 거래 자료를 일반전표입력 메뉴에 추가 입력하시오.(일반전표입력의 모든 거래는 부가가치세를 고려하지 말 것)(18점)**

〈 입력 시 유의사항 〉

- 일반적인 적요의 입력은 생략하지만, 타계정 대체거래는 적요번호를 선택하여 입력한다.
- 채권 · 채무와 관련된 거래는 별도의 요구가 없는 한 반드시 기 등록되어 있는 거래처코드를 선택하는 방법으로 거래처명을 입력한다.
- 제조경비는 500번대 계정코드를, 판매비와 관리비는 800번대 계정코드를 사용한다.
- 회계처리시 계정과목은 별도제시가 없는 한 등록되어 있는 계정과목 중 가장 적절한 과목으로 한다.

[1] 7월 13일 ㈜대한모터스의 주식 100주(액면가 @5,000원)를 4,200,000원에 취득하고 보통예금에서 이체하였다.(시장성이 있고 단기시세차익 목적임)(3점)

[2] 7월 18일 다음은 영업부에서 거래처 직원과의 식사비용을 법인카드(수원카드)로 결제하고 수취한 신용카드매출전표이다. 일반전표에 입력하시오.(3점)

신용카드매출전표

가맹점명	제주똥돼지	031-405-6418
사업자번호	130-42-35528	
대표자명	한라산	
주　소	경기 안산 고잔 815	
		신용승인
거래일시		2017.07.18. 20:25:15
유효기간		**/**
가맹점번호		12345678
		수원카드(전자서명전표)
과세금액	오겹살 외	50,000원
부가세액		5,000원
합 계		55,000원

[3] 7월 21일 제조부에서 근무하는 일용직 종업원 우상일씨에 대한 급여를 현금으로 지급하고 급여지급 영수증을 발행하였다. 적절한 회계처리를 하시오.(단, 세금 및 사회보험료는 고려하지 않음)(3점)

일용직 급여지급 영수증

■ 이 름 : 우상일
■ 주민등록번호 : 781010-1018234
■ 주 소 : 서울 중구 명동2가 31

- 근 무 내 역 -

■ 입 사 일 : 2017.7.15
■ 근무기간 : 2017.7.15.~2017.7.21
■ 수령금액 : 일금 오십칠만 원정 (₩ 570,000)

2017년 7 월 21일

본인은 상기 금액을 수령했음을 확인합니다.

수령자 : 우상일 (인)

주식회사 단 원 직인

[4] 8월 30일 ㈜민국의 외상매입금 4,000,000원 중 1,000,000원은 보통예금에서 지급하였고 잔액은 3개월 만기 전자어음을 발행하여 지급하였다.(단, 하나의 전표로 입력할 것)(3점)

[5] 9월 30일 연구동 신축을 위해 미래은행에서 빌린 대출금에 대한 9월분 이자비용 1,350,000원을 당사 보통예금에서 이체하였다. 공사기간은 2017. 7. 1.부터 2년간이며, 이자비용은 자본화하기로 한다.(3점)

[6] 10월 25일 보유 중인 자기주식 1,000주(액면가 주당 @1,000원, 장부가 주당 @1,240원) 전량을 1,200,000원에 처분하고 처분대금 전액이 당일에 보통예금으로 입금되었다.(단, 자기주식처분이익 및 자기주식처분손실 계정의 잔액은 없음)(3점)

문제 3 다음 거래 자료를 매입매출전표입력 메뉴에 입력하시오.(18점)

〈 입력 시 유의사항 〉

- 일반적인 적요의 입력은 생략하지만, 타계정 대체거래는 적요번호를 선택하여 입력한다.
- 별도의 요구가 없는 한 반드시 기 등록되어 있는 거래처코드를 선택하는 방법으로 거래처명을 입력한다.
- 제조경비는 500번대 계정코드를, 판매비와 관리비는 800번대 계정코드를 사용한다.
- 회계처리시 계정과목은 별도제시가 없는 한 등록되어 있는 계정과목 중 가장 적절한 과목으로 한다.
- 입력화면 하단의 분개까지 처리하고, 전자세금계산서 및 전자계산서는 전자입력으로 반영한다.

[1] 7월 26일 다음은 판매한 제품이 불량으로 반품되어 발급한 수정전자세금계산서이다. 수정전자세금계산서 발급과 동시에 현금으로 지급하였다.(3점)

수정전자세금계산서(공급자 보관용)		승인번호	

공급자	사업자 등록번호	110-81-02129	종사업장 번호		공급받는자	사업자 등록번호	105-86-40937	종사업장 번호	
	상호 (법인명)	㈜단원	성 명 (대표자)	김홍도		상호 (법인명)	(주)세미	성 명	한세미
	사업장 주소	경기도 안산시 단원구 광덕서로 100				사업장 주소	경기도 안산시 단원구 와동 129 501호		
	업 태	제조	종 목	전자제품		업 태	도소매	종 목	전자제품
	이메일					이메일			

작성일자	공급가액	세액	수정사유
2017.7.26.	-90,000	-9,000	일부 불량
비고			

월	일	품 목	규 격	수 량	단 가	공 급 가 액	세 액	비 고
7	26	주변기기		-3	30,000	-90,000	-9,000	

합 계 금 액	현 금	수 표	어 음	외 상 미 수 금	이 금액을 영수/청구 함
-99,000	-99,000				

[2] 8월 10일 다음은 업무용 승용자동차(배기량 2,000cc)를 매입하고 발급받은 전자세금계산서이다. 차량대금 결제는 다음달 말일에 하기로 하였다.(3점)

전자세금계산서(공급받는자 보관용)										승인번호			
공급자	사업자 등록번호	105-87-51159	종사업장 번호			공급받는자	사업자 등록번호	110-81-02129		종사업장 번호			
	상호 (법인명)	미래자동차	성 명 (대표자)	전기세			상호 (법인명)	㈜단원		성 명	김홍도		
	사업장 주소	경기도 시흥시 항송로 29번길 14					사업장 주소	경기도 안산시 단원구 광덕서로 100					
	업 태	도소매	종 목	중고자동차			업 태	제조		종 목	전제제품		
	이메일						이메일						

작성일자	공급가액	세액	수정사유
2017.8.10.	15,000,000	1,500,000	
비고			

월	일	품 목	규 격	수 량	단 가	공 급 가 액	세 액	비 고
8	10	승용차				15,000,000	1,500,000	

합 계 금 액	현 금	수 표	어 음	외 상 미 수 금	이 금액을 영수/청구 함
16,500,000				16,500,000	

[3] 9월 2일 ㈜이에스텍으로부터 공장의 시설보호 목적으로 CCTV를 설치완료하고 전자세금계산서를 발급받았다. 대금총액은 3,300,000원(부가가치세 포함)이며 당일에 현금으로 300,000원을 지급하였고 나머지는 10회에 걸쳐 매달 균등지급하기로 하였다.(계정과목은 설비장치 과목을 사용하고 고정자산등록은 생략할 것).(3점)

[4] 10월 20일 ㈜무릉하이테크로부터 원재료(@4,000원, 10,000개, 부가가치세 별도)를 구입하고 전자세금계산서를 발급받았다. 대금 중 34,000,000원은 약속어음을 발행(만기:2017.12.31.)했으며 나머지는 당좌수표를 발행하여 지급하였다.(3점)

[5] 12월 5일 ㈜행복컨설팅으로부터 생산직 직원들의 교육훈련 특강을 실시하고, 특강료 3,300,000원(부가가치세 포함)에 대한 전자세금계산서를 발급받았다. 특강료는 12월 1일에 지급한 계약금 1,000,000원을 제외한 나머지 금액 2,300,000원을 현금으로 지급하였다.(단, 계약금은 선급금계정으로 처리하였음)(3점)

[6] 12월 17일 ㈜동서물산에 제품 23,000,000원(부가가치세 별도)을 공급하고 전자세금계산서를 발급하였다. 지난 12월 6일에 받은 계약금 3,000,000원을 제외한 나머지 금액은 전액 ㈜대진이 발행한 당좌수표로 받았다.(3점)

문제 4 일반전표입력 및 매입매출전표입력 메뉴에 입력된 내용 중 다음과 같은 오류가 발견되었다. 입력된 내용을 확인하여 정정하시오.(6점)

[1] 9월 20일 대구전자(일반과세자)로부터 부품을 매입하고 82,500원(부가가치세 포함)을 현금으로 지급하고 현금영수증(사업자지출증빙용)을 수취하였으나 이를 분실하여 지출결의서로 일반전표에 회계처리하였다. 회사는 추후에 국세청 홈택스를 통하여 현금영수증 발급분임을 확인하였다. 이를 수정하시오.(3점)

[2] 10월 9일 민건강보험공단에 영업부서 사원에 대한 건강보험료 560,000원을 현금으로 납부하고 회사부담분과 종업원부담분(급여지급시 원천징수함) 전액을 복리후생비로 회계처리하였다. 회사부담분과 종업원부담분의 비율은 50:50이다.(3점)

문제 5 결산정리사항은 다음과 같다. 해당메뉴에 입력하시오.(9점)

[1] 기말재고조사 결과 제품재고 1,200,000원이 부족하여 확인한 결과 영업부의 가을 체육대회에서 경품으로 제공된 것이 발견되었다.(적요 중 타계정으로 대체액을 사용할 것)(3점)

[2] 현금과부족으로 인식된 200,000원은 매출 거래처 직원의 결혼식 청첩장을 첨부하여 지출한 축의금 200,000원이 회계처리되지 않은 것으로 확인되었다.(관련 회계처리 날짜는 결산일로 하며 기중에 인식된 현금과부족은 적절히 회계처리 하였다고 가정한다)(3점)

[3] 결산일 현재 무형자산인 영업권(취득가액: ?, 내용연수: 5년, 상각방법: 정액법)의 전기 말(2016년 12월 31일) 상각 후 미상각잔액은 15,000,000원이다. 영업권은 2015년 1월 1일에 취득하였으며 매년 법정상각범위액을 전부 무형자산상각비로 인식하였다. 당해연도 영업권의 무형자산상각비를 인식하시오.(단, 무형자산은 직접 상각하고, 판매비와 관리비로 처리함)(3점)

문제 6 **다음 사항을 조회하여 답안을 이론문제 답안작성 메뉴에 입력하시오.(9점)**

[1] 현금및현금성자산의 3월 말 현재 금액은 얼마인가?(3점)

[2] 2017년 부가가치세 1기 확정신고(4월 1일 ~ 6월 30일)에 대한 과세표준은 얼마인가?(3점)

[3] 2017년 1월부터 3월까지 매출세금계산서 매수가 가장 많은 거래처명을 입력하시오.(3점)

04 제72회 전산회계 1급 시험 - A형

이론 시험

다음 문제를 보고 알맞은 것을 골라 [답안저장] 메뉴화면에 입력하시오.

(객관식 문항당 2점)

〈 기 본 전 제 〉

문제에서 한국채택국제회계기준을 적용하도록 하는 전제조건이 없는 경우, 일반기업회계기준을 적용한다.

01. 유형자산의 취득원가 구성으로 틀린 것은?

① 새로운 상품을 소개하는데 발생한 광고선전비
② 자본화대상인 차입원가
③ 취득세 등 유형자산의 취득과 직접 관련된 제세공과금
④ 유형자산의 취득과 관련하여 국·공채 등을 불가피하게 매입하는 경우 당해 채권의 매입금액과 일반기업회계기준에 따라 평가한 현재가치와의 차액

02. 다음 ㈜세무의 매도가능증권 거래로 인하여 당기손익에 미치는 영향으로 옳은 것은?

㈜세무는 2017년 1월 16일에 ㈜회계의 주식 100주를 주당 10,000원에 취득(매도가능증권으로 회계처리함)하고, 취득 관련 수수료비용 20,000원을 포함하여 현금을 지급하였다. 그리고 다음날인 1월 17일에 ㈜회계의 주식 50주를 주당 9,000원에 현금 처분하였다.

① 당기순이익 40,000원 감소한다.　② 당기순이익 50,000원 감소한다.
③ 당기순이익 60,000원 감소한다.　④ 당기순이익 70,000원 감소한다.

03. 다음 중 일반기업회계기준에 따라 유동성배열법으로 나열할 경우 배열 순서로 옳은 것은?

• 건설중인자산 • 상품 • 투자부동산 • 외상매출금

① 상품, 외상매출금, 건설중인자산, 투자부동산
② 상품, 외상매출금, 투자부동산, 건설중인자산
③ 외상매출금, 상품, 건설중인자산, 투자부동산
④ 외상매출금, 상품, 투자부동산, 건설중인자산

04. 다음 중 당기말의 장부상 재고금액이 실제 재고금액보다 큰 경우 발생할 수 있는 상황으로 옳은 것은?(단, 당기와 차기에 매출총이익이 발생한 경우로 한정한다.)

① 당기 매출원가가 과대계상된다.
② 차기 매출원가가 과소 또는 과대계상 될지 알 수 없다.
③ 당기 매출총이익이 과대계상된다.
④ 차기 매출총이익이 과소 또는 과대계상 될지 알 수 없다.

05. 다음 중 재무상태표에 유동자산으로 분류될 수 있는 현금및현금성자산은?

① 우표, 수입인지 ② 만기가 6개월인 타인발행 약속어음
③ 질권설정된 보통예금 ④ 은행발행 자기앞수표

06. 다음 중 기말재고자산의 변동과 관련하여 계정설정에 영향을 주는 요소로 성격이 가장 다른 하나는?

① 도난 ② 진부화 ③ 증발 ④ 파손

07. 다음 중 재무상태표에서 해당 자산이나 부채의 차감적인 평가항목을 모두 선택한 것은?

가. 감가상각누계액 나. 대손충당금
다. 사채할인발행차금 라. 퇴직연금운용자산

① 가, 나 ② 가, 나, 다 ③ 가, 나, 라 ④ 가, 나, 다, 라

08. 다음 중 유가증권을 보유함에 따라 무상으로 주식을 배정받은 경우 회계처리방법은?

① 배당금수익(영업외수익)으로 처리한다.
② 장부가액을 증가시키는 회계처리를 하지 않고, 수량과 단가를 새로 계산한다.
③ 장부가액을 증가시키는 회계처리를 하고, 수량과 단가를 새로 계산한다.
④ 장부가액을 증가시키는 회계처리를 하고, 수량과 단가를 새로 계산하지 않는다.

09. 다음 중 종합원가계산의 특징과 가장 관련이 있는 것은?

① 작업원가표
② 주문생산업종에 적합
③ 완성품환산량
④ 원가를 개별작업별로 집계

10. 다음 보조부문의 제조간접비 배부방법 중 정확도가 가장 높은 방법과 계산방법이 가장 단순한 방법을 순서대로 나열한 것은?

① 상호배부법, 직접배부법
② 상호배부법, 단계배부법
③ 단계배부법, 상호배부법
④ 단계배부법, 직접배부법

11. 다음은 원가개념에 대한 설명이다. 물리치료사 수험서 구입비 25,000원은 어떤 원가를 의미하는가?

> 물리치료사 자격시험을 위해 관련수험서를 25,000원에 구입하여 공부하다가 진로를 세무회계 분야로 변경하면서 전산세무회계 자격증 수험서를 새로 구입하였다.

① 대체원가 ② 매몰원가 ③ 통제불능원가 ④ 전환원가

12. 다음 중 원가에 대한 설명으로 틀린 것은?

① 직접노무비는 기본원가에 포함되지만 가공비에 포함되지는 않는다.
② 직접비와 간접비는 추적가능성에 따른 분류이다.

③ 제조간접비란 간접재료비, 간접노무비 및 간접제조경비의 합이다.
④ 판매활동과 일반관리활동에서 발생하는 원가로서 제조활동과 직접적인 관련이 없는 원가를 비제조원가라 한다.

13. 다음 중 세금계산서 발급의무의 면제에 해당하지 않는 것은?(단, 과세사업자를 전제한다.)

① 미용, 욕탕 및 유사 서비스업을 경영하는 자가 공급하는 재화 또는 용역
② 부동산임대에 따른 간주임대료
③ 도매업을 영위하는 자가 공급하는 재화·용역
④ 무인판매기를 이용하여 재화와 용역을 공급하는 자

14. 다음 자료에서 세금계산서의 필수적 기재사항으로만 바르게 짝지어진 것은?

㉮ 공급하는 사업자의 등록번호와 성명 또는 명칭
㉯ 공급받는자의 등록번호
㉰ 공급가액과 부가가치세액
㉱ 공급연월일

① ㉮ - ㉯ - ㉰
② ㉮ - ㉯ - ㉱
③ ㉮ - ㉰ - ㉱
④ ㉮ - ㉯ - ㉰ - ㉱

15. 다음 중 부가가치세법상 사업자등록 정정사유가 아닌 것은?

① 상호 변경
② 상속으로 인한 사업자 명의 변경
③ 증여로 인한 사업자 명의 변경
④ 사업장 주소 변경

실무 시험

다음은 전자제품을 생산하여 판매하는 중소기업인 ㈜가을(회사코드:0723)의 제5기(2017.1.1.~2017.12.31.) 회계기간에 관한 자료이다. 전산세무회계 수험용 프로그램을 이용하여 다음 물음에 답하시오.

〈 기 본 전 제 〉

문제에서 한국채택국제회계기준을 적용하도록 하는 전제조건이 없는 경우, 일반기업회계기준을 적용하여 회계처리 한다.

문제 1 다음은 기초정보관리에 대한 자료이다. 각각의 요구사항에 대하여 답하시오.(10점)

[1] 계정과목 및 적요등록 메뉴에서 811.복리후생비 계정의 대체전표 적요 3번에 "사내 동호회비 지원"을 등록하시오.(3점)

[2] 거래처별 초기이월 자료를 검토하여 수정 또는 추가 입력하시오.(4점)

계정과목	거래처	금액	재무상태표 금액
선 급 금	우리테크노	4,400,000원	9,900,000원
	㈜일렉코리아	2,200,000원	
	㈜하늘정밀	3,300,000원	
선 수 금	㈜하이테크	6,000,000원	12,000,000원
	㈜프로테크	4,500,000원	
	부흥정밀	1,500,000원	

[3] 전자제품 매출을 위해 현대카드와 신용카드가맹점 계약을 하였다. 다음의 내용을 거래처등록메뉴에 등록하시오.(3점)

- 코드 : 99990
- 거래처명 : 현대카드
- 가맹점번호 : 564002314
- 유형 : 매출

문제 2 **다음 거래 자료를 일반전표입력 메뉴에 추가 입력하시오.(일반전표입력의 모든 거래는 부가가치세를 고려하지 말 것)(18점)**

〈 입력 시 유의사항 〉

- 일반적인 적요의 입력은 생략하지만, 타계정 대체거래는 적요번호를 선택하여 입력한다.
- 채권 · 채무와 관련된 거래는 별도의 요구가 없는 한 반드시 기 등록되어 있는 거래처코드를 선택하는 방법으로 거래처명을 입력한다.
- 제조경비는 500번대 계정코드를, 판매비와 관리비는 800번대 계정코드를 사용한다.
- 회계처리시 계정과목은 별도제시가 없는 한 등록되어 있는 계정과목 중 가장 적절한 과목으로 한다.

[1] 9월 15일 제품 운반용 트럭(취득가액 25,000,000원, 감가상각누계액 20,000,000원)이 노후되어 폐차하였으며, 폐차관련 부대비용 350,000원은 보통예금에서 이체지급하였다.(당기의 감가상각비는 고려하지 말 것)(3점)

[2] 9월 18일 미국의 Sam-IT그룹에 수출(선적)했던 제품에 대한 외상매출금이 당일 보통예금 계좌에 입금되었다.(3점)

- 외상매출금 : $50,000
- 계약일자 : 8월 10일
- 선적일자 : 8월 20일
- 8월 10일 환율 : 1,050원/$
- 8월 20일 환율 : 1,100원/$
- 9월 18일 환율 : 1,150원/$

[3] 9월 20일 당사에서 제조한 제품(원가 1,300,000원, 시가 1,800,000원)을 경기도 지방자치단체에 기부하였다.(3점)

[4] 9월 30일 영업부서의 업무용 차량에 대한 교통법규 위반 과태료를 아래의 고지서로 현금 납부하였다.(3점)

부과 내역	
단속일시 : 2017.9.5. 단속지역 : 종로2가 단속장소 : 판철동 3-2	
산출 근거	

▣ 납입고지서 및 영수증(납부자용)

납부번호	560-00-06-62-288-139-2017-09-30

납부자	㈜가을	실명번호	
주소	서울특별시 영등포구 국회대로 70길 18(여의도동 한양빌딩)		

세목	납기 내	납기 후
	2017. 9.30.	2017.11.20
과태료	50,000원	60,000원

위 금액을 한국은행 국고(수납) 대리점인 은행 또는 우체국, 신용협동조합, 새마을금고, 상호저축은행에 납부하시기 바랍니다.

종로경찰서 (인)

위 금액을 정히 영수합니다.

2017년 9월 30일
수납인

[5] 10월 10일 수입한 원재료에 대해 인천세관에 통관수수료 300,000원을 현금으로 납부하다.(3점)

[6] 10월 20일 ㈜희망의 외상매출금 3,000,000원이 대손처리 요건에 충족되어 당일 대손처리하기로 하였다. 대손충당금을 조회하여 회계처리하시오.(단, 부가가치세는 고려하지 않는다)(3점)

문제 3 다음 거래 자료를 매입매출전표입력 메뉴에 입력하시오.(18점)

〈 입력 시 유의사항 〉

- 일반적인 적요의 입력은 생략하지만, 타계정 대체거래는 적요번호를 선택하여 입력한다.
- 별도의 요구가 없는 한 반드시 기 등록되어 있는 거래처코드를 선택하는 방법으로 거래처명을 입력한다.
- 제조경비는 500번대 계정코드를, 판매비와 관리비는 800번대 계정코드를 사용한다.
- 회계처리시 계정과목은 별도제시가 없는 한 등록되어 있는 계정과목 중 가장 적절한 과목으로 한다.
- 입력화면 하단의 분개까지 처리하고, 전자세금계산서 및 전자계산서는 전자입력으로 반영한다.

[1] 10월 15일 매출 거래처 직원인 김철수의 승진 축하에 사용할 동양란(99,000원)을 ㈜향기나는꽃집에서 구입하고 전자계산서를 발급받았다. 대금은 전액 보통예금계좌에서 이체하였다.(3점)

[2] 10월 30일 구매확인서에 의해 수출용제품에 대한 원재료(공급가액 22,000,000원)를 ㈜전남기업으로부터 매입하고 영세율전자세금계산서를 발급받았다. 매입대금 중 10,000,000원은 ㈜경남기업으로부터 받아 보관 중인 약속어음을 배서양도하고, 나머지 금액은 2개월 만기의 당사 발행 약속어음으로 지급하였다.(3점)

[3] 11월 1일 ㈜자판기커피에서 영업부서 직원의 복리후생목적으로 물품을 현금으로 구입하고 다음의 현금영수증을 발급받았다.(3점)

㈜자판기커피			
114-81-80641			남원두
서울 송파구 문정동 101-2 TEL:3289-8085			
홈페이지 http://www.kacpta.or.kr			
현금영수증(지출증빙용)			
구매 2017/11/01/17:06			
거래번호 : 0026-0107			
상품명	수량	단가	금액
고급원두커피	3	220,000	660,000
2043655000009			
	과세물품가액		600,000
	부 가 세		60,000
합 계			660,000

[4] 11월 10일 ㈜지성상사로부터 비품인 업무용 빔프로젝터를 5,500,000원(부가가치세포함)에 구입하고 전자세금계산서를 발급받았다. 대금 중 550,000원은 11월 1일 계약금으로 지급하였고, 2,000,000원은 보통예금으로 그리고 남은 잔액은 법인카드(하나카드)로 결제하였다.(3점)

[5] 11월 17일 삼미빌딩으로부터 영업부 사무실의 당월분 임차료 3,000,000원(부가가치세 별도)에 대한 전자세금계산서를 발급받고, 대금은 다음달에 지급하기로 하였다.(3점)

[6] 11월 25일 대표이사인 김사부가 자택에서 사용할 목적으로 ㈜전자마트에서 3D TV를 4,400,000원(부가가치세 별도)에 구입하고, 당사 명의로 전자세금계산서를 발급 받았다. 대금은 당사 당좌수표를 발행하여 지급하였으며, 대표이사의 가지급금으로 처리한다.(3점)

문제 4 일반전표입력 및 매입매출전표입력 메뉴에 입력된 내용 중 다음과 같은 오류가 발견되었다. 입력된 내용을 확인하여 정정하시오.(6점)

[1] 2월 10일 낡은 공장건물 외벽을 새로 페인트 칠한 후 5,000,000원(부가가치세 별도)을 ㈜강산페인트에 당좌수표로 지급하고 전자세금계산서를 발급받았다. 본 공사는 수익적 지출에 해당하지만 자본적 지출로 잘못 처리하였다.(3점)

[2] 7월 13일 영업부서에서 사용할 차량 취득세 300,000원을 현금으로 납부하고 세금과공과로 처리하였다.(3점)

문제 5 결산정리사항은 다음과 같다. 해당메뉴에 입력하시오.(9점)

[1] 기말 현재 현금 보유액은 78,500원, 장부상 금액은 87,500원으로 가정한다. 기말 현재 차이금액의 원인을 알 수 없다.(3점)

[2] 2017년 2기 확정 부가가치세에 대한 부가가치세 예수금과 부가가치세 대급금 잔액은 다음과 같다. 관련 회계처리를 하시오.(단, 원단위는 납입하지 아니하므로 잡이익 또는 잡손실로 처리하고 부가가치세 예수금과 부가가치세 대급금의 상계 후 잔액에 대하여 미지급세금 또는 미수금으로 처리하며 거래처 입력은 생략할 것)(3점)

• 부가가치세 대급금 잔액 : 245,155원 • 부가가치세 예수금 잔액 : 458,721원

[3] 다음은 결산일 현재 단기매매차익을 목적으로 보유하고 있는 주식의 내역이다. 당사는 단기매매증권의 평가손익을 통산하여 회계처리하고 있다.(3점)

주 식 명	취득원가	전년도말 공정가액	당해연도말 공정가액
㈜인천 보통주	32,000,000원	34,000,000원	30,500,000원
㈜울산 보통주	8,000,000원	9,000,000원	10,400,000원
㈜광주 보통주	10,000,000원	12,000,000원	10,600,000원
합 계	50,000,000원	55,000,000원	51,500,000원

문제 6 **다음 사항을 조회하여 답안을 이론문제 답안작성 메뉴에 입력하시오.(9점)**

[1] 2017년 5월의 현금유입액과 현금유출액의 차이는 얼마인가?(3점)

[2] 2017년 상반기(1월~6월)에 접대비(판매비와관리비)가 가장 많이 발생한 월은?(3점)

[3] 2017년 3월 중 ㈜부흥상사로부터 외상매출금을 회수한 금액은 얼마인가?(3점)

05 제71회 전산회계 1급 시험 – A형

이론 시험

다음 문제를 보고 알맞은 것을 골라 [답안저장] 메뉴화면에 입력하시오.

(객관식 문항당 2점)

〈 기 본 전 제 〉

문제에서 한국채택국제회계기준을 적용하도록 하는 전제조건이 없는 경우, 일반기업 회계기준을 적용한다.

01. 다음 중 일반기업회계기준에서의 현금 및 현금성자산이 아닌 것은?

① 취득 당시 만기가 3개월 이내에 도래하는 채권 및 단기금융상품
② 우편환증서, 전신환증서 등 통화대용증권
③ 당좌거래개설보증금
④ 통화

02. 보고기간 종료일에 ㈜희망의 결산시 당기순이익이 100,000원이었다. 다음과 같은 오류가 포함되었을 경우, 수정 후 당기순이익은 얼마인가?

- 감자차익 과소계상액 : 10,000원
- 매도가능증권평가손실 과대계상액 : 20,000원
- 이자비용 과대계상액 : 15,000원
- 단기투자자산처분이익 과대계상액 : 25,000원

① 90,000원 ② 100,000원 ③ 120,000원 ④ 130,000원

03. 다음 중 기업회계기준에 의한 유가증권에 관한 설명이다. 옳지 않은 것은?

① 만기보유증권으로 분류되지 아니하는 채무증권은 단기매매증권이나 매도가능증권으로 분류된다.

② 단기매매증권, 매도가능증권, 만기보유증권은 원칙적으로 공정가치로 평가한다.
③ 단기매매증권이 시장성을 상실한 경우에는 매도가능증권으로 분류하여야 한다.
④ 만기가 확정된 채무증권을 만기까지 보유할 적극적인 의도와 능력이 있는 경우에는 만기보유증권으로 분류한다.

04. 다음 항목 중 기말재고자산에 포함될 항목을 모두 더하면 얼마인가?

- 장기할부조건으로 판매한 재화 : 3,000원
- 시용판매용으로 고객에게 제공한 재화(구매자의 매입의사표시 없음) : 100,000원
- 위탁판매용으로 수탁자에게 제공한 재화 중 수탁자가 현재 보관중인 재화 : 10,000원
- 목적지 인도조건으로 판매한 운송중인 재화 : 20,000원

① 133,000원 ② 130,000원 ③ 110,000원 ④ 30,000원

05. 다음 중 일반기업회계기준상 재무제표에 해당하지 않는 것은?

① 재무상태표 ② 손익계산서
③ 제조원가명세서 ④ 자본변동표

06. 다음 중 결산시 미수이자를 계상하지 않은 경우 당기 재무제표에 미치는 영향으로 올바른 것은?

가. 자산의 과소계상 나. 자산의 과대계상
다. 수익의 과소계상 라. 수익의 과대계상

① 가, 다 ② 가, 라 ③ 나, 다 ④ 나, 라

07. 다음은 ㈜희망이 무형자산을 창출하기 위해 지출한 내부 프로젝트의 경비 항목이다. 이 항목들에 대하여 연구단계와 개발단계를 구분할 수 없는 경우, 무형자

산으로 인식할 수 있는 금액은 얼마인가?

- 관련자료 구입비 : 3,000,000원
- 창출관련 행정수수료 : 1,200,000원
- 인건비 : 6,500,000원
- 기타 창출경비 : 800,000원

① 0원 ② 3,000,000원 ③ 4,200,000원 ④ 11,500,000원

08. 다음 중 감가상각에 대한 설명으로 옳지 않은 것은?

① 정액법의 경우 금액이 정해져 있으므로 상각액은 매년 일정하다.
② 정률법의 경우 상각율이 정해져 있으므로 상각액은 매년 일정하다.
③ 연수합계법의 경우 내용연수를 역순으로 적용하므로 상각액은 매년 감소한다.
④ 이중체감법의 경우 매년 미상각잔액에 대하여 상각율을 적용하므로 상각액은 매년 감소한다.

09. 다음 중 제조간접비의 배부방법에 대한 설명으로 잘못된 것은?

① 직접배부법이 가장 간단하다.
② 상호배부법이 가장 복잡하다.
③ 단계배부법은 배부순서에 따라 원가계산의 결과가 다르게 나타나는 단점이 있다.
④ 상호배부법은 보조부문간의 용역수수관계를 고려하지 않는다.

10. ㈜거제산업은 제조간접비를 직접노동시간을 기준으로 하여 배부하고 있다. 다음 자료에 의하여 10월의 제조간접비 배부차이를 구하면?

- 제조간접비 예산 : 6,000,000원
- 예상직접노동시간 : 120,000시간
- 10월 직접노동시간 : 15,000시간
- 10월 실제 제조간접비 발생액 : 1,000,000원

① 250,000원 과대배부 ② 250,000원 과소배부

③ 300,000원 과대배부 ④ 300,000원 과소배부

11. 다음은 제조원가와 관련된 자료이다. 기말재공품은 얼마인가?

- 직접재료비 : 5,000,000원
- 직접노무비 : 1,500,000원
- 제조간접비 : 7,000,000원
- 기초재공품 : 500,000원
- 당기제품제조원가 : 12,000,000원
- 기초제품 : 500,000원

① 2,000,000원 ② 800,000원 ③ 1,000,000원 ④ 900,000원

12. 다음 중 개별원가계산에 대한 설명으로 틀린 것은?

① 개별원가계산은 시장생산 형태보다 주문생산 형태에 적합하다.
② 개별원가계산은 다품종 제품생산에 적합하다.
③ 개별원가계산은 개별작업별로 구분하여 집계한다.
④ 개별원가계산은 제조간접비의 제품별 직접 추적이 가능하다.

13. 다음 자료에 의하여 부가가치세법상 일반과세자의 부가가치세 과세표준을 계산하면 얼마인가?

- 세금계산서 교부분 공급가액 : 10,000,000원(영세율 4,000,000원 포함)
- 신용카드 매출전표상의 매출액 : 1,100,000원(부가가치세액 포함 금액임)

① 6,000,000원 ② 6,100,000원 ③ 11,000,000원 ④ 11,100,000원

14. 다음 중 부가가치세법에 대한 설명으로 잘못된 것은?

① 재화란 재산 가치가 있는 물건과 권리를 말하며, 역무는 포함되지 않는다.
② 사업자란 사업 목적이 영리이든 비영리이든 관계없이 사업상 독립적으로 재화 또는 용역을 공급하는 자를 말한다.
③ 재화 및 용역을 일시적·우발적으로 공급하는 자는 부가가치세법상 사업자에 해당하지 않는다.
④ 간이과세자란 직전 연도의 공급대가 합계액이 5,000만원에 미달하는 사업

자를 말한다.

15. 다음 중 부가가치세법상 영세율에 대한 설명으로 틀린 것은?

① 완전면세 ② 국제적 이중과세의 방지

③ 세부담의 역진성 완화 ④ 수출산업의 지원

실무 시험

스포츠용품을 제조, 판매하는 중소기업인 ㈜청송스포츠(회사코드:0713)의 제4기 (2017.1.1.~2017.12.31.) 회계기간과 관련된 자료이다. 전산세무회계 수험용 프로그램을 이용하여 물음에 답하시오.

〈 기 본 전 제 〉

문제에서 한국채택국제회계기준을 적용하도록 하는 전제조건이 없는 경우, 일반기업회계기준을 적용하여 회계처리 한다.

문제 1 **다음은 기초정보관리에 대한 자료이다. 각각의 요구사항에 대하여 답하시오.(10점)**

[1] 다음의 거래처를 등록하시오.(3점)

- 거래처코드 : 00201 • 거래처명 : ㈜미래아이티 • 유형 : 동시
- 사업자등록번호 : 119-81-88954 • 업태 : 서비스업
- 종목 : 소프트웨어 개발 및 공급 • 대표자 : 이미래
- 주소 : 서울특별시 관악구 남부순환로 1808(봉천동)

※ 주소 입력시 우편번호 생략해도 무방함.

[2] 당사 제품의 매출 신장을 위해 무형자산 계정과목을 등록하고자 한다. 다음과 같이 계정과목을 추가로 등록하시오.(3점)

- 코드 : 229 • 계정과목 : 라이선스와프랜차이즈
- 성격 : 1.일반 • 현금적요 1번 : 라이선스 계약금

[3] 당해연도 기초 원재료가 1,500,000원이다. 전기분재무상태표, 전기분원가명세서, 전기분손익계산서 및 전기분잉여금처분계산서를 모두 수정 입력하시오.(4점)

문제 2 **다음 거래 자료를 일반전표입력 메뉴에 추가 입력하시오.(일반전표입력의 모든 거래는 부가가치세를 고려하지 말 것)(18점)**

〈 입력 시 유의사항 〉

- 일반적인 적요의 입력은 생략하지만, 타계정 대체거래는 적요번호를 선택하여 입력한다.
- 채권 · 채무와 관련된 거래는 별도의 요구가 없는 한 반드시 기 등록되어 있는 거래처코드를 선택하는 방법으로 거래처명을 입력한다.
- 제조경비는 500번대 계정코드를, 판매비와 관리비는 800번대 계정코드를 사용한다.
- 회계처리시 계정과목은 별도제시가 없는 한 등록되어 있는 계정과목 중 가장 적절한 과목으로 한다.

[1] 7월 16일 단기투자목적으로 보유 중인 ㈜풍림철강 주식에 대하여 다음과 같이 배당금 지급통지서를 수령하고, 배당금을 보통예금 계좌로 지급 받았다.(세금은 고려하지 말고 지급통지서 수령일에 배당확정된 것으로 가정한다)(3점)

(정기) 배당금 지급통지서 123

풍림철강(주) 의 배당금 지급내역을 아래와 같이 통지합니다.

■ 주주명 : 님 ■ 주주번호 : OOOOO *************

◆ 현금배당 및 세금내역

종 류	소유주식수	배당일수	현금배당률	A. 배 당 금 액	B. 원 천 징 수 세 액	
보통주	100	365	27%	1,500,000 원	소 득 세	0
우선주					주 민 세	0
					총 세 액	0
				실지급액(A-B)	1,500,000 원	

■ 배당금 지급기간 및 장소

1 차	지급기간 :	2017 . 7. 16.	지급장소 :	귀사의 보통예금 계좌로 입금함.
2 차	지급기간 :		지급장소 :	

[2] 7월 25일 제조공장 운영을 위하여 시민은행으로부터 95,000,000원을 차입(상환일: 내년 6월 30일)하면서 수수료비용(제조경비로 처리할 것) 150,000원을 차감한 잔액인 94,850,000원이 보통예금으로 입금되었다.(하나의 전표로 입력할 것)(3점)

[3] 8월 31일 당해 사업연도 법인세 중간예납세액 1,100,000원을 현금으로 납부하였다.(단, 법인세납부액은 자산계정으로 처리할 것)(3점)

[4] 9월 5일 당사의 최대주주인 김으뜸씨로부터 본사를 신축할 토지를 기증받았다. 토지에 대한 소유권이전비용 2,000,000원은 당좌수표를 발행하여 지급하였다. 토지의 공정가액은 50,000,000원, 장부가액은 40,000,000원이다.(하나의 전표로 입력할 것)(3점)

[5] 9월 14일 상업은행에서 차입한 단기차입금(차입기간:2017.6.15.~2017.9.14.)에 대한 이자 120,000원을 당사의 보통예금 계좌에서 지급하였다.(3점)

[6] 10월 5일 ㈜날씬닷컴의 외상매입금 5,000,000원을 결제하기 위하여 ㈜명화상사로부터 받을 어음 5,000,000원을 배서 양도하였다.(3점)

문제 3 다음 거래 자료를 매입매출전표입력 메뉴에 입력하시오.(18점)

〈 입력 시 유의사항 〉

- 일반적인 적요의 입력은 생략하지만, 타계정 대체거래는 적요번호를 선택하여 입력한다.
- 별도의 요구가 없는 한 반드시 기 등록되어 있는 거래처코드를 선택하는 방법으로 거래처명을 입력한다.
- 제조경비는 500번대 계정코드를, 판매비와 관리비는 800번대 계정코드를 사용한다.
- 회계처리시 계정과목은 별도제시가 없는 한 등록되어 있는 계정과목 중 가장 적절한 과목으로 한다.
- 입력화면 하단의 분개까지 처리하고, 전자세금계산서 및 전자계산서는 전자입력으로 반영한다.

[1] 7월 12일 영업부에서 사용할 실무서적을 미풍문고에서 250,000원에 구입하고 전자계산서를 수취하였다. 구매대금은 7월 31일에 지급하기로 하였다.(3점)

[2] 9월 12일 중국에 소재하는 웨이카센타로부터 수입한 원재료와 관련하여 인천세관으로부터 전자수입 세금계산서(공급가액 12,000,000원, 부가가치세 1,200,000원)를 수취하였다. 부가가치세는 즉시 현금으로 납부하였다.(3점)

[3] 10월 11일 TA Co.에 제품을 다음과 같이 수출(선적)하고 나머지 대금은 10일 후에 받기로 하였다.(3점)

거래일자	외화	환율	환가한 금액(원)	비고
9월 20일(계약금)	$2,000	1,100원/$(환산환율)*	2,200,000	원화로 환가함
10월 11일(선적일)	$20,000	1,100원/$(기준환율)		10일후에 수취할 예정임
10월 21일		1,150원/$(기준환율)	23,000,000	외상대금 전액을 원화로 환가함

* 기준환율은 1,070원/$ 임

[4] 10월 12일 부산상사에 기계장치(취득가액 5,000,000원, 감가상각누계액 3,250,000원)를 1,210,000원(부가가치세 포함)에 매각하고 전자세금계산서를 발급하였다. 대금은 10월 31일에 받기로 하였다.(3점)

[5] 11월 25일 영업부에서 사용할 승용차(배기량 998cc, 개별소비세 과세대상 아님)를 ㈜희망자동차에서 구입하고 전자세금계산서를 수취하였다. 차량구매대금 15,400,000원(부가가치세 포함)을 보통예금에서 이체하였다.(3점)

[6] 11월 27일 소비자인 정하나에게 제품을 330,000원(공급대가)에 현금판매하고 거래명세서를 발급해 주었다.(거래명세서 이외의 어떠한 법정증빙서류를 발급하지 않았으며, 거래처는 입력하지 않아도 무방함)(3점)

문제 4 **일반전표입력 및 매입매출전표입력 메뉴에 입력된 내용 중 다음과 같은 오류가 발견되었다. 입력된 내용을 확인하여 정정하시오.(6점)**

[1] 8월 10일 공장의 생산부 직원들에 대하여 확정급여형 퇴직연금에 가입하고 15,600,000원을 보통예금계좌에서 이체하였으나 계정과목을 잘못 입력되었다.(3점)

[2] 10월 10일 현금으로 지급한 운반비 55,000원(부가가치세 포함)은 원재료 매입시 운송비용으로 대박용달(일반과세자)로부터 수기로 작성된 세금계산서를 발급받아 일반전표에 입력하였다.(3점)

문제 5 **결산정리사항은 다음과 같다. 해당메뉴에 입력하시오.(9점)**

[1] 구입 당시에 자산으로 회계처리한 본사 관리부 소모품(단가 @20,000원, 10개) 중 기말 현재 2개가 재고로 남아 있다.(사용분에 대해 비용처리할 것)(3점)

[2] 기말 현재 보유하고 있는 감가상각대상자산은 다음과 같다. 회사는 고정자산등록 메뉴를 이용하여 계산된 '상각범위액'을 감가상각비로 반영하시오.(3점)

- 계정과목 : 기계장치
- 코드번호 : 101
- 전기말감가상각누계액 : 9,000,000원
- 내용연수 : 5년
- 취득년월일 : 2016년 2월 27일
- 취득원가 : 24,000,000원
- 경비구분 : 제조
- 감가상각방법 : 정률법

[3] 결산일 현재 재고자산의 기말재고액은 다음과 같다.(3점)

- 원재료 : 3,500,000원 • 재공품 : 7,300,000원 • 제품 : 26,200,000원

문제 6 **다음 사항을 조회하여 답안을 이론문제 답안작성 메뉴에 입력하시오.(9점)**

[1] 2017년 제1기 예정신고기간(1월~3월)과 확정신고기간(4월~6월)의 매출세금계산서 발급매수의 차이는 얼마인가?(3점)

[2] 2017년 상반기(1월~6월) 중 제품매출액이 가장 많은 달과 그 금액은 얼마인가?(3점)

[3] 2017년 제1기 예정신고기간(1월~3월)의 공제받지 못할 부가가치세 매입세액은 얼마인가?(3점)

06 제59회 전산회계 1급 시험 – A형

이론 시험

다음 문제를 보고 알맞은 것을 골라 [답안저장] 메뉴화면에 입력하시오.

(객관식 문항당 2점)

〈 기 본 전 제 〉

문제에서 한국채택국제회계기준을 적용하도록 하는 전제조건이 없는 경우, 일반기업회계기준을 적용한다.

01. 다음 중 나머지 셋과 계정과목의 성격이 다른 하나는?

① 단기매매증권평가손실 ② 단기매매증권처분손실
③ 매도가능증권평가손실 ④ 매도가능증권처분손실

02. 자본에 대한 설명이다. 틀린 것은?

① 자본금은 우선주자본금과 보통주자본금으로 구분하며, 발행주식수 × 주당 발행가액으로 표시된다.
② 잉여금은 자본잉여금과 이익잉여금으로 구분 표시한다.
③ 주식의 발행은 할증발행, 액면발행 및 할인발행이 있으며, 어떠한 발행을 하여도 자본금은 동일하게 표시된다.
④ 자본은 자본금·자본잉여금·이익잉여금·자본조정 및 기타포괄손익누계액으로 구분 표시한다.

03. 연초에 취득하여 영업부서에 사용한 소형승용차(내용연수 5년, 잔존가치 "0")를 정률법으로 감가상각 할 경우, 정액법과 비교하여 1차년도의 당기순이익 및 1차년도 말 유형자산(차량운반구)의 순액에 미치는 영향으로 올바른 것은?

① 당기순이익은 과대계상 되고, 유형자산은 과대계상 된다.
② 당기순이익은 과대계상 되고, 유형자산은 과소계상 된다.

③ 당기순이익은 과소계상 되고, 유형자산은 과대계상 된다.

④ 당기순이익은 과소계상 되고, 유형자산은 과소계상 된다.

04. 다음의 회계등식 중 옳지 않는 것은?

① 기말자산＝기말부채＋기초자산＋이익

② 총비용＋이익＝총수익

③ 기말자본－기초자본＝이익

④ 자산＝부채＋순자산

05. 물가가 상승하는 시기에 있어 재고자산의 기초재고수량과 기말재고수량이 같을 경우 당기순이익과 법인세비용을 가장 높게 하는 재고자산 원가결정방법으로 묶어진 것은?

	당기순이익	법인세비용		당기순이익	법인세비용
①	선입선출법	평 균 법	②	후입선출법	선입선출법
③	평 균 법	평 균 법	④	선입선출법	선입선출법

06. 다음 중 유형자산의 취득원가가 아닌 것은?

① 설치장소 준비를 위한 지출

② 관리 및 기타 일반간접원가

③ 자본화대상인 차입원가

④ 설치비

07. (주)관우의 결산 결과 손익계산서에 당기순이익이 100,000원으로 계상되어 있으나, 다음과 같은 사항들을 발견하고 수정하였다. 수정 후의 당기순이익으로 옳은 것은?

- 손익계산서에 계상된 보험료 중 5,000원은 차기 비용이다.
- 손익계산서에 계상된 이자수익 중 4,000원은 차기 수익이다.

① 99,000원 ② 100,000원 ③ 101,000원 ④ 109,000원

08. 재무제표 작성과 표시의 일반원칙으로 가장 틀린 것은?

① 전기 재무제표의 모든 계량정보를 당기와 비교하는 형식으로 표시한다.
② 재무제표의 작성과 표시에 대한 책임은 회계담당자에게 있다.
③ 재무제표는 이해하기 쉽도록 간단하고 명료하게 표시하여야 한다.
④ 재무제표는 기업의 재무상태, 경영성과, 현금흐름 및 자본변동을 공정하게 표시하여야 한다.

09. 다음 중 원가회계의 일반적인 특성이 아닌 것은?

① 제품제조원가계산을 위한 원가자료의 제공
② 기업의 외부정보이용자에게 정보제공
③ 기업의 경영통제를 위한 원가자료의 제공
④ 특수의사결정을 위한 원가정보의 제공

10. 다음 자료를 활용하여 선입선출법에 의한 재료비와 가공비의 완성품환산량을 계산하면 얼마인가?

- 당기완성품: 20,000개
- 기말재공품: 10,000개(완성도 40%)
- 기초재공품: 5,000개(완성도 20%)
- 당기착수량: 25,000개
- 재료는 공정초에 전량 투입되고, 가공비는 공정전반에 걸쳐 균등하게 투입된다.

① 재료비 20,000개, 가공비 23,000개
② 재료비 22,000개, 가공비 20,000개
③ 재료비 25,000개, 가공비 23,000개
④ 재료비 30,000개, 가공비 24,000개

11. 원가 개념에 대한 설명 중 틀린 것은?

① 간접원가란 특정한 원가대상에 직접 추적할 수 없는 원가이다.
② 회피가능원가는 특정 대안을 선택하지 않음으로써 회피할 수 있는 원가이다.
③ 변동원가는 조업도가 증가할 때마다 원가총액이 비례하여 증가하는 원가

이다.

④ 경영자가 미래의 의사결정을 위해서는 과거 지출된 원가의 크기를 고려하여야 함으로 매몰원가 역시 관련원가에 해당한다.

12. 다음의 자료를 근거로 매출원가를 계산하면 얼마인가?

- 당기총제조원가: 2,000,000원
- 기초재공품재고액: 200,000원
- 기말재공품재고액: 100,000원
- 기초제품재고액: 400,000원
- 기말제품재고액: 500,000원

① 2,000,000원 ② 2,100,000원 ③ 3,000,000원 ④ 3,100,000원

13. 다음 중 부가가치세법상 영세율에 대한 설명으로 가장 틀린 것은?

① 수출하는 재화뿐만 아니라 국외에서 제공하는 용역도 영세율이 적용된다.
② 영세율이 적용되는 모든 사업자는 세금계산서를 발급하지 않아도 된다.
③ 영세율이 적용되는 경우에는 조기환급을 받을 수 있다.
④ 영세율이 적용되는 사업자는 부가가치세법상 과세사업자이어야 한다.

14. 부가가치세법상 법인사업자가 전자세금계산서를 발급하는 경우 전자세금계산서 발급명세서를 언제까지 국세청장에게 전송하여야 하는가?

① 전자세금계산서 발급일의 다음 날
② 전자세금계산서 발급일의 일주일 이내
③ 전자세금계산서 발급일이 속하는 달의 다음 달 10일 이내
④ 전자세금계산서 발급일이 속하는 예정신고기한 또는 확정신고기한 이내

15. 다음 중 부가가치세법상 매입세액공제가 가능한 것은?

① 면세사업에 사용하기 위하여 구입한 기계장치 매입세액(전자세금계산서 수취함)
② 음식점을 영위하는 개인사업자가 계산서 등을 수취하지 아니하고 면세로 구입한 농산물의 의제매입세액

③ 거래처에 선물하기 위한 물품구입 매입세액(세금계산서 등을 수취함)
④ 제조업을 영위하는 사업자가 농민으로부터 면세로 구입한 농산물의 의제 매입세액

실무 시험

(주)나은(회사코드:0593)은 전자제품을 제조하여 판매하는 중소기업이며, 당기(제5기) 회계기간은 2014.1.1. ~ 2014.12.31. 이다. 전산세무회계 수험용 프로그램을 이용하여 다음 물음에 답하시오.

〈 기 본 전 제 〉

문제에서 한국채택국제회계기준을 적용하도록 하는 전제조건이 없는 경우, 일반기업회계기준을 적용한다.

문제 1 다음은 기초정보관리에 대한 자료이다. 각각 요구사항에 대하여 답하시오.(10점)

[1] 다음의 거래처를 거래처등록 메뉴에 추가로 입력하시오.(우편번호입력 생략)(3점))

코드	상호	사업자등록번호	대표자	업태	종목	사업장소재지
4100	(주)독도전자	513-81-53773	울릉도	도소매	컴퓨터	대구광역시 달서구 성서4차첨단로 103(대천동)

(거래처유형을 "동시"로 선택한다)

[2] 계정과목 적요등록 중 0819 임차료 계정의 현금적요 7번에 "법인승용차 리스료 지급"을 등록하시오.(3점)

[3] 회사는 거래처인 (주)서울과 외상매출금 및 외상매입금을 상계한다는 약정이 없음에도 불구하고, 이를 상계하여 전기분 재무상태표를 작성하였다. 실제 ㈜서울의 외상매출금과 외상매입금 총액은 다음과 같으며, 조회되는 금액과의 차액은 모두 ㈜서울의 외상매출금 및 외상매입금이다. 전기분 재무상태표 및 거래처별 초기이월을 수정하시오.(4점)

- 외상매출금 56,000,000원
- 외상매입금 40,000,000원

문제 2 **다음 거래 자료를 일반전표입력 메뉴에 추가 입력하시오.(일반전표입력의 모든 거래는 부가가치세를 고려하지 말 것)(18점)**

〈 입력 시 유의사항 〉

- 일반적인 적요의 입력은 생략하지만, 타계정 대체거래는 적요번호를 선택하여 입력한다.
- 채권 · 채무와 관련된 거래는 별도의 요구가 없는 한 반드시 기 등록되어 있는 거래처코드를 선택하는 방법으로 거래처명을 입력한다.
- 제조경비는 500번대 계정코드를, 판매비와 관리비는 800번대 계정코드를 사용한다.
- 회계처리시 계정과목은 별도제시가 없는 한 등록되어 있는 계정과목 중 가장 적절한 과목으로 한다.

[1] 7월 1일 공장의 기계장치에 대하여 삼일화재보험사에 화재보험(보험기간 2014.7.1. ~ 2015.6.30.)을 가입하고 4,800,000원을 현금지급하였다. 전액 자산으로 회계처리 하시오.(3점)

[2] 7월 10일 회사는 전 임직원 퇴직금 지급 보장을 위해 확정급여형(DB) 퇴직연금에 가입하고 6월분 퇴직연금 5,000,000원을 보통예금에서 납부하였다.(3점)

[3] 7월 13일 태안에 공장을 신축하기 위하여 (주)서산산업으로부터 건물이 있는 부지를 구입하고 건물을 철거하였다. 건물이 있는 부지의 구입비로 50,000,000원에 일괄구입 후 대금은 신한은행으로부터 대출(대출기간 3년)을 받아 지불하였다. 또한 건물의 철거비용 3,000,000원과 토지 정지비용 3,200,000원을 당좌수표를 발행하여 지급하였다.(하나의 전표로 입력할 것)(3점)

[4] 7월 23일 단기보유목적으로 구입한 (주)태양의 주식 500주(장부금액 8,000,000원)를 10,000,000원에 처분하였으며, 대금은 당사의 보통예금계좌에 입금하였다.(3점)

[5] 8월 25일 매입거래처 (주)화성의 외상매입금 17,000,000원 중 10,000,000원은 3개월 만기 약속어음을 발행하여 지급하고, 나머지는 면제받았다.(3점)

[6] 9월 18일 (주)대우자동차로부터 업무용 승용차를 구입하는 과정에서 취득해야 하

는 공채를 구입하면서 대금 300,000원(액면금액)은 보통예금으로 지급하였다. 단, 공채의 현재가치는 260,000원이며 회사는 이를 단기매매증권으로 처리하고 있다.(3점)

문제 3 다음 거래 자료를 매입매출전표입력 메뉴에 입력하시오.(15점)

〈 입력 시 유의사항 〉

- 일반적인 적요의 입력은 생략하지만, 타계정 대체거래는 적요번호를 선택하여 입력한다.
- 별도의 요구가 없는 한 반드시 기 등록되어 있는 거래처코드를 선택하는 방법으로 거래처명을 입력한다.
- 제조경비는 500번대 계정코드를, 판매비와 관리비는 800번대 계정코드를 사용한다.
- 회계처리시 계정과목은 별도제시가 없는 한 등록되어 있는 계정과목 중 가장 적절한 과목으로 한다.
- 입력화면 하단의 분개까지 처리하고, 전자세금계산서 및 전자계산서는 전자입력으로 반영한다.

[1] 7월 17일 (주)대진에 제품 35,000,000원(부가가치세 별도)을 공급하고 전자세금계산서를 발급하였다. 대금 중 5,000,000원은 지난 6월 15일에 받은 계약금으로 대체하고, 나머지는 (주)대진 발행 당좌수표로 받았다.(3점)

[2] 7월 30일 내국신용장에 의하여 (주)한국무역에 제품(외화 $15,000, 환율 1,150원/$)을 공급하고 영세율 전자세금계산서를 발급하였다. 대금 중 6,000,000원은 (주)한국무역 발행 당좌수표로 받고, 나머지는 (주)진서 발행의 3개월 만기 약속어음으로 받았다.(3점)

[3] 10월 18일 생산부에서 사용하고 있는 화물트럭에 사용할 경유를 77,000원(부가세 포함)에 현금으로 구입하고 현금영수증(지출증빙용)을 가락주유소로부터 발급받았다.(승인번호 입력은 생략하고 가락주유소는 일반과세사업자이다)(3점)

[4] 11월 25일 공장 신축용 토지를 취득하기 위한 등기대행 용역을 광양컨설팅으로부터 제공받고 수수료 1,600,000원(부가가치세 별도)을 당사 당좌수표를 발행하여 지급하고 전자세금계산서를 발급 받았다.(3점)

[5] 11월 30일 구매확인서에 의해 수출용 제품에 대한 원재료(공급가액 25,000,000원)를 (주)춘천으로부터 매입하고 영세율 전자세금계산서를 발급받았다. 매입대금 중 5,000,000원은 (주)울산으로부터 받아 보관 중인 약속어음을 배서하여 주고 나머지는 3개월 만기의 당사 발행 약속어음으로 주었다.(3점)

문제 4 일반전표입력 및 매입매출전표입력 메뉴에 입력된 내용 중 다음과 같은 오류가 발견되었다. 입력된 내용을 확인하여 정정하시오.(9점)

[1] 8월 18일 본사 영업직원의 복리후생비로 처리한 출금거래 1,200,000원은 원재료 매입처 백합상사의 원재료 계약금을 지급한 것으로 확인되었다.(3점)

[2] 9월 10일 영업부서 직원들의 회식대금 220,000원을 순천식당에 현금 지급하고 일반전표에 입력하였다. 이는 제조부서 직원들의 회식대금 220,000원(부가가치세 포함)을 현금영수증(지출증빙용)으로 수령한 것을 잘못 처리한 것이다.(순천식당은 일반과세사업자이다)(3점)

[3] 9월 15일 비품을 (주)여수에 처분하면서 현금 4,400,000원(부가가치세 포함)을 받고 전자세금계산서를 발급하였다. 그러나, 감가상각누계액을 고려하지 않고 회계처리 하였다.(처분일 현재 비품 취득가액은 7,000,000원이고 감가상각누계액은 2,500,000원이다)(3점)

문제 5 결산정리사항은 다음과 같다. 해당메뉴에 입력하시오.(9점)

[1] 기말재고조사 결과 제품재고 2,000,000원이 부족하여 확인한 결과 매출거래처에 접대비로 제공된 것이다.(적요 중 타계정으로 대체액을 사용할 것)(3점)

[2] 기말현재 영업부서에서 구입시 비용(소모품비)처리한 소모품 중 미사용액이 2,800,000원 이다.(회사는 미사용액에 대하여 자산처리 함)(3점)

[3] 당사는 일반기업회계기준에 의하여 퇴직급여충당부채를 설정하고 있으며, 기말 현재 퇴직급여추계액 및 당기 퇴직급여충당부채 설정 전의 퇴직급여충당부채 잔액은 다음과 같다. 결산시 회계처리 하시오.(3점)

부 서	설정전 퇴직급여충당부채잔액	기말 현재 퇴직급여추계액
영 업 부	23,000,000원	27,000,000원
제 조 부	27,000,000원	29,000,000원

문제 6 다음 사항을 조회하여 답안을 저장메뉴에 입력하시오.(9점)

[1] 2014년 제1기 예정신고기간(1월~3월)의 공제받지 못할 매입세액의 공급가액과 세액은 얼마인가?(3점)

[2] 2014년 1월부터 3월까지 판매비와관리비가 가장 큰 월과 금액은 얼마인가?(3점)

[3] 2014년 4월부터 6월까지 제조경비에 해당되는 복리후생비 발생액은 얼마인가?(3점)

07 제58회 전산회계 1급 시험 - A형

이론 시험

다음 문제를 보고 알맞은 것을 골라 [답안저장] 메뉴화면에 입력하시오.

(객관식 문항당 2점)

〈 기 본 전 제 〉

문제에서 한국채택국제회계기준을 적용하도록 하는 전제조건이 없는 경우, 일반기업회계기준을 적용한다.

01. 다음 중 재무상태표의 자산 및 부채계정의 차감적인 평가항목이 아닌 것은?

① 사채할증발행차금　② 재고자산평가충당금
③ 대손충당금　④ 감가상각누계액

02. 유형자산의 감가상각방법 중 정액법, 정률법 및 연수합계법 각각에 의한 1차년도말 계상된 감가상각비가 큰 금액부터 나열한 것은?

• 기계장치 취득원가: 1,000,000원(1월 1일 취득)
• 내용연수: 5년　• 잔존가치: 취득원가의 10%　• 정률법 상각률: 0.4

① 정률법 > 정액법 > 연수합계법　② 정률법 > 연수합계법 > 정액법
③ 연수합계법 > 정률법 > 정액법　④ 연수합계법 > 정액법 > 정률법

03. 다음 중 유형자산의 취득원가에 포함되지 않는 것은?

① 설치장소 준비를 위한 지출
② 외부운송 및 취급비
③ 새로운 시설을 개설하는데 소요되는 원가
④ 설치비

04. 다음의 자본항목 중 그 성격이 다른 하나는?

① 자기주식 ② 주식할인발행차금
③ 자기주식처분손실 ④ 해외사업환산손실

05. 발생기준에 따른 재무제표 작성시 발생과 이연의 개념을 사용하여 기말결산을 하게 되는데, 이와 관련된 계정과목이 아닌 것은?

① 선수수익 ② 선급금
③ 선급비용 ④ 미지급비용

06. 기말현재 보유하고 있는 유가증권의 현황이 다음과 같을 경우 적절한 회계처리는?

- 취득원가 1,000,000원의 갑회사 주식(단기보유목적), 기말공정가액 1,200,000원
- 취득원가 9,000,000원의 을회사 주식(장기투자목적, 시장성있음), 기말공정가액 8,500,000원

① (차) 유가증권평가손실 300,000 (대) 유가증권 300,000
② (차) 단기매매증권 200,000 (대) 단기매매증권평가이익 200,000
(차) 매도가능증권평가손실 500,000 (대) 매도가능증권 500,000
③ (차) 단기매매증권 200,000 (대) 단기매매증권평가이익 200,000
(차) 매도가능증권평가손실 500,000
(대) 매도가능증권평가손실충당금 500,000
④ (차) 유가증권평가손실 300,000 (대) 유가증권평가손실충당금 300,000

07. 다음 중 유동자산과 비유동자산의 분류가 올바르게 짝지어진 것은?

	유동자산	비유동자산		유동자산	비유동자산
①	건설중인자산	개발비	②	미수금	선급비용
③	선급비용	건설중인자산	④	영업권	단기투자자산

08. 다음 중 일반기업회계기준에 의한 수익의 인식시점이 옳지 않은 것은?

① 위탁매출은 수탁자가 상품을 판매한 시점
② 상품권매출은 상품권이 고객으로부터 회수된 시점
③ 할부매출은 할부금이 회수된 시점
④ 시용매출은 매입자의 의사표시가 있는 시점

09. (주)한우물은 단계배부법을 이용하여 보조부문 제조간접비를 제조부문에 배부하고자 한다. 각 부문별 원가발생액과 보조부문의 용역공급이 다음과 같을 경우 수선부문에서 절단부문으로 배부될 제조간접비는 얼마인가?(단, 전력부문부터 배부한다고 가정함)

구 분	제조부문		보조부문	
	조립부문	절단부문	전력부문	수선부문
자기부문 제조간접비	200,000원	400,000원	200,000원	360,000원
전력부문 동력공급(kw)	300	100	–	100
수선부문 수선공급(시간)	10	40	50	–

① 160,000원 ② 200,000원 ③ 244,000원 ④ 320,000원

10. 다음 중 개별원가계산에 가장 적합한 업종이 아닌 것은?

① 화학공업 ② 항공기제작업 ③ 조선업 ④ 건설업

11. 제조간접비와 관련한 자료가 다음과 같을 경우 제조간접비 실제 발생액은 얼마인가?

• 제조간접비 예정배부율: 기계작업시간당 200원
• 제조지시서의 기계작업시간: 60,000시간
• 제조간접비 과대배부: 300,000원

① 12,000,000원 ② 11,700,000원
③ 12,300,000원 ④ 60,000,000원

12. 제조원가명세서와 관련된 설명이다. 틀린 것은?

① 재료 소비액의 산출과정이 표시된다.
② 당기총제조원가와 당기제품제조원가 모두 표시된다.
③ 기초재료 재고액과 기말재료 재고액이 표시된다.
④ 기초재공품 재고액과 기초제품 재고액이 표시된다.

13. 다음 중 현행 부가가치세법에 대한 설명으로 가장 틀린 것은?

① 부가가치세는 사업장마다 신고 및 납부하는 것이 원칙이다.
② 주사업장 총괄납부시 주사업장은 법인의 경우 지점도 가능하다.
③ 사업자 등록사항의 변동이 발생한 때에는 지체없이 등록정정신고를 하여야 한다.
④ 사업자단위과세사업자의 경우에도 사업자등록은 사업장별로 각각 하여야 한다.

14. 다음 자료에서 세금계산서의 필수적 기재사항을 모두 모은 것은?

㉮ 공급하는 사업자의 등록번호와 성명 또는 명칭　㉯ 공급받는자의 등록번호
㉰ 공급가액과 부가가치세액　㉱ 공급연월일　㉲ 작성연월일

① ㉮-㉯-㉰　② ㉮-㉯-㉰-㉱　③ ㉮-㉯-㉰-㉲　④ ㉮-㉯-㉰-㉱-㉲

15. 부가가치세 과세사업을 영위하던 김관우씨는 2014.2.10. 사업을 폐업하였다. 폐업할 당시에 잔존하는 재화가 다음과 같다면 그 부가가치세 과세표준은 얼마인가?(당초에 매입할 당시 매입세액공제를 받았음)

상　품(2013. 12. 1. 취득)	• 취득가액: 15,000,000원　• 시가: 10,000,000원
토　지(2010. 11. 1. 취득)	• 취득가액: 5,000,000원　• 시가: 15,000,000원

① 10,000,000원　② 15,000,000원
③ 20,000,000원　④ 25,000,000원

실무 시험

(주)가은(회사코드:0583)은 전자제품을 제조하여 판매하는 중소기업이며, 당기(제5기) 회계기간은 2014.1.1.~2014.12.31. 이다. 전산세무회계 수험용 프로그램을 이용하여 다음 물음에 답하시오.

〈 기 본 전 제 〉

문제에서 한국채택국제회계기준을 적용하도록 하는 전제조건이 없는 경우, 일반기업회계기준을 적용한다.

문제 1 다음은 기초정보관리에 대한 자료이다. 각각 요구사항에 대하여 답하시오.(10점)

[1] 전자제품 매출을 위해 현대카드와 신용카드가맹점 계약을 하였다. 다음의 내용을 거래처등록메뉴에 입력하시오(3점)

• 코드: 99900 • 거래처명: 현대카드 • 가맹점번호: 564002314

[2] 전기말 거래처별 채권 · 채무에 대하여 거래처 누락분은 추가입력하고, 오류는 수정하시오.(4점)

채권 · 채무	구 분	거 래 처	금 액
외상매출금	누 락	(주)청평	10,000,000원
단기차입금	오 류	(주)이태백	20,000,000원 → 15,000,000원

[3] 국고보조금 계정과목을 코드 0217에 차감(기계장치 계정과목에서 차감)항목으로 등록하시오.(3점)

문제 2 **다음 거래 자료를 일반전표입력 메뉴에 추가 입력하시오.(일반전표입력의 모든 거래는 부가가치세를 고려하지 말 것)(18점)**

〈 입력 시 유의사항 〉

- 일반적인 적요의 입력은 생략하지만, 타계정 대체거래는 적요번호를 선택하여 입력한다.
- 채권 · 채무와 관련된 거래는 별도의 요구가 없는 한 반드시 기 등록되어 있는 거래처코드를 선택하는 방법으로 거래처명을 입력한다.
- 제조경비는 500번대 계정코드를, 판매비와 관리비는 800번대 계정코드를 사용한다.
- 회계처리시 계정과목은 별도제시가 없는 한 등록되어 있는 계정과목 중 가장 적절한 과목으로 한다.

[1] 7월 3일 거래처 ㈜청송으로부터 제품 매출하고 받은 받을어음 5,000,000원을 거래은행인 금빛은행에서 할인하고 할인료 200,000원을 차감한 잔액을 당사 보통예금에 입금하였다.(매각거래로 처리할 것)(3점)

[2] 7월 21일 다음의 공장건물에 대한 지출내역을 보고 회계처리를 하시오.(고정자산등록은 생략하고, 하나의 전표로 입력한다) 단, 대금은 전액 당좌수표를 발행하여 지급하였다.(3점)

- 파손으로 인한 유리교체비용: 1,800,000원
- 내용연수 증가를 위한 대수선비: 14,600,000원
- 건물외벽의 도색비: 3,300,000원

[3] 8월 30일 일본에서 수입한 원재료를 부산항에서 대구의 생산공장까지 운송하고 운송료 3,500,000원을 현금으로 지급하였다.(3점)

[4] 9월 5일 8월 20일 발생한 오성상사의 제품 외상매출금 7,000,000원을 회수하면서 약정기일보다 20일 빠르게 회수되어 외상매출금의 3%를 할인해 주었다. 대금은 모두 보통예금으로 입금되었다.(3점)

[5] 9월 26일 생산직원 장현정씨의 퇴직으로 퇴직금 12,000,000원 중 소득세 및 지방소득세로 1,320,000원을 원천징수한 후 차인지급액을 전액 보통예금 계좌에서 이체하였다.(퇴직 직전 퇴직금을 지급하기 위한 퇴직급여충당부채는 20,000,000원이다)(3점)

[6] 10월 25일 9월 25일에 지급한 직원 급여와 관련된 차감 징수액(국민연금, 근로소득세, 지방소득세)과 국민연금 회사 부담분을 합한 금액 620,000원을 다음과 같이 보통예금으로 납부하였다. 단, 회사부담분 국민연금은 '세금과공과' 계정으로 계상한다.(3점)

- 국민연금 400,000원: 회사부담분 200,000원과 근로자부담분 200,000원을 합한 금액이고, 회사부담분 중 영업부 직원 비율은 30%이며 제조부 직원 비율은 70%이다.
- 소득세등 220,000원: 근로소득세 200,000원과 지방소득세 20,000원을 합한 금액이다.

문제 3 다음 거래 자료를 매입매출전표입력 메뉴에 입력하시오.(18점)

〈 입력 시 유의사항 〉

- 일반적인 적요의 입력은 생략하지만, 타계정 대체거래는 적요번호를 선택하여 입력한다.
- 별도의 요구가 없는 한 반드시 기 등록되어 있는 거래처코드를 선택하는 방법으로 거래처명을 입력한다.
- 제조경비는 500번대 계정코드를, 판매비와 관리비는 800번대 계정코드를 사용한다.
- 회계처리시 계정과목은 별도제시가 없는 한 등록되어 있는 계정과목 중 가장 적절한 과목으로 한다.
- 입력화면 하단의 분개까지 처리하고, 전자세금계산서는 전자입력으로 반영한다.

[1] 7월 23일 (주)달마에 제품 8,000,000원(부가가치세 별도)을 공급하고 전자세금계산서를 발급하였으며, 대금 중 4,000,000원은 (주)상림이 발행한 3개월 만기 약속어음을 배서받고, 잔액은 당사의 보통예금계좌로 지급받았다.(3점)

[2] 10월 11일 장일상사와의 임가공용역 계약에 의하여 제작 의뢰한 제품을 납품받았다. 임가공비(공급가액 5,000,000원, 부가가치세 500,000원)에 대해서 전자세금계산서를 발급받았고 대금은 다음달에 지급하기로 하였다.(3점)

[3] 10월 15일 본사 영업부에서 사용할 실무서적을 (주)글방문고 웹사이트에서

200,000원에 구입하면서 전자계산서를 수취하고 보통예금에서 이체하였다.(신규 거래처 등록할 것)(3점)

• 상호: (주)글방문고 • 코드: 00500
• 사업자등록번호: 213-86-78224 • 대표자: 김하나 • 거래처유형: 동시

[4] 11월 5일 거래처 주식회사 금강산에 제품(1,000개, 개당 50,000원, 부가가치세 별도)을 공급하면서 전자세금계산서를 발행하고 대금은 외상으로 하였다.(단, 수량 · 단가는 입력하지 않아도 됨)(3점)

[5] 11월 12일 당사 비영업용 승용차(1,800cc)의 사고로 인해 (주)중앙정비소에서 엔진을 교체하였다. 이는 자본적 지출에 해당하는 것으로 엔진교체비용 4,500,000원(부가가치세 별도)을 당사 당좌수표를 발행하여 지급하고 전자세금계산서를 발급받았다.(3점)

[6] 11월 25일 거래처 만능상사로부터 생산부서의 원재료로 사용할 자재를 27,500,000원(부가가치세 포함)에 구입하였다. 대금은 현금으로 지급하였고 관련증빙으로 현금영수증(지출증빙용)을 수령하였다.(3점)

문제 4 일반전표입력 및 매입매출전표입력 메뉴에 입력된 내용 중 다음과 같은 오류가 발견되었다. 입력된 내용을 확인하여 정정하시오.(6점)

[1] 9월 14일 제품 매출 5,000,000원의 환율적용이 $5,000에 대하여 1,000원/$으로 잘못 적용되었고 올바르게 적용되어야 할 기준환율은 1,200원/$이다. 또한 내국신용장에 의한 공급이 아닌 직접수출로 확인되었다. 당초 전자세금계산서는 발급하지 않았다.(영세율구분란에 코드도 수정하시오)(3점)

[2] 10월 29일 (주)엘에이전자에서 당사의 보통예금계좌로 송금한 10,950,000원은 전액 외상매출금을 회수한 것으로 처리하였으나, 10월 29일 현재 (주)엘에이전자의 외상매출금 잔액을 초과한 금액은 선수금으로 확인되었다.(3점)

문제 5 결산정리사항은 다음과 같다. 해당메뉴에 입력하시오.(9점)

[1] 당사는 원활한 입출금거래를 위해 마이너스통장을 개설하여 사용하고 있으며, 결산일 현재 대박은행에 당사의 보통예금계좌의 잔고를 확인한 결과 마이너스(–) 4,500,000원인 것으로 나타나 이를 단기차입금으로 대체하고자 한다.(3점)

[2] 단기차입금 중에는 Champ사의 단기차입금 12,000,000원(미화 $10,000)이 포함되어 있다.(결산일 현재 적용환율: 미화 1$당 900원)(3점)

[3] 당기의 감가상각비는 다음과 같이 계상하기로 하였다.(3점)

- 본사영업부 건물: 14,600,000원
- 생산공장 건물: 3,300,000원
- 생산공장 기계장치: 5,000,000원

문제 6 다음 사항을 조회하여 답안을 저장메뉴에 입력하시오.(9점)

[1] 2014년 3월 31일 현재 유동자산과 유동부채간의 금액의 차이는 얼마인가?(3점)

[2] 2014년 1기 예정신고기간 중 영세율 세금계산서를 발행한 금액은 얼마인가?(3점)

[3] 2014년 4월부터 6월까지의 원재료 매입액은 얼마인가?(3점)

08 제57회 전산회계 1급 시험 - A형

이론 시험

다음 문제를 보고 알맞은 것을 골라 [답안저장] 메뉴화면에 입력하시오.

(객관식 문항당 2점)

〈 기 본 전 제 〉

문제에서 한국채택국제회계기준을 적용하도록 하는 전제조건이 없는 경우, 일반기업회계기준을 적용한다.

01. 다음 중 재무제표의 질적특성 중 신뢰성과 가장 관련성이 없는 것은?

① 회계정보를 생산하는데 있어서 객관적인 증빙자료를 사용하여야 한다.
② 동일한 거래에 대해서는 동일한 결과를 예측할 수 있도록 회계정보를 제공하여야 한다.
③ 유용한 정보를 위해서는 필요한 정보는 재무제표에 충분히 표시하여야 한다.
④ 의사결정에 제공된 회계정보는 기업의 미래에 대한 예측가치를 높일 수 있어야 한다.

02. 다음은 일반기업회계기준상 재무상태표의 기본구조를 설명한 내용이다. 틀린 것은?

① 자산은 유동자산과 비유동자산으로 구분한다.
② 자산과 부채는 유동성이 작은 항목부터 배열하는 것을 원칙으로 한다.
③ 부채는 유동부채와 비유동부채로 구분한다
④ 자본은 자본금, 자본잉여금, 자본조정, 기타포괄손익누계액 및 이익잉여금(또는 결손금)으로 구분한다.

03. 다음 항목 중 반드시 현금성자산에 해당하는 것은?

① 지급기일 도래한 사채이자표 ② 결산시점 만기 6개월 양도성예금증서
③ 선일자수표 ④ 결산시점 만기 3개월 양도성예금증서

04. 다음의 거래를 회계처리할 때 사용되지 않는 계정과목은?

> 공장사무실에 사용하는 컴퓨터 10대(@500,000원)를 구입하고, 대금 중 50%는 타인이 발행한 당좌수표로 지급하고 나머지는 외상으로 하다.

① 외상매입금 ② 미지급금 ③ 비품 ④ 현금

05. 다음의 계정과목 중 분류가 다른 것은?

① 기타의 대손상각비 ② 이자비용
③ 소모품비 ④ 외환차손

06. 다음의 자료로 2013년 5월 5일 현재 주식수와 주당금액을 계산한 것으로 맞는 것은?

> • (주)갑의 주식을 2012년 8월 5일 100주를 주당 10,000원(액면가액 5,000원)에 취득하였다. 회계처리시 계정과목은 단기매매증권을 사용하였다.
> • (주)갑의 주식을 2012년 12월 31일 주당 공정가치는 7,700원이었다.
> • (주)갑으로부터 2013년 5월 5일에 무상으로 주식 10주를 수령하였다.

① 100주, 7,000원/주 ② 100주, 7,700원/주
③ 110주, 7,000원/주 ④ 110주, 7,700원/주

07. 유형자산의 감가상각비를 계산하는 방법으로 옳은 것은?

① 정액법: (취득원가 – 가상각누계액) ÷ 내용연수
② 정률법: (취득원가 – 잔존가치) × 상각률
③ 연수합계법: (취득원가 – 감가상각누계액) × $\frac{\text{잔여내용연수}}{\text{내용연수의 합계}}$
④ 생산량비례법: (취득원가 – 잔존가치) × $\frac{\text{당기실제생산량}}{\text{총추정예정량}}$

08. 다음 자료를 이용하여 매출총이익을 계산하면 얼마인가?

> • 매출액: 250,000원 • 매출할인: 30,000원 • 매입할인: 10,000원
> • 기말재고액: 7,000원 • 매출에누리: 50,000원 • 매입액: 190,000원
> • 매입환출: 15,000원 • 타계정으로 대체: 30,000원

① 42,000원 ② 52,000원 ③ 62,000원 ④ 72,000원

09. 다음에서 설명하고 있는 원가를 원가행태에 따라 분류하고자 할 때 가장 적절한 것은?

> 관련범위 내에서 조업도 변동에 관계없이 총원가가 일정하고, 조업도의 증가에 따라 단위당 원가는 감소한다.

① 변동원가 ② 고정원가 ③ 준변동원가 ④ 준고정원가

10. 다음은 재무제표와 관련된 산식이다. 틀린 것은?

① 매출원가=(기초제품재고액+당기제품제조원가)−기말제품재고액
② 당기제품제조원가=기초재공품재고액+당기총제조비용−기말재공품재고액
③ 당기총제조원가=직접재료비+직접노무비+가공원가
④ 원재료소비액=기초원재료재고액+당기원재료매입액−기말원재료재고액

11. 다음 중 보조부문비 배부 방법이 아닌 것은?

① 총원가비례법(요소별비례법) ② 단계배부법
③ 직접배부법 ④ 상호배부법

12. 개별원가계산에 대한 다음의 설명 중 가장 옳지 않은 것은?

① 개별 작업에 대한 추적가능성을 중시하여 원가를 구분한다.
② 제조간접비 배부가 원가계산의 핵심이라 할 수 있다.
③ 종합원가계산에 비해 원가기록업무가 비교적 단순하고 경제적이다.
④ 종합원가계산과 비교할 때 보다 정확한 원가계산이 가능하다.

13. 다음 자료에 의하여 상품판매기업의 부가가치세 납부세액을 계산하면 얼마인가?

> • 상품매출액은 52,415,000원으로 전액 현금매출분으로 부가가치세가 포함된 공급대가임
> • 세금계산서를 받고 매입한 상품의 공급가액의 합계액은 28,960,000원이고, 이 중 거래처에 지급할 선물 구입비 1,500,000원(공급가액)이 포함되어 있음

① 1,719,000원 ② 2,019,000원 ③ 2,345,500원 ④ 2,499,500원

14. 다음 중 세금계산서의 필요적 기재사항이 아닌 것은?

① 공급가액과 부가가치세액 ② 작성연월일
③ 공급받는 자의 등록번호 ④ 공급하는 자의 주소

15. 부가가치세법상 과세표준에 포함되지 않는 것은?

① 관세 ② 개별소비세
③ 할부거래에 따른 이자액 ④ 매출에누리

실무 시험

(주)정밀(회사코드:0573)은 자동차부품을 제조하여 판매하는 중소기업이며, 당기(제4기) 회계기간은 2013.1.1.~2013.12.31. 이다. 전산세무회계 수험용 프로그램을 이용하여 다음 물음에 답하시오.

〈 기 본 전 제 〉

문제에서 한국채택국제회계기준을 적용하도록 하는 전제조건이 없는 경우, 일반기업회계기준을 적용한다.

문제 1 다음은 기초정보관리에 대한 자료이다. 각각의 요구사항에 대하여 답하시오.(10점)

[1] 정부방침에 따라 2013년 12월 31일부로 구주소와 신주소의 병행사용기간이 끝나고 2014년 1월 1일부터 신주소(도로명 주소)가 전면 사용되는데, 기존 지번주소로 등록되어 있는 회사등록상의 주소를 아래의 신주소로 변경하시오.(우편번호는 입력하지 말고 주소를 직접 입력하며, 본점 및 사업장 모두 변경할 것)(2점)

서울특별시 강남구 도산대로 108 (논현동)

[2] 다음은 전기분 자료 중 원재료, 재공품, 제품의 기말재고액이다. 주어진 자료로 추가 수정 입력하여 관련 전기분재무제표를 수정하시오.(5점)

• 원재료: 4,000,000원 • 재공품: 8,000,000원 • 제품: 12,000,000원

[3] 제조경비 중 기계수선과 관련하여 수선외주용역비의 비중이 크므로 계정과목을 별도로 설정하고자 한다. 아래의 계정과목을 추가 등록하시오.(3점)

① 코드: 537 ② 계정과목: 수선외주용역비 ③ 성격: 제조경비

문제 2 **다음 거래 자료를 일반전표입력 메뉴에 추가 입력하시오.(일반전표입력의 모든 거래는 부가가치세를 고려하지 말 것)(18점)**

〈 입력 시 유의사항 〉

- 일반적인 적요의 입력은 생략하지만, 타계정 대체거래는 적요번호를 선택하여 입력한다.
- 채권 · 채무와 관련된 거래는 별도의 요구가 없는 한 반드시 기 등록되어 있는 거래처코드를 선택하는 방법으로 거래처명을 입력한다.
- 제조경비는 500번대 계정코드를, 판매비와 관리비는 800번대 계정코드를 사용한다.
- 회계처리시 계정과목은 별도제시가 없는 한 등록되어 있는 계정과목 중 가장 적절한 과목으로 한다.

[1] 7월 16일 인천세관으로부터 수입 원재료에 대한 통관수수료 230,000원이 발생하여 보통예금으로 지급하였다.(취득원가로 회계처리할 것)(3점)

[2] 7월 23일 (주)케스터에 대한 받을어음 30,000,000원이 만기가 되었다. 추심수수료 170,000원을 차감하고 나머지 잔액은 당좌예입되었다.(3점)

[3] 7월 24일 다음과 같이 7월분 영업부 직원 급여를 당사의 보통예금에서 지급하였다.(3점)

직종구분	급여총액	근로소득세 등 공제액 합계	차인지급액
영업부	5,000,000원	270,000원	4,730,000원

[4] 8월 23일 당사의 제품 대리점을 운영하는 안성실씨가 법원으로부터 파산선고를 받음에 따라 안성실씨가 운영하던 이화상사의 외상매출금 6,600,000원이 회수가 불가능할 것으로 판단되어 당일자로 대손처리하였다.(3점)

[5] 9월 12일 공장의 전등설비 수선대금 24,000,000원을 ㈜태양조명에 어음으로 발행(만기:1년이내)하여 지급하였다. 단, 수선비용 중 4,000,000원은 수익적지출로 처리하고, 나머지는 자본적지출('비품'계정)로 처리한다.(3점)

[6] 9월 20일 (주)부흥상사에 사무실을 임대하였는데, 임대보증금 30,000,000원 중 3,000,000원만 (주)부흥상사 발행 당좌수표로 받고, 나머지는 월말에 지급 받기로 하였다.(3점)

문제 3 다음 거래 자료를 매입매출전표입력 메뉴에 입력하시오.(18점)

〈 입력 시 유의사항 〉

- 일반적인 적요의 입력은 생략하지만, 타계정 대체거래는 적요번호를 선택하여 입력한다.
- 별도의 요구가 없는 한 반드시 기 등록되어 있는 거래처코드를 선택하는 방법으로 거래처명을 입력한다.
- 제조경비는 500번대 계정코드를, 판매비와 관리비는 800번대 계정코드를 사용한다.
- 회계처리시 계정과목은 별도제시가 없는 한 등록되어 있는 계정과목 중 가장 적절한 과목으로 한다.
- 입력화면 하단의 분개까지 처리하고, 전자세금계산서는 전자입력으로 반영한다.

[1] 10월 4일 공장에서 사용하던 기계장치(취득원가 2,000,000원, 감가상각누계액 1,200,000원)를 만물상사에 600,000원(부가가치세 별도)에 외상으로 매각하고 전자세금계산서를 발급하였다. 단, 매각년도의 감가상각비계산은 생략한다.(3점)

[2] 10월 15일 해외수출대행업체 (주)태영상사에 Local L/C에 의하여 제품 600개를 4,200,000원에 납품하고, 영세율 전자세금계산서를 발행하였다. 대금 중 2,100,000원은 동사 발행 당좌수표로 받고 잔액은 외상으로 하였다.(3점)

[3] 11월 23일 제조부는 협력업체에 선물용으로 지급하기 위하여 랜드마트에서 LED TV 1대(40인치)를 1,500,000원(부가가치세 별도)에 구입하고 전자세금계산서를 발급받았으며, 대금은 법인카드인 비씨카드로 결제하였다.(3점)

[4] 11월 28일 본사 관리동사옥을 청소하고 청소용역업체 (주)하이크리너에 청소비 1,100,000원(부가가치세 포함)을 현금으로 지급하고 현금영수증을 발급받았다. 단, 청소비는 '건물관리비'계정으로 처리한다.(현금영수증번호 생략)(3점)

[5] 12월 2일 제조공정에 사용할 원재료를 영포전자로부터 다음과 같이 구입하고, 전자세금계산서를 발급받았다.(3점)

품목	수량	단가	공급가액	부가가치세	결제방법
XA	500개	5,000원	2,500,000원	250,000원	90일 만기 어음지급

[6] 12월 21일 생산직사원들이 ㈜한라컨설팅으로부터 교육을 받고, 교육과 관련된 전자계산서 5,500,000원(공급가액)을 발급 받았다. 대금은 보통예금계좌에서 이체하였다.(3점)

문제 4 **일반전표입력 및 매입매출전표입력 메뉴에 입력된 내용 중 다음과 같은 오류가 발견되었다. 입력된 내용을 확인하여 정정하시오.(9점)**

[1] 7월 25일자 출금전표에 처리한 세금과공과금은 2013년 1기 확정신고기간에 대한 부가가치세를 보통예금에서 인터넷뱅킹을 통해 납부한 것이다.(회사는 6월 30일자로 부가가치세와 관련한 회계처리를 이미 하였다)(3점)

[2] 9월 10일 보통예금계좌에 입금된 17,000,000원을 외상매출금의 회수로 회계처리 하였으나, 9월 10일 현재 (주)청평의 외상매출금 잔액(10,000,000원)을 초과하는 금액은 동사에서 발행한 어음을 조기 결제하고 회수해 간 것으로 밝혀졌다.(3점)

[3] 10월 27일 (주)코레드로부터 발급받은 전자매입세금계산서분에 대하여 또 다시 종이매입세금계산서로 이중 입력한 것이다.(3점)

문제 5 **결산정리사항은 다음과 같다. 해당메뉴에 입력하시오.(6점)**

[1] 매출채권(외상매출금과 받을어음)에 대한 1%의 대손충당금을 설정하다.(3점)

[2] 당기 '법인세등'을 5,600,000원으로 계상한다.(법인세 중간예납세액은 조회하여 입력할 것)(3점)

문제 6 **다음 사항을 조회하여 답안을 저장메뉴에 입력하시오.(9점)**

[1] 2분기 말 현금잔액은 1분기 말 현금잔액에 비해 얼마나 감소하였나?(3점)

[2] 2013년 제1기 부가가치세 확정신고기간(4월~6월)에 대한 부가가치세신고서상 납부(환급)세액을 조회하면 얼마인가?(3점)

[3] 5월 31일 현재 외상매출금 잔액이 가장 많은 거래처 코드와 금액은 얼마인가?(3점)

09 제56회 전산회계 1급 시험 - A형

이론 시험

다음 문제를 보고 알맞은 것을 골라 [답안저장] 메뉴화면에 입력하시오.

(객관식 문항당 2점)

〈 기 본 전 제 〉

문제에서 한국채택국제회계기준을 적용하도록 하는 전제조건이 없는 경우, 일반기업회계기준을 적용한다.

01. 회계순환과정에 있어 기말결산정리를 하게 되는 근거가 되는 가정으로 가장 적절한 것은?

① 기업실체의 가정 ② 기간별보고의 가정
③ 화폐단위의 가정 ④ 계속기업의 가정

02. 영업활동과 관련하여 비용이 감소함에 따라 발생하는 매출채권의 대손충당금환입은 다음의 계정구분 중 어디에 속하는가?

① 판매비와 관리비 ② 영업외수익
③ 자본조정 ④ 이익잉여금

03. 다음 중 재고자산의 수량결정방법에 해당하는 것은 어느 것인가?

① 선입선출법 ② 이동평균법 ③ 후입선출법 ④ 계속기록법

04. 다음 중 일반기업회계기준상 무형자산으로 계상할 수 없는 것은?

① 합병 등으로 인하여 유상으로 취득한 영업권
② 기업의 프로젝트 연구단계에서 발생하여 지출한 연구비
③ 일정한 광구에서 부존하는 광물을 독점적·배타적으로 채굴하여 취득할

수 있는 광업권

④ 일정기간동안 독점적·배타적으로 이용할 수 있는 산업재산권

05. 다음은 기말자산과 기말부채의 일부분이다. 기말재무상태표에 표시될 계정과목과 금액이 틀린 것은?

- 지급어음: 10,000,000원
- 타인발행수표: 25,000,000원
- 받을어음: 10,000,000원
- 외상매입금: 50,000,000원
- 외상매출금: 40,000,000원
- 우편환증서: 5,000,000원

① 매입채무 60,000,000원
② 현금및현금성자산 30,000,000원
③ 매출채권 50,000,000원
④ 당좌자산 75,000,000원

06. 다음 설명의 괄호 안에 들어갈 것으로 옳은 것은?

이연이란 (　　　)과 같이 미래에 수익을 인식하기 위해 현재의 현금유입액을 부채로 인식하거나, (　　　)과 같이 미래에 비용을 인식하기 위해 현재의 현금유출액을 자산으로 인식하는 회계과정을 의미한다.

① 미수수익, 선급비용
② 선수수익, 선급비용
③ 미수수익, 미지급비용
④ 선수수익, 미지급비용

07. 대형마트에서 상품권 500,000원을 소비자에게 현금으로 판매하면서 상품권 판매시점에서 상품매출로 회계처리 하였을 경우 나타난 효과로 가장 올바른 것은?

① 자본 과소계상
② 자산 과소계상
③ 수익 과소계상
④ 부채 과소계상

08. 유형자산의 감가상각과 관련한 다음 설명 중 가장 옳지 않은 것은?

① 연수합계법은 자산의 내용연수 동안 동일한 금액의 감가상각비를 계상하는 방법이다.

② 감가상각의 주목적은 원가의 합리적이고 체계적인 배분에 있다.

③ 감가상각비가 제조와 관련된 경우 재고자산의 원가를 구성한다.
④ 유형자산의 잔존가치가 유의적인 경우 매 보고기간 말에 재검토한다.

09. 원가회계에 있어 고정비와 변동비에 대한 설명 중 옳은 것은?

① 고정비는 관련범위 내에서 조업도가 증가하면 증가한다.
② 변동비는 관련범위 내에서 조업도가 증가하면 일정하다.
③ 고정비는 관련범위 내에서 조업도가 증가하면 단위당 고정비가 감소한다.
④ 변동비는 관련범위 내에서 조업도가 증가하면 단위당 변동비가 증가한다.

10. 개별원가계산과 종합원가계산에 대한 내용으로 틀린 것은?

① 개별원가계산의 핵심은 제조간접비 배부에 있다.
② 종합원가계산의 핵심은 완성품환산량을 계산하는데 있다.
③ 개별원가계산은 정확한 원가계산을 할 수 있고 시간과 비용이 절약된다.
④ 종합원가계산은 대량연속 생산형태에 적합하다.

11. 제조원가명세서에 대한 다음 설명 중 가장 옳지 않은 것은?

① 제조원가명세서만 보면 매출원가를 계산할 수 있다.
② 상품매매기업에서는 작성하지 않아도 된다.
③ 제조원가명세서에서 당기총제조비용을 알 수 있다.
④ 재공품계정의 변동사항이 나타난다.

12. 공장에서 사용하던 화물차(취득원가 3,500,000원, 처분시점까지 감가상각누계액 2,500,000원)가 고장이 나서 매각하려고 한다. 동 화물차에 대해 500,000원 수선비를 투입하여 처분하면 1,200,000원을 받을 수 있지만, 수선하지 않고 처분하면 600,000원을 받을 수 있다. 이 경우에 매몰원가는 얼마인가?

① 400,000원 ② 500,000원 ③ 1,000,000원 ④ 1,200,000원

13. 기말재공품은 기초재공품에 비해 500,000원 증가하였으며, 제조과정에서 직접재료비가 차지하는 비율은 60%이다. 당기제품제조원가가 1,500,000원이라면,

당기총제조원가에 투입한 가공원가는 얼마인가?

① 200,000원　② 400,000원　③ 600,000원　④ 800,000원

14. 다음 중 부가가치세법상 공급가액에 포함되는 것은?

① 환입된 재화의 가액
② 공급에 대한 대가를 약정기일 전에 받았다는 이유로 사업자가 당초의 공급가액에서 할인해 준 금액
③ 사업자가 재화 또는 용역을 공급받는 자에게 지급하는 장려금
④ 공급받는 자에게 도달하기 전에 파손되거나 훼손되거나 멸실한 재화의 가액

15. 부가가치세법상 매입세액으로 공제가 불가능한 경우로 옳은 것은?

① 소매업자가 사업과 관련하여 받은 간이영수증에 의한 매입세액
② 음식업자가 계산서를 받고 구입한 농산물의 의제매입세액
③ 신용카드매출전표 등 적격증빙 수령분 매입세액
④ 종업원 회식비와 관련된 매입세액

실무 시험

(주)풍성(회사코드:0563)은 휴대폰부품을 제조하여 판매하는 중소기업이며, 당기(제4기) 회계기간은 2013.1.1. ~ 2013.12.31. 이다. 전산세무회계 수험용 프로그램을 이용하여 다음 물음에 답하시오.

〈 기 본 전 제 〉

문제에서 한국채택국제회계기준을 적용하도록 하는 전제조건이 없는 경우, 일반기업회계기준을 적용한다.

문제 1 다음은 기초정보관리에 대한 자료이다. 각각의 요구사항에 대하여 답하시오.(10점)

[1] 다음은 사업장을 이전하면서 새로 교부받은 사업자등록증이다. 새로 교부받은 사업자등록증의 내용대로 회사등록 사항을 수정하시오. 단, 주소 입력시 우편번호는 입력하지 않고 주소만 직접 입력한다.(4점)

사업자등록증

(법인사업자용)

등록번호 : 112 – 81 – 21646

법인명(단체명) : (주)풍성
대　　표　　자 : 김철수
개업 연월일 : 2010년 6월 26일
법인등록번호 : 110111 – 1754864
사업장소재지 : 서울특별시 서초구 서초동
1321–6 서초동아타워
사업의 종류 : 업태–제조　종목–휴대폰부품
도매　　무역
교부사유 : 사업장 이전

2013년 10월 17일
서 초 세 무 서 장

[2] 거래처원장을 조사하였더니 다음과 같은 오류를 확인하였다. 거래처별 초기이월을 적절하게 수정하라.(4점)

외상매출금	외상매입금
오류금액 올바른금액 ㈜강원 2,680,000원 → 5,260,000원 ㈜철원 8,770,000원 → 4,650,000원	오류금액 올바른금액 ㈜부산 8,200,000원 → 3,300,000원 ㈜대전 4,010,000원 → 6,950,000원

[3] 전기분 손익계산서를 검토한 결과 다음과 같은 오류 및 누락이 발견되었다. 전기분 손익계산서를 수정하시오.(2점)

손익계산서 항목	틀린 금액	올바른 금액	내 용
통신비	4,300,000원	3,400,000원	입력오류
세금과공과	–	900,000원	입력누락

문제 2 **다음 거래 자료를 일반전표입력 메뉴에 추가 입력하시오(일반전표입력의 모든 거래는 부가가치세를 고려하지 말 것).(18점)**

〈 입력 시 유의사항 〉

- 일반적인 적요의 입력은 생략하지만, 타계정 대체거래는 적요번호를 선택하여 입력한다.
- 채권 · 채무와 관련된 거래는 별도의 요구가 없는 한 반드시 기 등록되어 있는 거래처코드를 선택하는 방법으로 거래처명을 입력한다.
- 제조경비는 500번대 계정코드를, 판매비와 관리비는 800번대 계정코드를 사용한다.
- 회계처리시 계정과목은 별도제시가 없는 한 등록되어 있는 계정과목 중 가장 적절한 과목으로 한다.

[1] 7월 23일 제품을 생산하기 위해 희망상사로부터 원재료를 매입하기로 하고, 계약금으로 1,000,000원을 보통예금에서 지급하였다.(3점)

[2] 7월 30일 공장 건물에 대한 재산세 1,550,000원과 영업부 사무실에 대한 재산세 2,370,000원을 보통예금으로 납부하였다.(3점)

[3] 8월 15일 자금부족으로 인하여 업무용으로 사용하던 토지(장부금액 19,000,000원)를 35,000,000원에 처분하고, 대금은 ㈜개성이 발행한 어음(90일 만기)을 받았다.(3점)

[4] 8월 20일 영업부에서 매출거래처 직원과 식사를 하고, 식사비용 120,000원을 법인카드인 하나카드로 결제하였다.(3점)

[5] 9월 5일 제품 1개(원가: 500,000원)를 매출거래처에 견본품으로 무상 제공하였다. 단, 견본비 계정으로 처리할 것.(3점)

[6] 9월 10일 ㈜서울에서 발행한 채권(만기는 2015년 3월 31일이고, 시장성은 없다) 10,000,000원을 만기까지 보유할 목적으로 당좌수표를 발행하여 취득하였다. 단, 채권을 취득하는 과정에서 발생한 수수료 50,000원은 현금으로 지급하였다.(3점)

문제 3 **다음 거래 자료를 매입매출전표입력 메뉴에 입력하시오.(18점)**

〈 입력 시 유의사항 〉

- 일반적인 적요의 입력은 생략하지만, 타계정 대체거래는 적요번호를 선택하여 입력한다.
- 별도의 요구가 없는 한 반드시 기 등록되어 있는 거래처코드를 선택하는 방법으로 거래처명을 입력한다.
- 제조경비는 500번대 계정코드를, 판매비와 관리비는 800번대 계정코드를 사용한다.
- 회계처리시 계정과목은 별도제시가 없는 한 등록되어 있는 계정과목 중 가장 적절한 과목으로 한다.
- 입력화면 하단의 분개까지 처리하고, 전자세금계산서는 전자입력으로 반영한다.

[1] 10월 19일 아프리카 수입상 캄차카에 제품을 미화 20,000달러에 직수출하고, 대금은 외상으로 하였다.(선적일 현재의 기준환율은 미화 달러당 1,100원이다)(3점)

[2] 10월 23일 개인소비자인 김무소에게 제품을 770,000원(공급대가)에 매출하고, 대금은 현금으로 받고 간이영수증을 발급하여 주었다.(3점)

[3] 11월 11일 제조부 직원들의 단합을 위해 백두산한우고기(일반음식점)에서 회식을 하고 회식비 550,000원은 법인국민체크카드로 결제하였다.(음식점은 매입세액공제요건을 갖추고 있고, 법인국민체크카드는 결제즉시 카드발급은행 보통예금계좌에서 인출되었다)(3점)

[4] 11월 14일 영업부 사원의 업무활동을 지원하기 위하여 현대자동차로부터 승용차(998cc)를 9,000,000원(부가가치세 별도)에 취득하고 전자세금계산서를 발급받았으며, 대금은 전액 외상으로 하였다. 단, 차량을 인수하는 시점에 취득세 620,000원, 번호판부착 30,000원 및 수수료 50,000원은 현금으로 지급하였다.(하나의 전표로 입력하시오)(3점)

[5] 12월 15일 수출용 제품에 대한 원재료 32,000,000원(공급가액)을 ㈜승리전자로부터 매입하고, 영세율전자세금계산서를 발급 받았다. 구입대금 중 6,000,000원은 ㈜동산으로부터 받은 어음을 배서해주고, 나머지는 외상으로 하였다.(3점)

[6] 아래의 세금계산서를 보고 매입매출전표에 입력하시오.(3점)

전자세금계산서(공급하는자 보관용)	승인번호	123000456089000

구분	항목	내용	항목	내용
공급자	사업자등록번호	112-81-21646	종사업장 번호	
공급자	상호(법인명)	㈜풍성	성명(대표자)	김철수
공급자	사업장주소	서울 서초구 서초동 1321-6 서초동아타워		
공급자	업 태	제조업,도매업	종목	휴대폰부품,무역
공급자	이메일			
공급받는자	사업자등록번호	154-25-58855	종사업장 번호	
공급받는자	상호(법인명)	대성기업	성 명	노현진
공급받는자	사업장 주소	충남 공주시 검상동 135		
공급받는자	업 태	제조업	종 목	전자제품
공급받는자	이메일			

작성일자	공급가액	세액	수정사유
2013.12.29	8,400,000	840,000	
비고			

월	일	품 목	규 격	수 량	단 가	공 급 가 액	세 액	비 고
12	29	휴대폰부품(AK-450)		2,000	4,200	8,400,000	840,000	

합계금액	현 금	수 표	어 음	외상미수금	이 금액을 영수/청구 함
9,240,000	1,240,000		5,500,000	2,500,000	

문제 4 일반전표입력 및 매입매출전표입력 메뉴에 입력된 내용 중 다음과 같은 오류가 발견되었다. 입력된 내용을 확인하여 정정하시오.(6점)

[1] 8월 19일 영업부에서 매출거래처 체육대회를 지원하기 위해 ㈜다파라로부터 현금으로 구매한 기념품 2,000,000원(부가가치세 별도)을 회계담당자의 실수로 인하여 복리후생비로 회계처리 하였다.(3점)

[2] 8월 14일 당좌예금계좌로 입금된 2,000,000원을 ㈜부평의 외상매출금 회수로 회계처리하였으나, 실제는 거래처 ㈜부평으로부터 받은 계약금으로 밝혀

졌다.(3점)

문제 5 결산정리사항은 다음과 같다. 해당메뉴에 입력하시오. 결산자료입력 메뉴를 통해 입력한 내용은 반드시 전표추가를 통해 전표를 발행하시오.(9점)

[1] 2011년 7월 1일 도시은행으로부터 차입한 장기차입금 50,000,000원은 2014년 6월 30일에 만기가 도래하고, 회사는 이를 상환할 계획이다.(3점)

[2] 6월 1일 전액 비용으로 회계처리된 보험료(제조부문 1,320,000원, 본사 관리부문 1,440,000원)는 1년분에 해당하므로 차년도분에 대한 회계처리를 하시오. 당기분과 차기분에 대한 계산은 월단위로 계산한다.(3점)

[3] 결산일 현재 재고자산의 기말재고액은 다음과 같다.(3점)

• 원재료: 4,520,000원 • 재공품: 5,570,000원 • 제품: 9,590,000원

문제 6 다음 사항을 조회하여 답안을 저장메뉴에 입력하시오.(9점)

[1] 1월부터 3월까지 투입된 제조원가의 제조경비는 얼마인가?(3점)

[2] 제1기 예정신고기간(1월~3월)의 공제받지 못할 매입세액의 공급가액과 세액은 얼마인가?(3점)

[3] 4월부터 6월까지의 매출액 중 세금계산서를 발급한 매출분 공급가액은 모두 얼마인가?(3점)

10 제55회 전산회계 1급 시험 – A형

이론 시험

다음 문제를 보고 알맞은 것을 골라 [답안저장] 메뉴화면에 입력하시오.

(객관식 문항당 2점)

〈 기 본 전 제 〉

문제에서 한국채택국제회계기준을 적용하도록 하는 전제조건이 없는 경우, 일반기업회계기준을 적용한다.

01. 다음 주어진 재고자산 자료를 가지고 매출원가를 계산하면 얼마인가?

- 기초재고액: 300,000원
- 당기총매입액: 1,200,000원
- 기말재고액: 200,000원
- 매출환입: 50,000원
- 매입환출: 80,000원
- 매입에누리: 100,000원

① 1,070,000원 ② 1,120,000원 ③ 1,200,000원 ④ 1,300,000원

02. 다음의 자산계정들을 일반기업회계기준에 따라 유동성배열법으로 나열한 경우 맞는 것은?

- 기계장치
- 제품
- 현금및현금성자산
- 외상매출금

① 외상매출금, 현금및현금성자산, 제품, 기계장치
② 현금및현금성자산, 외상매출금, 기계장치, 제품
③ 현금및현금성자산, 제품, 외상매출금, 기계장치
④ 현금및현금성자산, 외상매출금, 제품, 기계장치

03. 결산과정에서 시산표를 작성하였는데, 차변합계는 491,200원이고 대변합계는 588,200원이었다. 다음과 같은 오류만 있다고 가정한다면 시산표의 올바른 합계금액은 얼마인가?

• 당기 중 소모품비로 지급한 45,500원을 복리후생비로 기입하였다.
• 미수금 23,500원을 대변에 잘못 기록하였다.
• 상품재고 50,000원이 누락되었다.

① 588,200원 ② 564,700원 ③ 541,200원 ④ 538,200원

04. 다음 중 재무상태표에서 해당 자산이나 부채의 차감적 평가항목이 아닌 것은 어느 것인가?

① 감가상각누계액 ② 퇴직급여충당부채
③ 대손충당금 ④ 사채할인발행차금

05. 다음 중 나머지 셋과 성격이 다른 하나는?

① 주식발행초과금 ② 감자차익
③ 이익준비금 ④ 자기주식처분이익

06. 시장성 있는 (주)A의 주식 10주를 1주당 56,000원에 구입하고, 거래수수료 5,600원을 포함하여 보통예금계좌에서 결제하였다. 당해 주식은 단기매매차익을 목적으로 보유하는 경우이며, 일반기업회계기준에 따라 회계처리하는 경우 발생하는 계정과목으로 적절치 않은 것은?

① 단기매매증권 ② 만기보유증권
③ 지급수수료 ④ 보통예금

07. 다음은 유형자산의 취득원가와 관련된 내용이다. 틀린 것은?

① 유형자산은 최초 취득원가로 측정한다.
② 현물출자, 증여, 기타 무상으로 취득한 자산은 공정가치를 취득원가로 한다.
③ 취득원가는 구입원가 또는 경영진이 의도하는 방식으로 자산을 가동하는데 필요한 장소와 상태에 이르게 하는데 지출된 직접원가와 간접원가를 포함한다.
④ 유형자산이 정상적으로 작동되는지 여부를 시험하는 과정에서 발생하는

원가도 취득원가에 포함한다.

08. 다음 중 회계상의 거래에 해당되는 것은?

① 광고료 170,000원을 현금으로 지급하다.
② 사무실을 월세 700,000원으로 임대차계약을 맺기로 구두로 약속하다.
③ 제품 3,000,000원의 주문을 받다.
④ 종업원을 월급 2,300,000원으로 채용하다.

09. 제조간접비예정배부율은 직접노동시간당 90원이고, 직접노동시간이 43,000시간 발생했을 때 제조간접비 배부차이가 150,000원 과소배부인 경우 제조간접비 실제발생액은 얼마인가?

① 3,720,000원 ② 3,870,000 ③ 4,020,000원 ④ 4,170,000원

10. 원가에 대한 설명 중 가장 옳은 것은?

① 직접재료비는 기초원가와 가공원가 모두 해당된다.
② 매몰원가는 의사결정과정에 영향을 미치는 원가를 말한다.
③ 고정원가는 조업도와 상관없이 일정하게 증가하는 원가를 말한다.
④ 직접원가란 특정한 원가집적대상에 추적할 수 있는 원가를 말한다.

11. 다음 자료를 보고 평균법에 의한 가공비의 완성품환산량을 계산하면 얼마인가?

- 기초재공품: 10,000단위 (완성도: 60%)
- 기말재공품: 20,000단위 (완성도: 50%)
- 착 수 량: 30,000단위 • 완성품수량: 20,000단위
- 원재료는 공정초에 전량 투입되고, 가공비는 공정전반에 걸쳐 균등하게 발생한다.

① 10,000단위 ② 20,000단위 ③ 24,000단위 ④ 30,000단위

12. 원가회계와 관련하여 다음 설명 중 가장 적절치 않은 것은 어느 것인가?

① 제품원가에 고정제조간접비를 포함하는지의 여부에 따라 전부원가계산과 종합원가계산으로 구분된다.
② 제품생산의 형태에 따라 개별원가계산과 종합원가계산으로 구분된다.
③ 원가는 제품과의 관련성(추적가능성)에 따라 직접비와 간접비로 구분된다.
④ 원가는 조업도의 증감에 따라 원가총액이 변동하는 변동비와 일정한 고정비로 분류할 수 있다.

13. 다음 중 부가가치세 면세대상에 해당하지 않는 것은?

① 시내버스, 고속버스 등의 여객운송용역
② 대통령령으로 정하고 있는 교육용역
③ 주택임대
④ 미가공 식료품

14. (주)평화는 일반과세사업자이다. 다음 자료에 대한 부가가치세액은 얼마인가? 단, 거래금액에는 부가가치세가 포함되어 있지 않다.

• 외상판매액	: 20,000,000원
• 사장 개인사유로 사용한 제품(원가 800,000원, 시가 1,200,000원)	: 800,000원
• 비영업용 소형승용차(2,000CC) 매각대금	: 1,000,000원
• 화재로 인하여 소실된 제품	: 2,000,000원
계	: 23,800,000원

① 2,080,000원 ② 2,120,000원 ③ 2,220,000원 ④ 2,380,000원

15. 다음 중 자동차를 수입하는 경우 수입세금계산서상의 공급가액에 포함되지 않는 것은?

① 교육세 ② 관세 ③ 개별소비세 ④ 취득세

실무 시험

㈜해나라(회사코드:0553)는 스포츠용품을 제조하여 판매하는 중소기업이며, 당기(제4기) 회계기간은 2013. 1. 1. ~ 2013. 12. 31. 이다. 전산세무회계 수험용 프로그램을 이용하여 다음 물음에 답하시오.

〈 기 본 전 제 〉

문제에서 한국채택국제회계기준을 적용하도록 하는 전제조건이 없는 경우, 일반기업회계기준을 적용한다.

문제 1 다음은 기초정보관리에 대한 자료이다. 각각의 요구사항에 대하여 답하시오.(10점)

[1] 소매 매출을 위해 삼진카드와 신용카드가맹점 계약을 하였다. 다음의 내용을 거래처등록메뉴에 입력하시오.(3점)

• 코드: 99700 • 거래처명: 삼진카드 • 가맹점번호: 765004501

[2] 전기분 재무상태표 입력시 외상매출금과 관련하여 거래처 (주)영서물산으로부터 지난해 12월 중에 외상매출금 2,000,000원을 현금으로 회수한 내용이 누락되어 있다. 이의 영향을 전기분 재무제표와 거래처별초기이월에 반영하시오.(3점)

[3] 다음 사업자등록증을 보고 회사등록사항을 정정하시오.(4점)

사업자등록증

(법인사업자용)

등록번호 : 214 – 81 – 29167

법인명(단체명) : (주)해나라
대 표 자 : 이 철 수
개 업 연 월 일 : 2010년 7월 1일
법인등록번호 : 110111 – 3776387
사업장소재지 : 서울시 서초구 서초동 260–1
사 업 의 종 류 : 업태–제조 종목–스포츠용품
교부사유

2010년 7월 1일

서 초 세 무 서 장

문제 2 **다음 거래 자료를 일반전표입력 메뉴에 추가 입력하시오(일반전표입력의 모든 거래는 부가가치세를 고려하지 말 것).(18점)**

〈 입력 시 유의사항 〉

- 일반적인 적요의 입력은 생략하지만, 타계정 대체거래는 적요번호를 선택하여 입력한다.
- 채권 · 채무와 관련된 거래는 별도의 요구가 없는 한 반드시 기 등록되어 있는 거래처코드를 선택하는 방법으로 거래처명을 입력한다.
- 제조경비는 500번대 계정코드를, 판매비와 관리비는 800번대 계정코드를 사용한다.
- 회계처리시 계정과목은 별도제시가 없는 한 등록되어 있는 계정과목 중 가장 적절한 과목으로 한다.

[1] 7월 3일 회사에서 보관 중이던 원재료(원가 600,000원, 시가 800,000원)를 영업부 소모품으로 사용하였다(비용으로 처리할 것).(3점)

[2] 7월 8일 만기가 도래하여 거래은행에 추심 의뢰한 (주)영진전자의 받을어음 15,000,000원 중에서 추심수수료 150,000원을 차감한 금액이 보통예금계좌에 입금되었다.(3점)

[3] 7월 10일 5월10일에 제품을 매출하고 (주)동우로부터 수취한 어음 5,000,000원이 부도처리 되었다는 것을 행복은행으로부터 통보받았다(2013년 7월 10일자로 회계처리 하시오).(3점)

[4] 8월 6일 (주)에이텍으로부터 공장건물 건축용 토지를 60,000,000원에 구입하고, 토지대금 중 40,000,000원과 토지매입에 따른 취득세 등 관련 부대비용 6,000,000원을 보통예금계좌에서 지급하였으며, 나머지는 외상으로 하였다.(3점)

[5] 9월 25일 생산부 직원에 대한 확정기여형(DC) 퇴직연금에 가입하고 8,000,000원을 보통예금계좌에서 지급하였다. 이 금액에는 연금운용에 대한 수수료 500,000원이 포함되어 있다.(3점)

[6] 9월 30일 개인 이시영씨로부터 차입한 자금에 대한 이자비용 1,000,000원이 발생하여 원천징수세액 275,000원을 차감한 나머지 금액 725,000원을 현금으로 지급하였다.(3점)

문제 3 **다음 거래 자료를 매입매출전표입력 메뉴에 입력하시오.(18점)**

〈 입력 시 유의사항 〉

- 일반적인 적요의 입력은 생략하지만, 타계정 대체거래는 적요번호를 선택하여 입력한다.
- 별도의 요구가 없는 한 반드시 기 등록되어 있는 거래처코드를 선택하는 방법으로 거래처명을 입력한다.
- 제조경비는 500번대 계정코드를, 판매비와 관리비는 800번대 계정코드를 사용한다.
- 회계처리시 계정과목은 별도제시가 없는 한 등록되어 있는 계정과목 중 가장 적절한 과목으로 한다.
- 입력화면 하단의 분개까지 처리하고, 전자세금계산서는 전자입력으로 반영한다.

[1] 7월 8일 기현자동차로부터 영업사원의 업무활동을 위하여 승용차(1,998cc) 16,000,000원(부가가치세 별도)을 취득하고 전자세금계산서를 교부받았으며, 대금은 당좌수표를 발행하여 지급하였다. 차량을 인수하는 시점에서 취득세, 번호판부착, 수수료 등 400,000원을 현금으로 지급하였다. 매입매출 전표입력에 하나의 전표로 입력하시오.(3점)

[2] 7월 14일 개인인 비사업자 김철수씨에게 제품을 3,300,000원(VAT 포함)에 현금 판매하고 현금영수증을 발급하였다.(3점)

[3] 7월 17일 일본 후지모리상사에 제품 1,000개(@2,000엔)를 직수출하고, 대금은 외상으로 하였다. 단, 선적일 시점의 환율은 100엔당 1,200원이었다.(3점)

[4] 7월 25일 해외거래처로부터 수입한 원재료와 관련하여 김포세관에 부가가치세 2,100,000원(공급가액 21,000,000원)을 현금으로 납부하고 전자수입세금계산서를 교부받았다.(3점)

[5] 7월 30일 진흥빌딩으로부터 당월의 영업부 사무실 임차료에 대한 공급가액 900,000원(VAT 별도)의 세금계산서를 교부받고, 대금은 다음달에 지급하기로 하였다. 진흥빌딩의 건물주인은 전자세금계산서 발행대상이 아니다.(3점)

[6] 8월 10일 원재료 운송용 트럭(취득가액 28,000,000원, 처분시 감가상각누계액

16,500,000원)을 거래처 (주)세모에 10,000,000원(부가가치세 별도)에 처분하고 전자세금계산서를 발급하였다. 대금은 한달 후에 받기로 하였다.(3점)

문제 4 **입력된 내용 중 다음과 같은 오류가 발견되었다. 입력된 내용을 확인하여 정정하시오.(6점)**

[1] 9월 8일 법인카드인 비씨카드로 결제된 차량유지비 110,000원이 일반전표로 처리되어 있다. 이는 용인주유소에서 공장화물자동차에 대한 주유요금 110,000원(부가가치세 포함)으로 매입세액공제요건을 갖춘 카드매출전표를 발급받은 것을 잘못 처리한 것이다(계정과목은 미지급금으로 처리).(3점)

[2] 12월 10일 다음은 영업팀에서 복리후생 목적으로 사용하고자 구입한 현금영수증이다. 해당 일자에 분개된 내용을 조회하여 수정하라.(3점)

㈜하나로푸드				
123-52-66527			김인수	
서울 송파구 문정동 101-2				
홈페이지 http://www.kacpta.or.kr				
현금(지출증빙)				
구매 2013/12/10/17:06 거래번호: 0026-0107				
상품명		수량		금액
커피, 음료수		5		22,000
		과세물품가액		20,000
		부 가 세		2,000
합 계				22,000
받은금액				30,000

문제 5 **결산정리사항은 다음과 같다. 해당메뉴에 입력하시오.(9점)**

[1] 7월 1일 영업부문의 자동차보험료 720,000원(1년분)을 현금으로 납부하면서 모두 자산으로 처리하였다. 단, 보험료는 월할계산하는 것으로 가정한다.(3점)

[2] 12월 31일 부가가치세 신고에 대한 부가세예수금 10,706,000원과 부가세대급금 7,616,000원을 정리하고 납부세액은 미지급세금 계정으로 회계처리 한다. 당사의 관할 세무서는 서초세무서이다.(3점)

[3] 결산일 현재 재고자산의 기말재고액은 다음과 같다(결산자료입력메뉴를 통해 입력하시오).(3점)

• 원재료: 3,500,000원 • 재공품: 4,600,000원 • 제품: 12,000,000원

문제 6 **다음 사항을 조회하여 답안을 저장메뉴에 입력하시오.(9점)**

[1] 제1기 부가가치세 확정신고기간(4월~6월) 중 매출한 거래 중 현금영수증을 발급한 공급대가는 얼마인가?(3점)

[2] 1월부터 3월까지 매출세금계산서 매수가 가장 많은 거래처를 조회하면?(거래처 코드만 입력하시오)(3점)

[3] 1월부터 3월까지 현금으로 지출한 복리후생비는 모두 얼마인가?(3점)

| 부록 2 |

연습 및 기출문제 해답

| 부록 2 |

연습 및 기출문제 해답

01 연습문제 해답

(1) 일반전표

1월 3일			
(차) 복리후생비(제)	500,000	(대) 현 금	500,000
1월 4일			
(차) 복리후생비(판)	30,000	(대) 현 금	30,000
1월 6일			
(차) 소모품비(제)	12,000	(대) 현 금	12,000
1월 11일			
(차) 차량유지비(제)	20,000	(대) 현 금	20,000
1월 14일			
(차) 차량유지비(제)	180,000	(대) 현 금	180,000
1월 15일			
(차) 수 선 비(제)	56,000	(대) 현 금	56,000
1월 16일			
(차) 복리후생비(판)	220,000	(대) 현 금	220,000
1월 16일			
(차) 여비교통비(판)	12,000	(대) 현 금	12,000
1월 17일			
(차) 차량유지비(판)	2,100	(대) 현 금	2,100
1월 17일			
(차) 소모품비(판)	30,000	(대) 현 금	30,000
1월 20일			
(차) 가스수도료(제)	200,000	(대) 현 금	200,000

1월 20일

(차) 전 력 비(제)	1,250,000	(대) 현 금	1,250,000

1월 25일

(차) 접 대 비(판)	550,000	(대) 현 금	550,000

1월 28일

(차) 급 여(판)	3,800,000	(대) 보통예금	7,773,000
임 금(제)	4,200,000	예 수 금	227,000

1월 29일

(차) 도서인쇄비(판)	10,000	(대) 현 금	10,000

1월 29일

(차) 통 신 비(판)	85,500	(대) 현 금	85,500

1월 30일

(차) 지급임차료(판)	250,000	(대) 현 금	250,000

1월 30일

(차) 통 신 비(판)	60,000	(대) 현 금	60,000

1월 31일

(차) 수도광열비(판)	56,300	(대) 현 금	56,300

1월 31일

(차) 세금과공과(판)	138,000	(대) 현 금	138,000

1월 31일

(차) 통 신 비(판)	1,800	(대) 현 금	1,800

2월 3일

(차) 소모품비(판)	57,000	(대) 미지급금(오메가문구)	57,000

2월 5일

(차) 예 수 금	152,000	(대) 현 금	152,000

2월 12일

(차) 복리후생비(판)	35,000	(대) 현 금	150,000
복리후생비(제)	40,000		
예 수 금	75,000		

2월 15일

(차) 가지급금(김일수)	3,000,000	(대) 현 금	3,000,000

2월 20일

(차) 통 신 비(판)	270,000	(대) 현 금	270,000

2월 22일

(차) 도서인쇄비(제)	40,000	(대) 현 금	40,000

2월 24일

(차) 수 선 비(제)	62,000	(대) 현 금	62,000

2월 25일

(차) 보 험 료(제)	1,500,000	(대) 현 금	2,500,000
보 험 료(판)	1,000,000		

2월 26일

(차) 접 대 비(판)	260,000	(대) 미지급금(국민카드)	260,000

2월 28일

(차) 급 여(판)	18,000,000	(대) 당좌예금	35,492,000
임 금(제)	18,000,000	예 수 금	508,000

3월 2일

(차) 보통예금	1,480,000	(대) 현 금	1,480,000

3월 7일

(차) 보통예금	1,982,000	(대) 외상매출금(공주상사)	1,900,000
		이자수익	82,000

3월 14일

(차) 이자비용	420,000	(대) 현 금	420,000

3월 20일

(차) 여비교통비(판)	2,730,000	(대) 가지급금(김일수)	3,000,000
현 금	270,000		

3월 24일

(차) 미지급금(국민카드)	260,000	(대) 현 금	260,000

3월 26일

(차) 복리후생비(판)	122,000	(대) 현 금	422,000
복리후생비(제)	89,000		
예 수 금	211,000		

3월 29일
(차) 차량유지비(판) 30,000 (대) 미지급금(삼성카드) 30,000

4월 5일
(차) 현 금 30,000,000 (대) 단기차입금(우리은행) 30,000,000

4월 10일
(차) 예 수 금 170,000 (대) 현 금 170,000

4월 13일
(차) 차량유지비(제) 200,000 (대) 현 금 200,000

4월 17일
(차) 토 지 24,000,000 (대) 당좌예금 24,000,000

4월 18일
(차) 당좌예금 20,000,000 (대) 받을어음((주)민주) 20,000,000

4월 20일
(차) 현 금 20,000,000 (대) 보통예금 20,000,000

5월 9일
(차) 복리후생비(제) 620,000 (대) 당좌예금 620,000

5월 10일
(차) 미지급금(삼성카드) 30,000 (대) 현 금 30,000

5월 15일
(차) 지급임차료(판) 2,200,000 (대) 현 금 2,200,000

5월 18일
(차) 광고선전비(판) 2,000,000 (대) 현 금 2,000,000

5월 22일
(차) 미지급금 3,000,000 (대) 현 금 3,000,000

5월 25일
(차) 외상매입금(원주상사) 10,000,000 (대) 현 금 10,000,000

6월 2일
(차) 당좌예금 4,900,000 (대) 외상매출금(공주상사) 5,000,000
매출할인 100,000

6월 5일
(차) 선급금(덕성건설(주)) 5,000,000 (대) 당좌예금 5,000,000

6월 10일

(차) 통 신 비(판) 110,870 (대) 현 금 110,870

6월 12일

(차) 현 금 7,918,000 (대) 받을어음(공주상사) 8,000,000

지급수수료 82,000

6월 19일

(차) 복리후생비(판) 420,000 (대) 현 금 840,000

예 수 금 420,000

6월 22일

(차) 임 금(제) 3,970,000 (대) 당좌예금 7,980,500

급 여(판) 4,180,000 예 수 금 169,500

6월 25일

(차) 기계장치 6,000,000 (대) 현 금 1,000,000

미지급금(현덕중공업) 5,000,000

6월 28일

(차) 수 선 비(제) 1,250,000 (대) 원 재 료 1,250,000

6월 30일

(차) 퇴직급여(제) 2,500,000 (대) 현 금 4,000,000

퇴직급여(판) 1,500,000

7월 1일

(차) 보 험 료(제) 3,000,000 (대) 당좌예금 7,600,000

보 험 료(판) 4,600,000

7월 6일

(차) 접 대 비(판) 280,000 (대) 현 금 280,000

7월 10일

(차) 수도광열비(판) 92,000 (대) 현 금 92,000

7월 13일

(차) 주·임·종장기채권(홍길동) 4,000,000 (대) 현 금 4,000,000

7월 15일

(차) 복리후생비(제) 36,200 (대) 현 금 245,800

복리후생비(판) 40,100

예 수 금 169,500

7월 18일
(차) 현 금 30,000,000 (대) 장기차입금(우리은행) 30,000,000

7월 22일
(차) 통 신 비(제) 109,000 (대) 현 금 109,000

7월 25일
(차) 복리후생비(판) 452,000 (대) 현 금 1,072,000
복리후생비(제) 620,000

7월 28일
(차) 세금과공과(판) 220,000 (대) 현 금 220,000

8월 1일
(차) 보 증 금 2,000,000 (대) 현 금 2,000,000

8월 3일
(차) 급 여(판) 1,600,000 (대) 보동예금 3,327,000
임 금(제) 1,800,000 예 수 금 73,000

8월 9일
(차) 보 통 예 금 980,000 (대) 받을어음(공주상사) 1,000,000
매출채권처분손실 20,000

8월 11일
(차) 복리후생비(판) 135,000 (대) 미지급금(삼성카드) 135,000

8월 13일
(차) 기 부 금 1,000,000 (대) 현 금 1,000,000

8월 18일
(차) 현 금 2,000,000 (대) 선수금(청원가구) 2,000,000

8월 25일
(차) 당좌예금 5,300,000 (대) 자 본 금 5,000,000
주식발행초과금 300,000

8월 30일
(차) 가지급금(김삼수) 500,000 (대) 현 금 500,000

9월 5일
(차) 예 수 금 33,000 (대) 현 금 33,000

9월 9일

(차) 차량운반구	10,000,000	(대) 보통예금	10,000,000

9월 13일

(차) 여비교통비(판)	666,000	(대) 가지급금(김삼수)	500,000
		현 금	166,000

9월 17일

(차) 복리후생비(판)	15,000	(대) 현 금	80,000
복리후생비(제)	25,000		
예 수 금	40,000		

9월 20일

(차) 차량운반구	775,000	(대) 현 금	775,000

9월 25일

(차) 당 좌 예 금	4,937,000	(대) 받을어음((주)민영)	5,000,000
매출채권처분손실	63,000		

9월 30일

(차) 급 여(판)	1,200,000	(대) 현 금	2,338,000
임 금(제)	1,300,000	예 수 금	162,000

10월 3일

(차) 복리후생비(제)	3,950,000	(대) 현 금	3,950,000

10월 5일

(차) 교육훈련비(제)	84,000	(대) 현 금	84,000

10월 9일

(차) 현금과부족	70,000	(대) 현 금	70,000

10월 12일

(차) 접 대 비(판)	2,500,000	(대) 현 금	2,500,000

10월 15일

(차) 예 수 금	13,200	(대) 현 금	13,200

10월 19일

(차) 보 험 료(제)	350,000	(대) 현 금	350,000

10월 25일

(차) 복리후생비(판) 68,200 (대) 현 금 293,600
복리후생비(제) 80,600
예 수 금 144,800

10월 30일

(차) 복리후생비(제) 350,000 (대) 미 지 급금(엘지카드) 570,000
복리후생비(판) 220,000

11월 3일

(차) 차량유지비(제) 530,000 (대) 미지급금(정수카센타) 790,000
차량유지비(판) 260,000

11월 8일

(차) 외상매입금(원주상사) 6,500,000 (대) 당좌예금 5,850,000
매입할인 650,000

11월 12일

(차) 현 금 4,880,000 (대) 받을어음((주)민영) 5,000,000
매출채권처분손실 120,000

11월 20일

(차) 주·임·종단기채권(이상민) 5,000,000 (대) 현 금 5,000,000

11월 29일

(차) 교육훈련비(판) 500,000 (대) 현 금 500,000

12월 1일

(차) 소모품비(판) 980,000 (대) 현 금 980,000

12월 4일

(차) 접대비(판) 400,000 (대) 현 금 400,000

12월 5일

(차) 세금과공과(판) 100,000 (대) 현 금 100,000

12월 9일

(차) 세금과공과(판) 40,000 (대) 현 금 40,000

12월 10일

(차) 차량운반구 6,000,000 (대) 현 금 2,000,000
미지급금(현대자동차) 4,000,000

12월 11일

(차) 차량운반구	220,000	(대) 현 금	220,000

12월 12일

(차) 보 통 예금	19,800,000	(대) 장기차입금(서울금고)	20,000,000
지급수수료	200,000		

12월 13일

(차) 보통예금	2,300,000	(대) 받을어음((주)민영)	3,000,000
매출채권처분손실	700,000		

(2) 오류정정 및 수정

1월 14일

(차) 차량유지비(판)	180,000	(대) 현 금	180,000

1월 29일

(차) 통신비(제)	85,500	(대) 현 금	85,500

2월 25일

(차) 보험료(판)	1,500,000	(대) 현 금	2,500,000
보험료(제)	1,000,000		

5월 2일

(차) 차량유지비(제)	48,000	(대) 현 금	48,000

7월 10일

(차) 수도광열비(판)	60,000	(대) 현 금	92,000
가스수도료(제)	32,000		

(3) 매입매출전표

1월 5일	유 형	11:과세	거래처	(주)민주	분개유형	3:혼합

차 변		대 변	
현 금	35,000,000	제 품 매 출	50,000,000
외상매출금	20,000,000	부가세예수금	5,000,000

1월 8일	유 형	24:불공	거래처	공주상사	분개유형	1:현금

차 변		대 변	
접 대 비(판)	4,400,000	현 금	4,400,000

1월 12일	유 형	24:불공	거래처	한국자동차	분개유형	3:혼합

차 변		대 변	
차량운반구	16,500,000	미 지 급 금	16,500,000

1월 18일	유 형	12:영세	거래처	한영실업(주)	분개유형	1:현금

차 변		대 변	
현 금	12,000,000	제 품 매 출	12,000,000

1월 25일	유 형	21:과세	거래처	청원가구	분개유형	3:혼합

차 변		대 변	
원 재 료	15,000,000	현 금	6,500,000
부가세대급금	1,500,000	외상 매입금	10,000,000

1월 26일	유 형	16:수출	거래처	바이더사	분개유형	3:혼합

차 변		대 변	
현 금	6,500,000	제 품 매 출	13,000,000
외상매출금	6,500,000		

1월 27일	유 형	11:과세	거래처	(주)청양	분개유형	3:혼합

차 변		대 변	
현 금	400,000	제 품 매 출	4,000,000
받 을 어음	2,000,000	부가세예수금	400,000
외상매출금	2,000,000		

1월 28일	유 형	21:과세	거래처	청원가구	분개유형	3:혼합

차 변		대 변	
원 재 료	20,000,000	현 금	2,000,000
부가세대급금	2,000,000	당 좌 예 금	5,000,000
		지 급 어 음	5,000,000
		외상 매입금	10,000,000

1월 28일	유 형	11:과세	거래처	원주상사	분개유형	3:혼합

차 변		대 변	
미 수 금	4,180,000	비 품	5,000,000
감가상각누계액	1,800,000	부 가 세 예 수 금	380,000
		유형자산처분이익	600,000

1월 29일	유 형	11:과세	거래처	(주)민주	분개유형	2:외상

차 변		대 변	
외상매출금	-2,750,000	제 품 매 출	-2,500,000
		부가세예수금	-250,000

1월 29일	유 형	12:영세	거래처	우람상사(주)	분개유형	1:현금

차 변		대 변	
현 금	15,000,000	제 품 매 출	15,000,000

1월 29일	유 형	21:과세	거래처	청원가구	분개유형	2:외상

차 변		대 변	
원 재 료	-500,000	외상매입금	-550,000
부가세대급금	-50,000		

1월 30일

차 변		대 변	
현 금	18,000,000	선수금(미츠미츠사)	18,000,000

1월 30일	유 형	16:수출	거래처	미츠미츠사	분개유형	3:혼합

차 변		대 변	
외상매출금	40,000,000	제 품 매 출	58,000,000
선 수 금	18,000,000		

1월 31일

차 변		대 변	
현 금	38,400,000	외상매출금	40,000,000
외 환 차손	1,600,000	(미츠미츠사)	

2월 2일	유 형	21:과세	거래처	공주상사	분개유형	3:혼합

차 변		대 변	
원 재 료	26,000,000	지 급 어 음	20,000,000
부가세대급금	2,600,000	외상 매입금	8,600,000

2월 5일	유 형	21:과세	거래처	우성광고사	분개유형	1:현금

차 변		대 변	
광 고 선전비	800,000	현 금	880,000
부가세대급금	80,000		

2월 7일	유 형	21:과세	거래처	삼화컴퓨터	분개유형	3:혼합

차 변		대 변	
비 품	2,300,000	미 지 급 금	2,530,000
부가세대급금	230,000		

2월 10일	유 형	21:과세	거래처	금성화장품(주)	분개유형	3:혼합

차 변		대 변	
원 재 료	2,500,000	당 좌 예 금	2,750,000
부가세대급금	250,000		

2월 15일	유 형	12:영세	거래처	청량리상사	분개유형	3:혼합

차 변		대 변	
당 좌 예 금	20,000,000	제 품 매 출	20,000,000

2월 19일	유 형	11:과세	거래처	(주) 민주	분개유형	3:혼합

차 변		대 변	
현 금	4,500,000	제 품 매 출	18,000,000
받을 어 음	12,000,000	부 가 세	1,800,000
외상매출금	3,300,000	예 수 금	

2월 25일	유 형	21:과세	거래처	원주상사	분개유형	3:혼합

차 변		대 변	
원 재 료	20,150,000	외상매입금	22,000,000
부가세대급금	2,000,000	현 금	150,000

2월 27일	유 형	21:과세	거래처	오창방적	분개유형	3:혼합

차 변		대 변	
복리후생비(판)	880,000	당 좌 예 금	2,000,000
복리후생비(제)	1,420,000	미 지 급 금	530,000
부가세대급금	230,000		

3월 5일	유 형	11:과세	거래처	(주)선화상사	분개유형	1:현금

차 변		대 변	
현 금	27,500,000	제 품 매 출	25,000,000
		부가세예수금	2,500,000

3월 8일	유 형	21:과세	거래처	(주)성우	분개유형	3:혼합

차 변		대 변	
원 재 료	11,000,000	현 금	2,100,000
부가세대급금	1,100,000	외상 매입금	10,000,000

3월 13일	유 형	21:과세	거래처	(주)성우	분개유형	3:혼합

차 변		대 변	
원 재 료	11,000,000	현 금	2,100,000
부가세대급금	1,100,000	외상 매입금	10,000,000

3월 13일	유 형	21:과세	거래처	우성빌딩	분개유형	3:혼합

차 변		대 변	
지 급 임차료	1,800,000	당 좌 예 금	1,980,000
부가세대급금	180,000		

3월 15일	유 형	21:과세	거래처	청원가구	분개유형	2:외상

차 변		대 변	
외 주 가공비	30,000,000	외상매입금	33,000,000
부가세대급금	3,000,000		

3월 19일	유 형	11:과세	거래처	청원가구	분개유형	3:혼합

차 변		대 변	
현 금	4,580,000	제 품 매 출	9,000,000
받을 어 음	3,000,000	부가세예수금	900,000
외상매출금	2,320,000		

3월 22일	유 형	11:과세	거래처	한불화장품	분개유형	3:혼합

차 변		대 변	
보 통 예 금	27,500,000	제 품 매 출	25,000,000
		부가세예수금	2,500,000

3월 26일	유 형	24:불공	거래처	용암카센타	분개유형	3:혼합

차 변		대 변	
차량유지비(판)	583,000	미 지 급 금	583,000

3월 30일	유 형	21:과세	거래처	(주)삼화컴퓨터	분개유형	3:혼합

차 변		대 변	
비 품	8,000,000	당 좌 예 금	8,800,000
부가세대급금	800,000		

4월 2일	유 형	21:과세	거래처	부영상사	분개유형	3:혼합

차 변		대 변	
원 재 료	13,750,000	현 금	1,300,000
부가세대급금	1,375,000	지 급 어 음	12,000,000
		외상 매입금	1,825,000

4월 5일	유 형	12:영세	거래처	청량리상사	분개유형	1:현금

차 변		대 변	
현 금	20,000,000	제 품 매 출	20,000,000

4월 14일	유 형	11:과세	거래처	원주상사	분개유형	3:혼합

차 변		대 변	
현 금	45,300,000	제 품 매 출	83,000,000
받을 어 음	20,000,000	부가세예수금	8,300,000
외상매출금	26,000,000		

4월 20일	유 형	24:불공	거래처	세기자동차	분개유형	3:혼합

차 변		대 변	
차 량 운반구	22,000,000	미 지 급 금	22,000,000

4월 30일	유 형	21:과세	거래처	(주)전주원	분개유형	3:혼합

차 변		대 변	
원 재 료	25,500,000	현 금	13,050,000
부가세대급금	2,550,000	외상 매입금	15,000,000

5월 7일	유 형	21:과세	거래처	삼화컴퓨터	분개유형	1:현금

차 변		대 변	
비 품	1,500,000	현 금	1,650,000
부가세대급금	150,000		

5월 15일	유 형	24:불공	거래처	후 생 사	분개유형	1:현금

차 변		대 변	
접 대 비(판)	4,950,000	현 금	4,950,000

5월 21일	유 형	11:과세	거래처	(주)대구	분개유형	3:혼합

차 변		대 변	
현 금	14,700,000	제 품 매 출	17,000,000
외상매출금	4,000,000	부가세예수금	1,700,000

5월 26일	유 형	12:영세	거래처	청량리상사	분개유형	1:현금

차 변		대 변	
현 금	16,000,000	제 품 매 출	16,000,000

5월 30일	유 형	21:과세	거래처	우성광고사	분개유형	3:혼합

차 변		대 변	
광 고 선전비	1,500,000	당 좌 예 금	1,650,000
부가세대급금	150,000		

6월 5일	유 형	11:과세	거래처	(주)청양	분개유형	3:혼합

차 변		대 변	
미 수 금	5,500,000	기 계 장 치	8,000,000
감가상각누계액	2,500,000	부가세예수금	500,000
유형자산처분손실	500,000		

6월 11일	유 형	24:불공	거래처	(주)청양	분개유형	3:혼합

차 변		대 변	
접 대 비(판)	1,980,000	당 좌 예 금	1,980,000

6월 17일	유 형	11:과세	거래처	(주)대구	분개유형	2:외상

차 변		대 변	
외상매출금	-935,000	제 품 매 출	-850,000
		부가세예수금	-85,000

6월 25일	유 형	12:영세	거래처	한영실업(주)	분개유형	1:현금

차 변		대 변	
현 금	30,000,000	제 품 매 출	30,000,000

6월 30일	유 형	24:불공	거래처	후 생 사	분개유형	1:현금

차 변		대 변	
접 대 비(판)	9,900,000	현 금	9,900,000

7월 6일	유 형	21:과세	거래처	우성빌딩	분개유형	3:혼합

차 변		대 변	
지급임차료(제)	800,000	미 지 급 금	880,000
전 력 비(제)	680,000	현 금	748,000
부가세대급금	148,000		

7월 15일	유 형	21:과세	거래처	충청일보	분개유형	3:혼합

차 변		대 변	
광 고 선전비	3,500,000	미 지 급 금	3,850,000
부가세대급금	350,000		

7월 19일	유 형	21:과세	거래처	(주)오창방적	분개유형	3:혼합

차 변		대 변	
복리후생비(제)	2,400,000	미 지 급 금	3,520,000
복리후생비(판)	800,000		
부가세대급금	320,000		

7월 25일	유 형	21:과세	거래처	한국자동차	분개유형	3:혼합

차 변		대 변	
차 량 운반구	18,000,000	당 좌 예 금	19,800,000
부가세대급금	1,800,000		

7월 27일	유 형	11:과세	거래처	(주)남소	분개유형	3:혼합

차 변		대 변	
현 금	4,000,000	제 품 매 출	8,800,000
받을 어 음	4,000,000	부가세예수금	880,000
외상매출금	1,680,000		

7월 31일	유 형	21:과세	거래처	(주)전주원	분개유형	2:외상

차 변		대 변	
원 재 료	-1,700,000	외 상 매 입 금	-1,870,000
부가세대급금	-170,000		

8월 2일	유 형	16:수출	거래처	바이더사	분개유형	3:혼합

차 변		대 변	
현 금	11,000,000	제 품 매 출	22,000,000
외상매출금	11,000,000		

8월 7일	유 형	21:과세	거래처	(주)수성	분개유형	3:혼합

차 변		대 변	
지급임차료(판)	12,000,000	현 금	3,200,000
부가세대급금	1,200,000	미 지 급 금	10,000,000

8월 14일	유 형	11:과세	거래처	(주)민영	분개유형	3:혼합

차 변		대 변	
현 금	157,400,000	제 품 매 출	234,000,000
받을 어 음	89,000,000	부가세예수금	23,400,000
외상매출금	11,000,000		

8월 20일	유 형	24:불공	거래처	후 생 사	분개유형	1:현금

차 변		대 변	
접 대 비(판)	5,500,000	현 금	5,500,000

8월 30일	유 형	21:과세	거래처	개신상점	분개유형	1:현금

차 변		대 변	
소모품비(판)	5,800,000	현 금	6,380,000
부가세대급금	580,000		

9월 10일	유 형	21:과세	거래처	LG주유소	분개유형	1:현금

차 변		대 변	
차량유지비(제)	3,000,000	현 금	3,300,000
부가세대급금	300,000		

9월 18일	유 형	11:과세	거래처	(주)민영	분개유형	2:외상

차 변		대 변	
외상매출금	17,600,000	제 품 매 출	16,000,000
		부가세예수금	1,600,000

9월 27일	유 형	21:과세	거래처	우성빌딩	분개유형	3:혼합

차 변		대 변	
수 선 비(제)	1,890,000	당 좌 예 금	2,079,000
부가세대급금	189,000		

10월 3일	유 형	11:과세	거래처	(주)민영	분개유형	2:외상

차 변		대 변	
외상매출금	-880,000	제 품 매 출	-800,000
		부가세예수금	-80,000

10월 10일	유 형	24:불공	거래처	용암카센타	분개유형	1:현금

차 변		대 변	
차량유지비(판)	561,000	현 금	561,000

10월 25일	유 형	12:영세	거래처	한영실업(주)	분개유형	1:현금

차 변		대 변	
현 금	13,500,000	제 품 매 출	13,500,000

10월 31일	유 형	21:과세	거래처	공주상사	분개유형	3:혼합

차 변		대 변	
원 재 료	190,000,000	현 금	185,000,000
부가세대급금	19,000,000	당 좌 예 금	10,000,000
		지 급 어 음	10,000,000
		외상 매입금	40,000,000

11월 9일	유 형	23:면세	거래처	도서출판오성	분개유형	1:현금

차 변		대 변	
도서인쇄비(제)	1,050,000	현 금	2,100,000
도서인쇄비(판)	1,050,000		

11월 17일	유 형	21:과세	거래처	씨티은행	분개유형	1:현금

차 변		대 변	
전 력 비(제)	2,800,000	현 금	5,280,000
수도광열비(판)	2,000,000		
부가세대급금	480,000		

11월 29일	유 형	21:과세	거래처	부영상사	분개유형	1:현금

차 변		대 변	
외 주 가공비	6,000,000	현 금	6,600,000
부가세대급금	600,000		

12월 5일	유 형	17:카과	거래처	원주상사	분개유형	2:외상

차 변		대 변	
외상매출금	20,000,000	제 품 매 출	18,181,189
		부가세예수금	1,818,181

12월 11일	유 형	16:수출	거래처	제임스	분개유형	3:혼합

차 변		대 변	
현 금	50,000,000	제 품 매 출	100,000,000
당 좌 예 금	50,000,000		

12월 22일	유 형	21:과세	거래처	삼화컴퓨터	분개유형	1:현금

차 변		대 변	
비 품	1,400,000	현 금	1,540,000
부가세대급금	140,000		

12월 30일	유 형	21:과세	거래처	공주상사	분개유형	1:현금

차 변		대 변	
원 재 료	23,000,000	현 금	25,300,000
부가세대급금	2,300,000		

(4) 부가가치세

① 연습문제 5-1

1. ₩6,190,000 2. ₩5,483,000 3. ₩4,680,000 4. (₩18,481,819)
5. ₩551,000 6. ₩1,940,000

② 연습문제 5-2

1. 총 7건 ₩170,150,000 2. 총 24건 ₩236,430,000 청원가구(00224)
3. 총 5건 ₩271,500,000 (주)민영(00105) 4. 총 10건 ₩52,170,000

(5) 결산/재무제표

① 연습문제 6-1

2. 외상매출금: 135,485,000×0.05=6,774,250−0=6,774,250
   받을 어 음: 118,000,000×0.05=5,900,000−300,000=5,600,000
3. (차) 단기매매증권(유기증권) 360,000 (대) 단기매매증권평가이익 360,000
6. (차) 선급비용 1,000,000 (대) 보험료(판) 350,000
   보험료(제) 650,000
7. (차) 미수수익 510,000 (대) 수입수수료 510,000
8. (차) 임 금 2,600,000 (대) 미지급비용 4,600,000
   급 료 2,000,000
9. (차) 광고선전비 1,500,000 (대) 미지급비용 1,500,000
10. (차) 지급임차료(제) 1,100,000 (대) 미지급비용 3,100,000
    지급임차료(판) 2,000,000
11. (차) 잡손실 70,000 (대) 현금과부족 70,000
12. (차) 소모품 670,000 (대) 소모품비(판) 670,000

② 연습문제 6-2

1. ₩425,780,174 2. ₩445,360,174 3. ₩115,290,174 4. ₩286,800,000
5. ₩43,270,000

③ 연습문제 6-3

1. ₩409,101,645 2. ₩237,186,321 3. ₩234,245,321 4. ₩234,245,321

5. ₩220,575,321

⑤ 연습문제 6-5

1. ₩410,581,580 2. ₩253,485,000 3. ₩163,785,000 4. ₩186,000,000
5. ₩1,135,474,505

⑥ 연습문제 6-6

1. ₩115,290,174 2. ₩172,935,324 3. ₩6,226,524,479
4. ₩823,331,819

(6) 장부의 조회

① 연습문제 7-1

1. ₩4,200,000 2. 복리후생비: ₩68,200 3. ₩149,466,750
4. ₩30,000,000

② 연습문제 7-2

1. ₩36,500,000 2. ₩-594,500 3. ₩75,085,000 4. ₩4,000,000

③ 연습문제 7-3

1. ₩79,000,000 2. ₩46,000,000 3. 세기자동차: ₩22,000,000
4. 원주상사: ₩46,000,000

④ 연습문제 7-4

1. 출금전표, 수선비(제) ₩56,000 2. 6건
3. 씨티은행 4. 출금전표, 예수금: ₩170,000

⑤ 연습문제 7-5

1. 총 4건 2. 총 3건 ₩10,090,870 3. 총 3건
4. 총 2건: ₩8,600,000 5. 총 3건 ₩320,000

⑥ 연습문제 7-6

1. ₩4,500,000 2. ₩7,038,800 3. ₩17,600,000
4. ₩6,900,000 5. ₩1,680,000

⑦ 연습문제 7-7

1. ₩154,974,300 2. ₩171,680,000 3. ₩950,870

4. ₩477,817,800 5. ₩33,000

⑧ 연습문제 7-8

1. 바이더사 ₩22,000,000 2. 총 3건, ₩47,000,000 3. 총 1건 ₩13,500,000

4. 공급가액: ₩35,400,000 부가가치세: ₩3,540,000

02 기출문제 해답

(1) 제 75회 전산회계 1급 해답

이론 시험

〈1〉	〈2〉	〈3〉	〈4〉	〈5〉	〈6〉	〈7〉	〈8〉	〈9〉	〈10〉	〈11〉	〈12〉	〈13〉	〈14〉	〈15〉
2	1	3	2	4	2	3	1	2	1	3	1	4	4	4

실무 시험

문제 1

[1] 전기분원가명세서에서 복리후생비를 1,200,000원, 수선비를 1,300,000원으로 수정입력

[2] 거래처별 초기이월에 수정

외상매출금: ㈜한성기업 8,500,000원을 85,000,000원으로 수정
㈜신라기업 30,200,000원을 20,200,000원으로 수정

외상매입금: 세진상사 21,000,000원을 23,000,000원으로 수정
㈜미래상사 500,000원 삭제

지급어음: 성한기업 14,000,000원을 4,000,000원으로 수정

※ ㈜미래상사를 삭제하지 않고 잔액을 0원으로 입력하여도 무방합니다.

[3] 계정과목 및 적요등록에서 536. 잡비 현금적요, 대체적요 입력

문제 2

[1]	(차) 보통예금	1,300,000원	(대) 외상매출금(㈜해주산업)	1,100,000원
			외환차익	200,000원
[2]	(차) 도서인쇄비(판)	200,000원	(대) 보통예금	200,000원
[3]	(차) 특허권	500,000원	(대) 현 금	500,000원
[4]	(차) 복리후생비(판)	300,000원	(대) 보통예금	1,600,000원
	복리후생비(제)	500,000원		
	예수금	800,000원		
[5]	(차) 토 지	52,873,430원	(대) 자산수증이익	50,000,000원
			보통예금	2,873,430원

* 소유권 이전비용은 취득원가에 가산한다.

[6] (차) 재해손실 24,550,000원 (대) 제 품 24,550,000원

(적요 8.타계정으로 대체액 손익계산서 반영분)

문제 3

[1] 7월 16일 유형:51.과세, 공급가액:20,000,000원, 부가세:2,000,000원, 거래처:㈜동서유통, 전자:여, 분개:외상 또는 혼합

(차) 원재료 20,000,000원 (대) 외상매입금(㈜동서유통)22,000,000원
부가세대급금 2,000,000원

[2] 7월 20일 유형:12영세(구분:3), 거래처:㈜런닝맨유통, 공급가액:50,000,000원, 부가세:0원, 전자:여, 분개:외상

(차) 외상매출금 50,000,000원 (대) 제품매출 50,000,000원

[3] 7월 27일 유형:53.면세 공급가액:100,000,000원, 부가세:0, 거래처:㈜본점, 전자:여, 분개:혼합

(차) 토 지 100,000,000원 (대) 당좌예금 70,000,000원
미지급금 30,000,000원

[4] 9월 10일 유형:11.과세, 공급가액 500,000, 부가가치세 50,000, 거래처:김경진(05000), 전자:여, 분개:현금

(차) 현 금 550,000원 (대) 제품매출 500,000원
부가세예수금 50,000원

[5] 9월 14일 유형:61.현과, 공급가액:22,000,000원, 부가세:2,200,000원, 거래처:㈜삼성상사, 분개: 혼합

(차) 원재료 22,000,000원 (대) 보통예금 24,200,000원
부가세대급금 2,200,000원

[6] 11월 25일 유형:57카과, 공급가액:1,500,000원, 세액:150,000원, 거래처:㈜베타전자, 거래처:하나카드, 분개:카드 또는 혼합

(차) 비 품 1,500,000원 (대) 미지급금(하나카드) 1,650,000원
부가세대급금 150,000원

문제 4

[1] 10월 15일 매입매출전표 수정

유형:11.과세, 공급가액:5,000,000원, 부가세:500,000원, 거래처:㈜홍국재생, 전자:여, 분개:혼합

수정전: (차) 현 금 5,500,000원 (대) 비 품 8,000,000원

유형자산처분손실 3,000,000원 부가세예수금 500,000원
수정후: (차) 현 금 5,500,000원 (대) 비 품 8,000,000원
감가상각누계액(비품)3,500,000원 부가세예수금 500,000원
유형자산처분이익 500,000원

[2] 12월 5일 일반전표
수정 전: (차) 소모품비(판) 33,000원 (대) 현 금 33,000원
수정 후: 일반전표 삭제 후 12월 5일 매입매출전표입력

유형:51.과세, 공급가액:30,000원, 부가세:3,000원, 거래처:㈜둘리유통, 전자:여,
분개:현금 또는 혼합
(차) 소모품비(판) 30,000원 (대) 현 금 33,000원
부가세대급금 3,000원

문제 5

[1] 12월 31일 일반전표입력
(차) 미수수익 1,000,000원(또는 999,999원)
(대) 이자수익 1,000,000원(또는 999,999원)
*20,000,000*10%*6/12=1,000,000

[2] 12월 31일 일반전표입력
(차) 외화환산손실 20,000,000원 (대) 단기차입금(Silicon Valley) 20,000,000원

[3] 12월 31일 일반전표입력, 선납세금 잔액 5,000,000원을 확인.
(차) 법인세비용 10,500,000원 (대) 선납세금 5,000,000원
미지급세금 5,500,000원
또는 결산자료입력에서 결산반영금액에 선납세금 5,000,000원, 미지급세금 5,500,000원 입력 후 전표추가

문제 6

[1] 조아상사, 30,000,000원(거래처원장에서 외상매출금 과목으로 조회)

[2] 81,520,000원(총계정원장을 조회, 3월)

[3] 6,200,000원(현금출납장 조회)

(2) 제 74회 전산회계 1급 해답

이론 시험

〈1〉	〈2〉	〈3〉	〈4〉	〈5〉	〈6〉	〈7〉	〈8〉	〈9〉	〈10〉	〈11〉	〈12〉	〈13〉	〈14〉	〈15〉
1	2	3	3	4	1	2	2	2	4	3	1	4	1	4

실무 시험

문제 1

[1] • 전기분원가명세서 : 복리후생비 7,000,000원을 8,500,000원으로 수정입력, 당기제품제조원가 248,470,000원을 249,970,000원으로 변경확인
- 전기분손익계산서 : 복리후생비 11,500,000원을 10,000,000원으로 수정입력, 당기제품제조원가 248,470,000원을 249,970,000원으로 수정입력 후, 당기순이익(25,371,900원) 확인
- 전기분잉여금처분계산서와 전기분재무상태표 : 당기순이익과 이월이익잉여금의 금액은 변동이 없으므로 수정불필요

[2] 기초정보등록의 거래처등록 메뉴에 등록

[3] 계정과목및적요등록 메뉴에서, 816번의 오른쪽 상단 계정코드(명)에 '차량리스료'를 입력하고, 성격은 3.경비를 선택한다. 현금적요 2.란에 '업무용승용차 리스료'를 입력한다.

문제 2

[1] 7월 25일 일반전표입력

	(차) 보통예금	12,000,000원	(대) 단기매매증권	10,000,000원
			단기매매증권처분이익	2,000,000원
[2]	(차) 보통예금	253,800원	(대) 이자수익	300,000원
	선납세금	46,200원		
[3]	(차) 잡급(판)	200,000원	(대) 보통예금	200,000원
[4]	(차) 받을어음((주)기준공업)	600,000원	(대) 외상매출금(마음전자)	1,000,000원
	보통예금	400,000원		
[5]	(차) 퇴직연금운용자산	13,520,000원	(대) 보통예금	13,520,000원
[6]	(차) 외상매입금(이안산업)	5,000,000원	(대) 매입환출및에누리(원재료)	1,200,000원
			보통예금	3,800,000원

문제 3

[1] 8월 1일 유형:53.면세, 공급가액:1,800,000, 거래처:알뜰정육점, 전자:여,
분개: 혼합 또는 현금

(차) 복리후생비(판) 1,800,000원 (대) 현 금 1,800,000원

[2] 9월 3일 유형:57카과, 공급가액 2,000,000, 부가세 200,000, 거래처:(주)싸다정비소,
분개: 혼합 또는 카드

(차) 차량유지비(제) 2,000,000원 (대) 미지급금 또는 미지급비용(삼성카드) 2,200,000원
부가세대급금 200,000원

[3] 9월 15일 유형:16.수출, 공급가액:20,000,000원 부가세:0 거래처:무에타이,
영세율구분:1, 분개:혼합

(차) 보통예금 10,000,000원 (대) 제품매출 20,000,000원
외상매출금 10,000,000원(무에타이)

[4] 10월 2일 유형:51과세, 공급가액 100,000,000, 부가세 10,000,000, 거래처:(주)반도정밀,
전자:여, 분개: 혼합

(차) 기계장치 100,000,000원 (대) 미지급금 110,000,000원
부가세대급금 10,000,000원

[5] 10월 25일 유형:11과세, 공급가액:2,000,000원, 부가세 200,000원, 거래처:우리상사,
전자:여, 분개:혼합

(차) 현 금 1,100,000원 (대) 제품매출 2,000,000원
받을어음 1,100,000원 부가세예수금 200,000원

[6] 10월 29일 유형:57카과, 공급가액:100,000원, 세액:10,000원, 거래처:(주)민상사,
신용카드사:하나카드, 분개:혼합 또는 카드

(차) 수선비(제) 100,000원 (대) 미지급금 또는 미지급비용(하나카드) 110,000원
부가세대급금 10,000원

문제 4

[1] 수정전: 12월 24일 일반전표 삭제하고, 수정후: 12월 24일 매입매출전표 입력
12월 24일 유형:51 과세, 공급가액:120,000, 세액:12,000, 거래처:신도컴퓨터, 전자:부,
분개:현금

(차) 소모품 120,000원 (대) 현 금 132,000원
부가세대급금 12,000원

[2] 수정 전 (차) 보통예금 5,000,000원 (대) 외상매출금(㈜대홍) 5,000,000원
수정 후 (차) 보통예금 5,000,000원 (대) 임대보증금(㈜대홍) 5,000,000원

문제 5

[1] 12월 31일 일반전표입력(현금과부족의 차변잔액 100,800원을 조회확인)
(차) 잡손실 100,800원 (대) 현금과부족 100,800원

[2] 12월 31일 일반전표입력
(차) 미수수익 1,500,000원 (대) 이자수익 1,500,000원
* 1,500,000원 = 100,000,000원 × 2% × 9/12

[3] 결산자료입력 메뉴를 선택한 후 제품매출원가란의 해당 칸에
차량운반구:6,500,000원, 비품:7,200,000원, 기계장치:5,000,000원을 입력한 후 전표추가

문제 6

[1] 7,000,000원(거래처원장에서 외상매출금 과목으로 조회)

[2] 758,581,992원(재무상태표 조회)
1,027,627,443원(유동자산) − 269,045,451원(유동부채) = 758,581,992원

[3] 일계표(월계표) 조회 후 970,000원

(3) 제 73회 전산회계 1급 해답

이론 시험

〈1〉	〈2〉	〈3〉	〈4〉	〈5〉	〈6〉	〈7〉	〈8〉	〈9〉	〈10〉	〈11〉	〈12〉	〈13〉	〈14〉	〈15〉
4	3	2	1	2	3	4	1	3	1	4	1	1	4	2

실무 시험

문제 1

[1] 기초정보등록의 거래처등록 메뉴에 1260 '코넬' 등록

[2] 거래처별 초기이월에 해당 계정과목을 등록하고 거래처별 금액을 입력한다.

[3] • 전기분손익계산서: 상여금 4,300,000원을 3,400,000원으로 수정입력, 당기순이익 10,600,000원 확인
• 전기분잉여금처분계산서: 당기순이익 9,700,000원이 10,600,000원으로 상단 F6(불러오기)하여 반영, 미처분이익잉여금 25,600,000원 확인
• 전기분재무상태표: 이월이익잉여금 24,700,000원을 25,600,000원으로 수정입력

문제 2

[1] 7월 13일 일반전표입력

(차) 단기매매증권	4,200,000원	(대) 보통예금	4,200,000원

[2] 7월 18일 일반전표입력

(차) 접대비(판)	55,000원	(대) 미지급금(수원카드)	55,000원
		또는 미지급비용(수원카드)	
또는 (차) 접대비(판)	50,000원	(대) 미지급금(수원카드)	50,000원
		또는 미지급비용(수원카드)	

[3] 7월 21일 일반전표입력

(차) 잡급(제)	570,000원	(대) 현　금	570,000원

[4] 8월 30일 일반전표입력

(차) 외상매입금((주)민국)	4,000,000원	(대) 보통예금	1,000,000원
		지급어음((주)민국)	3,000,000원

[5] 9월 30일 일반전표입력

(차) 건설중인자산	1,350,000원	(대) 보통예금	1,350,000원

[6] 10월 25일

(차) 보통예금	1,200,000원	(대) 자 기 주 식	1,240,000원
자기주식처분손실	40,000원		

문제 3

[1] 7월 26일 유형: 11.과세, 공급가액:-90,000원, 부가가치세:-9,000원, 거래처:(주)세미, 전자:여, 분개:현금(혼합)

(차) 현 = 금	99,000원	(대) 제품매출	90,000원
		부가세예수금	9,000원
또는		(대) 제품매출	90,000원
		부가세예수금	9,000원
		현　금	99,000원

[2] 8월10일 유형:54.불공(불공제사유:3), 공급가액 15,000,000, 부가세 1,500,000, 거래처:미래자동차, 전자:여, 분개:혼합

(차) 차량운반구	16,500,000원	(대) 미지급금(미래자동차)	16,500,000원

[3] 9월 2일 유형:51과세, 공급가액 3,000,000, 부가세 300,000, 거래처:(주)이에스텍, 전자:여, 분개: 혼합

(차) 설비장치	3,000,000원	(대) 미지급금((주)이에스텍)	3,000,000원
부가세대급금	300,000원	현　금	300,000원

[4] 10월 20일 유형:51과세, 공급가액 40,000,000원, 부가세 4,000,000원,

거래처:㈜무릉하이테크, 전자:여, 분개:혼합

(차) 원재료 40,000,000원 (대) 지급어음((주)무릉하이테크) 34,000,000원
부가세대급금 4,000,000원 당좌예금 10,000,000원

[5] 12월 5일 유형: 51.과세, 공급가액 3,000,000, 부가세 300,000 , 거래처:(주)행복컨설팅, 전자:여, 분개:혼합

(차) 교육훈련비(제) 3,000,000원 (대) 선급금((주)행복컨설팅) 1,000,000원
부가세대급금 300,000원 현 금 2,300,000원

[6] 12월 17일 유형:11.과세, 공급가액 23,000,000, 부가세 2,300,000, 거래처:(주)동서물산, 전자:여, 분개:혼합

(차) 현 금 22,300,000원 (대) 제품매출 23,000,000원
선수금((주)동서물산) 3,000,000원 부가세예수금 2,300,000원

문제 4

[1] 1. 일반전표 9월 20일 차) 원재료 82,500원 대) 현 금 82,500원 삭제 후
2. 매입매출전표 9월 20일
유형: 61.현과, 공급가액:75,000원, 부가세:7,500원, 거래처:대구전자, 전자:부, 분개:현금

(차) 원 재 료 75,000원 (대) 현 금 82,500원
부가세대급금 7,500원

[2] 10월 9일 일반전표 수정

수정전 : (차) 복리후생비(판) 560,000원 (대) 현 금 560,000원
수정후 : (차) 복리후생비(판) 280,000원 (대) 현 금 560,000원
예수금 280,000원

문제 5

[1] 12월 31일 일반전표입력

(차) 복리후생비(판) 1,200,000원 (대) 제 품 1,200,000원
(적요 8. 타계정으로 대체액 손익계산서 반영분)

[2] 12월 31일 일반전표 입력

(차) 접대비(판) 200,000원 (대) 현금과부족 200,000원

[3] 일반전표입력 12월 31일

(차) 무형자산상각비(판) 5,000,000원 (대) 영업권 5,000,000원

- $15,000,000 \times 1/3 = 5,000,000$

문제 6

[1] 577,400,000원(재무상태표 또는 합계잔액시산표의 제출용 탭 조회하여 현금, 당좌예금, 보통예금을 합산함)

[2] 354,786,000원(부가가치세신고서 4월부터 6월까지 조회)

[3] (주)유빈전자(세금계산서합계표 조회, 조회기간:1월-3월, 구분:매출)

(4) 제 72회 전산회계 1급 해답

이론 시험

〈1〉	〈2〉	〈3〉	〈4〉	〈5〉	〈6〉	〈7〉	〈8〉	〈9〉	〈10〉	〈11〉	〈12〉	〈13〉	〈14〉	〈15〉
1	3	4	3	4	2	4	2	3	1	2	1	3	1	3

실무 시험

문제 1

[1] 계정과목및적요등록 : 811.복리후생비 계정과목의 대체전표 적요 3번에 "사내 동호회비 지원"입력

[2] 선급금 ㈜하늘정밀 4,300,000원을 3,300,000원으로 수정
　　㈜일렉코리아 1,200,000원을 2,200,000원으로 수정
선수금 ㈜프로테크 5,400,000원을 4,500,000원으로 수정
　　부흥정밀 1,500,000원 추가 입력

[3] [거래처등록] → [신용카드]
코드 : 99990, 거래처명 : 현대카드, 가맹점번호 : 564002314, 유형 : 매출

문제 2

[1] 9월 15일 일반전표입력

(차) 감가상각누계액(차량운반구)	20,000,000원	(대) 차량운반구	25,000,000원
유형자산처분손실	5,350,000원	보통예금	350,000원

[2] 9월 18일 일반전표입력

(차) 보통예금	57,500,000원	(대) 외상매출금	55,000,000원(Sam-IT그룹)
		외환차익	2,500,000원

[3] 9월 20일 일반전표입력 (차) 기부금 1,300,000원 (대) 제품 1,300,000원

(적요 8. 타계정으로 대체)

[4] 9월 30일 일반전표입력

(차) 세금과공과(판) 50,000원 (대) 현 금 50,000원
또는 잡손실

[5] 10월 10일 (차) 원재료 300,000원 (대) 현 금 300,000원

[6] 10월 20일 일반전표입력(대손충당금 잔액조회)

(차) 대손충당금(109) 1,600,000원 (대) 외상매출금 3,000,000원((주)희망)
대손상각비 1,400,000원

문제 3

[1] 10월 15일 유형:53.면세, 공급가액:99,000원, 부가가치세:0원, 거래처: ㈜향기나는꽃집, 전자:여, 분개:혼합

(차) 접대비(판) 99,000원 (대) 보통예금 99,000원

[2] 10월 30일 유형:52.영세, 공급가액 22,000,000원, 부가세:0원, 거래처:㈜전남기업, 전자:여, 분개:혼합

(차) 원재료 22,000,000원 (대) 받을어음(㈜경남기업) 10,000,000원
지급어음(㈜전남기업) 12,000,000원

[3] 11월 1일 유형:61.현과, 공급가액 600,000원, 부가세 60,000원 거래처:(주)자판기커피, 분개:현금(혼합)

(차) 복리후생비(판) 600,000원 (대) 현 금 660,000원
부가세대급금 60,000원

[4] 11월 10일 유형:51.과세, 공급가액:5,000,000원, 부가가치세:500,000원, 거래처:㈜지성상사, 전자:여, 분개:혼합

(차) 비 품 5,000,000원 (대) 선급금(㈜지성상사) 550,000원
부가세대급금 500,000원 보통예금 2,000,000원
미지급금(하나카드) 2,950,000원

[5] 11월 17일 유형:51.과세, 공급가액:3,000,000원, 부가세:300,000원, 거래처:삼미빌딩, 전자:여, 분개:혼합

(차) 임차료(판) 3,000,000원 (대) 미지급금(또는 미지급비용) 3,300,000원
부가세대급금 300,000원

[6] 11월 25일 유형:54(불공사유2), 공급가액:4,400,000원, 부가세:440,000원, 거래처:㈜전자마트, 전자:여, 분개:혼합

(차) 가지급금(김사부) 4,840,000원 (대) 당좌예금 4,840,000원

문제 4

[1] 매입매출전표입력에서 수정 : 2월10일자 분개를 조회하여 잘못 입력된 계정과목 등을 수정 입력

수정 전 :	(차) 건　물	5,000,000원	(대) 당좌예금	5,500,000원
	부가세대급금	500,000원		
수정 후 :	(차) 수선비(제)	5,000,000원	(대) 당좌예금	5,500,000원
	부가세대급금	500,000원		

[2] 7월 13일 일반전표입력

수정전 :	(차) 세금과공과(판)	300,000원	(대) 현　금	300,000원
수정후 :	(차) 차량운반구	300,000원	(대) 현　금	300,000원

문제 5

[1] 12월 31일 일반전표입력

(차) 잡손실	9,000원	(대) 현　금	9,000원

[2] 12월 31일

(차) 부가세예수금	458,721원	(대) 부가세대급금	245,155원
		잡이익	6원
		미지급세금	213,560원

[3] 일반전표입력 12월 31일

(차) 단기매매증권평가손실	3,500,000원	(대) 단기매매증권	3,500,000원

※ 3,500,000 = 55,000,000(전기말 공정가액) − 51,500,000(당해연도말 공정가액)

문제 6

[1] 36,000,000원(월계표 또는 현금출납장 조회)

[2] 3월(총계정원장 조회)

[3] 3,300,000원(거래처원장 3월 조회)

(5) 제 71회 전산회계 1급 해답

이론 시험

〈1〉	〈2〉	〈3〉	〈4〉	〈5〉	〈6〉	〈7〉	〈8〉	〈9〉	〈10〉	〈11〉	〈12〉	〈13〉	〈14〉	〈15〉
3	1	2	2	3	1	1	2	4	2	1	4	3	4	3

실무 시험

문제 1

[1] 거래처등록 메뉴에 입력

[2] 계정과목및적요등록에서 코드 229번에 라이선스와프랜차이즈, 성격:1. 일반, 현금적요:1. 라이선스 계약금

[3] ① 전기분재무상태표의 원재료 2,000,000원 → 1,500,000원으로 수정입력.
② 전기분원가명세서 기말원재료 1,500,000원으로 수정 입력되면서
전기분원가명세서 당기제품제조원가 30,730,000원 → 31,230,000원으로 수정됨.
③ 전기분손익계산서 당기제품제조원가 30,730,000원 → 31,230,000원으로 수정 입력하면
당기순이익 91,125,000원에서 90,625,000원으로 수정됨.
④ 전기분잉여금처분계산서 당기순이익 91,125,000원 → 90,625,000원으로 수정 입력하면.(또는 F6. 불러오기)
미처분이익잉여금 134,225,000원에서 133,725,000원으로 수정 됨.
⑤ 전기분재무상태표 이월이익잉여금 134,225,000원 → 133,725,000원으로 수정 입력함.

문제 2

[1] 7월 16일

(차) 보통예금	1,500,000원	(대) 배당금수익	1,500,000원

[2] 7월 25일

(차) 보통예금	94,850,000원	(대) 단기차입금	95,000,000원(시민은행)
수수료비용(제)	150,000원		

[3] 8월 31일

(차) 선납세금	1,100,000원	(대) 현 금	1,100,000원

[4] 9월 5일

(차) 토 지	52,000,000원	(대) 자산수증이익	50,000,000원
		당 좌 예 금	2,000,000원

[5] 9월 14일

(차) 이자비용	120,000원	(대) 보통예금	120,000원

[6] 10월 5일

(차) 외상매입금((주)날씬닷컴)	5,000,000원	(대) 받을어음((주)명화상사)	5,000,000원

문제 3

[1] 7월 12일 유형:53. 면세, 공급가액:250,000, 부가세:0, 거래처:미풍문고, 전자:여,

분개:혼합

(차) 도서인쇄비(판) 250,000원 (대) 미지급금(또는 미지급비용) 250,000원

[2] 9월 12일 유형:55.수입, 공급가액 12,000,000, 부가세 1,200,000, 거래처:인천세관,
전자:여, 분개:현금(혼합)

(차) 부가세대급금 1,200,000원 (대) 현 금 1,200,000원

[3] 10월 11일 유형:16수출(영세율구분 1), 공급가액 24,200,000, 부가세:0,
거래처: 미국TA Co., 분개: 혼합

(모두정답처리)

(차) 선수금 2,200,000원 (대) 제품매출 24,200,000원
외상매출금 22,000,000원

[4] 10월 12일 유형:11.과세, 공급가액:1,100,000, 부가세:110,000, 거래처:부산상사,
전자:여, 분개:혼합

(차) 미수금 1,210,000원 (대) 기계장치 5,000,000원
감가상각누계액(기계장치) 3,250,000원 부가세예수금 110,000원
유형자산처분손실 650,000원

[5] 11월 25일 유형:51 과세, 공급가액:14,000,000, 부가세:1,400,000 거래처: ㈜희망자동차,
전자:여, 분개: 혼합

(차) 차량운반구 14,000,000원 (대) 보통예금 15,400,000원
부가세대급금 1,400,000원

[6] 11월 27일 유형: 14.건별, 공급가액:300,000, 부가세:30,000, 분개:현금(혼합)

(차) 현 금 330,000원 (대) 제품매출 300,000원
부가세예수금 30,000원

문제 4

[1] 8월10일 일반전표 수정

수정전 : (차) 퇴직급여(제) 15,600,000원 (대) 보통예금 15,600,000원
수정후 : (차) 퇴직연금운용자산 15,600,000원 (대) 보통예금 15,600,000원

[2] 일반전표입력에서 전표를 삭제한 후 매입매출전표입력에 입력

수정 전 : 10월 10일 일반전표입력
(차) 운반비(판) 55,000원 (대) 현 금 55,000원

수정 후 : 10월 10일 매입매출전표입력
유형:51.과세, 공급가액 50,000 세액 5,000, 거래처:대박용달, 전자:부, 분개:현금(혼합)
(차) 원재료 50,000원 (대) 현 금 55,000원
부가세대급금 5,000원

문제 5

[1] 12월 31일 일반전표입력
(차) 소모품비(판) 160,000원 (대) 소모품 160,000원

[2] 고정자산등록메뉴에 해당금액을 입력하여 상각범위액을 확인 – 결산자료입력 – 감가상각비 입력 – 전표추가 또는 12월 31일자 일반전표에 입력
(차) 감가상각비(제) 6,765,000원 (대)감가상각누계액(기계장치) 6,765,000원

[3] 결산자료입력 메뉴를 선택한 후 해당 칸에
원재료 : 3,500,000원, 재공품 : 7,300,000원, 제품 : 26,200,000원을 입력한 후 전표추가

문제 6

[1] 12(32매 – 20매 = 12매) 세금계산서합계표 조회

[2] 1월, 592,050,000원(총계정원장 조회 – 제품매출)

[3] 100,000원(부가가치세신고서 1월~3월 – 공제받지 못할 매입세액 조회)

(6) 제 59회 전산회계 1급 해답

이론 시험

〈1〉	〈2〉	〈3〉	〈4〉	〈5〉	〈6〉	〈7〉	〈8〉	〈9〉	〈10〉	〈11〉	〈12〉	〈13〉	〈14〉	〈15〉
3	1	4	1	4	2	3	2	2	3	4	1	2	1	4

실무 시험

문제 1

[1] 거래처등록메뉴에서 4100번에 내용을 입력.

[2] 기초정보등록 → 계정과목 및 적요등록 → 임차료 → 현금적요7번에 법인승용차 리스료 지급 입력

[3] ① 거래처별 초기이월에서 외상매출금 (주)서울 16,000,000원 → 56,000,000으로 수정입력
② 거래처별 초기이월에서 외상매입금 (주)서울 40,000,000원 추가입력
③ 전기분 재무상태표의 외상매출금 50,000,000원 → 90,000,000원으로 수정입력
④ 전기분 재무상태표의 외상매입금 34,000,000 → 74,000,000 원으로 수정입력

문제 2

[1] 7월 1일: (차) 선급비용 4,800,000원 (대) 현 금 4,800,000원

[2] 7월 10일: (차) 퇴직연금운용자산 5,000,000원 (대) 보통예금 5,000,000원

[3] 7월 13일: (차) 토 지 56,200,000원 (대) 장기차입금(신한은행) 50,000,000원

[4] 7월 23일: (차) 보통예금 10,000,000원 (대) 단기매매증권 8,000,000원

[5] 8월 25일: (차) 외상매입금((주)화성)17,000,000원
(대) 지급어음((주)화성) 10,000,000원

[6] 9월 18일: (차) 단기매매증권 260,000 (대) 보통예금 300,000
차량운반구 40,000

문제 3

[1] 7월 17일 매입매출전표입력
유형:11.과세, 공급가액: 35,000,000 부가세: 3,500,000, 거래처:(주)대진, 전자:여, 분개: 혼합
(차) 현 금 33,500,000원 (대) 제품매출 35,000,000원
선수금 5,000,000원 부가세예수금 3,500,000원

[2] 7월 30일 매입매출전표입력
유형:12.영세, 공급가액: 17,250,000 부가세:0, 거래처:(주)한국무역, 전자:여,
분개: 혼합, 영세율구분: 3.내국신용장.구매확인서에 의하여 공급하는 재화
(차) 현 금 6,000,000원 (대) 제품매출 17,250,000원
받을어음((주)진서) 11,250,000원

[3] 10월 18일 유형:61(현과), 공급가액:70,000/부가세:7,000, 거래처:가락주유소, 분개:현금
(차) 차량유지비(제) 70,000원 (대) 현 금 77,000원
부가세대급금 7,000원

[4] 11월 25일 매입매출전표입력
유형:54.불공, 공급가액 1,600,000 부가세 160,000, 거래처:광양컨설팅, 전자:여,
분개:혼합, 불공제사유: ⑥ 토지의 자본적 지출관련
(차) 토 지 1,760,000 (대) 당좌예금 1,760,000

[5] 11월 30일 매입매출전표입력
유형:52.영세, 공급가액 25,000,000 부가세 0, 거래처:(주)춘천, 전자:여, 분개:혼합
(차) 원재료 25,000,000 (대) 받을어음((주)울산) 5,000,000
지급어음 20,000,000

문제 4

[1] 8월 18일 일반전표입력 수정
수정전: (차) 복리후생비(판) 1,200,000원 (대) 현 금 1,200,000원
수정후: (차) 선 급 금(백합상사) 1,200,000원 (대) 현 금 1,200,000원

[2] 9월 10일 일반전표 입력내용 삭제 후 매입매출전표 입력
수정전: (차) 복리후생비(판) 220,000 (대) 현 금 220,000
수정후: 유형:61.현과, 공급가액:200,000, 부가세:20,000, 거래처:순천식당, 분개:현금
(차) 복리후생비(제) 200,000 (대) 현 금 220,000
부가세대급금 20,000

[3] 9월 15일 매입매출전표 수정
유형: 11.과세, 공급가액 4,000,000 부가세 400,000, 거래처:(주)여수, 전자:여, 분개:혼합
수정전: (차) 현 금 4,400,000 (대) 비 품 7,000,000
유형자산처분손실 3,000,000 부가세예수금 400,000
수정후: (차) 현 금 4,400,000 (대) 비 품 7,000,000
감가상각누계액(비품) 2,500,000 부가세예수금 400,000
유형자산처분손실 500,000

문제 5

[1] 12월 31일 일반전표입력
(차) 접대비(판) 2,000,000 (대) 제 품 2,000,000
(적요 8. 타계정으로 대체액 손익계산서 반영분)

[2] 12월 31일 일반전표입력
(차) 소모품 2,800,000원 (대) 소모품비(판) 2,800,000원

[3] 퇴직급여(판): 27,000,000－23,000,000＝4,000,000
퇴직급여(제): 29,000,000－27,000,000＝2,000,000
다음 ①,② 중 선택하여 입력
① 결산자료 입력 메뉴에서 입력 후 전표추가
② 12월 31일 일반전표입력
(차) 퇴직급여(판) 4,000,000 (대) 퇴직급여충당부채 6,000,000
퇴직급여(제) 2,000,000

문제 6

[1] 공급가액 4,500,000월, 세액 450,000원, 부가가치세신고서(1월~3월) 조회

[2] 1월, 11,791,200원[일계표(월계표)의 월계표 1월부터 3월까지 각 월별 조회]

[3] 1,050,000원(월계표 4월~6월 조회하여 제조경비의 복리후생비 금액을 확인)

(7) 제 58회 전산회계 1급 해답

이론 시험

〈1〉	〈2〉	〈3〉	〈4〉	〈5〉	〈6〉	〈7〉	〈8〉	〈9〉	〈10〉	〈11〉	〈12〉	〈13〉	〈14〉	〈15〉
1	2	3	4	2	2	3	3	4	1	2	4	4	3	1

실무 시험

문제 1

[1] 거래처등록메뉴의 신용카드항목 입력(유형:매출)

[2] 해당 거래처명과 금액을 거래처별초기이월메뉴에서 수정하면 된다.

- 거래처별초기이월메뉴: 외상매출금 ㈜청평 10,000,000원 추가입력
  단기차입금 ㈜이태백 20,000,000원을 15,000,000원으로 수정.

[3] 계정과목및적요등록 메뉴에서 "0217.사용자설정계정과목"을 계정코드(명)에서 "국고보조금"으로 바꾸고, 성격을 "4.차감", 관계코드(명)에서 "0206.기계장치"로 선택

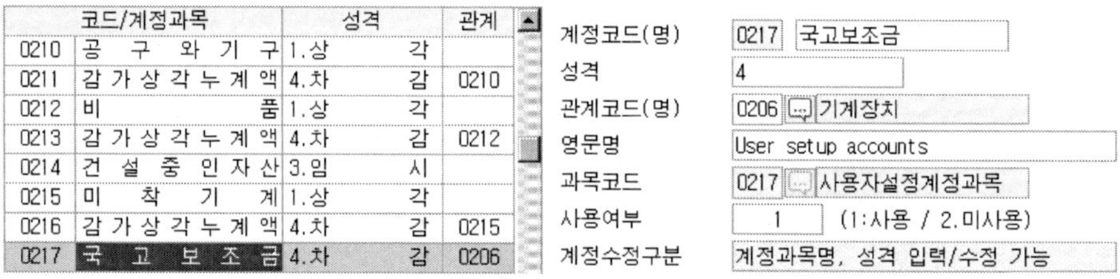

코드	계정과목	성격	관계
0210	공구와기구	1.상각	
0211	감가상각누계액	4.차감	0210
0212	비품	1.상각	
0213	감가상각누계액	4.차감	0212
0214	건설중인자산	3.임시	
0215	미착기계	1.상각	
0216	감가상각누계액	4.차감	0215
0217	국고보조금	4.차감	0206

계정코드(명)	0217 국고보조금
성격	4
관계코드(명)	0206 기계장치
영문명	User setup accounts
과목코드	0217 사용자설정계정과목
사용여부	1 (1:사용 / 2.미사용)
계정수정구분	계정과목명, 성격 입력/수정 가능

문제 2

[1] 7월 3일: (차) 보통예금 4,800,000원 (대) 받을어음((주)청송) 5,000,000원
매출채권처분손실 200,000원

[2] 7월 21일: (차) 수선비(제) 5,100,000원 (대) 당좌예금 19,700,000원
건 물 14,600,000원
(수선비(제) 5,100,000원을 1,800,000원 과 3,300,000원 으로 각각 입력하여도 됨)

[3] 8월 30일: (차) 원재료 3,500,000원 (대) 현 금 3,500,000원

[4] 9월 5일: (차) 보통예금 6,790,000 (대) 외상매출금(오성상사) 7,000,000
매출할인(406) 210,000

[5] 9월 26일: (차) 퇴직급여충당부채12,000,000원 (대) 보통예금 10,680,000원

[6] 10월 25일: (차) 예 수 금 420,000 (대) 보통예금 620,000
세금과공과(판) 60,000
세금과공과(제) 140,000

문제 3

[1] 7월 23일 매입매출전표입력
유형:11.과세, 공급가액: 8,000,000 부가세: 800,000, 거래처:(주)달마, 전자:여, 분개:혼합
(차) 받을어음((주)상림) 4,000,000원 (대) 제품매출 8,000,000원
보통예금 4,800,000원 부가세예수금 800,000원

[2] 10월 11일 매입매출전표입력
유형:51.과세, 공급가액:5,000,000, 부가세:500,000, 거래처:장일상사, 전자:여, 분개:혼합
(차) 외주가공비(제) 5,000,000원 (대) 미지급금 5,500,000원
부가세대급금 500,000원 또는 외상매입금

[3] 10월 15일 매입매출전표입력
유형: 53.면세, 공급가액:200,000, 부가세:0, 거래처:(주)글방문고, 분개:혼합
(차) 도서인쇄비(판) 200,000원 (대) 보통예금 200,000원

[4] 11월 5일 매입매출전표입력
유형:11.과세, 공급가액 50,000,000, 부가세 5,000,000, 거래처:주식회사 금강산, 전자:여, 분개: 외상
(차) 외상매출금 (주식회사 금강산) 55,000,000원 (대) 제품매출 50,000,000원
부가세예수금 5,000,000원

[5] 11월 12일 매입매출전표입력
유형:54.불공, 공급가액4,500,000 부가세450,000, 거래처:(주)중앙정비소, 전자:여, 분개:혼합
불공제사유: ③ 비영업용소형승용자동차 구입 유지 및 임차
(차) 차량운반구 4,950,000 (대) 당좌예금 4,950,000

[6] 11월 25일 매입매출전표입력
유형:61.현과, 공급가액 25,000,000 부가세 2,500,000, 거래처:만능상사, 전자:부, 분개:현금
(차) 원재료 25,000,000원 (대) 현 금 27,500,000원
부가세대급금 2,500,000원

문제 4

[1] 9월 14일 매입매출전표 수정

수정 전: 9월 14일 유형:12(영세), 공급가액:5,000,000, 거래처:줄리아나, 전자:부, 분개:혼합, 영세율구분:3

(차) 외상매출금(줄리아나) 5,000,000 (대) 제품매출 5,000,000

• 수정 후: 9월 14일 유형:16(수출), 공급가액:6,000,000, 거래처:줄리아나, 전자:부, 분개:혼합(외상), 영세율구분:1

(차) 외상매출금(줄리아나)6,000,000 (대) 제품매출 6,000,000

[2] 10월 29일 일반전표입력에서 수정입력(거래처원장에서 외상매출금잔액 조회)

• 수정 전: (차) 보통예금 10,950,000원 (대) 외상매출금 10,950,000원((주)엘에이전자)

• 수정 후: (차) 보통예금 10,950,000원 (대) 외상매출금 10,000,000원 ((주)엘에이전자)
선 수 금 950,000원 ((주)엘에이전자)

문제 5

[1] 12월 31일 일반전표입력

(차) 보통예금 4,500,000 (대) 단기차입금(대박은행) 4,500,000

[2] 12월 31일 일반전표입력

(차) 단기차입금(Champ사) 3,000,000원 (대) 외화환산이익 3,000,000원

[3] 다음 ①, ②중 선택하여 입력

① 결산자료 입력 메뉴에서 다음과 같이 입력 후 전표추가

제조경비 – 일반상각비: 건물 3,300,000원, 기계장치 5,000,000원

판관비 – 감가상각비: 건물 14,600,000원

② 12월 31일 일반전표 입력

(차) 감가상각비(제)	8,300,000	(대) 감가상각누계액(건물)	14,600,000
감가상각비(판)	14,600,000	감가상각누계액(건물)	3,300,000
		감가상각누계액(기계장치)	5,000,000

문제 6

[1] 693,727,890원 [재무상태표 3월 조회, 유동자산(1,233,703,657) – 유동부채(539,975,767)]

[2] 29,050,000원(매입매출장을 1월~3월 선택, 구분 2.매출, 유형 12.영세 조회하여 분기누계 금액을 확인)

[3] 152,395,000원(4월부터 6월까지 각 월계표 조회)

(8) 제 57회 전산회계 1급 해답

이론 시험

〈1〉	〈2〉	〈3〉	〈4〉	〈5〉	〈6〉	〈7〉	〈8〉	〈9〉	〈10〉	〈11〉	〈12〉	〈13〉	〈14〉	〈15〉
4	2	1	1	3	3	4	1	2	3	1	3	2	4	4

실무 시험

문제 1

[1] 사업장주소 및 본점주소를 "서울특별시 강남구 논현동 1-3"에서 "서울특별시 강남구 도산대로 108(논현동)"으로 변경등록

[2] 1. 전기분재무상태표: 원재료 3,500,000원 → 4,000,000원으로 수정입력
재공품 7,000,000원 → 8,000,000원으로 수정입력
제품 10,500,000원 → 12,000,000원으로 수정 입력

2. 전기분원가명세서: 조회, 기말원재료재고액, 기말재공품재고액 및 당기제품제조원가 확인

3. 전기분 손익계산서: 조회(기말제품재고액 반영 확인),
당기제품제조원가 93,500,000원 → 92,000,000원으로 수정 입력

4. 전기분잉여금처분계산서: 불러오기(조회), 당기순이익 확인

[3] 계정과목 및 적요등록 메뉴에서 제조경비 537번에 수선외주용역비, 구분(성격)은 제조경비로 입력

문제 2

[1] 7월 16일 (차) 원재료	230,000	(대) 보통예금	230,000
[2] 7월 23일 (차) 당좌예금	29,830,000	(대) 받을어음((주)케스터)	30,000,000
수수료비용(판)	170,000		
[3] 7월 24일 (차) 급여(판)	5,000,000원	(대) 보통예금	4,730,000원
		예수금	270,000원

[4] 8월 23일 현재 외상매출금에 대한 대손충당금잔액 조회 후

(차) 대손충당금(외상)	4,250,000원	(대) 외상매출금(이화상사)	6,600,000원
대손상각비 (판)	2,350,000원		

[5] 9월 12일 (차) 수 선 비(제)	4,000,000	(대) 미지급금(㈜태양조명)	24,000,000
비 품	20,000,000		

[6] 9월 20일 (차) 현 금 3,000,000원 (대) 임대보증금((주)부흥상사)30,000,000원
미수금((주)부흥상사) 27,000,000원

문제 3

[1] 10월 4일 유형:11.과세, 공급가액 600,000 부가세 60,000, 거래처: 만물상사, 전자:여, 분개:혼합
(차) 미수금(만물상사) 660,000원 (대) 기계장치 2,000,000원
감가상각누계액(기계) 1,200,000원 부가세예수금 60,000원
유형자산처분손실 200,000원

[2] 10월 15일 유형:12.영세, 공급가액 4,200,000, 부가세 0, 거래처:(주)태영상사, 전자:여, 분개:혼합
(차) 현 금 2,100,000 (대) 제품매출 4,200,000
외상매출금((주)태영상사)2,100,000

[3] 11월 23일 유형:54.불공, 공급가액 1,500,000 부가세 150,000, 거래처:랜드마트, 전자:여, 분개:카드
불공제사유: ④접대비 및 이와 유사한 비용 관련
(차) 접대비(제) 1,650,000원 (대) 미지급금(비씨카드(법인)) 1,650,000원

[4] 11월 28일 유형:61.현과, 공급가액 1,000,000, 부가세 100,000, 거래처:(주)하이크리너, 분개:현금
(차) 건물관리비(판) 1,000,000원 (대) 현 금 1,100,000원
부가세대급금 100,000원

[5] 12월 2일 유형:51.과세, 공급가액 2,500,000, 부가세 250,000, 거래처:영포전자, 전자:여, 분개:혼합
(차) 원재료 2,500,000 (대) 지급어음(영포전자) 2,750,000
부가세대급금 250,000

[6] 12월 21일 유형: 53.면세, 공급가액 5,500,000, 거래처:㈜한라컨설팅, 분개:혼합
(차) 교육훈련비(제) 5,500,000 (대) 보 통 예 금 5,500,000

문제 4

[1] 6월 30일 부가가치세에 대한 회계처리를 조회하여 미지급세금 9,274,100원을 확인한 뒤 일반전표입력 7월 25일에서 수정
수정전: (차) 세금과공과(제) 9,274,100원 (대) 현 금 9,274,100원
수정후: (차) 미지급세금 9,274,100원 (대) 보통예금 9,274,100원

[2] 9월 10일 일반전표입력

수정전: (차) 보통예금 17,000,000원 (대) 외상매출금((주)청평) 17,000,000원
수정후: (차) 보통예금 17,000,000원 (대) 외상매출금((주)청평) 10,000,000원

[3] 10월 27일자 (주)코레드로부터 발급받은 매입분 종이세금계산서 해당분을 삭제한다.

문제 5

[1] 결산자료입력 후 대손상각비 칸에 다음의 금액을 입력한 후 전표추가 키를 통해 처리
외상매출금=575,250,000×1%=5,752,500
받을어음=98,550,000× 1%−890,000=95,500
또는 (차) 대손상각비 5,848,000 (대) 대손충당금(외상매출금) 5,752,500
대손충당금(받을어음) 95,500

[2] 12월 31일 일반전표입력
(차) 법인세등 5,600,000 (대) 선납세금 3,000,000
미지급세금 2,600,000
또는 결산자료입력에서 법인세등의 (1) 선납세금란에 3,000,000, (2) 추가계상액란에 2,600,000 입력 후 전표추가

문제 6

[1] 39,788,560원 현금출납장 3월31일 조회한 금액(96,319,700원)과 6월30일 조회한 금액(56,531,140원)을 비교하여 현금잔액이 39,788,560원 감소하였음을 확인하는 것임.

[2] 9,274,100원

[3] 141(부영상사), 93,484,000원 (거래처원장조회)

(9) 제 56회 전산회계 1급 해답

이론 시험

〈1〉	〈2〉	〈3〉	〈4〉	〈5〉	〈6〉	〈7〉	〈8〉	〈9〉	〈10〉	〈11〉	〈12〉	〈13〉	〈14〉	〈15〉
2	1	4	2	4	2	4	1	3	3	1	3	4	3	1

실무 시험

문제 1

[1] 회사등록사항 수정
① 개업연월일: 2010년 5월 26일을 2010년 6월 26일로 수정

② 사업장소재지변경: 서울특별시 서초구 서초동 1321-6 서초동아타워
③ 사업의 종류추가: 업태에"도매" 종목을 "무역"으로 추가등록
④ 관할세무서수정 : 관할세무서를 "서초세무서"로 수정

[2] (1) 거래처별 초기이월 메뉴에서 외상매출금을 선택한 후 각각의 거래처의 금액을 수정하여 차액이 발생하지 않도록 한다.
외상매출금 ㈜강원 2,680,000원 → 5,260,000원 ㈜철원 8,770,000원 → 4,650,000원
(2) 거래처별 초기이월 메뉴에서 외상매입금을 선택한 후 각각의 거래처의 금액을 수정하여 차액이 발생하지 않도록 한다.
외상매입금 ㈜부산 8,200,000원 → 3,300,000원 ㈜대전 4,010,000원 → 6,950,000원

[3] 전기분손익계산서의 통신비 3,400,000원 수정입력, 세금과공과 계정과목 입력 후 900,000원 입력

문제 2

[1] 7월 23일	(차) 선급금(희망상사)	1,000,000원	(대) 보통예금		1,000,000원
[2] 7월 30일	(차) 세금과공과(제)	1,550,000원	(대) 보통예금		3,920,000원
	세금과공과(판)	2,370,000원			
[3] 8월 15일	(차) 미 수 금((주)개성)	35,000,000	(대) 토 지		19,000,000
			유형자산처분이익		16,000,000
[4] 8월 20일	(차) 접대비(판)	120,000	(대) 미지급금(하나카드)		120,000
			(또는 미지급비용)		
[5] 9월 5일	(차) 견본비(판)	500,000	(대) 제 품		500,000
[6] 9월 10일	(차) 만기보유증권(투자)	10,050,000	(대) 당좌예금		10,000,000
			현 금		50,000

문제 3

[1] 10월 19일 유형:16.수출, 공급가액 22,000,000, 부가세 0, 거래처:캄차카, 분개:외상
(차) 외상매출금(캄차카) 22,000,000 (대) 제품매출 22,000,000

[2] 10월 23일 유형:14.건별, 공급가액 700,000, 부가세 70,000, 거래처:김무소, 분개:현금
(차) 현 금 770,000원 (대) 제품매출 700,000원
부가세예수금 70,000원

[3] 11월 11일 유형:57.카과, 공급가액 500,000, 부가세 50,000, 거래처:백두산한우고기
신용카드사:99604 국민체크카드(법인), 분개:혼합 또는 카드
(차) 복리후생비(제) 500,000원 (대) 보통예금 550,000원

부가세대급금 50,000원

[4] 11월 14일 유형:51.과세, 공급가액 9,000,000, 부가세 900,000, 거래처:현대자동차, 전자: 여, 분개: 혼합

(차)	차량운반구	9,700,000	(대) 미 지 급 금	9,900,000
	부가세대급금	900,000	현 금	700,000

[5] 12월 15일 유형:52.영세, 공급가액 32,000,000, 부가세 0, 거래처:㈜승리전자, 전자:여, 분개:혼합

(차)	원재료	32,000,000	(대) 외상매입금((주)승리전자)	26,000,000
			받을어음((주)동산)	6,000,000

[6] 12월 29일 유형:11.과세, 공급가액 8,400,000, 세액 840,000, 거래처:대성기업, 전자:여, 분개:혼합

(차)	현 금	1,240,000원	(대) 제품매출	8,400,000원
	받을어음(대성기업)	5,500,000원	부가세예수금	840,000원
	외상매출금(대성기업)	2,500,000원		

문제 4

[1] 매입매출전표입력(유형:과세(51)→불공(54) 불공제사유:④ 접대비 및 이와 유사한 비용 관련)

수정전:	(차) 복리후생비(판)	2,000,000	(대) 현 금	2,200,000
	부가세대급금	200,000		
수정후:	(차) 접 대 비(판)	2,200,000	(대) 현 금	2,200,000

[2] 일반전표입력에서 수정(계정과목 수정)

수정전:	(차) 당좌예금	2,000,000	(대) 외상매출금((주)부평)	2,000,000
수정후:	(차) 당좌예금	2,000,000	(대) 선 수 금((주)부평)	2,000,000

문제 5

[1] 12월 31일 일반전표입력

(차) 장기차입금(도시은행) 50,000,000원 (대) 유동성장기부채(도시은행) 50,000,000원

[2] 12월 31일 일반전표입력

(차)	선급비용	1,150,000원	(대) 보험료(제)	550,000원
			보험료(판)	600,000원

[3] 결산자료입력 메뉴를 선택한 후 해당 칸에

원재료: 4,520,000원, 재공품: 5,570,000원, 제품: 9,590,000원을 입력한 후 전표추가

문제 6

[1] 6,735,040원(일계표(월계표) 조회기간 : 1 월~3월 조회)

[2] 공급가액 3,500,000원, 세액 350,000원[부가가치세신고서 1월 ~ 3월 조회, 매입세액의 공제받지못할매입세액란 금액과 세액]

[3] 4월1일부터 6월30일까지의 부가가치세신고서 조회한 뒤
일반과세 세금계산서발급분(300,036,000원)+영세율 세금계산서발급분(38,450,000원)
=338,486,000원

(10) 제 55회 전산회계 1급 해답

이론 시험

〈1〉	〈2〉	〈3〉	〈4〉	〈5〉	〈6〉	〈7〉	〈8〉	〈9〉	〈10〉	〈11〉	〈12〉	〈13〉	〈14〉	〈15〉
2	4	2	2	3	2	3	1	3	4	4	1	1	3	4

실무 시험

문제 1

[1] 전기분재무상태표의 외상매출금을 56,000,000 → 54,000,000으로 수정
전기분재무상태표의 현금을 130,000,000 → 132,000,000으로 수정
거래처별초기이월 외상매출금에서 ㈜영서물산 26,000,000 → 24,000,000으로수정

[2] 회사등록사항 수정
① 사업자등록번호 수정: 사업자등록번호 "105-86-54182" → "214-81-29167"로 수정
② 사업의 종류 수정: 업태를 '도매' → "제조"로, 종목을 '휴대폰부품' → "스포츠용품"으로 수정
③ 개업연월일 수정: 개업연월일을 "2010년 1월 1일" → "2010년 7월 1일"로 수정
④ 관할세무서 수정: 관할세무서를 "강남세무서" → "서초세무서"로 수정

문제 2

[1] 7월 3일 (차) 소모품비(판) 600,000원 (대) 원재료 600,000원
(적요8: 타계정으로 대체액원가명세서 반영분)

[2] 7월 8일 (차) 보통예금 14,850,000원 (대) 받을어음 15,000,000원
수수료비용(판) 150,000원 ((주)영진전자)

[3] 7월 10일 (차) 부도어음과수표5,000,000원 (대) 받을어음 5,000,000원

((주)동우) ((주)동우)

[4] 8월 6일 (차) 토 지 66,000,000원 (대) 보통예금 46,000,000원
미지급금((주)에이텍) 20,000,000원

[5] 9월 25일 (차) 퇴직급여(제) 7,500,000원 (대) 보통예금 8,000,000원
수수료비용(제) 500,000원

[6] 9월 30일 (차) 이자비용 1,000,000원 (대) 현 금 725,000원
예수금 275,000원

문제 3

[1] 7월 8일 유형:54.불공, 공급가액 16,000,000, 부가세 1,600,000, 거래처:기현자동차, 전자:여, 분개:혼합, 불공제사유: 3.비영업용 소형승용자동차 구입, 유지 및 임차

(차) 차량운반구 18,000,000 (대) 당 좌 예 금 17,600,000
현 금 400,000

[2] 7월 14일 유형: 22.현과, 공급가액 3,000,000, 부가세 300,000, 거래처:김철수, 분개:현금

(차) 현 금 3,300,000원 (대) 제품매출 3,000,000원
부가세예수금 300,000원

[3] 7월 17일 유형: 16.수출, 공급가액 24,000,000, 부가세 0, 거래처:후지모리상사, 분개:외상

(차) 외상매출금 24,000,000 (대) 제품매출 24,000,000

[4] 7월 25일 유형:55.수입, 공급가액 21,000,000, 부가세 2,100,000, 거래처:김포세관, 전자:여, 분개:현금

(차) 부가세대급금 2,100,000원 (대) 현 금 2,100,000원

[5] 7월 30일 유형: 51.과세, 공급가액 900,000, 부가세 90,000, 거래처:진흥빌딩, 분개: 혼합

(차) 임차료(판) 900,000원 (대) 미지급금 990,000원
부가세대급금 90,000원

[6] 8월 10일 유형:11.과세매출, 공급가액 10,000,000, 부가세 1,000,000, 거래처:(주)세모, 전자:여, 분개:혼합

(차) 감가상각누계액 16,500,000원 (대) 차량운반구 28,000,000원
미수금 11,000,000원 부가세예수금 1,000,000원
유형자산처분손실 1,500,000원

문제 4

[1] 9월 8일 일반전표 입력내용 삭제 후 매입매출전표 입력

수정 전: (차) 822.차량유지비(판) 110,000원 (대) 미지급금 110,000원

수정 후: 유형:57.카과, 공급가액 100,000, 부가세 10,000, 거래처: 용인주유소,
분개:카드 또는 혼합
(차) 차량유지비(제) 100,000원 (대) 미지급금[비씨카드(법인)] 110,000원
부가세대급금 10,000원

[2] 12월10일자 분개를 조회하고 잘못 입력된 계정과목 원재료를 복리후생비로 수정 입력한다.

수정 전: (차) 원재료(제) 20,000원 (대) 현 금 22,000원
부가세대급금 2,000원

수정 후: (차) 복리후생비(판) 20,000원 (대) 현 금 22,000원
부가세대급금 2,000원

문제 5

[1] 일반전표입력 12월 31일
(차) 보 험 료(판) 360,000 (대) 선급비용 360,000
720,000원×6개월/12개월=360,000원(비용처리 금액)

[2] 일반전표입력 12월 31일
(차) 부가세예수금 10,706,000원 (대) 부가세대급급 7,616,000원
미지급세금 3,090,000원

[3] 결산자료 입력메뉴에서 입력 후 전표추가
기말원재료재고액:3,500,000원, 기말재공품재고액:4,600,000원,
기말제품재고액:12,000,000원

문제 6

[1] 2,970,000원(매입매출장 조회)

[2] 거래처코드 2004.(주)다판다회로(세금계산서합계표 조회)

[3] 1월~3월 일계표 또는 월계표 조회
제조경비 1,972,900원 + 판매비와관리비 327,900원=2,300,800원

[저 자 약 력]

■ 임 규 찬

청주대학교 대학원(경영학석사 · 경영학박사)
현재, 청주대학교 회계학과 교수

전산회계 [1급] -제 3 판-

2014년 8월 25일 초판 발행
2019년 2월 20일 개정판 발행
2023년 2월 20일 제3판 발행

저 자 임 규 찬
발행인 배 효 선
발행처 도서출판 法 文 社

주 소 10881 경기도 파주시 회동길 37-29
등 록 1957년 12월 12일 / 제2-76호(윤)
전 화 (031)955-6500~6 Fax (031)955-6525
e-mail(영업): bms@bobmunsa.co.kr
(편집): edit66@bobmunsa.co.kr
홈페이지 http : //www.bobmunsa.co.kr
조 판 (주) 성 지 이 디 피

정가 31,000원 ISBN 978-89-18-91382-7